HELGA LIEFKES

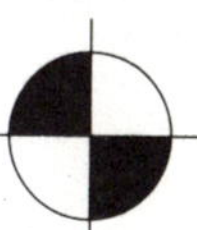

Mai's Weltführer Nr. 42

Mai's Weltführer Nr. 42

Island

Reiseführer mit Landeskunde

von Klaus Behr

mit 106 Fotos und Textillustrationen
sowie 5 Karten und Plänen

Mai's Reiseführer Verlag Buchschlag bei Frankfurt

Dr. Klaus Behr, 1934 in Berlin geboren, studierte an der Freien Universität in Berlin Germanistik, Geographie, Sport, Kunst- und Musikgeschichte. Nach längerer Lektorentätigkeit und skandinavistischen Studien in Schweden war er als Studienrat in Erlangen tätig. Ein sozialwissenschaftliches Studium an den Universitäten Erlangen und Hamburg schloß er mit der Promotion ab. Heute lehrt er im Erziehungswissenschaftlichen Fachbereich der Universität Lüneburg Deutsche Sprache und Literatur.

Fotonachweis und Danksagung: S. 349

Verlag und Verfasser sind für Verbesserungsvorschläge und ergänzende Anregungen jederzeit dankbar.

CIP-Kurztitelaufnahme der Deutschen Bibliothek

Behr, Klaus:
Island: Reiseführer mit Landeskunde/bearb.
von Klaus Behr. — 1. Aufl.
— Buchschlag bei Frankfurt:
Mai's Reiseführer Verlag, 1988.
(Mai's Weltführer; Nr. 42)
ISBN 3-87936-149-5
NE: GT

1. Auflage 1988

Anschrift: Mai's Reiseführer Verlag, Im Finkenschlag 22, D-6072 Dreieich
Umschlagentwurf: Ingo Schmidt di Simoni und Art Service Team, Frankfurt
Karten und Pläne: Gert Oberländer, München
Texterfassung: Rosemarie Schmidt
Herstellung: Fuldaer Verlagsanstalt GmbH, Fulda
Printed in Germany

ISBN 3-87936-149-5

Inhalt

Teil 1: Landeskunde

Landesnatur und Bevölkerung

Geschichte

Staat und Verwaltung

Teil 2: Praktischer Reiseführer

Wege durchs Hochland

Wandern auf Island

Reise–Informationen von A bis Z

Wichtige Anschriften für deutschsprachige Besucher

Landesnatur und Bevölkerung

Lage und Größe

Die Vulkaninsel Island liegt in relativ isolierter nördlicher Lage knapp unterhalb des Polarkreises, etwa zwischen 63° 24'; 63° 33' nördlicher Breite und 13° 28'; 24° 32' nördlicher Länge. Obwohl geschichtlich zu Europa gehörig, ist ihr Grönland mit einer Entfernung von rd. 290 km weit enger benachbart als der europäische Kontinent. So beträgt die Entfernung zu den Färoer-Inseln 400 km, nach Schottland 800 km, nach Norwegen 950 km und nach Deutschland 1700 km. Nordamerika liegt sogar 4000 km von Islands Küsten entfernt.

Die Insel hat eine Flächenausdehnung von 103 106 km² und ist damit nach Großbritannien die zweitgrößte europäische Insel. Ihre Fläche entspricht knapp der Hälfte der Bundesrepublik. Die Entfernungen im Lande betragen in der Luftlinie: von Osten nach Westen 500 km, von Süden nach Norden 300 km; die beiden Diagonalen in der größten Entfernung: rd. 470 km.

Wollte sich jemand aufmachen, Island entlang der Küste – all ihren Fjorden folgend – zu umwandern, so müßte er 5300 km zurücklegen. Aber wer wird das schon wollen! Da ist es denn doch bequemer, die Hauptstraße Nr. 1, den *Hringvegur* (Ringweg) zu benutzen. Er ist zwar nicht eben komfortabel, führt aber sicher und ohne Ampel auf 1424 km Wegstrecke – mit Einschluß des nordwestlichen Teils und der Halbinsel Snæfellsnes sind es 2497 km – rund um die Insel. Wer mit dem Geländewagen das innere Hochland durchqueren möchte, etwa auf einem der alten Reitwege, wird dafür je nach Reiseroute 500 – 1000 km veranschlagen müssen. Marathontouren sollten allerdings nicht das Ziel einer Inselfahrt, zumal einer ersten Begegnung sein. Sie werden ohnedies bald merken, daß Sie mit Island nicht »schnell« fertig werden; Entfernungen haben hier eine andere Bedeutung.

Islands frühe Erdgeschichte

Island ist – erdgeschichtlich betrachtet – ein junges Land, das jüngste

Die Natur als Künstler: Säulenbasalt am Svartifoss

Europas: Seine Basalte sind, wie radiometrische Messungen ergeben haben, in ihren ältesten Teilen rd. 15 bis 20 Mill. Jahre alt. Die Geologen rechnen sie dem riesigen Thulebasalt-Areal zu, das auch Teile Schottlands, Irlands, Spitzbergens, der Färoer- und Shetland-Inseln sowie Ost-Grönlands bildet. Die meisten dieser Basalt-Formationen sind jedoch rd. 60 – 70 Mill. Jahre alt, entstanden also viel früher als die entsprechenden isländischen Anteile. Die Ursache dieser relativ späten Gesteinsbildung, die zugleich die Urgestalt Islands schuf, bringen die Geologen in Zusammenhang mit der erdgeschichtlich höchst bedeutsamen Kontinentalverschiebung, die die amerikanischen und die eurasisch-afrikanischen Kontinentalblöcke voneinander trennte und langsam auseinandertrieb.

Im Gefolge dieser mit großen Kräften wirkenden Zerrungstektonik wurde in einer Gesamtlänge von rd. 15 000 km in nord-südlicher Richtung quer durch den Atlantik eine Spalte aufgerissen, die nunmehr dem aus der Erde dringenden Magma geringen Widerstand entgegensetzte. Aus dieser »Wunde« traten in der Folgezeit gigantische Massen von zähflüssigem Gestein hervor und warfen ein riesiges Gebirge auf, den »Mittelatlantischen Rücken«. Dieser, seine Umgebung ca. 1 500 – 2 500 m überragende subatlantische Gebirgskamm tritt nur an wenigen Stellen, z.B. in Gestalt der Inseln St. Helena, Azoren, Jan Mayen, über die Wasseroberfläche heraus. In seinem Schnittpunkt mit dem ebenfalls untermeerischen Wyville-Thomson-Querrücken (so genannt nach einem schottischen Ozeanographen des 19. Jh.s) liegt Island als höchste und ausgedehnteste Erhebung. Bemerkenswert ist, daß diese ältesten Basalte – aus dem Erdzeitalter des Tertiärs, etwa 20 bis 30 Mill. Jahre alt – sich an den Rändern der Insel befinden, also im Osten und Süd-Osten einerseits, im Nord-Westen andererseits. Dies rührt daher, daß das aus der Spalte dringende Magma die jeweils schon vorhandenen Basaltmassen nach außen drückte. Zum Landesinneren hin schließen sich also jüngere Basalte aus dem Zeitalter der älteren Eiszeit an. Ihr Alter beträgt rd. 3–0,7 Mill. Jahre. Der zentrale, von Südwesten nach Nordosten verlaufende diagonale Teil des Landes schließlich besteht aus den vulkanischen Gesteinsmassen der jungen neueiszeitlichen und nacheiszeitlichen Vulkanausbrüche (jungvulkanische Zone). Der hier verlaufende Zentralisländische Graben markiert auf 100 – 200 km Breite die Zone des aktiven Vulkanismus auf Island. Ein großer Teil dieser Basalt- und Lavaschicht – rd. ein Zehntel der Oberfläche Islands – ist jünger als 10 000 Jahre. Schon früh trieben tektonische Bewegungen die Basalte in Blöcken auseinander, die in den zentralen Teilen der Insel einsanken, so daß sich die ursprünglich waagerechten Basaltlagen gegen das Landesinnere hin schräg stellten. Der Osten der Insel fiel also nach Nord-Westen, die nord-westliche Halbinsel gegen Süd-Osten ab. Die küstennahen Randplateaus Islands mit durchschnittlich rd. 1100 m liegen deshalb generell höher als die zentralen Teile der Insel mit 600 m mittlerer Höhe. Die weiteren geologischen Entwicklungen sind durch wiederholte Vulkantätigkeit gekennzeichnet, die die Insel allmählich zu immer größerer Höhe aufbaute. Da diese Vorgänge sich in sehr großen Zeiträumen vollzogen, hatte die Natur in der Zwischenzeit unter den damals herrschenden milden Klimabedingungen Gelegenheit, Pflanzen, ja ganze Laubwälder zu entwickeln, die dann freilich immer wieder der Lava zum Opfer fielen. Schichtungen mit Torf- und Braunkohleeinschlüssen sowie Süßwassersedimente mit fossilen Pflanzenresten sind Zeugen frühen Lebens auf der Insel.

Gegen Ende des Tertiärs – einer erdgeschichtlich turbulenten Epoche, in der die Auffaltung der Alpen und anderer europäischer und asiatischer Großgebirge ihren Höhepunkt erreichte – entstanden die großen

Basaltareale der Küstenzonen Islands. Die zu dieser Zeit fortschreitende Temperaturabnahme führte andererseits zu einem kühlen Klima und bereitete die Eiszeit vor. Diese Klimaverschlechterung trug zur Vernichtung eines Teils der Vegetation bei, z.B. verschwanden die Laubwälder, die nunmehr den widerstandsfähigeren Nadelbäumen wichen. Die alten Basalte waren inzwischen soweit auseinandergedriftet, daß sie vom aktiven vulkanischen Geschehen nicht mehr berührt wurden. Island erhielt damals im großen und ganzen die heutige Gestalt.

Eiszeiten und Zwischeneiszeiten
Mit dem Aufkommen weitreichender Vergletscherungen trat die Erdgeschichte in die jüngste geologische Periode, das Quartär, ein, das bis in die Gegenwart reicht. Die mittleren Jahrestemperaturen sanken um 5 – 10°C, und Island wurde von Eis- und Schneemassen bedeckt. Mehrere solcher Eiszeiten – vermutlich zehn bis elf –, zwischen denen jeweils größere zusammenhängende Warmzeiten lagen, überzogen die Insel und hinterließen ihre Spuren: Gerölle und Schleifspuren an den Basalten, die an manchen Punkten Islands gut zu studieren sind. Die neuen quartären Gesteinsbildungen lassen über den rd. 3 Mill. Jahre langen Zeitraum wiederum verschiedene Altersschichtungen erkennen.
Die jüngeren, hellen Laven der sog. Brunhes-Epoche, die vor rd. 700 000 Jahren begann, entstammen schon den heute noch größtenteils bekannten Vulkanen, z.B. dem Snæfell und dem Tungnafellsjökull, beides Schichtvulkane; oder dem Krater Borgarhélar in der Mosfellsheidi, einem Schildvulkan. Auch die bis in die Gegenwart hinein aktiven Snæfells-, Eyjafjalla- und Öræfajökull sind eiszeitlichen Ursprungs. Charakteristisch für diesen Zeitraum sind auch die subglazialen Tafelvulkane. Als berühmtes Beispiel sind hier zu nennen: Die Herdubreid (S. 292) im Ódádahraun, das Hlödufell im südwestlichen Island oder der heute noch vergletscherte Eiríksjökull. Die Tafelvulkane und Tuffberge, die heute weithin das Landschaftsbild bestimmen, entstammen fast alle der letzten Eiszeit und markieren schon den Übergang zur geologischen Gegenwart. Die Tuffe sind wegen ihres weichen Materials überall im Verfall begriffen, die Tafelberge ragen als Zeugen eiszeitlicher Vulkantätigkeit in die Landschaft, von Verwitterung auch sie befallen. Das wird jeder spüren, der es unternimmt, über die lockeren Geröllkegel, deren Schutt unter den Füßen wegrutscht, solche Tafelvulkane, etwa die Herdubreid, zu besteigen.

Die Nacheiszeit
Vor rd. 10 000 Jahren gingen die Eiszeiten auf Island zu Ende. Nacheiszeitlicher Vulkantätigkeit entstammen viele Schildvulkane, beispielsweise Kjalhraun (6000 Jahre alt) und Skjaldbreidur (fast 10 000 Jahre alt), beide im Umkreis des Langjökull; viele Vulkane der Halbinsel Snæfellsness (S. 261); und, natürlich, alle heute noch aktiven, teils untätigen, teils tätigen Vulkane: Askja, Hekla, Katla usf.

Erwähnt werden soll noch, daß beim Aufbau der riesigen Gletscher und bei deren Abschmelzung der Meereswasserspiegel jeweils sank bzw. sich anhob. Am Ende der letzten Eiszeit, vor der Abschmelze, lag der Wasserspiegel mindestens 100 m tiefer als heute. Später stieg er sehr stark über den heutigen Wasserstand an, erkenntlich an den Aushöhlungen in den Felsen, den mit Mollusken durchzogenen Strandterrassen, die im Nordwesten, Norden und Osten Islands bis zu 40 m hoch liegen, in Süd-Island sogar bis zu 100 m und mehr. (Die heute besiedelten Gebiete befinden sich fast ausnahmslos auf solchem ehemaligen Meeresgrund). Freilich sank der Meeresspiegel wieder, als die vom Eis entlastete Insel sich hob. Nach einigen Schwankungen des Meeresspiegels pendelte sich die Strandlinie etwa auf den Stand ein, den sie zur Zeit der Besiedelung

Breidamerkur-Gletschersee an der Südküste

hatte. Daß seitdem weitere geringfügige Verschiebungen eingetreten sind, darauf lassen alte Überlieferungen, aber auch Namengebungen, schließen. Viele ehemalige Halbinseln, erkenntlich an der Endsilbe -nes (z.B. Knararnes) sind heute Inseln, viele ehemalige Binnenseen (isländisch Tjörn) sind zu Halbinsel geworden, z.B. südwestlich und nordwestlich von Reykjavik: Lambhúsatjörn, Bakkatjörn usf.

Vulkanismus

Island verdankt seine Entstehung vulkanischer Tätigkeit. Die Karten verzeichnen allein rund 200 nach der letzten Eiszeit tätig gewordene Vulkane. Aus ihnen ist im Laufe der Jahrtausende so viel Lava herausgequollen, daß insgesamt eine Fläche von ca. 12 000 km² – das sind etwa 12% des Landes – davon bedeckt ist. Wenigstens 50 dieser postglazialen Vulkane waren seit der Zeit der Besiedelung aktiv, an die 200 Ausbrüche wurden in den rd. 1100 Jahren isländischer Geschichte registriert – das heißt: durchschnittlich alle 5 bis 6 Jahre ein Ausbruch. Neben den in Italien gelegenen Vulkanen Vesuv, Ätna, Stromboli, Vulcano sind es hauptsächlich die isländischen Vulkane Hekla (S. 221), Askja (S. 290), Surtsey (S. 200), Eldfell und Helgafell, die in der wissenschaftlichen Welt Interesse erweckt haben.

Islands Gegenwart liefert in geologischer Hinsicht deutlicher als anderswo den Schlüssel zum Verständnis seiner Vergangenheit: aktiver Vulkanismus, die brodelnde Erde der Thermalgebiete, die Bewegungen der Gletscher sind stets gegenwärtig. Auch Kräfte der Zerrungstektonik, Zerreißungen der Erdoberfläche usf. lassen sich auf Island an vielen Stellen sehr gut beobachten, so z.B. im Nationalpark Thingvellir (S. 204): eine rd. 5 km breite Absenkung des Bodens und lange Risse und Spalten im Fels, meist mit klarem Wasser angefüllt, sind Zeugen dieser erdgeschichtlichen Vorgänge. Noch eindrucksvoller ist die gewaltige, 40 km lange, bis zu rd. 500 m breite und 270 m tiefe Eldgjá (Feuerspalte S. 296) westlich des Vatnajökull, der größte vulkanische Graben der Erde, der erst vor 2000 Jahren entstanden ist. Menschheitsgeschichtlich betrachtet ist dies »jüngste« historische Vergangenheit. Denn die Eldgjá-Katastrophe spielte sich zu einer Zeit ab, in der im mittelmeerischen Raum schon lange hohe Kulturen existierten. Zum Glück war Island zu dieser Zeit noch nicht besiedelt.

Überblickt man die wechselvolle Naturgeschichte Islands, so wurden allein in »historischer Zeit«, sie beginnt mit der Landnahme der Insel

Vulkanlandschaft im Innern der Insel

vor rd. 1100 Jahren, 50 Vulkane 150–200 mal tätig. Besonders betroffene Gebiete innerhalb der aktiven Vulkanzone sind der Südwesten und der Nordosten, hier besonders das Gebiet um den Mývatn (Mückensee). Der Isländer lebt mit den Vulkanen, sie haben in seiner Geschichte und in seinem Bewußtsein einen hohen Stellenwert. Keine Generation wird von Vulkanausbrüchen verschont, und wer einige Zeit in Island lebt, begreift leicht die Faszination, die Tausende von Isländern bei jedem neuen Ausbruch an den Ort des Geschehens treibt, um das Naturereignis sachkundig zu verfolgen, die Strömungsgeschwindigkeit zu taxieren und die Fließrichtung der Lava anhand von Karten zu bestimmen. Die Medien sind dann angefüllt von dem Ereignis.

Zur möglichen Bekämpfung der Naturgewalten stehen Island heute modernste technische Methoden und ein umfassendes Know-how zur Verfügung, so daß in Ernstfällen die maximale Eindämmung der Gefahren und optimale Hilfeleistung gewährleistet sind. Der Vulkanausbruch auf der Westmänner-Insel Heimaey 1973 (S. 194) war eine solche Feuerprobe, bei der sich zeigte, daß die Isländer solchen Katastrophen nicht mehr hilfslos ausgeliefert sind. Dennoch stellt der vulkanische Boden natürlich einen ständigen potentiellen Gefahrenherd dar. Vor Überraschungen aus »des Teufels Küche«, wie die Isländer ihre Vulkane gelegentlich nennen, kann niemand sicher sein.

Je nach Auswurfstyp und Beschaffenheit des ausgeworfenen Materials

kann man verschiedene Formen von Vulkanen unterscheiden, die sich meist auch in einer charakteristischen Gestalt präsentieren. Der Grad der Viskosität des Magmas bestimmt vor allem den Tätigkeitstyp und die Form der Vulkane. Dünnflüssige Lava z.B. ergießt sich bei geringer Explosivität so gut wie ohne Lockermassen; es entstehen jene langgestreckten Formen mit geringem Neigungswinkel und großer Grundfläche, wie sie Island zwar selten, aber in schönen Exemplaren aufzuweisen hat: Das sind die Schildvulkane. Als einer der eindruckvollsten gilt der Skjaldbreidur. Er ist über 1000 m hoch und hat an seiner Spitze einen Einbruchskrater (Pitkrater). Je zähflüssiger das Magma, desto größer die Neigung zu explosiver Gasentwicklung und zur Förderung von Lockerprodukten. Es entsteht dann ein gemischter Vulkanaufbau: Schichtvulkane/Stratovulkane. Stau- und Stoßkuppen, die von heftigen Explosionen begleitet sind, bilden sich bei stark zähflüssigem Magma. Der Aufbau der eiszeitlichen Tafelvulkane erfolgte unter der Eisdecke, also gegen den Widerstand der Eismassen. Über dem Eis saß meist nur noch eine kleine, schildartige Kappe. Nach dem Abschmelzen des Eises blieb die charakteristische steilwandige Tafelform mit der aufsitzenden Kappe übrig, wie sie exemplarisch die Herdubreid zeigt.
Auch die Form des Förderkanals – Schlot oder Spalte – ist ein wichtiger Faktor für Form und Bau des Vulkans: Bei Zentraleruptionen türmen sich die Gesteinsmassen zu kegelförmigen Bergmassiven, zu Zentralvulkanen auf; bei Spalteneruptionen entlang längerer Grabenbrüche zu langgestreckten Gebirgen, den Spaltenvulkanen. Das ausgestoßene Material kann je nach Gasgehalt unterschiedliche Formen annehmen, etwa als schaumige Lava zu Bimsstein erstarren (wie man ihn an der Herdubreid auf viele Quadratkilometer verstreut findet) oder – unter verschiedenen Fließ- und Druckbedingungen – als Fladenlava oder Stricklava mit ornamentaler Kraft in Erscheinung treten. Auch verschiedene mineralogische Beschaffenheit kann sich als Ergebnis unterschiedlicher Kristallisationsprozesse einstellen: Schwarze Obsidiane und gelbliche Liparite, Basalt und Hornblende sind solche kristallinen Endprodukte vulkanischer Tätigkeit.

Solfataren und Fumarolen

Es gibt viele Orte auf Island, wo einem der Boden unter den Füßen heiß wird! Heiße Wasser- und Dampffontänen, warme Quellen und Flüsse, spuckende Schlammpfuhle, schwefelige Dämpfe, die aus Erdspalten tre-

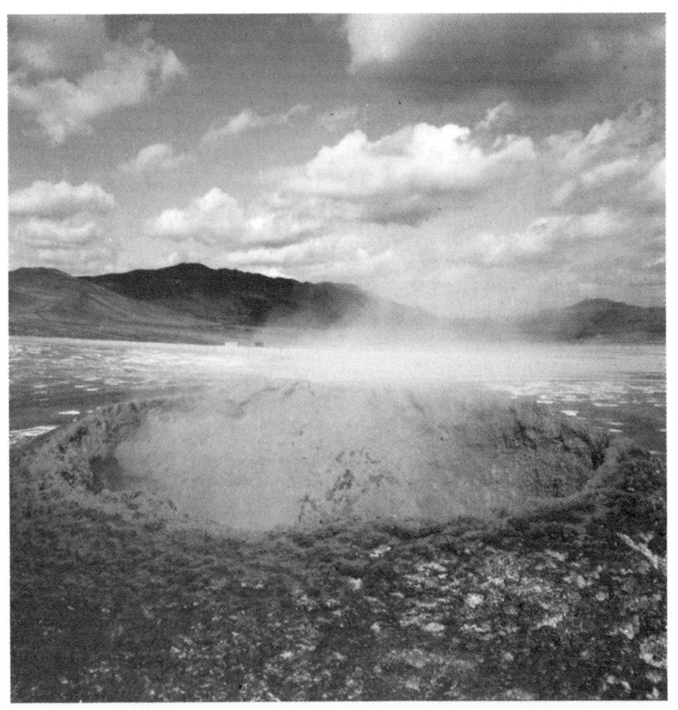

Schlammpfuhl in Námaskard, einem Solfatarengebiet

ten – das alles sind vulkanische, besser: postvulkanische Phänomene, die das letzte Stadium der Wärmeabgabe der tief im Erdinneren erstarrenden Schmelzmassen darstellen. Bei diesem Abkühlungsvorgang werden heiße Gase und Dämpfe freigesetzt, die sich durch Spalten, Risse und Schlote ihren Weg nach oben suchen und je nach den Bedingungen, die sie auf diesem Wege antreffen, als Wasser-, Schwefel- oder Kohlendioxyddämpfe austreten. Oder aber sie mobilisieren unter der Kruste vorhandene Wasserreserven, die sie als warme oder heiße Quellen, mitunter als Springquellen an die Oberfläche befördern.
Die Gebiete, in denen Gase bzw. Dämpfe aus der Erde treten, sind in

Island zahlreich – genau gesagt sind es 14 – und natürlicherweise in der Zone des aktiven Vulkanismus anzutreffen.
Sie liegen von Süd nach Nord auf der Halbinsel Reykjanes am Mýrdals- und Torfajökull, im Kerlingarfjöll, in den nordwestlichen, vulkanisch aktiven Anteilen des Vatnajökull, im Umkreis der Askja und im Mývatn-Gebiet. Bei stark schwefligem Anteil der Gase, besonders an Schwefelwasserstoff spricht man von Solfataren (von ital. Solfatara = Schwefelgrube). Sie weisen Temperaturen zwischen 100° und 200°C auf. Vom Schwefel rührt der charakteristische Geruch her sowie die gelblich-braune Färbung des Bodens. Im Námafjöll und in Krisuvík kann man die Solfataren besonders gut studieren. In Verbindung mit Eisen und Luftsauerstoff bilden sich rotbraune Eisenoxyde oder auch ein blaugrauer toniger Schlamm. Fast immer finden sich in solcher Umgebung auch die glucksenden und spuckenden Schlammlöcher: Solfataren- und Fumarolen-Gase (von lat. Fumus = Rauch, Dampf) durchbrechen das breiige Grundwasser, wölben sich zu farbenprächtigen Blasen auf, die schließlich hörbar zerplatzen. Die Fumarolen sind heißer (200 – 900°C) und enthalten Wasserdampf. Die Energienutzung gelingt bei Fumarolen besser als bei Solfataren, weil bei diesen die Schwefelverbindungen die technischen Anlagen zu schnell zersetzen. Bei dem Anblick dieser kochenden Schlammlöcher kann man jedenfalls begreifen, daß die alten Isländer sich in solchen Gefilden in der Küche der Hexen und Trollweiber wähnten.
An heißen Quellen gibt es insgesamt über 700 an etwa 300 Orten. Sie finden sich im Gegensatz zu den Solfataren hauptsächlich im westlichen, nordwestlichen und nördlichen Island, also in den geologisch älteren Teilen; vereinzelte warme Wasser aber auch in der Vulkanzone. Niederschlagswasser kann durch die Spalten und Verwerfungen bis in große Tiefen, bis zu 2000 m, einsickern und wird, wie auch das Grundwasser, von den heißen Gasen im Innern erhitzt. Es zirkuliert, thermischen Druckverhältnissen folgend, in den Spaltensystemen, bis es irgendwo, mineralisch mit verschiedenen Stoffen angereichert, wieder an die Oberfläche tritt. Teils kommt es frei aus dem Boden, kraterähnliche Wälle und Sinterterrassen um sich bildend; teils mischt es sich in Flüsse (z.B. Landmannalaugar) und Seen (z.B. Laugarvatn) oder füllt Spalten und unterirdische Grotten. Bei Reykjahlíd am Mývatn befinden sich zwei solcher Grotten, von denen die eine z.Zt. etwa 60°C, die andere 40°C warmes Wasser enthält. Die letztere ist durch Leitern und Taue

Der Große Geysir, wie er sich im letzten Jahrhundert zeigte

zugänglich gemacht, und es ist schon ein Erlebnis besonderer Art, bei kaltem Wetter in die durch natürliche Luftschächte matt erhellte Grotte hinabzusteigen und in dem warmen und kristallklaren Wasser zu schwimmen (S. 241). Die Austrittsstellen von heißem Wasser sind tektonisch bedingt und können sich deshalb nach Erdbeben verlagern. Auch die Temperatur unterliegt wegen der Dynamik im Erdinneren Veränderungen. So hat sich die Wassertemperatur der beiden Grotten – wegen verstärkter Vulkantätigkeit im Mývatn-Gebiet -- seit 1970 um rd. 20°C erhöht, so daß die 60°-Grotte, früher die eigentliche Badegrotte, heute zu heiß geworden ist. Die Nutzung des heißen Erdwassers beschränkte sich früher auf natürliche oder künstlich eingefaßte Thermalbäder; ältestes geschichtliches Beispiel hierfür ist das gemauerte Becken des Snorri Sturluson aus dem 13. Jh. (S. 257). Heute werden die Heißwasservorkommen jedoch auch für die Energieversorgung der großen Städte und für die Unterhaltung von Treibhäusern genutzt (S. 79).
Eine isländische Sehenswürdikeit ersten Ranges stellen die Springquellen oder Geysire dar, die seit Jahrtausenden in gewissen Abständen ihre heißen Wassermassen explosionsartig in die Höhe treiben. Aber auch sie springen nicht ewig, sondern versiegen mit abnehmender Aktivität im Erdinneren (S. 211). Ihr Wasser rührt zum großen Teil von der Erd-

oberfläche her, von wo es an Spalten und Klüften entlang in unterirdische Höhlungen abfließt, die von heißem Gestein erhitzt werden und durch lange Röhren mit der Erdoberfläche verbunden sind. Das in der Röhre jeweils befindliche Wasser erhöht nun den Siedepunkt des in der Höhlung darunter schon erhitzten Wassers. Jedesmal, wenn der Dampfdruck so zunimmt, daß er den statischen Druck übersteigt, wird ein Teil des in der Röhre stehenden Wassers nach oben abgeblasen. Dadurch sinkt der statische Druck wieder ab. Kühleres Wasser fließt nach unten nach. Da dieser Vorgang jedesmal sehr schnell abläuft, setzt sich das Sieden des Wassers explosionsartig fort. Um die Mündung des Geysirs bilden sich aufgrund abgelagerter Kieselsäure die hier nicht ganz so treppenförmig angelegten Sinterterrassen.

Landschaft und Bodengestalt

Island weist – das wurde schon bei der Betrachtung seiner Entstehungsgeschichte deutlich – sehr unterschiedliche Landschaften auf, die weitgehend einer naturräumlichen Gliederung entsprechen. Nach allgemeiner Einteilung unterscheidet man neun Landschaftstypen: die Fjorde, das Bergland, die Tundrenplateaus, Stein- und Sandwüsten-Plateaus, die jungvulkanische Landschaft, das bewachsene Tiefland, die Sander, die Gletscher und die Inseln.

Fjordlandschaften und Bergland

Erdgeschichtlich gesehen stellen die östlichen, südöstlichen sowie westlichen, nordwestlichen und nördlichen Fjordlandschaften und deren bergiges Hinterland die ältesten Teile der Insel dar. Sie sind von den Gletschern der Eiszeiten beschliffen und im Küstenbereich durch Zerrungsbrüche in der Erdkruste auseinandergebrochen, wobei die Fjorde entstanden sind, die von Gletschern und Gletscherflüssen ausgeweitet und gerundet wurden. Die Hochflächen des Berglandes sind meist tafelförmig, wie Island im ganzen auch eine hochplateauartige Insel ist.
Im Nordwesten fallen die Felsen steil zum Meer ab, es bleibt nur spärlicher Weideplatz zwischen Wasser und Fels, so daß das Vieh auf abschüssigen, engen und wegen des rauhen Klimas meist recht dürren Weiden sein kümmerliches Dasein fristen muß. Etwas breitere Täler weisen die Fjorde des Nordens und Ostens auf; sie ermöglichen schon leichter eine Viehhaltung, gelegentlich sogar ein wenig Landwirtschaft. Die Buchten sind fischreich und bilden geschützte Naturhäfen.

Tundra, Steinwüsten und Lavafelder

Das Innere des Landes wird in rd. 400 – 1000 m Höhe von ausgedehnten und unbewohnten Hochebenen eingenommen. Geologisch sind es die jüngeren Basalte und die Laven der jungvulkanischen Epoche, die das Landschaftsbild des zentralen Hochlandes in sehr unterschiedlicher Weise formen. Da sind zunächst die spärlich mit Moosen und Flechten bewachsenen Heidelandschaften, die Tundrenplateaus. Sie bieten eine gewisse Nahrungsgrundlage für Schafe, die hier im Sommer frei umherlaufen und im Herbst in die Täler abgetrieben werden. Ihnen begegnet der Reisende denn auch in den entlegendsten Gegenden. Die Tundra ist die klimatisch zu erwartende, natürliche Vegetationsform Islands. Allerdings machen solche mit dürrer Vegetation bedeckten Flächen heute nur noch den kleineren Teil des Hochlandes aus. Eine unaufhaltbar fortschreitende flächenhafte Abtragung der Bodendecke durch den Wind, die durch Schafverbiß leider stark unterstützt wird, vernichtet immer größere Teile der Vegetationsdecke. Die Tundra weicht zurück. Daran ändern vorerst auch die staatlichen Gegenmaßnahmen nichts, weil sie mit der Geschwindigkeit, in der diese Bodenzerstörung vonstatten geht, nicht schritthalten können.

Die Tundra weicht zurück

Hochlandpiste im inneren Bergland

Demgegenüber vergrößern sich ständig die endlosen Stein- und Sandwüsten, die ihre Herkunft aus den Eiszeiten nicht verleugnen können. Das heutige Landschaftsbild ist dabei wesentlich von der letzten Eiszeit geprägt. Gletscher schliffen das vulkanische Gestein glatt und lagerten ihren Grundmoränen-Schutt auf den Hochflächen ab; durch die Anschwemmungen der Gletscherströme entstanden Sandwüsten, und riesige erratische Blöcke liegen allenthalben, als eindrucksvolle Zeugen eiszeitlicher Vorgänge, verstreut herum. Eine Landschaft von trostloser, aber andererseits auch grandioser Einsamkeit!
Das Regenwasser versickert wegen der großen Durchlässigkeit des Bodens sofort, so daß nur ganz wenige, anspruchslose Pflanzen gedeihen, und Tiere sucht man vergeblich. Nicht einmal Mücken verirren sich hierher. Die meiste Zeit des Jahres ist dieses Gebiet unwirtlich, und man wird sich hüten, es im dunklen Winter zu durchqueren: Regen, Schnee- und Sandstürme peitschen dann über die Hochflächen hinweg. Im Hochsommer und bei schönem Wetter dagegen ist die Einöde durchaus reizvoll. Wechselnde Farben und Steinformationen, die Kulisse der Vulkanberge – und im Süden der großen gleißenden Gletscher –, dazu eine Atmosphäre plastischer Klarheit, die außerordentli-

che Sichtweiten bis zu 200 km gestattet: das übt jenen besonderen und unvergleichlichen Zauber aus, um dessentwillen es sich lohnt, die Hochfläche zu überqueren.

Der Charakter des inneren Hochlandes wird schließlich noch von der jungvulkanischen Landschaft, den nacheiszeitlichen Lavafeldern geprägt, die in den letzten 10 000 Jahren als Produkte von etwa 2000 Vulkanausbrüchen entstanden. In der Zone des aktiven Vulkanismus durch- und überquert man immer wieder riesige Felder gedrehter, gewundener, blockförmiger Lava unterschiedlicher Farbe und Konsistenz, ausgebreitet wie ein aufgepeitschtes Meer aus Stein und in Kaskaden von ihrem Ursprungskrater herabfallend und langsam ausebbend. Diese unzähligen *Hrauns* (= Lava), unter denen die Ódádahraun, die Wüste der Missetäter (S. 295) mit 4500 km^2 Fladenlava vielleicht die bekannteste ist, wird niemand, der sie erlebt hat, vergessen. Es ist ein spannendes Beobachtungsspiel, die in der Landschaft über- und untereinandergeflossen Laven ihrem vermutlichen Ursprungsort zuzuordnen. Dieser Teil des Hochlandes wandelt sich ständig: jeder neue Vulkanausbruch verändert das Oberflächenprofil der Landschaft. Wo die Lava bewachsen ist, da sind es wiederum die einfachen Moose und Flechten, die sich wie ein weicher Teppich in sie schmiegen.

Grüne Wiesen und öde Sander

Sehr viel jünger, in ihren Umrissen fortdauernd in Veränderung begriffen, sind die Küstentiefebenen rund um die Insel. An der Süd- und Südwestküste sind sie mit rd. 4000 km^2 Fläche besonders ausgedehnt. Zwei sehr unterschiedlichen Landschaftsformen begegnen wir hier: den fruchtbaren, wirtschaftlich genutzten Flächen mit saftigem Weideland, gelegentlich auch ertragreichem Ackerland; sowie andererseits den weiten vegetationslosen Sandflächen, Sander genannt.

Das grüne, fruchtbare Land hat seine größte Ausdehnung im Südwesten, im Stromland der Hvíta und der Thórsá. Und obgleich die Kräfte der Natur dem Bauern auch dieses Land immer wieder streitig gemacht haben, finden wir hier, von den Ballungszentren der modernen Städte abgesehen, die dichteste Besiedelung.

Auf den weiten, durch abgelagerte Vulkanasche schwarzen Sanderflächen dagegen wächst keine Pflanze mehr. Auf über 100 km Länge erstrecken sich die Sander im Küstenbereich zwischen den beiden großen Gletschern des Südens, dem Mýrdals- und dem Vatnajökull.

Unzählige Gletscherflüsse bringen hier unablässig abgetragenes Material aus den höheren Lagen zu Tal und spülen es in die Brandung. Das Ergebnis sind die für die Südküste so typischen langgezogenen Küsten, denen Nehrungen und Lagunen vorgelagert sind. Bis weit auf den untermeerischen Schelf hinaus werden die Ablagerungen getragen, so daß sich die Südküste immer weiter in Richtung Meer verschiebt und der Küstensaum flach und gefährlich und wegen des Fehlens natürlicher Häfen für die Schiffahrt ungeeignet ist. Besonders das Schwemmland des Skeidarársandur gilt wegen der unberechenbaren, durch Vulkanausbrüche unter dem Eis des Vatnajökull ausgelösten Gletscherläufe von jeher als unwegsam und gefahrvoll. Seit 1974 allerdings ist dieser Sander passierbar (S. 229). Als Natursehenswürdigkeit bilden die endlosen schwarzen Sander einen faszinierenden Kontrast zur Welt der Hochflächen und Gletscher.

Gletscher, Flüsse und Seen

Islands Gletscher bedecken insgesamt eine Fläche von 11 800 km², d.h. rd. 11,5% des Landes. Unter diesen breit ausgedehnten Plateaugletschern beherrscht besonders der flächendeckende Vatnajökull mit seinen riesigen Inlandseismassen die Insel. Auf ihn allein entfallen schon 8400 km². Das entspricht z.B. der Fläche der Mittelmeerinsel Korsika. Die anderen, kleineren Gletscher sind für kontinentaleuropäische Verhältnisse immer noch Riesen: Langjökull mit 1020 km², Hofsjökull mit 1000 km², Mýrdalsjökull mit 700 km² und Drangajökull mit 200 km². Sie bestimmen in ihrer Umgebung weithin das Landschaftsbild. Die durchschnittliche Höhe der Gletscher liegt bei 1300 – 1500 m, einzelne Gipfel erreichen aber, besonders auf dem Vatnajökull und dem Hofsjökull, durchaus ihre 1700 m. Der höchste Berg Islands – der Hvannadalshnúkur im südlichen Öraefajökull/Vatnajökull – erhebt sich sogar auf 2119 m ü.M.

Diese Eismassen, die im Vatnajökull bis zu 1000 m Dicke aufweisen, bilden die wichtigste natürliche Grenzscheide, die den Süden vom Norden Islands trennt, und zwar sowohl in siedlungsgeographischer und sozialer als auch in klimatischer Hinsicht. Zum anderen entwickeln die Gletscher eine Eigendynamik, die ins Geogefüge Islands auf mancherlei Weise eingreift. Unzählige Wasserarme aus Schmelzwasser – an ihrer braunen Schlammfärbung erkennbar und im Frühjahr besonders reißend – nehmen von den Gletschern ihren Ausgang. Die Wasserfälle

Links: Quell-Lava

Islands wären, wie noch ausgeführt wird, nicht denkbar ohne die Schmelzwasser der Gletscher.
Auch die Flüsse Islands gehören zum unverwechselbaren Landschaftsbild der Insel. Etwa 60 größere Flüsse mit rd. 10 000 km Wasserlauf durchziehen das Land, die kleineren und die abertausend Nebenarme nicht mitgerechnet. Der längste Fluß, die auf dem Hofsjökull entspringende Thjórsá, hat eine Länge von 230 km und führt im Jahresmittel 400 m^3 Wasser pro Sekunde. Teils entspringen Islands Flüsse den Gletschern; diese Gletscherflüsse sind trübe, schwanken in der Wassermenge jahreszeitlich und im Tag- Nacht-Rhythmus und führen große Mengen Erosionsmaterial mit, das an den Küsten abgelagert wird. Dadurch wird das Land im Durchzugsgebiet jährlich um 1 mm abgetragen. Die Quellflüsse dagegen sind klar, von Vegetation umsäumt und so rein, daß man aus ihnen trinken kann. In der Wasserführung sind diese Flüsse wie auch die Abflüsse der Seen am ausgeglichendsten. Den tritten Typ stellen die Wildwasserflüsse, deren Wassermenge von klimatischen Faktoren (Regen) abhängt, dar. Zahllos strömen sie aus dem Hochland in die Niederungen und ins Meer. Wegen der geringen Entfernungen

Der Godafoss im Norden

und des starken Höhenunterschiedes zwischen innerem Hochland und Küste stürzen sie als Wasserfälle von den Felsen herab. Kaum eine Reiseroute, die nicht an einer Vielzahl von ihnen vorbeiführt. Die größten, etwa der Dettifoss im Norden (S. 244) oder der Gullfoss im Südwesten (S. 213), gehören zu den gewaltigsten und wasserreichsten der Welt; die abertausend anderen sind imposant und würden in Mitteleuropa jeder für sich die Schaulustigen anlocken. Wegen des starken Wechsels der Wasserführung sind die isländischen Flüsse nicht schiffbar, dafür aber z.T. fischreich und als potentielle Energiequellen von hohem wirtschaftlichem Wert.

Die Zahl der Binnenseen ist beträchtlich. Allein der Südwesten hat 15 größere Seen zu bieten, darunter den größten Islands: das Thingvallavatn mit einer Fläche von 82,6 km^2 und einer Tiefe von 114 m (S. 208). Aber auch die anderen Gebiete sind reich an kleineren Seen, die z.T. in den Karten gar nicht mehr verzeichnet sind. Diese vielen und fischreichen Gewässer (insbesondere Forelle und Saibling vermehren sich gut) beleben die Landschaft. Um sie herum entfaltet sich zumeist eine üppige Vegetation, Enten und andere Vogelarten bevölkern das Revier. So ist es natürlich, daß die Seen als Fisch- und Vogelreservate immer eine wirtschaftlich-existentielle Bedeutung für die Anwohner hatten. Als Badeseen indes sind sie ungeeignet, denn die meisten sind sehr kalt (4 – 10°C); nur wenige werden durch heiße Quellen gespeist und weisen deshalb angenehme Temperaturen auf, wie z.B. der in geothermischer Umgebung gelegene Laugarvatn (S. 209).

Die Entstehungsgeschichte der Seen stellt sich unterschiedlich dar. Einige, wie das Lögurinn (52 km^2; S. 237) und das Mývatn (38 km^2; S. 240) – sogenannte Glazialseen –, sind durch Schmelzwasser entstanden; andere wurden an Flüssen aufgestaut, nachdem sich durch Vulkanausbrüche Lavawälle gebildet hatten; wieder andere verdanken ihre Entstehung vulkanischen Erdeinbrüchen, wie der mit 220 m tiefste See Islands, das Öskjuvatn.

Inseln

Den Küsten Islands sind viele kleinere Inseln und Inselgruppen vorgelagert, die allerdings nur eine geringe Fläche des Landes ausmachen. Sie ragen als schroffe Felsen vulkanischen Ursprungs, teilweise bis zu 60 m, aus dem Meer. Von Menschen nur zum geringen Teil besiedelt, dienen sie Millionen von Vögeln der unterschiedlichsten Arten als Lebens-

raum. Bewohnt sind vor allem die südliche Insel Heimaey aus der Gruppe der Vestmannaeyjar (Westmännerinseln, S. 192), die nördlich dem Polarkreis gelegenen Inseln Grimsey und Flatey im westlichen Breida-Fjord. Andere Inseln, auf denen früher Menschen lebten, wurden wieder aufgegeben. Sie waren stets Zentren des Fischfangs und, wo ein Kloster stand, auch Stätten der Kultur wie die einst berühmte Insel Flatey (S. 266). Die Zahl der Inselbewohner ist gering, mit Ausnahme von Heimaey, das mit rd. 5000 Einwohnern immerhin rd. 2,2% der Gesamtbevölkerung Islands stellt. Heimaey ist von großer wirtschaftlicher Bedeutung, wird hier doch ein ansehnlicher Teil des nationalen Fischaufkommens (zeitweise bis zu 20%) eingebracht.
Die touristische Erschließung einiger Inseln nimmt zu; die der südlichen Gruppe wegen der jüngsten vulkanischen Aktivitäten im Raum der Westmännerinseln, die zur Entstehung der neuen Insel Surtsey führten und das Gesicht von Heimaey veränderten; die der nördlichen Insel Grímsey wegen der Attraktionen von Polarkreis, Mitternachtssonne und Nordlicht.

Klima

»Island« – »Eisland«: so nannte Flóki Vilgerdarson, der erste Siedler, die Insel. Er hatte sich 865 mit Gesinde und Vieh auf der Halbinsel Vestfirdir, am großen Nordwest-Fjord (das heutige Ísafjardardjup), niedergelassen, doch die Unbill des Klimas unterschätzt. Als der Winter einbrach, verhungerte erst sein Vieh, dann fand er den Fjord von Packeis belagert. Den Fjord nannte er daraufhin Ísafjördur: »Eisfjord« (S. 271), und vom Land sprach er nach seiner Rückkehr nach Norwegen nurmehr verächtlich als vom »Eisland«. Auch wenn inzwischen Zweifel bestehen, daß er den heute so bezeichneten Ísafjördur meinte – diesen hatte er von seinem Siedlungsplatz aus gar nicht sehen können – : Der Name der Insel, das ist verbürgt, geht auf Flóki zurück. Aber Island ist nicht so eisig, wie sein Name vermuten lassen könnte. Es hat, wie Europa, ein ozeanisches oder maritimes Klima, zeichnet sich also durch einen Temperaturausgleich zwischen Wasser und Land aus, der mildere Winter und kühlere Sommer zur Folge hat. Aus dem gleichen Grund ist es in den Küstengebieten in den Wintern durchschnittlich wärmer und in den Sommern kühler als im Hinter- oder Binnenland. Entscheidender klimatischer Faktor allerdings, ohne den Island schwerlich bewohnbar wäre, ist der Golfstrom. Von Süden kommend, teilt er sich

Gletscherzunge im Skoftafellgebiet

vor der Insel; während ein Arm in gerader nordöstlicher Richtung zwischen Island und den Färoern hindurchzieht, umspült der andere, der Irmingerstrom, die Insel im Uhrzeigersinn. Er lenkt den kälteren, von Norden kommenden, das Packeis im Winter herbeischaffenden Ostgrönlandstrom nach Nordwesten und Nordosten ab, so daß dessen Einfluß nur geringfügig wirksam werden kann.

Islands Klima kennt also keine großen jahreszeitlichen Extreme: die Winter sind milde, im Durchschnitt um -1°C im kältesten Monat Januar, und die Sommer kühl, bis durchschnittlich 11°C im Juli und 10°C im August. Diese Differenz von 11-12°C zwischen Sommer und Winter ist ein vergleichsweise geringer Unterschied, wenn man an europäische Verhältnisse denkt. Zum Vergleich: In Berlin beträgt die mittlere Differenz zwischen Januar- und Julitemperatur etwa 19°C, in Haparanda/Nordschweden 26°C, in Sibirien über 60°C! Die genannten Durchschnittswerte setzen sich aus Tages- und Nachttemperaturen zusammen. Selbstverständlich können in den Sommermonaten Juni, Juli August die Tagestemperaturen auf 20-25°C, ja sogar noch höher steigen. Allerdings muß man auch im Hochsommer mit leichtem Nachtfrost und Schneefall, besonders in höheren Lagen, rechnen. Daß man auf der Askja im August im zugeschneiten Zelt aufwacht, kann leicht passieren, selbst wenn tags zuvor noch sommerliches Wetter herrschte. Ist der Süden der Insel wärmer als der Norden, wie man es häufig liest? Auf den ersten Blick scheint es so zu sein: Die Klima-Eckwerte der beiden Insel-Vorposten Westmännerinseln im Süden (5,5°C Jahresmittel) und Grímsey im Norden (2,9°C, gemessen in jeweils 30 Jahren) lassen ein Temperaturgefälle von Süd nach Nord deutlich hervortreten. Auch auf dem Festland sind Temperaturunterschiede noch klar nachweisbar: Im nördlichen Akureyri ist es im Jahresmittel (3,8°C) kälter als in der südlicher gelegenen Hauptstadt Reykjavik (5,1°C). Dennoch sind solche Zahlen für den im Sommer Reisenden irreführend. Tatsächlich sind in den Monaten Juni – August im Norden die Temperaturschwankungen zwischen Tageshöchst- und nächtlichen Tiefstwerten größer als im Süden, so daß im Norden zwar die kälteren Nächte, aber auch die wärmeren Tage vorherrschen. Auch die jeweils heißesten Tage im Monat finden sich im Norden der Insel. Im übrigen hängt das Wetter noch von anderen Faktoren wie z.B. von einer geschützten Lage ab. So hat etwa das Thórsmörk-Tal westlich des Mýrdalsjökull ein sommerwarmes Klima, das um einige Grade über den Normalwerten der Umgebung liegt. Am besten ist, den Spruch zu beherzigen: Es gibt auf Island kein schlechtes Wetter, sondern nur schlecht ausgerüstete Touristen.

Es regnet häufig auf Island, durchschnittlich an 174 Tagen im Jahr. Aber: es regnet meist nur kurz. Tagelange Landregen, wie sie in unseren Breiten die gute Stimmung verderben können, erlebt man auf Island kaum. Das isländische Sprichwort: »Du willst besseres Wetter? Warte eine Viertelstunde!« wird man immer wieder bestätigt finden. So plötzlich, wie der Regen oder Schneesturm einsetzt, so abrupt hört er auch wieder auf. Das hängt mit dem intensiven Wind zusammen. Kommt er von Norden, so regnen sich die Wolken in den nördlichen Landesteilen ab, und als trockener Landwind vertreibt er im Süden das schlechte Wetter; kommt er von Süden, so bringt er umgekehrt Süd-Island schlechtes und dem Norden gutes Wetter; Landwind bedeutet also in der Regel klare Luft und Sonne, und es ist eine Faustregel von einiger Zuverlässigkeit, daß das Wetter im Süden schön ist, wenn es im Norden regnet und umgekehrt. Die regenintensiven Monate sind September – Januar, die trockensten sind Mai, Juni und Juli. Die Gesamtniederschlagsmenge beträgt durchschnittlich 934 mm im Jahr. (Im Vergleich: Hamburg

714 mm) Dazu muß aber bemerkt werden, daß es im Süden Islands deutlich mehr regnet als im Norden: Die auf Island vorherrschenden Süd- und Westwinde bringen Meeresfeuchtigkeit und Regenwolken an die Südost-, Süd- und Südwestküste, wo sie sich an den großen Gletschern und Gebirgen abregnen. In den Höhenlagen, insbesondere des Mýrdalsjökull, kommt es dabei zu Niederschlägen bis zu 4000 mm, auf dem Vatnajökull sogar bis zu maximal 8000 mm; im südlichen Vorland der Gletscher fallen immerhin noch Niederschläge bis zu 2000 mm. Nördlich der Gletscher beginnen dann die regenärmeren Gebiete. So ist es nicht verwunderlich, daß der Durchschnittswert für den Süden (Hólar/Reykjavik/Kirkjubæjarklaustur/Vestmannaeyjar) 1393 mm beträgt, während die vier nördlichen Wetterstationen Grímsey/Raufarhöfn/Akureyri/Reykhólar) im Durchschnitt eine Niederschlagsmenge von 546 mm aufweisen, also erheblich weniger als die Hälfte. Das Verhältnis zwischen den extremen Positionen Kirkjubæjarklaustur im Süden (1750 mm Niederschlag) und Akureyri im Norden (457 mm) beträgt sogar fast 1:4! Auch Ost und West zeigen sich im Vergleich unterschiedlich: Im Östlichen Island regnet es viel seltener als im

Frischer Lavaausstoß auf den Westmännerinseln

Westen, dafür aber sehr stark. Hier gehen ein- bis zweimal im Jahr größere Gewitter nieder, die sonst auf Island kaum vorkommen.
Auch Nebelbildungen sind in Ostisland häufiger als im klaren Westen, wo durchschnittlich nur 10 Nebeltage im Jahr gezählt werden. Die bekannten isländischen Kalt- und Polarfronten, deren Tiefdruckgebiete wir so häufig in Europa zu spüren bekommen, entstehen durch den Aufeinanderprall kalter arktischer Luftmassen mit wärmeren atlantischen. Durch die Erdrotation werden ihre Tiefs ostwärts getrieben – häufig nördlich an Island vorbei – und erreichen mit ihren Ausläufern besonders das nördliche und nordöstliche Europa. Fragt man einen Isländer, wo denn die isländischen Tiefs seien, so kann man zu hören bekommen: »Die schicken wir euch immer nach Europa!«
Die Sonne verschwindet, wie bei uns, am tiefsten unter dem Horizont in den Monaten November, Dezember und Januar. Im Dezember ist es nur rd. 5 Stunden hell auf Island. Dies ist die Zeit der langen, dunklen Nächte, in denen nach der altnordischen Mythologie die Mächte der Finsternis zur Herrschaft gelangen. Aber bald, ab Februar, werden die Tage wieder länger, und schon im März hat man die in unseren Breiten gewohnten Lichtverhältnisse. Im Mai, Juni, Juli schließlich geht die Sonne kaum noch unter, Ende Juni taucht sie nur ganz schwach – in Reykjavik z.B. für eine halbe Stunde – unter den Horizont; dabei bleibt es aber hell. Das Spektakel der totalen Mitternachtssonne kann man nur auf Grímsey und in den nördlichsten Teilen Islands gegen Ende Juni beobachten.
Die Wassertemperaturen, sowohl des Meeres als auch der Flüsse, liegen relativ niedrig. Die Meerestemperaturen bewegen sich im Winter (März/April) zwischen 6°C an der Südküste und 1-2°C an der Nordküste und im Hochsommer (August) zwischen 10-11°C an der Süd-/Südwestküste und ca. 8°C an der Nord- und Ostküste. Ostgrönland- und Ostislandstrom bringen polares Wasser um 0°C und darunter nach Nordwest- und Ostisland, weshalb besonders hier, an der Ostküste, die niedrigsten Wassertemperaturen gemessen werden. Das Baden im Meer ist also kaum anzuraten. Ähnliches ist von den Flüssen zu sagen, die größtenteils von den Gletschern, vom Vatnajökull zumeist, gespeist werden, teils auch aus dem Inneren der Berge kommen. Sie alle erweisen sich auch im Sommer – trotz der einladenden Klarheit – als zu kalt für ein Bad, gestatten allenfalls ein kurzes Eintauchen. Eine Ausnahme bilden natürlich die warmen Flüsse, die in geothermischen Gebieten aus

warmen Quellen gespeist werden oder über warmen Grund verlaufen. Sie entschädigen dann allerdings vollauf für alle aufgeschobenen Badevergnügen.

Bleibt zu guter Letzt das Eis zu erwähnen, das Island den Namen gab. Es findet sich in zweifacher Gestalt: Als mächtige Gletschermasse, die größte von Europa, überzieht es die vulkanischen Hochflächen, besonders im Süden und Südwesten; und als Treibeis wird es von den nördlichen Meeresströmen mitgeführt und in kalten Wintern um die Insel herum abgelagert.

Die Gletscher, die in den Eiszeiten fast ganz Island bedeckten, schmolzen in den letzten 15 000 Jahren, während einer wärmeren erdgeschichtlichen Periode, allmählich ab. Vor etwa 2500 Jahren dürfte Island eisfrei gewesen sein. Dann bauten sie sich unter dem Einfluß vermehrter Niederschläge und deutlicher Temperatursenkungen erneut zu mehreren hundert Metern Dicke auf. Diese Entwicklung reichte bis ins 19. Jh., als die Gletscher ihre größte Ausdehnung in historischer Zeit aufwiesen. Die Siedlungsgeschichte der Isländer berichtet immer wieder, daß Höfe und Weiden vor den heranrückenden Eismassen aufgegeben werden mußten, insbesondere im südlichen Bereich des Vatnajökull, z.B. am Breidamerkurjökull, wo noch im 18. Jh. Höfe unter den sich ausdehnenden Gletschern begraben wurden. Seitdem befindet sich das Eis wiederum im Rückzug. Aber immer noch bedeckt es mehr als ein Zehntel des Landes. Das Verhalten der Gletscher ist also eng an klimatische Faktoren gebunden, besonders an langzeitlich wirksame Temperaturschwankungen. Unter deren Einfluß verändern sich die Größenordnungen der Gletscher und deren Marschrichtung, ihr Verlauf und die Wassermenge der Gletscherflüsse und -zungen sowie die regionalen Wetterlagen. In dieser Hinsicht sind die im Bereich der Gletscher lebenden Menschen auf längere Sicht vom Klima doppelt abhängig.

Das Treibeis, den Isländern bekannt seit der Zeit der Besiedelung, hat nicht zu allen Zeiten die Küsten und damit die Schiffahrt und die Häfen bedroht. Mit dem Großklima schwankte auch die Treibeisgrenze: in den kalten Jahrhunderten vom 17. zur Wende zum 20. Jh. war die Insel häufig vom Packeis eingeschlossen, das bis in den Hochsommer hinein die Häfen und damit die Zufuhr wichtiger Nahrungsmittel blockierte. Seit 1920 wich die Treibeisgrenze gegen Grönlands Ostküste zurück. Aber die Eiswinter 1965/68/69 mit wochenlangen Eisblockaden zerstörten die Hoffnung auf eine generelle Besserung des Großklimas.

Immerhin: Das Treibeis erreichte Islands Küsten, zumal die Südküste, nur noch selten. Und vor Eisbären, die auf den arktischen Schollen angetrieben wurden, wie es in den früheren Zeiten gelegentlich geschah, braucht man sich vorerst nicht zu fürchten.

Flora

Die Pflanzenwelt Islands ist durch die geschilderten Bedingungen der Landschaft und des Klimas geprägt. Jahrmillionenlanger Vulkanismus und Vergletscherungen verhinderten die Entwicklung einer artenreichen und eigenständigen Flora; andererseits stand die isolierte Lage Islands einer breiteren nacheiszeitlichen Einwanderung von Pflanzen entgegen: Viele Arten, die während der Eiszeiten ausgestorben sind, haben Island nicht wieder erreicht. Das rauhe Klima tut ein übriges, um die Zahl der Arten gering zu halten und die Bäume nicht in den Himmel wachsen zu lassen.
Gerade dieses letzte Phänomen – der so gut wie fehlende Baumbestand und die Bescheidenheit der sogenannten Wälder (*skógar*) – ist für den Islandbesucher zunächst das augenfälligste Merkmal isländischer Flora. Die wenigen Wälder, deren eindrucksvollste wohl Hallórmstadaskógur am Lögurinn-See, Vaglaskógur bei Akureyri sowie die Wälder am südlichen Skeidarárjökull und im westlichen Vorland des Langjökull sind, werden als nationale Heiligtümer angesehen. Höher wachsende Birkenarten, die aus Alaska importierte Sitkafichte, die nordische Fichte, Rottannen aus Norwegen und Kanada sowie die sibirische Lärche erreichen hier mittlerweile Höhen bis zu 15 m. Was darüber hinaus den Namen »Wald« trägt, besteht aus niedrigem, oft nur mannshohem Krüppelwald, Buschwerk aus Moorbirken (Betula pubescens), verschiedenen Arten von Weiden, z.B. Filzweide (Salix glauca) und Wollweide (Salix lanata), sowie vereinzelten Ebereschen. Solche Kargheit ist freilich nicht in erster Linie naturbedingt, sondern zunächst das Ergebnis menschlichen Raubbaus. Denn zur Zeit der Besiedelung war, wie die alten Quellen und Dichtungen ausweisen, die gesamte Küste bis an die Grenze zum Hochland zu über 50% mit dichtem Wald bestanden. Auch die vielen Namen in der Zusammensetzung mit Wald (skógur, holt, mark) zeugen davon. Der »Skógar-Foss« an der Südküste ist ein Wasserfall, der einst im Wald lag! Rücksichtsloser Holzschlag für Häuserbau und Feuerung und die Herstellung von Holzkohle zur Verhüttung von Sumpferz, dazu die Schäden, die die Schafe an den Jungtrieben

anrichteten, vernichteten die Wälder, ohne daß durch Aufforstung ein Gegengewicht geschaffen worden wäre. Den Spätschäden versucht man seit einigen Jahrzehnten mit Wiederaufforstungsprogrammen zu begegnen. Die genannten Wälder stellen solche erfolgreichen Anpflanzungen dar. Daß der Isländer ihnen mit Achtung und einem gewissen Stolz begegnet, läßt sich leicht verstehen. Aber es muß hier noch viel geschehen, um den rapiden Windabtrag des Bodens stärker als bisher aufzuhalten.

Übrigens ist die Vegetation Islands in frühen Tagen schon einmal üppiger gewesen: Vor den großen Eiszeiten, unter den milderen Klimabedingungen des Tertiärs, gab es hier riesige Laub- und Mischwälder, in denen selbst der berühmte nordamerikanische Mammutbaum (Sequoia gigantea) wuchs und Eiche, Buche, Ulme und Ahorn gediehen. Das kann man an Braunkohleeinlagerungen und Blattversteinerungen ablesen. Aber diese Zeiten sind vorbei: Heute umfaßt die floristische Bestandaufnahme nur noch 440 Arten höherer Entwicklung, von denen rd. die Hälfte Überlebende der Eiszeiten sind. Die Herkunft ist zu 90% europäisch-eurasisch, nur zu 10% »westlich«: 97% der auf Island vorkommenden Pflanzen sind auch auf Norwegen, 85% auf den britischen Inseln anzutreffen, dagegen nur 10% in westlich von Island gelegenen Regionen. Zwei Drittel aller Arten sind boreal verteilt, d.h. auf breitem Klimagürtel von Europa bis an den Polarkreis, ein Drittel ist arktisch-alpin, kommt also nur zirkum-polar oder in höheren Lagen der Alpen oder anderer südlicher Hochgebirge vor. In der Überschneidung amerikanischer, eurasischer und zirkumpolarer Verteilungsgebiete liegt zugleich eine für den Pflanzenkenner interessante Besonderheit der isländischen Flora. Beispiele für seltenere, in Europa unbekannte Arten amerikanischer Herkunft sind etwa die gelbblühende Orchidee (Habenaria hyperborea) und das lilarot blühende Arktische Weidenröschen (Chamaenerion latifolium).

Nach Lage, Kleinklima und Bodenbeschaffenheit bieten die isländischen Landschaften sehr unterschiedliche Voraussetzungen für Vegetationsbildung. Sandiger oder auch salzwasserüberspülter Strand, Sümpfe und Moore, z.B. an den inneren Enden der Fjorde und an den Hängen des Berglandes, steinige Ödlandflächen, Lavafelder, die Heide des Hochlandes sowie lokale Regionen am Rande der Gletscher oder in der Nähe heißer Quellen stellen charakteristische Vegetationsgebiete mit typischer Flora dar. Einige Pflanzengesellschaften kommen in größerer

Verbreitung vor, einige sind aber regional auf solche Vegetationssräume beschränkt.
Das Tiefland ist in seinen fruchtbaren Anteilen durch Zwergsträucher und viele andere Arten von Gräsern gekennzeichnet. In seinen klimatisch begünstigten Lagen sind die Wiesen im Sommer mit Löwenzahn, Habichtskraut, Storchschnabel und Engelwurz (Angélica archangélica), Feldenzian (Gentianella campestris) und der Gemeinen Schafgarbe übersät. Auf den sandigen Flächen und Hügeln dominiert Sandhafer. Er wirkt vor allem der Zerstörung durch Flugsand entgegen. Mit ihm zusammen treten u.a. auf: Schwingelgräser (Festúca), das Gänsefingerkraut (Potentilla anserína), der Ackerschachtelhalm und das Stengellose Leimkraut (Siléne acaulis arctica), dem man auch in der steinigen Hochheide begegnet. Es wächst in dichten Polstern und hält den Boden gut gegen den Wind fest. Im feuchteren Sand halten sich Mauerpfeffer und Ackerspark; am Spülsaum des Meeres gedeihen Grasnelke (Arméria maritima), Strandkamille, Meersenf (Cacile maritima) und Strandroggen.
Die Sümpfe (*floar*) und Moore (*mýrar*) umfassen rd. 10% des Landes. Hier finden sich in den Ausläufern der Fjorde und Binnengewässer verschiedenen Reetgrasarten, vor allem das Wollgras (*fifa*), das in wenigen, aber üppig auftretenden Populationen ins Auge fällt: das Schmalblättrige Wollgras (Erióphorum angustifólium) bevorzugt die sumpfigeren Teile und findet sich ein, wo Gewässer verlanden. Das Wollgras Scheuchzers, das nach der Bestäubung durch sein charakteristisches weißes Wollbüschel die grüne Landschaft aufhellt, bevorzugt die Moorlagen oberhalb der Tümpel. Seggen-und Binsenarten, Moor- oder Rauschbeere (Vaccínium uliginósum) und Knöllchenknöterich, Tausendblatt (Myriophýllum) und verschiedene schwimmende Wasserpflanzen, sowie in der Blütezeit einige farbige Kräuter gehören zur monotonen Flora dieser Region.
In den unserer norddeutschen Heide ähnlichen Gebieten am Fuße der Berge, unterhalb 400 m, deren Pflanzengemeinschaft der Isländer *móar* oder *mólendi* nennt, wachsen verschiedene Heidekrautarten und einige Blütenpflanzen und Zwergsträucher. Vertreter des mólendi sind das Isländische Moos (*Fjallagrös*), Krähen- und Rauschbeere, wiederum einige Seggen- und Binsenarten, Stengelloses Leimkraut, das Echte Labkraut (Gálium verum), Silberwurz (Dryas octopétala) und die Gemeine Heidelbeere. Charakteristisch für das mólendi ist die häufige Bildung

Die für Island charakteristischen weißen Büschel des Wollgrases

von kleinen Höckern bzw. Kuppen, die schon von weitem ins Auge fallen.

Weiter oben im Hochland, auf dem Grenzgebiet zwischen besiedeltem und steinig-unwegsamen Gebiet liegt die Hochheide (*heidi*) mit ihrer anspruchslosen, wenig Wasser benötigenden, aber gegen Wind und Wasser gefeiten Heidevegetation. Süß- und Sauergräser, Moose, Flechten, kriechende Zwergbirken (Betula nana) und Krautweiden (Sálix herbacea) bestimmen die Vegetation. Drahtschmiele und Scheidensegge (Cárex vaginata), Knöllchenknöterich und Stengelloses Leimkraut können sich hier noch durchsetzen. Und wer im Juni/Juli reist, findet an Flußläufen oder in ausgetrockneten Flußbetten das prächtige, purpurfarben blühende Arktische Weidenröschen, das häufig in größeren Beständen auftritt.

Auf den steinigen Ödlandflächen (*melar*) führen neben zahllosen Flechtenarten, von denen auf Island 450 unterschieden werden können, Schnee-Enzian, Hornkraut, Thymian und Silberwurz, Grasnelke und viele Steinbrecharten (Saxífraga) ein mehr oder minder verstecktes

Dasein. In der Öde bilden sie oft den lebendigen Kontrast zur steinigen Umgebung und werden um so dankbarer begrüßt.

Was die Lava (*hraun*) an Pflanzen zuläßt, hängt von ihrem Alter ab: je älter, desto höherentwickelte Pflanzen haben sich angesiedelt. Ältere Lavafelder, z.B. die über 200 Jahre alte Eldhraun in der südlichen Skaftafellssýsla, sind meist mit einem dichten Moosteppich (Rhacomitrium-Arten) bedeckt, der sich der jeweiligen Gestalt der Lava anschmiegt. In der Folge siedeln sich auch Blütenpflanzen, Zwergsträucher und Birken an.

Moose – Island kennt rd. 500 Arten – stellen auch die Leitflora im Umkreis von Binnengewässern an Flüssen und im Sprühbereich der Wasserfälle dar. Hier sind hauptsächlich das Schwertmoos (Bryoxiphium norvegicum) zu nennen und, an kalten Quellen und Bächen, das gelbgrün leuchtende Quellmoos (Philonotis fontana). Einige Steinbrecharten, Alpenehrenpreis und Brunnenquellkraut ragen hier und dort aus dem Moosteppich heraus. Was unter klimatisch oder regional besonderen Bedingungen z.B. im Bereich heißer Quellen oder in der Umgebung von Gletschern an Blühendem zu finden ist, mag der Pflanzenfreund mit dem Bestimmungsbuch selbst herausfinden. Beachtet werden sollte, daß Pflanzen in Island eine wertvollere Gabe der Natur darstellen als in den üppigeren Vegetationszonen Kontinentaleuropas. Seltene Pflanzen stehen unter Naturschutz und sollten entsprechend geachtet werden.

Fauna

Obwohl die isolierte Insellage Islands die Bildung einer eigenen Fauna hätte begünstigen müssen, hat die schon beschriebene eigentümliche Naturgeschichte dennoch einen Bestand an endemischen Arten verhindert. Vor der Besiedelung durch den Menschen gab es in Island ausschließlich Tiere, die die Insel durch die Luft oder zu Wasser erreichen konnten: Vögel in zahlreichen Arten, einige Insektenarten, besonders Mücken; den Polarfux, der einst auf Eisschollen gekommen ist, sich ansiedelte und so zum einzigen »natürlichen« Säugetier auf Island avancierte; gelegentlich – mit dem gleichen Verkehrsmittel eingetroffen – Eisbären, die aber nicht heimisch wurden; und, natürlich, alles im Wasser lebende: Fische, Wale, Robben. Man kann also die natürliche Fauna Islands im ganzen als artenarm kennzeichnen.

Alles, was sonst an Tieren auf Island existiert, wurde vom Menschen importiert: das Schaf, das als Spender von Fleisch und Wolle entscheidende volkswirtschafliche Bedeutung erlangte; das als Nahrungs- und Transportmittel wichtige Pferd; das Ren, 1771 aus Norwegen eingeführt, das mit einem Bestand von über 2000 Tieren im östlichen Hochland anzutreffen ist; der 1930 für die Pelztierzucht eingeführte Nerz, der mittlerweile aus den Käfigen ausgebrochen ist, sich wild vermehrt und Vogel- und Süßwasser-Fischbestände bedroht; und die für den Menschen unliebsamen Mäuse und Ratten – Feld- und Hausmaus, Haus- und Wanderratte –, die als blinde Passagiere mit den Schiffen der Landnehmer eingereist sind. Damit ist, von den Haus- und Nutztieren abgesehen, der Artenbestand schon im wesentlichen beschrieben. In den Binnengewässern, in Flüssen und Seen, tummeln sich, in wenigen Arten, aber großer Menge, Lachs und Forelle, Saibling, Aal und Stichling. Das Meer ist mit rd. 150 Fischarten wesentlich artenreicher: Kabeljau, Schellfisch, Köhler, Seewolf, Scholle, Rotbarsch und Heilbutt, Hering und Lodde (ein bis zu 20 cm langer, sprottenähnlicher Lachsfisch) – daneben noch der Wal in verschiedenen Arten – bevölkern immer noch die Meere um Island, wenn auch die natürlichen Bestände zunehmend gefährdet sind.

Vögel

Die unmittelbare Naturnähe der Isländer und eine gewisse wirtschaftliche Abhängigkeit von einigen Vogelarten haben von alters her zu einer besonderen Verbundenheit mit den Vögeln geführt, die sich u.a. auch in ihren Mythen und im Aberglauben des Volkes niedergeschlagen hat. Bereits in den Eddaliedern finden Vogelarten – insbesondere Greifvögel und Möven – Erwähnung.

Die ökonomische Bedeutung, die sich aus der materiellen Nutzung des Vogelreichtums ergab, war auf Island besonders groß, wohl auch bedingt durch die relative Armut und Dürftigkeit der Bodenerträge sowie aus Mangel an Getreide, Holz und nutzbarem Haarwild.

Neben dem Verkauf des Gerfalken, z.B. an das Königshaus in Kopenhagen, wo er wegen seiner Schnelligkeit für die Beizjagd begehrt war, hatten der Vogelfang und das Sammeln von Daunen und Eiern einen nicht unbedeutsamen volkswirtschaftlichen Stellenwert. Der überaus reiche Bestand an Vögeln aller Art ist dadurch, mit Ausnahme des ausgerotteten Riesenalks, dessen letzte Exemplare 1844 auf der Insel Eldey erschlagen wurden, und der zeitweilig geschützten Eiderente, nie gefährdet

1
2
3
4
5
6

gewesen. Deren rücksichtsloser Abschuß hatte 1847 einen Erlaß notwendig gemacht, worin das Töten von Eiderenten vorbehaltslos untersagt wurde. Das Verbot wurde aufgrund der materiellen Not nie ganz eingehalten; das zeigt schon der im Volksmund gebräuchliche Name »Sackente«: eine Ente, die im Sack verborgen nach Hause getragen wird. Der Vogelfang war nicht ungefährlich: Der Fänger ließ sich vom Felsdach an einem Seil herunter, um an die Nester zu gelangen. In weiteren Schwüngen, bis zu 50 m hinaus aufs Meer, bewegte er sich am Fels entlang. Häufig trieb die Not verzweifelte Isländer dazu, ohne Erlaubnis und entsprechende Ausrüstung an den Vogelfelsen die Jungvögel zu fangen. Hierbei kam es immer wieder zu tödlichen Unfällen. Bereits im Jahre 1281 regelte ein Gesetz den Vogelfang. Heute wird er in größerem Ausmaß lediglich auf den Westmännerinseln betrieben, wo mit langstieligen Keschern Jagd auf den Papageientaucher gemacht wird. Die Vogelfänger sitzen beim Fang möglichst verborgen in direkter Nähe der Felskante und versuchen von dort, die vorbeifliegenden Vögel mit dem Netz zu fangen. So enden die prachtvollen Papageientaucher in der Gefriertruhe oder als ausgestopftes Souvenir.
Die Bedeutung der Eiderenten-Daunen als Handelsware war für viele Bauern existentiell, und noch heute gehören sie zu den wertvollsten Erzeugnissen und Handelsgütern Islands. Die Eiderente hält sich zur Brutzeit auf grasbewachsenen Inseln und in Buchten und Fjorden auf, ja sogar im unmittelbaren Bereich von Höfen, wo die Bauern den Vögeln Nistplätze einrichten. Tier und Mensch leben so in einer Art Symbiose: Der Bauer entfernt nach der ersten Eiablage die Nestdaunen mitsamt den 4–6 Eiern. Die Ente wiederholt den Vorgang des Nestbaus und der Eiablage, nun unter dem Schutz des Menschen. Nach erfolgter Brut werden die Daunen nochmals abgesammelt. Dabei ergeben 60–70 Nester 1 kg Daunen. Dies ist zugleich ein eindrucksvolles Beispiel für eine naturfreundliche Nutzung des natürlichen Reichtums durch den Menschen.
Ließ sich die isländische Fauna als sehr artenarm kennzeichnen, so gilt für die Vögel – für die eine Überwindung weiter Meeresstrecken kein unüberbrückbares Hindernis bedeutet – das Gegenteil. Auf Island brüten etwa 75 Vogelarten; die Zahl nimmt seit einigen Jahrzehnten zu. 227 Arten wurden bisher insgesamt registriert. In Anbetracht des relativ geringen Alters der Insel kommen endemische Arten nicht vor. Die Mehrzahl der heute hier anzutreffenden Vogelarten hat die Insel erst

Links: 1 Papageientaucher, 2 Trottellume, 3 Baßtölpel, 4 Gryllteiste, 5 Goldregenpfeifer, 6 Alpenschneehuhn

nach Beendigung der Eiszeit besiedelt. Interessant ist, daß Island an der Peripherie mehrerer Faunengebiete liegt: zahlreiche Vogelarten sind europäischer (z.B. Wiesenpieper, Rotdrossel, Eiderente, Alpenstrandläufer, Merlin, Goldregenpfeifer) oder arktischer Herkunft (Schneeammer, Gerfalke, Eisente, Alpenschneehuhn) sowie, zahlenmäßig weniger bedeutungsvoll, amerikanischen (Kragenente, Eistaucher) und atlantischen Ursprungs (Baßtölpel, Große Raubmöve). Einige Arten lassen sich nicht genau zuordnen, wie Kolkrabe, Kormoran, Papageientaucher und Schmarotzerraubmöve.

Ornithologisch ist von Interesse, wo sich die Verbreitungsareale und Brutgebiete befinden. Im Wald trifft man den Birkenzeisig, Zaunkönig, Wiesenpieper, die Rotdrossel sowie die Bekassine an. Als Charaktervogel der Moor- und Wiesenlandschaften ist die Schmarotzerraubmöve zu nennen. Darüber hinaus leben hier die Große Raubmöve (Skua), die Lachmöve, Krick- und Stockente, Odinshühnchen und Ohrentaucher. Letztere benötigen ausgedehnte Wasserflächen. Mit weniger Wasser kommen Wiesenpieper, Alpenstrandläufer, Rotschenkel, Uferschnepfe und der Regenbrachvogel aus.

Charakteristische Vögel der Flachheiden (*móar*) sind das Schneehuhn, wiederum der Wiesenpieper und der Goldregenpfeifer, der sich durch einen flötenden, melancholischen Lockruf während des Fluges verrät. Für den Isländer beginnt der Sommer erst, wenn der *Heidlóa*, der in warmen Ländern überwintert, eingetroffen ist.

Die Lavaflächen sind bevorzugter Lebensraum für den Kolkraben und auch das Schneehuhn. In den Felstrifften, zwischen der oberen Grenze der Heide und den Fels- und Schotterwüsten der Gebirgsmassive, trifft man als häufigsten Brutvogel wiederum den Goldregenpfeifer an, daneben die Schneeammer, den Steinschmätzer und Sandregenpfeifer. Kaum zu Gesicht bekommen wird der Wanderer die große rundköpfige Schneeule, die im unwegsamen Inneren des Hochlandes z.B. in der Odádarhraun, brütet; daneben die nahe dem Oberlauf der großen Flüsse nistende Kurzschnabelgans, die durch den Kontrast von braunem Kopf und Hals und blaugrauem Rücken auffällt. Island beherbergt rd. 65% des Weltbestandes dieser Gänseart.

Die Vogelwelt der Binnengewässer läßt sich nur schlecht schematisieren. Deshalb soll als Beispiel das *Mývatn-Gebiet* (S. 240) skizziert werden: Die vielen Buchten, Inseln, warmen Quellen, Unterwasserpflanzen und das reichhaltige Nahrungsangebot haben den extrem flachen

See (4 m) zu einem bevorzugten Nistplatz werden lassen. 100 000 bis 150 000 Enten bevölkern das Areal, 15 verschiedene Arten wurden gezählt. Am häufigsten vertreten ist die Bergente, daneben sind Spatelente, Stockente, Trauerente, die selten gewordene Eisente – charakteristische Ente der Arktis –, die auch in Moor- und Wiesengebieten brütende Krickente, die unscheinbar gefärbte Schnatterente, die Pfeifenente sowie – als ausgesprochene Raritäten – die Spieß-, Tafel- und Löffelente zu beobachten. An der schnellfließenden, sauerstoff- und nahrungsreichen Laxá brütet die auch auf einer Briefmarke abgebildete Kragenente. Der in den Sommermonaten Reisende muß sich damit abfinden, daß die Erpel sich dann mausern und ihr Prachtkleid verloren haben. In der Regel befindet sich der Eistaucher auf dem See. Häufiger sind der Stern- und der Ohrentaucher. Scharen noch nicht geschlechtsreifer Singschwäne fallen schon von weitem ins Auge. Nach der Brutzeit trifft im Juli das winzige Odinshühnchen ein. Durch unterbrochenes Schwimmen in kleinen Kreisen wirbelt es seine Nahrung auf. Darüber hinaus sind auch hier Sandregenpfeifer, Rotschenkel, Alpenstrandläufer und Regenbrachvogel zu Hause.
Die fast 6000 km lange Küste – überwiegend Steilküste – und die zahlreichen Inseln bieten vielen Meeresvögeln ideale Brutplätze. Am Fuß der Klippen nisten die großen schwärzlichen Kormorane und Krähenscharben, die ihre schönen, größtenteils aus Tang gebauten Nester auf Vorsprüngen steiler Felswände anlegen. In den Geröllfeldern unterhalb der Felsen findet der Gryllteist zahlreiche Nistmöglichkeiten. Kurz darüber leben die an den schwarzen Beinen erkennbaren Dreizehenmöwen. Etwa in der Mitte der Felsen brüten der Tordalk, die seltenere, eher im Norden Islands anzutreffende arktische Dickschnabellumme und die europäische Trottellumme, diese häufiger im Süden. Im oberen Teil nistet der gänsegroße Baßtölpel, ein Flugkünstler, der aus beachtlicher Höhe senkrecht ins Meer stürzen und bis zu 35 m tief tauchen kann. Teilen muß sich der Baßtölpel diese Region noch mit der Mantelmöwe und dem Eissturmvogel, der sich durch Ausspucken eines übelriechenden Öls gegen andere Vögel verteidigen kann. Ohne Flügelschlag kann er segelnd und kurvend direkt über den Wellen gleiten. Am höchsten Punkt der Küstenfelsen lebt, in Höhlen unter der Grasnarbe, der Papageientaucher (S. 43). Interessant ist, daß unten am Berg sehr viele Eier, oben nur noch ein Ei bebrütet werden. Der Charaktervogel der Flachküste schließlich ist die Eiderente (S. 43).

7

8

9

10

11

Die unwirtlichen Sanderflächen beherbergen hauptsächlich die Küstenschwalbe sowie wiederum die Schmarotzerraubmöwe und die bussardgroße Raubmöwe (Skua), die auch in den Moor- und Wiesenlandschaften so häufig anzutreffen sind. Um an Nahrung zu gelangen, verfolgen die Skuas (ebenso wie die Schmarotzerraubmöwen) andere Vögel und zwingen diese, ihre Nahrung zu erbrechen. Gelegentlich werden die Verfolgten auch getötet. Das Revier wird – auch gegen Menschen – durch Sturzmanöwer verteidigt. Und es ist nicht nur angsteinflößend, sondern manchmal sogar gefährlich, wenn dieser stattliche Vogel von dunklem Gefieder, recht plumpem Körperbau und einem kräftigen hakenförmigen Schnabel mit seinen Scheinangriffen knapp über den Kopf des nichtsahnenden Naturfreundes streicht, diesen mitunter mit dem Schnabel streifend. Sofortiger Rückzug ist in solchen Situationen durchaus ratsam. Trotz des paradiesischen Reichtums an Vögeln sollte nicht verschwiegen werden, daß immer mehr Arten, z.T. durch die Schuld des Menschen, in ihrem Bestand gefährdet oder gar vom Aussterben bedroht sind. In einem ornithologischen Gutachten für den isländischen Naturschutzrat sind als gefährdete Arten der Seeadler und der Ohrentaucher aufgeführt; Vom Aussterben bedroht sind Krabbentaucher, Roter Wassertreter, Wasserralle, Schnee-Eule, Tafelente, Bruchwasserläufer, Haussperling, Bergfink, Wacholderdrossel und Weißwangengans. Daneben gibt es viele selten gewordene oder standortgebundene Vögel, wie z.B. den Islandfalken, den Eistaucher, Spatel- und Schnatterente und viele andere. Das macht verständlich, warum die Isländer den Schutz ihrer Natur immer nachhaltiger betreiben und Naturplünderer, z.B. Vogeleierdiebe, immer unnachsichtiger verfolgen und mit hohen Geldbußen belegen.

Islands Schafe

Als vor rund 1100 Jahren die ersten Einwanderer in Island eintrafen, war das natürliche Vorkommen an jagd- und eßbaren Tieren ausgesprochen dünn. Ohne die in großer Zahl aus der norwegischen Heimat mitgebrachten Haustiere – neben Schafen vor allem Pferde und Rinder – hätten die Siedler damals schwerlich auf der rauhen Nordmeerinsel überleben können. Das Fleisch der Schafe gehörte von Beginn an zu den wichtigsten Nahrungsquellen der Menschen. Auch die Schafmilch war begehrt. Sie diente als Ausgangsprodukt für die Zubereitung von Butter, Käse und Skyr, einer joghurtähnlichen Nationalspeise.

Links: 7 Große Raubmöwe, 8 Schmarotzerraubmöwe, 9 Falkenraubmöwe, 10 Krähenscharke, 11 Tordalk

Herbstlicher Schafabtrieb

Eine besondere Bedeutung gewann in der Zeit nach der Landnahme ein in Heimarbeit gewebtes grobes Wolltuch, das *vadmál*. Mit der Schrumpfung des Geldumlaufs wurde es im Lande zu einem geläufigen Tauschgegenstand, dessen Wert gesetzlich festgeschrieben war. Gleichzeitig war dieses Schafprodukt ein Hauptausfuhrartikel, der erst im 14. Jh., als die Fischexporte zu steigen begannen, an Bedeutung verlor.
Heute fallen Schafwolle und Felle nur noch als Nebenprodukt an, und die Milch überläßt man gänzlich den Lämmern. Das Zuchtziel der modernen isländischen Schafhaltung ist die Erzeugung möglichst schwerer Mastlämmer. Statistisch gesehen vertilgt jeder Isländer 45 kg Lammfleisch pro Jahr; die Bundesdeutschen bringen es dagegen auf ganze 700 g. Nur 1/5 des milde schmeckenden Fleisches wird exportiert. Obwohl seit Beginn dieses Jahrhunderts die Rinderhaltung stark zugenommen hat, blieben die Schafe die Existenzgrundlage der isländischen Landwirte. Die Hälfte aller Bauern lebt von der Schafzucht.
Diese Tiere haben sich im Verlauf eines guten Jahrtausends so den hier herrschenden Klima- und Nahrungsbedingungen angepaßt, daß sie heute eine eigene Rasse darstellen. In der jüngeren Vergangenheit wirkte zudem eine auf hohe Fruchtbarkeit und hohes Schlachtgewicht

abzielende Zuchtwahl auf die Ausprägung der Rasse ein. Daneben zeichnet sich das isländische Schaf besonders durch seine Langlebigkeit und eine grobe, gegen Feuchtigkeit und Kälte schützende Mischwolle aus.

Gemeinsam mit seinen heute noch in Norwegen weidenden Verwandten gehört es einem kurzschwänzigen nordischen Typ an, zu dessen Ahnen – wie bei der norddeutschen Heidschnucke – das europäische Mufflon zählt.

Wenn heute ein isländischer Züchter ausschließlich von Schafen leben will, dann umfaßt seine Herde etwa 450 Tiere. Unter ihnen sind nur wenige Böcke. Den Winter über werden die Schafe im Stall, dann, sobald es das Wetter zuläßt, auf umzäumten Weiden in der Nähe des Hofes gehalten. Nach 20 bis 21 Wochen Tragzeit lammen die Mutterschafe im Mai. Anfang Juli treibt man in ganz Island die Schafherden, die nun auf das Doppelte des Winterbestandes angewachsen sind, in das Hochland. Hier leben die Tiere den Sommer über. Da in den Höhenlagen und zu den Schneegrenzen hin die nährstoffreichsten und den Schafen wohl am besten schmeckenden Kräuter wachsen, dringen sie weit in das Landesinnere, auch in Gegenden mit sehr lückenhafter Vegetationsdecke, vor.

Die Hochweiden Islands befinden sich überwiegend im Gemeindebesitz. Das Recht zur Beweidung der Allmende verpflichtet die Bauern, ihre Schafe im Herbst wieder zusammenzutreiben. Ab Mitte September organisieren sie in ihren Gemeinden Abtriebsverbände, die zu Fuß oder zu Pferd die Schafherden in die Täler zurückbringen.

Der herbstliche Schafabtrieb und das anschließende Sortieren der Tiere, *rjétt* genannt, stellen jedoch mehr als nur eine Pflicht dar. Wer einmal bei einem rjett dabeigewesen ist, spürt die Begeisterung der von den tagelangen Ritten und Märschen im unwegsamen Bergland erschöpften Männer und die Faszination, die dieses Ereignis auf alle Helfenden ausübt. Jung und Alt sind in diesen Tagen an der großen Sortierhürde versammelt, um zu helfen, und es fließt viel Kaffee und *brennivin* (Branntwein). Unmittelbar nach dem Abtrieb werden die nun viermonatigen Lämmer und die aus der Stammherde ausgesonderten Altschafe zu den Schlachthöfen abtransportiert.

Die Verluste während der sommerlichen Weideperiode sind gering. In Gegenden, die nicht durch Vulkanismus gefährdet sind, sind es weniger als 0,5%. Katastrophale Folgen dagegen haben bisweilen Vulkanausbrü-

che. Manche Eruptionen setzen Unmengen von Asche frei, die sich stellenweise meterdick auf das umliegende Weideland legt und es vernichtet. Noch weiträumiger und verheerender wirken Fluorgase, die sich oftmals mit der Vulkanasche niedersenken. Wenn sie in Verbindung mit Nahrung von den Schafen aufgenommen werden, rufen sie schwere Schäden an Knochen, Gelenken und Zähnen hervor, so daß die Tiere schließlich verenden. Deshalb müssen nach Vulkanausbrüchen oft Zehntausende von Schafen binnen kürzester Frist von den vergifteten Weiden entfernt werden. Es kann Wochen dauern, bis der Regen die schädlichen Verbindungen wieder herausgewaschen hat.
Schafkrankheiten bereiten eigentlich ständig große Sorgen. Neben Stoffwechsel- und Mangelerkrankungen sind Infektionen besonders heimtückisch. Zwischen 1940 und 1950 fielen fast die Hälfte der isländischen Schafe einer Lungenkrankheit zum Opfer, deren Erreger mit Karakul-Widdern aus Schottland eingeschleppt worden waren. Die importierten Böcke sollten zu Zuchtzwecken benutzt werden und die einheimische Rasse verbessern. Heute ist die Einfuhr von Schafen nach Island verboten. Um die Ausbreitung der Schafseuchen zu verhindern, hat man inzwischen einzelne Weidegebiete im Landesinnern durch kilometerlange Zäune voneinander getrennt.
Weitaus größeres Kopfzerbrechen als solche akuten Schwierigkeiten dürfte den Isländern in Zukunft ein chronisches Leiden bereiten, das ihrem Land im Verlauf der Jahrhunderte von den Schafen zugefügt worden ist: Wenn im Sommer 1,7 Millionen Schafe Zentral-Island bevölkern, dann erleidet die natürliche Vegetation in vielen Gebieten schweren Schaden. Auf den überweideten Flächen sterben die Pflanzen durch Verbiß und die das Wurzelwerk verletzenden Hufe ab. Zuerst entstehen Löcher in der Pflanzendecke, die den erodierenden Kräften von Wind, Wasser und Frost Angriffsstellen bieten. Schließlich kommt es zu einer Erosion, die bis auf den grobkörnigen mineralischen Untergrund hinabreicht. Man kalkuliert, daß alljährlich 20 km^2 Land oder 0,1% der Vegetation auf diese Weise verwüstet werden.
Durch Bodenuntersuchungen hat man nachgewiesen, daß die Erosion vor rund 1000 Jahren drastisch zunahm. Es war der Mensch mit seinen Haustieren, der damals das empfindliche ökologische Gleichgewicht aus dem Lot brachte. Heute unternimmt man große Anstrengungen, um diesen Trend zu bremsen. Gefährdete Hochweiden werden z.B. durch eine Verlagerung der Schafhaltung auf Kulturflächen in den

Küstenniederungen und Tälern entlastet. Durch Entwässerung und Düngung gelang es zwar, die kultivierten Grasländereien und die Heuerträge seit Beginn des Jahrhunderts um ein Vielfaches zu vergrößern; doch sind mit diesen Anstrengungen auch die Schaf- und Rinderbestände gewachsen, so daß positive Auswirkungen sogleich wieder neutralisiert wurden. Islands Schafe bleiben also vorerst auch Islands bedeutendstes Naturschutzproblem.

Islandpferde

Das Islandpferd ist im Vergleich zu europäischen Pferderassen eher gedrungen. Den breiten Kopf betonen lebhafte Augen und kleine Ohren, den ebenfalls breiten Hals eine kräftige, oft doppelseitige Mähne. Das Haarkleid ist rauh und kann, je nach Witterung, schnell gewechselt werden. Im Winter schützt die Tiere ein dichtes kuscheliges Winterfell, das ihnen ein sehr zottiges Aussehen verleiht. Das Deckhaar wird dann bis zu 8 cm lang. Auffällig ist die natürliche Farbenvielfalt

Das langlebige und bedürfnislose Islandschaf

der Ponys, und für besonders reizvoll sehen viele die sogenannten Farbwechsler an, denen im Winter ein andersfarbiges Deckhaar wächst.
Die Geschichte der Islandpferde reicht weit zurück. Die ersten Siedler brachten die Vorfahren der heutigen Tiere von Norwegen und Nordschottland mit. Nach Sagen und alten Dichtungen sind auf solchen Pferden schon die Götter geritten. Ponys stellten das einzige Transportmittel der Insel dar, waren ihren Besitzern gute und treue Kameraden und wurden als königliche Geschenke in andere Länder verschickt. Man schrieb ihnen sogar eine göttliche Abstammung zu. Es galt als schweres Verbrechen, ein geweihtes Pferd zu reiten. Bei Opferfesten wurde Pferdeblut getrunken und Pferdefleisch gegessen. Die beliebteste Sportart war der Hengstkampf, bei dem nicht selten eines der Tiere starb oder schwer verstümmelt wurde. Bereits im Jahr 930 erließen die Isländer das noch heute gültige Einfuhrverbot für fremde Pferde, um sich vor Seuchen zu schützen. Selbst Ponys, die auf Island geboren und später exportiert werden, dürfen die Insel nicht wieder betreten. So konnte sich in den Jahrhunderten der Isolation und in einer durch harte Lebensbedingungen geprägten Auslese das robuste, genügsame und widerstandsfähige Islandpony entwickeln. Pferdekrankheiten gibt es so gut wie keine auf der Insel, auch Seuchen sind gänzlich unbekannt – nicht zuletzt die Folge streng gehandhabter veterinärmedizinischer Vorschriften –. Und Unfälle kommen bei den trittsicheren Ponys kaum vor.
Früher ließ man die Pferde den ganzen Sommer über in halbwilden Herden im Hochland frei grasen. Heute ist dies kaum noch üblich, in einigen Gebieten sogar, zum Schutz der Vegetation, verboten. Durch die intensivere Bewirtschaftung der Tiefland-Weiden ist es möglich geworden, die Pferde das ganze Jahr über in den Ebenen zu halten. Im Sommer ernähren sie sich weitgehend von Gras und Wildkräutern. Sogar im Winter suchen sich die widerstandsfähigen Pferde ihre Nahrung draußen. Nur wenn sie bei stark vereister Schneedecke das Gras nicht mehr freischarren können, wird zugefüttert. Bei guter Haltung und Ernährung kann ein Islandpony bis zum 30. Lebensjahr einsatzfähig sein und ein Alter von 50 Jahren erreichen.
Auch zur Arbeit wurde es von den Isländern herangezogen: Im Wirtschaftsbetrieb spannte man die sehr ausdauernden und leistungsfähigen Ponys als Zugpferde vor Pflug, Wagen und Schlitten; in stärkerem Maße fanden sie aber Verwendung als Lasttiere. Noch bis zur Jahrhundert-

wende beförderte man auch mit ihrer Hilfe die Post durch das Innere der Insel. Sogar Gletscher konnten mit den Pferden überquert werden, wenn man ihnen spezielle Eisen unter die Hufe schnallte. Darüber hinaus dienten sie als Fleischlieferant, da es auf der Insel kaum jagdbares Wild gab. Nach der Annahme des Christentums im Jahre 1000 erhielten die Isländer eine Ausnahmegenehmigung, nach der der Genuß von Pferdefleisch weiterhin erlaubt war. Noch heute wird es gerne gegessen. Mit der Motorisierung verloren die Pferde zunächst an Bedeutung. Sie waren schließlich nur noch im herbstlichen Schafabtrieb in unwegsamen Gegenden unentbehrlich, obwohl auch hier Versuche unternommen wurden, die Aufgabe mit Hilfe von Flugzeugen zu lösen. Mittlerweile hat sich ein neues, volkswirtschaftlich bedeutsames Zuchtziel ergeben: Die Islandponys werden als Reit-und Freizeitpferde immer beliebter. Die Gründe dafür liegen teils im Charakter und den Fähigkeiten der Tiere, teils in ihrer Anspruchslosigkeit. Auf dem europäischen Kontinent wächst die Begeisterung für Islandpferde. Der Export hat in den letzten Jahren immer mehr zugenommen. Von 1956 bis 1986 wurden über 15 000 Pferde ins Ausland verkauft. In vielen Ländern sind

Islandpferde auf der Weide

Die Isländer bleiben ihren Pferden treu

Islandpferde-Vereinigungen gegründet worden, die die alten isländischen Traditionen betreffs Haltung und Zucht wahren. Schon 1949 schlossen sich die nationalen Vereine zur Föderation Europäischer Islandpferde-Freunde (FEIF) zusammen. Alle zwei Jahre streiten sich die Landesbesten in den Europameisterschaften um den begehrten Europapokal. Bundesdeutsche Pferdefarmen importieren und züchten Islandsponys seit den 50er Jahren. Sie sind mittlerweile sogar zum Exporteur geworden: Längst werden westeuropäische Länder wie die Schweiz und Österreich, ja sogar Nordamerika, aus saarländischen und rheinlandpfälzischen Zuchtgebieten beliefert. Denn das Freizeit-Reiten hat sehr an Bedeutung gewonnen, und Islandpferde, denen auch im Winter Weiden und Offenställe genügen, sind eben nicht nur im Charakter liebenswert, sondern auch robuster und leichter zu halten.
Während das isländische Pony solchermaßen seinen Siegeszug in Europa antrat, nahmen die Pferdebestände auf der Insel, bedingt durch die Mechanisierung der isländischen Landwirtschaft, zunächst rapide ab. Sie erreichten in den 60er Jahren mit 30 000 Tieren ihren Tiefstand. Doch die Isländer sind ihren Ponys treu geblieben: 1980 gab es auf der Insel wieder 51 000 Pferde. Auch in der Hauptstadt leben viele Pferde-

narren, was sich deutlich an den hohen Mitgliederzahlen der Reitvereine ablesen läßt. Wenn man bedenkt, daß die Isländer früher ohne ihre Ponys kaum überlebt hätten, kann man ihre traditionelle Verbundenheit mit den treuen, ausdauernden und temperamentvollen Ponys verstehen. Die Frage, ob jemand sein bestes Pferd verkaufen wolle, ist schon fast eine Beleidigung. Denn wer gibt schon freiwillig seinen besten Freund her?

Bevölkerung

Mit einer Gesamteinwohnerzahl von 240 000 im Dezember 1984, das sind rd. 2,3 Einwohner/km^2 (Bundesrepublik: rd. 285), ist Island, sieht man einmal von der dänischen Provinz Grönland ab, das am dünnsten besiedelte Land Europas. Dies wird allerdings nur derjenige empfinden, der auch das zu weiten Teilen unbewohnte Hochland durchquert. Die Isländer leben auf nur 20% der Gesamtfläche, und zwar ausschließlich in den küstennahen Gebieten, also den Küstenstreifen, im südlichen Tiefland und einigen Tälern im Norden. Der größte Teil der Bevölkerung ist im südwestlichen Ballungsraum zu finden. Allein im Großraum Reykjavik wohnen rd. 130 000 Menschen, also mehr als die Hälfte aller Einwohner.

Strukturpolitisch ist anzumerken, daß seit dem Ende des vorigen Jahrhunderts eine stetige Abwanderung aus rein ländlichen Bezirken in die größeren Orte, insbesondere nach Reykjavik und dessen Umgebung sowie nach Akureyri, zu verzeichnen ist. Lebten um 1890 noch rd. 89% der Bevölkerung auf dem Lande in bäuerlicher Umgebung und nur rd. 11% in Ortschaften über 300 Einwohnern, so kehrt sich dieses Verhältnis bis 1980 um; rd. 8% leben noch auf dem Lande und rd. 92% in den größeren Ortschaften (über 300 Einw.). Mit dieser extremen Landflucht geht natürlich eine soziale und berufliche Umschichtung Hand in Hand: Die landwirtschaftlichen und mit der Fischerei verbundenen Berufe treten zugunsten industrieller und verwaltungstechnischer Berufe stark zurück; immer häufiger findet man verlassene Gehöfte, deren Besitzer die städtische Existenz der bäuerlichen vorziehen. Zwischen 1930 und 1960 sank die Zahl der in der Landwirtschaft Erwerbstätigen von 35,8% auf 13,6%, der im Fischereigewerbe Tätigen von 21,5% auf 8,4%. Im selben Zeitraum erhöhte sich der Anteil der Industriebeschäftigten von 14,4% auf 33,7%, der des tertiären Sektors von 19,4% auf 31,7%.

Historisch gesehen war die Bevölkerungsdichte seit der Besiedelung sehr schwankend. Für die Zeit der Landnahme sind die Angaben, die man alten Quellen entnehmen kann, ungenau. Es dürften aber rd. 20 000 – 40 000 Menschen gewesen sein, die damals auf der Insel lebten. Gegen Ende des 11. Jh.s war die Bevölkerung dann auf rd. 70 000 – 80 000 angewachsen. Aber Naturkatastrophen, Krankheiten, Seuchen und Hungersnöte forderten eine hohe Zahl von Opfern, wie z.B. die Pest von 1402–04, der schätzungsweise zwei Drittel der gesamten Einwohnerschaft zum Opfer fielen. Ungesunde Wohnverhältnisse in feuchten Torfhäusern, das Fehlen von Brennholz und der Mangel an Nahrungsmitteln führten zu hoher Kindersterblichkeit und zu gefährlichen Infektionskrankheiten. Noch um 1850 starben fast ein Drittel aller Kinder im ersten Lebensjahr; die Lebenserwartung betrug 32 Jahre für den Mann, 33 Jahre für die Frau. Die Volkszählung des Árni Magnússon von 1703, die als erste genaue Volkszählung in Europa gilt, erfaßte 50 358 Menschen. Im Jahr 1786, drei Jahre nach dem Vulkanausbruch der Laki-Spalte, verzeichneten die Register nur 38 360 Seelen. Seit dem 19. Jh. verbesserten sich allmählich die Lebensbedingungen insgesamt, die Lebenserwartung nahm zu: sie ist heute, nach einer UN-Untersuchung von 1983, mit 74 Jahren für Männer und 80 Jahren für Frauen die höchste auf der Welt. Die Bevölkerungszahl stieg auf rd. 80 000 im Jahr 1900, 120 000 im Jahr 1940 und 240 000 im Jahr 1985. Wachsende Geburtenzahlen bei abnehmender Sterberate bewirken, daß die Bevölkerungszunahme anhält. Ihr jährlicher Index kann z.Zt. mit rd. 12,5% angegeben werden. Trotzdem kennt das Land auch auf längere Sicht keine Überbevölkerungsprobleme.

Die Bevölkerung besteht zu rd. 99% aus Isländern. Als erste Anwohner wurden hier überwiegend norwegische Wikinger seßhaft, aber auch Siedler aus dem britannischen Raum (der damals z.T. noch von Norwegen beherrscht wurde). In ihnen hatte sich norwegisches mit keltischem Blut vermischt. Reine, meist schon christianisierte, Kelten, wohl zunächst als Sklaven mitgebracht, verstärkten das keltische Element. Aus diesem Grund unterscheiden sich die Isländer, sowohl in Aussehen als auch in der Mentalität von den Norwegern. Später zogen wegen der harten Lebensbedingungen, die auf der Insel herrschten, aus anderen Ländern und Kontinenten kaum noch Menschen zu. Nur einzelne Verschlagene oder dänische und deutsche Kaufleute ließen sich gelegentlich in Island nieder. So hielt sich die Bevölkerungszusammensetzung

Junge Isländerin

über die Jahrhunderte hin relativ konstant und frei von fremden Einflüssen.

Im 20. Jh. wurden z.T. aus Arbeitskräftemangel dänische und deutsche Landarbeiter und Bauern sowie Facharbeiter ins Land gerufen, von denen ein geringer Prozentsatz auch blieb. Den unbedeutenderen Anteil stellten Abenteurer und Freiheitsliebende, die von der unberührten Weite Islands angezogen wurden. Sie alle hegten sicherlich den Wunsch, sich einzugewöhnen und anzupassen. Jedoch haben wohl gerade die neueren Zuwanderer gewisse Schwierigkeiten sich zu integrieren. Die Ursache dürfte wohl nur zu einem geringeren Teil in der nicht leicht zu erlernenden isländischen Sprache liegen. Weit mehr wird sie auf dem starken Zugehörigkeitsgefühl der Isländer zur nationalen Eigengruppe beruhen, das Fremden erschwert, sich als Isländer zu fühlen (S.131).

Geschichte

Die Besiedelung (874 – 930)

Die Isländer sind eines der wenigen Völker, die ihren Beginn ziemlich genau datieren und ihre Geschichte, auch in den Anfängen, einigermaßen gut überblicken können. Diese Geschichte beginnt mit der Besiedelung in den 70er Jahren des 9. Jh.s. Zwar gibt es viele Hinweise darauf, daß die Insel schon viel früher gesichtet und wohl gelegentlich auch von Schiffbrüchigen betreten wurde. Z.B. weisen römische Münzen aus dem dritten nachchristlichen Jahrhundert, die an der Südostküste geborgen wurden, auf ein solches Ereignis hin. Als gesichert gilt auch die Überlieferung, daß irische Eremiten, zumindest seit dem Ende des 8. Jh.s, sich auf der Insel niederließen. Namen wie *papa-fjördur* (=Fjord der Pfaffen) lassen noch heute die Deutung zu, daß sich deren Sitz an der Südostküste befand. Aber erst die »zweite Entdeckung« Islands durch die Wikinger um 860 leitete eine systematische Besiedelung der Insel ein: Der Schwede Gardar Svarsson und der Norweger Naddodur, beide durch widrige Stürme an Islands Küsten verschlagen, verbreiteten nach ihrer Rückkehr die Kunde vom neuen Land. Flóki Vilgerdarson gebührt dann der Ruhm, sich als erster auf der Insel niedergelassen zu haben. Mit Gesinde und Vieh zog er 865 nach Island. Es heißt, daß mitgenommene Raben ihm den Weg wiesen. Er ließ sich an der Nordwestküste, am Vatnsfjördur, nieder. Doch verscherzte sich Flóki die Ehre, in den Annalen der isländischen Geschichte als erster Siedler einzugehen. Da er vergessen hatte, Heu einzusammeln, verhungerte im Winter 865/66 das Vieh. So verließ Flóki im Sommer 867 wieder das von ihm als unwirtlich empfundene Land. Daher gilt als erster Siedler der Westnorweger Ingólfur Arnarson, der mit seinem Ziehbruder Leifur 874 nach Island gekommen sein soll (S. 162). Er wurde an der Westküste seßhaft und gab dem Ort, den er besiedelte, den Namen Reykjavik (=Rauchbucht), ein Hinweis auf die dort damals offenbar noch stärkere geothermische Tätigkeit. Und wenn auch die frühen Daten nicht ganz

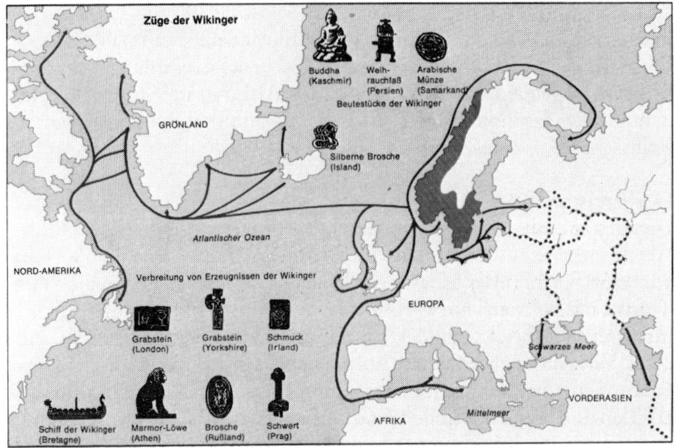

gesichert sind, so gilt das Jahr 874 doch als offizielles Besiedlungsjahr und der Zeitraum von 874–930, als der Strom der norwegischen Einwanderer allmählich versiegte, als Besiedelungs- oder Landnahmezeit. Mit der *Landnámabók* liegt ein berühmtes Quellenwerk der Besiedlungszeit vor, das recht zuverlässige Auskünfte über den gesamten Zeitraum gibt, vor allem über die rd. 400 Einwandererführer, deren Herkunft, Anhang und Nachkommen, über Landerwerb, Sitten und Bräuche der Landnehmer usf. Anschließend, bis etwa 930, folgte die Zeit der Aufteilung des Bodens unter die Einwanderer und deren Sippschaft. Anfangs eigneten sich dabei einige der bedeutenderen Adligen riesige Areale an. Die »großen Vier« steckten allein einen Besitz ab, der etwa einem Drittel der wirtschaftlichen Nutzfläche Island entsprach: Ingólfur Arnarson im Reykjavik-Gebiet, Ketil Hœng im Thjórsá-Land, Skallagrim am Borgarfjördur und Helgi der Magere im Gebiet des heutigen Akureyri. Aber sie konnten das Land nicht halten. Nach einem alten Rechtssatz durfte unbebautes Land von anderen genommen und zum Eigentum erklärt werden. Und es hat, so weit man weiß, keinen Streit gegeben im alten Island, wenn die nachströmenden Einwanderer nach diesem Rechtssatz verfuhren. Entgegen dem anfänglichen Versuch einiger Adelsgeschlechter, oligarchische Besitz- und Machtstrukturen zu schaffen, bildete sich unter den auf Selbstbestimmung und Unabhängigkeit bedachten wikingischen Einwanderern allmählich eine Form des Zusammenlebens heraus, die 930 in der Einsetzung eines jährlich stattfindenden zentralen Things, des Althings in Thingvellir, und damit in der Gründung einer Art Freier Republik ihren konsequenten politischen Ausdruck fand.

Der Freistaat (930 – 1262/64)

Dieser alte Freistaat war kein durchorganisiertes staatliches Gebilde. Aber er regelte und systematisierte doch gewisse, im Laufe der Zeit entwickelte Formen des Zusammenlebens. Das neben den regionalen Things, die sich nach norwegischem Vorbild als Schlichtungsinstanzen für Streitfälle herausgebildet hatten, eingesetzte Althing wurde mit einer Verfassung ausgestattet. Einmal jährlich trat dieses »Parlament« zusammen, um landesweit Recht zu sprechen, Verfassungsaufgaben zu erfüllen und politische und soziale Probleme von überregionalem Rang zu erörtern (S. 205). Organisatorische Grundlage des Gemeinwesens wurden die teilweise schon vorher bestehenden 39 *Godentümer*. Das waren kultisch-religiöse, aber in der Folge auch politische Machtzentren, die sich um jene Adelsgeschlechter oder Einwandererführer, »Goden« genannt, herausbildeten, die einen Tempel und geweihte Erde aus dem Mutterland mitgebracht hatten. Die Besitzer dieser Tempel genossen schon früh ein besonderes Ansehen. Jetzt, nach der Gründung des Freistaates, wurde ihnen wichtige staatliche Funktionen wie z.B. die Abhaltung lokaler Thingversammlungen und die untere Gerichtsbarkeit übertragen.

965 wurde Island verwaltungsmäßig in vier Landesviertel zu je drei Thingbezirken geteilt. Die Jahrhunderte dieser »Republik« waren die »goldene Zeit« Islands: die Zeit der nationalen Unabhängigkeit sowie der relativen persönlichen Freiheit, Gleichheit und Selbständigkeit der meisten Isländer, die Zeit der Saga-Helden, etwa von 930–1030, und der großen Entdeckungen: Eirik der Rote, der verwegene,der immer in tödliche Händel verstrikte und deshalb für friedlos erklärte Wikinger-Führer, entdeckte 982 Grönland, kam aber bei dem späteren Versuch, es im Jahr 985 zu besiedeln, um. Sein Sohn Leif Eiriksson, mit dem Beinamen »der Glückliche«, landete im Jahre 1000, lange vor Kolumbus, auf dem nordamerikanischen Kontinent. Im selben Jahre wurde die Annahme des Christentums vom Althing beschlossen.

Bug eines Wikingerschiffes

Das Jahrhundert, das nun folgte, von 1030 bis 1120, wird die Friedenszeit genannt: Faustrecht und Blutrache traten, nicht zuletzt unter dem wachsenden Einfluß des Christentums, zurück. Es entstanden die Bischofssitze in Skálholt (S. 215) und Hólar (S. 252) sowie viele Klöster. Man widmete sich der Land- und Viehwirtschaft, auch die Geistlichen waren Bauern. Die alten Helden waren müde, ihre Taten lebten aber im Gedächtnis weiter und wurden zwischen 1120 und 1230 aus der Erinnerung aufgeschrieben: Eine der fruchtbarsten literarischen Schöpfungsperioden setzte ein, die uns die unvergleichliche altnordische Saga-Literatur der Isländer geschenkt hat, in der die Realität des Lebens der alten Isländer und ihr Mythos beschrieben werden (S. 103). Politisch stürzte das Land in tiefe innere Zerissenheit, die in den Fehdenkämpfen und der Vormachtspolitik einiger Geschlechter, besonders der Sturlungen in West-Island gipfelte. Auch die natürlichen Lebensbedingungen wurden aufgrund klimatischer Veränderungen allmählich immer ungünstiger. Dreihundert Jahre nach der Schaffung des Althings war der freiheitliche Elan der früheren Landnehmer gebrochen, und die innerlich geschwächte Nation wurde zum Spielball fremder, vorerst norwegischer Machtinteressen.

Das mächtige Geschlecht der Sturlungen, dem auch der bedeutende Dichter, Geschichtsschreiber und Politiker Snorri Sturluson (S.106) und der Historiker der Sturlungen-Zeit, Sturla Thórdarson (S.108), entstammen, markierte mit seiner gewalttätigen Machtpolitik schon den Untergang des freien isländischen Gemeinwesens. Immer öfter unterwarfen sich nun isländische Adlige, die untereinander im Hader lagen, dem Schiedsspruch des norwegischen Königs. Mächtige Isländer buhlten um seine Gunst, mitunter nur mit dem Ziel, ihre eigenen Machtinteressen mit norwegischer Rückendeckung besser durchsetzen zu können. Schließlich gelang es Gizur Thorwaldsson, den der norwegische König geadelt hatte, die Isländer zur Unterwerfung unter die norwegische Krone zu bewegen (1262–64). Damit endete der erste isländische Freistaat. Zugleich begann die große Leidensgeschichte des isländischen Volkes.

Die Zeit der Unterdrückung (1264 – ca. 1850)

Die folgenden rd. 600 Jahre, bis etwa in die Mitte des 19. Jh.s, stellen eine lange, dunkle Epoche in der isländischen Geschichte dar. Politisch hatte das Land seine Selbständigkeit erst an Norwegen und ab 1380 an Dänemark verloren. Wirtschaftlich wurde es von Dänen und Engländern, später auch der deutschen Hanse und den Holländern ausgebeutet, die jahrhundertelang ihre Handelskämpfe auf dem Rücken der isländischen Bevölkerung austrugen. Die im 13. Jh. spürbar werdende Klimaverschlechterung brachte die Landwirtschaft in immer größere Schwierigkeiten, Naturkatastrophen und Epidemien suchten die Insel heim. Der Verfall der isländischen Hochseeschiffahrt verschärfte die Abhängigkeit von Norwegen, das durch gelegentliche Handelsblockaden diese Herrschaftsverhältnisse stets wach hielt. Der Machtwechsel von der norwegischen Herrschaft unter die dänische Krone brachte da keine Änderungen. Zwischen 1540 und 1550 drückte Dänemark der bis dahin rein katholischen Bevölkerung den protestantischen Glauben nicht ohne Gewalt auf. Der letzte katholische Bischof, der Widerstand leistete, Jón Arason, wurde mit seinen beiden Söhnen ohne Gerichtsverfahren hingerichtet (S. 252). Diese Durchsetzung des lutherischen Glaubens (1551 offiziell angenommen) stärkte wiederum die politische Position Dänemarks, das zu dieser Zeit schon der reformierten Kirche angehörte.

Schließlich gab es noch andere Geißeln, die das Land verheerten: die schwarze Pest rottete in den Jahren 1402–04 rd. zwei Drittel des isländischen Bevölkerung aus; mehrere Pockenepidemien rafften immer wieder Tausende von Menschen hin: allein die von 1707–09 dezimierte die Bevölkerung von 50 000 auf 35 000 Einwohner; in den achtziger Jahren des 18. Jh.s wurde nach dem verheerenden Laki-Ausbruch (S. 228) Tausende von Isländern Opfer von Hungersnöten. Naturkatastrophen, wie die Entstehung von Gletscherläufen durch Vulkanausbrüche und Erdbeben, stellten weitere, ständige Bedrohungen dar. Die Volkszählung von 1703 hatte ergeben, daß jeder fünfte Isländer sein Leben unter dem Existenzminimum fristete. Es gab so gut wie keine ärztliche Versorgung. Hohe Kindersterblichkeit und geringe Lebenserwartung waren die Folgen der allgemeinen Notlage, die im 18. Jh. ihren Höhe-

Statue des Saga-Helden Leifur Eiriksson

punkt erreichte; Island – das Land reicher Fischgründe – war eines der ärmsten Länder der Erde geworden. Denn die Isländer hatten keinen Anteil an der Ausbeutung dieser Schätze.

Der Weg zur Freiheit und staatlichen Souveränität (19./20. Jh.)
Die Wende zum Besseren begann langsam gegen Ende des 18. Jh.s. Nach der Vulkan-Katastrophe an der Laki-Spalte (*Lakagígar*) gewährte der dänische König 1787 allen dänischen Untertanen Handelsfreiheit mit Island und beseitigte damit die Privilegien einzelner skrupelloser Handelsgesellschaften und Monopolherren, die die Isländer zum Kauf preislich vielfach überhöhter Waren gezwungen hatten. Jetzt belebte die Konkurrenz den Handel und schuf zunehmend erträglichere Lebensbedingungen. Später brachte ein weiteres Gesetz über »Seefahrt und Handel auf Island« alle einschränkenden Handelsvorschriften zu Fall, was dazu beitrug, daß nun auch die isländischen Waren auf dem ausländischen Markt immer bessere Preise erzielten.
Die Zeit der napoleonischen Kriege, die in Europa die Völker- und Handelsgleichgewichte aufgrund der Kontinentalsperre und der Konfiszierung der dänischen Handelsflotte durch die Engländer verschob, ging auch an Dänemark und in der Folge an Island nicht spurlos vorüber. Aber schon nach einigen Jahrzehnten stabilisierten sich die Verhältnisse wieder. Selbst die Episode mit dem dänischen Abenteurer Jörgensen, der in Island anlegte und sich zum König von Island ernannte (1809), war schon nach einigen Wochen wieder beendet. Die allgemeinen Freiheitsbewegungen auf dem Kontinent führten, insbesondere unter dem Eindruck der französischen Juli-Revolution von 1830, dazu, daß den Isländern 1834 eine Vertretung im dänischen Landtag eingeräumt wurde. Im Ausland studierende Isländer wurden von der politischen Emanzipationsbewegung erfaßt und begannen um die Befreiung ihres Landes von dänischer Oberhoheit zäh zu kämpfen; allen voran Jón Sigurdsson (1811–79), den das isländische Volk noch heute als Nationalhelden verehrt. Seine Statue steht in Reykjavik gegenüber dem Parlamentsgebäude. Durch sein unermüdliches Wirken schuf und stärkte er eine nationale Bewegung zur Erlangung der Unabhängigkeit und Selbständigkeit. Erster Erfolg war 1843 die Wiedereinsetzung des im Jahre 1800 aufgelösten Althings als beratende Körperschaft. 1845 fand die erste Sitzung in Reykjavik statt, an der Sigurdsson als Abgeordneter seines Heimatkreises teilnahm. Die Versuche Dänemarks in den

Statue des isländischen Amtmanns Skúli Magnússon in Reykjavik

nächsten zwei Jahrzehnten, Island konstitutionell zum Bestandteil der dänischen Monarchie zu machen, scheiterten am konsequenten Widerstand des Althings. Schließlich mußte sich das dänische Parlament zu einer Verfassung entschließen, die den Isländern weitgehende eigenstaatliche Rechte einräumte. 1874, zur Tausendjahrfeier der Besiedelung, brachte der dänische König sie selbst mit nach Island. Diese Verfassung übertrug wichtige staatliche Funktionen, z.B. die selbständige Verwaltung des isländischen Finanzwesens und die oberste richterliche Gewalt, auf isländische Organe. Das Althing erhielt gesetzgeberische Befugnisse. Auch nach innen wirkte sich die neugewonnene Freiheit aus: 1894/97 wurden die ersten Gewerkschaften (Fischerei/Druckereigewerbe) gegründet, die sich später (1916) mit anderen zur Isländischen Arbeitervereinigung zusammenschlossen.

Weitere Etappen auf dem Weg zur völligen Unabhängigkeit waren 1904 die Verlegung des Wohnsitzes des Island-Ministers von Kopenhagen nach Reykjavik und 1918, nach zähen Verhandlungen, die Erlangung der staatlichen Unabhängigkeit im Rahmen einer auf 25 Jahre vertraglich gesicherten Personalunion. 1920 wurde der Oberste Gerichtshof gegründet. Die Wirren des Zweiten Weltkrieges und die faktische Isolierung beider Länder voneinander – Island wurde wegen seiner strategischen Lage 1940 von den Engländern und 1941 von den Amerikanern besetzt, Dänemark von deutschen Truppen – gaben dann der jahrhundertealten Verbindung den letzten Stoß: 1940 erklärte Island die Union

für virtuell beendet, 1941 wählte das Althing für die Dauer des Krieges einen eigenen Landesverweser, 1944 stimmten in einer Volksabstimmung 97% der Isländer für die Aufhebung der Union mit Dänemark, 95% gleichzeitig für die Errichtung einer unabhängigen Republik auf demokratischer Grundlage. Am 17. Juni 1944, dem Geburtstag Jón Sigurdssons, fand – 682 Jahre nach der Auflösung des alten Freistaates – auf der historischen Stätte Thingvellir die feierliche Proklamation der Republik Island (*Lýdveldid Ísland*) statt. Damit war der Weg für eine innen- und außenpolitisch selbständige Nachkriegspolitik freigegeben, die Island, das während des Krieges in militärische Abhängigkeit zu Amerika garaten war, den Anschluß an das westliche Verteidigungsbündnis finden (NATO 1949; Verteidigungsabkommen mit den USA 1951) und darüber hinaus weltweite Handelsbeziehungen, auch zu den Staaten des Ostblocks, anknüpfen ließ. In mehreren Schritten dehnte Island seine Fischereigrenzen aus und sicherte damit seine wirtschaftliche Existenz ab: 1952 erweiterte es die Grenzen seiner Hoheitsgewässer auf vier Seemeilen, 1958 auf 12, 1972 auf 50 und 1975 auf 200 Seemeilen. Island ist heute voll anerkanntes Mitglied in fast allen bedeutenden internationalen Organisationen (S. 98).
Innenpolitisch verlief die Entwicklung nicht so frei von Widersprüchen. Einerseits kennt man in Island manche Probleme, mit denen andere westliche Länder zu kämpfen haben, so gut wie gar nicht, z.B. Energieprobleme und Arbeitslosigkeit. Andererseits wird das Land von anhaltenden Wirtschaftskrisen und starker Geldentwertung erschüttert, so daß die in der Regierungsverantwortung stehenden Kabinette an diesen inneren Schwierigkeiten politisch nahezu regelmäßig scheitern. Kabinettsumbildungen gehören fast zur Tagesordnung des isländischen Parlaments. Ereignisse wie der große Lohnstreik der Angehörigen des Öffentlichen Dienstes im Herbst 1984, als für mehrere Wochen weite Bereiche des öffentlichen Lebens zusammenbrachen, als Rundfunk, Fernsehen und Presse ihre Tätigkeiten einstellten, Schulen und Ämter schlossen, Flug- und Seehäfen blockiert waren und die Krankenhäuser Notdienste versahen, stellen das Land immer wieder vor schwierige Situationen. Und wenn auch die Mitte-Rechts-Regierung (1983–87) unter Ministerprsäsident Steingrímur Hermannsson erhebliche Erfolge bei der Bekämpfung der Inflation verzeichnen konnte, so bleibt die wirtschaftliche Stabilität doch vorerst das große ersehnte innenpolitische Ziel. Ökonomische Probleme bildeten übrigens das zentrale

Thema beim Treffen der skandinavischen Ministerpräsidenten im Dezember 1984 und der wichtigen Versammlung des Skandinavienrats im März 1985, beide in Reykjavik abgehalten, wo außerdem Probleme der Umweltverschmutzung, der Arbeitslosigkeit und der gesellschaftlichen Entwicklungen der skandinavischen Staaten erörtert wurden. Auch in solcher Völkerrunde der nordischen Länder spielt das ehemals abhängige Island heute die Rolle des politisch und wirtschaftlich gleichberechtigten Partners.Ereignisse, wie das Gipfeltreffen der Regierungschefs der USA und der Sowjetunion im Herbst 1986 in Reykjavik sind nicht nur geeignet, das politische Selbstbewußtsein des kleinen Inselstaats zu stärken, sie zeigen auch, welche politische Mittlerrolle zwischen den militärischen Machtzentren Island wegen seiner geographischen Lage und seiner flexiblen, tendenziell auf Neutralität gerichteten Bündnispolitik, einnehmen könnte.

Bei den Wahlen im April 1987 hatte die bisher regierende Koalition aus Fortschritts- und Unabhängigkeitspartei knapp ihre Mehrheit im Parlament verloren. Die Unabhängigkeitspartei war von 38,7% auf 27,2% zurückgegangen, sie verlor damit fünf ihrer 23 Mandate. Diese Verluste beruhten vor allem darauf, daß der Industrieminister Albert Gudmundsson, vier Wochen vor der Wahl wegen angeblicher finanzieller Unregelmäßigkeiten zum Rücktritt gezwungen, eine eigene Partei, die Bürgerpartei, gründete und wegen seiner großen Popularität auf Anhieb 10,9% der Stimmen, d.h. sieben Mandate, errang, und diese auf Kosten der Unabhängigkeitspartei. Die Fortschrittspartei von Ministerpräsident Hermannsson konnte dagegen mit 18,9% der Stimmen ihren alten Stand behaupten. Sie ist mit 13 Mandaten (vorher 14) im Parlament vertreten. Nachdem Hermannsson schon nach den ersten Vorgesprächen seine Bemühungen um eine Regierungsbildung aufgab und auch Thorsteinn Pálsson, der Führer der Unabhängigkeitspartei, seine Vorstellungen von einer Koalition zwischen Konservativen, Sozialdemokraten und der Frauen-Allianz – diese Frauen-Partei hatte 10,1% der Stimmen und sechs Sitze erhalten – nicht durchsetzen konnte, gelang es endlich dem Sozialdemokraten Hannibalsson zweieinhalb Monate nach den Wahlen, also Mitte Juli 1987, eine Große Koalition aus der konservativen Unabhängigkeitspartei und der Fortschrittspartei, die beide die vorige Regierung gestellt hatten, sowie der Sozialdemokratischen Partei zusammenzuschmieden. Neuer Ministerpräsident wurde der Führer der Unabhängigkeitspartei, Thorsteinn Pálsson. Das

Außen- und Handelsministerium übernahm der bisherige Ministerpräsident Steingrímur Hermannsson von der Fortschrittspartei, und an den Vorsitzenden der Sozialdemokratischen Partei, Jón Baldvin Hannibalsson, ging das Finanzministerium. Diese Große Koalition stützt sich auf 41 der 63 Mandate im Althing und hat sich erwartungsgemäß auf ein Programm zur Sanierung der isländischen Wirtschaft geeinigt.

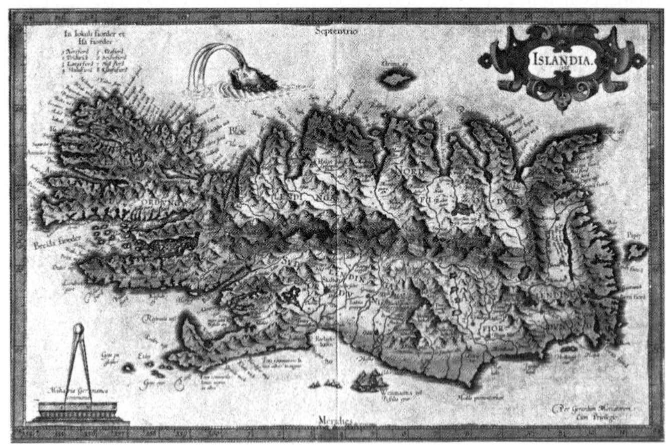

Islandkarte von Gerard Mercator, Duisburg 1595

Zeittafel zur Geschichte

860–70	Erste Nordmänner auf Island
874	Ingólfur Arnarson besiedelt Island
874–930	Landnahmezeit
930	Begründung des Althings und des Freistaats Island
930–1030	Saga-Zeit
982	Erik der Rote entdeckt Grönland
1000	Leif Eriksson landet auf dem nordamerikanischen Kontinent; das Althing beschließt die Annahme des Christentums
1030–1120	Friedenszeit
1104	Folgenschwerer Ausbruch der Hekla
1117–18	Erste schriftliche Fixierung der isländischen Gesetze
1120–1230	Die Sagas werden aufgeschrieben
1230–64	Sturlungen-Zeit
1262–64	Auflösung des Freistaates, Island gerät unter norwegische Herrschaft
1374	Verheerende Pockenepidemie
1380	Island kommt mit Norwegen unter dänische Herrschaft
1402–04	Die Pest tötet ein Drittel der Bevölkerung
1540–51	Die Reformation wird unter dänischem Druck durchgesetzt
1721	Ausbruch der Katla, eines wegen seiner Gletscherläufe gefürchteten Vulkans im Mýrdalsgletscher
1725–29	»Mückenseefeuer«, langanhaltende Vulkanausbrüche der Leirhnúkur-Spalte im nördlichen Mývatngebiet. Zerstörung vieler Höfe
1783–85	Lakagígar – schwerste Vulkankatastrophe in neuerer Zeit: Laki-Spalte westlich des Vatnajökull
1787	Handelsfreiheit für alle Dänen. Besserung der ökonomischen Lebensbedingungen auf Island
1800	Auflösung des Althings
1809	Der Däne Jörgen Jörgensen ernennt sich zum König von Island. Von englischen Offizieren wieder abgesetzt
1843	Das Althing wird als beratende Körperschaft neu ins Leben gerufen

1854 Gesetz über »Seefahrt und Handel auf Island« erklärt die Abschaffung aller einschränkenden Handelsbeziehungen

1855–90 Mehrere Auswanderungswellen: ca. 12 000 Isländer suchen in Nordamerika und Kanada eine neue Heimat

1874 Tausendjahrfeier der Besiedelung. Eine neue dänische Verfassung verleiht den Isländern größere Rechte

1875 Askja: der 50 km² große Einbruchkessel entsteht in der Dyngjufjöll. Der Askja-See bildet sich in den darauffolgenden Jahrzehnten

1879 Jón Sigurdsson, Freiheitsheld der Isländer, stirbt

1894 Gründung der ersten Arbeitergewerkschaft (Fischerei)

1904 Island erhält weitgehende staatliche Selbstverwaltung

1911 Gründung der Universität Islands in Reykjavik

1918 Politische Unabhängigkeit Islands. Personalunion mit Dänemark

1930 Jahrtausendfeier des Althings

1940–41 Besetzung Islands durch die Engländer und Amerikaner. Das Althing wählt einen isländischen Landesverweser

1944 Volksabstimmung. Auf Thingvellir wird die Republik Island ausgerufen

1945 Beitritt zur Weltbank und zum Internationalen Währungsfonds (IWF)

1946 Beitritt zur UNO

1947-48 Hekla: Folgenschwerer Ausbruch des mit dem Volksglauben stark verbundenen Vulkans

1948 Gründungsmitglied der Organisation für wirtschaftliche Zusammenarbeit und Entwicklung (OEEC/OECD)

1949 Beitritt zur NATO

1950 Beitritt zum Europarat

1951 Verteidigungsabkommen zwischen den USA und Island

1952 Mitglied des Nordischen Rats

1952–58 Grenzen der Hoheitsgewässers auf 4 bzw. 12 Seemeilen ausgedehnt

1963–67 Die Westmännerinsel Surtsey bildet sich nach einem submarinen Vulkanausbruch

1964 Mitglied der UNESCO

1965 Abkommen mit Dänemark zur sukzessiven Rückführung der isländischen Handschriften

1968 Beitritt zum GATT (Allgemeines Zoll- und Handelsabkommen)
1970 Beitritt zur EFTA
1970 Der 15. Hekla-Ausbruch in historischer Zeit. 7500 Schafe kommen um
1972 Grenzen der Hoheitsgewässer auf 50 Seemeilen ausgedehnt
1973 Vulkanausbruch auf Heimaey/Westmännerinseln
1974 1100-Jahr-Feier der Besiedlung Islands wird als nationales Ereignis begangen
1975 Grenzen der Hoheitsgewässer auf 200 Seemeilen ausgedehnt (»Kabeljaukrieg« mit den Engländern)
1976 Die Gleichberechtigung der Frau wird gesetzlich verankert
1978 Parlamentswahl am 25. Juni: unklare Mehrheitsverhältnisse. Am 1. September Koalition aus Sozialdemokraten, Volksallianz und Fortschrittspartei mit je drei Ministern unter Ólafur Jóhannesson
1979 Snorrafest (26. August) zu Ehren des vor 800 Jahren geborenen Snorri Sturlusson
1980 Hekla-Ausbruch. 1 August: Vigdis Finnbogadóttir wird zur Präsidentin gewählt
1982 Aus der Kommunalwahl vom 23. Mai geht die Unabhängigkeitspartei als stärkste Partei hervor (Rechtsrutsch)
1983 Vorzeitige Auflösung des Parlaments. Wahl vom 23. April gewinnt die Unabhängigkeitspartei, zwei neue Parteien ziehen ins Parlament ein: die Frauenpartei und die Sozialdemokratische Allianz. Nach einer Koalitionsvereinbarung zwischen Unabhängigkeitspartei und Fortschrittspartei wird am 26. Mai unter Führung von Steingrímur Hermannsson (F.P.) die neue Regierung gebildet.
1984 Tod Ólafur Jóhannessons (20. Mai), des bedeutenden Althings-Abgeordneten. O.J. war zweimal Ministerpräsident und u.a. Handels-, Justiz- und Kirchenminister, zuletzt Außenminister. l. August: Vigdis Finnbogadóttir wird für weitere vier Jahre im Amt des Präsidenten von Island bestätigt. September/Oktober: Größte Streikwelle seit 1932. Dezember: Treffen aller skandinavischen Ministerpräsidenten und Minister für Zusammenarbeit der skandinavischen Länder in Reykjavik.

1985 März: Versammlung des Skandinavienrats in Reykjavik. 18. August: 200-Jahr-Feier zum Gedenken an die Verleihung der Stadtrechte an das Fischerdorf Reykjavik. 19 September: Geir Hallgrímsson wird Vorsitzender des NATO-Rates. 24. Oktober: Eintägige Arbeitsniederlegung der isländischen Frauen unter Beteiligung der Präsidentin Vigdis Finnbogadóttir. 6. Dezember: Hafskip, die zweitgrößte Schiffahrtsgesellschaft Islands geht in Konkurs

1986 Januar: Als Folge des Zusammenbruchs von Hafskip geraten auch andere Unternehmen in finanzielle Krisen, insbesondere die zweitgrößte staatliche Fischreibank (Útvegsbank). 11./12. September: Gipfeltreffen zwischen Ronald Reagan und Michail Gorbatschow in Reykjavik. 26. Oktober: Die seit 41 Jahren im Bau befindliche Hallgrímskirkja, das Wahrzeichen von Reykjavik, ist fertiggestellt und wird von Bischof Pétur Sigurgeirsson eingeweiht

1987 Januar: der bisherige isländische Botschafter in Moskau, Páll Ásgeir Tryggvason wird Botschafter in Bonn. Februar: Ministerpräsident Steingrímur Hermannsson besucht mit einer Handelsdelegation die Volksrepublik China, um über weitergehende Wirtschaftsbeziehungen zu verhandeln. 25. April: Bei den Parlamentswahlen büßt die Mitte-Rechts-Koalition ihre absolute Mehrheit ein und ist damit nicht mehr regierungsfähig. Zweieinhalb Monate später bilden nach mehrmaligen Versuchen und langwierigen Verhandlungen die konservative Unabhängigkeitspartei, die Fortschrittspartei und die Sozialdemokratische Partei eine Große Koalition. Der Führer der Unabhängigkeitspartei, Thorsteinn Pálsson, wird neuer Ministerpräsident.

Staat und Verwaltung

Verfassung und Regierungsform

Island ist aufgrund der am 17. Juni 1944 angenommenen demokratischen Verfassung eine unabhängige, parlamentarische Republik. Das Parlament (Althing) besteht aus 2 Kammern mit insgesamt 60 Abgeordneten, die in 8 Wahlkreisen nach einem zweistufigen Verhältniswahlsystem für 4 Jahre gewählt werden. Wahlberechtigt sind alle männlichen und weiblichen Bürger über 18 Jahre. Stehen die Abgeordneten fest, wählen diese aus ihrer Mitte ein Drittel in die Obere Kammer (isländisch *efri deild*); die verbleibenden Volksvertreter bilden die Untere Kammer (*nedri deild*). Beide Kammern haben gleiche Gesetzgebungsrechte, aber unterschiedliche Arbeitsschwerpunkte. Gesetzesvorlagen werden sukzessive in beiden Kammern beraten, bei abweichenden Voten entscheidet das vereinigte Althing mit Zweidrittelmehrheit. Das Budget, ein Vertrauensvotum gegen die Regierung und andere wichtige Fragen werden vom vereinigten Parlament entschieden. Staatsoberhaupt und höchstes Exekutivorgan ist der Präsident, der in allgemeiner und direkter Wahl für 4 Jahre gewählt wird. Er kann unbegrenzt oft wiedergewählt werden. Der Präsident ernennt bzw. entläßt das Regierungskabinett – also die Minister einschließlich des Premierministers – und die Regierungsbeamten. Da das Kabinett dem Parlament verantwortlich ist, kann der Präsident nur dem Parlament genehme Persönlichkeiten ins Kabinett berufen. Der Präsident nimmt ferner die Außenvertretung des Landes wahr und hat die Befugnis, das Parlament aufzulösen, Notverordnungen zu erlassen und vom Parlament beschlossene Gesetze durch sein Veto einer Volksabstimmung zu überantworten. Die Parlamentsauflösung bedarf jedoch der Gegenzeichnung des Premiers. Notverordnungen bedürfen der nachträglichen Billigung durch das Parlament. Die präsidialen Befugnisse sind also nur formal, gegen ihre persönliche Ausweitung ist das Regierungssystem verfassungsmäßig abgesichert. Seit der Gründung der Republik im Jahr

1944 lag das Amt des Präsidenten in den Händen von Sveinn Björnsson (bis 1952), Ásgeir Ásgeirsson (bis 1968), Kristján Eldjárn (bis 1980) und Vigdis Finnbogadóttir, die 1984 erneut für vier Jahre in diesem Amt bestätigt wurde.

Politische Parteien

Das in den dreißiger Jahren entwickelte Vierparteiensystem hat sich bis in die heutige Zeit behauptet, wenn auch gelegentlich eine fünfte, oder sogar, wie 1983, eine sechste politische Kraft ins Parlament einzog (S. 71). Bei relativ stabilen Stärkeverhältnissen der Parteien, die mit wechselnden Koalitionen regierten, kam es allerdings zu häufigen Kabinettskrisen. Besonders vor dem Hintergrund zerrütteter Wirtschaftsverhältnisse dienten in den letzten Jahren vorzeitige Parlamentswahlen regelmäßig dazu, gescheiterte Koalitionen aus der Regierungsverantwortung zu heben und auf diese Weise unhaltbare Zustände zu beenden.
Die mit rd. 30 – 40% Stimmenanteil seit 1942 traditionell stärkste Partei ist die 1929 gegründete liberalistisch-konservative Unabhängigkeitspartei (*Sjálfstædisflokkur*), die besonders Unternehmer-, Handels- und Fischereiinteressen vertritt, aber auch von Bauern, Arbeitern und Angestellten gewählt wird. Es folgt die 1916 gegründete Fortschrittspartei (*Framsóknarflokkur*), die den ländlichen Genossenschaften nahesteht; sodann die 1956 als Wahlbündnis ins Leben gerufene, 1968 als selbständige politische Kraft aus der ehemaligen Sozialistischen Partei entstandene linkssozialistische, demokratisch-nationale Volksallianz (*Althýdubandalag*). Sie findet ihre Anhänger unter Lohnempfängern und Intellektuellen und ist seit dem Ende der 70er Jahre in die Wählerschaft der traditionsreichen, 1916 gegründeten sozialdemokratischen Volkspartei (*Althýduflokkur*) eingebrochen. Letztere, jetzt nurmehr viertstärkste Partei, umschreibt im Programm von 1976 ihre Politik als Kampf »für Freiheit, Gleichheit und Brüderlichkeit, gegen Diktatur, Unterdrückung, Kapitalismus und Kommunismus«. Sie befürwortet ein Wirtschaftssystem, das Elemente der freien und der Planwirtschaft miteinander verbindet. Daneben gab es immer einige kleinere Parteien, die stimmenmäßig bedeutungslos blieben. Für Überraschung bei der Wahl von 1983 sorgten zwei neue, kritische Wählerpotentiale mobilisierende Parteien, die erstmals antraten und sogleich den Sprung in das Parlament schafften: die von der Volkspartei abgesplitterte Sozialdemokratische Allianz (*Bandalag Jafnadarmanna*) und die Frauenpartei

(*Samtök um Kvennalisti*), eine politische Bewegung, die bisher hauptsächlich in Reykjavik und Akureyri aktiv war. Sie ist die erste reine Frauenpartei in einem europäischen Nationalparlament. Den beiden jungen Protestparteien gelang es, zusammen über 13% der Wählerstimmen auf sich zu vereinen. Die 60 Parlamentssitze verteilten sich nach der Wahl von 1983 folgendermaßen auf die Parteien: Unabhängigkeitspartei: 23; Fortschrittspartei: 14; Volksallianz: 10; Volkspartei (Sozialdemokraten): 6; Sozialdemokratische Allianz: 4 und Frauenpartei 3. Bei den Parlamentswahlen im April 1987 büßte die 1983 aus der Unabhängigkeits- und Fortschrittspartei gebildete Mitte-Rechts-Regierung die absolute Mehrheit wieder ein. Klarer Verlierer war die konservative Unabhängigkeitspartei, die von 38,6 auf 27,2% der Stimmen zurückfiel. Das sind 18 von inzwischen 63 Abgeordneten. Auch die Fortschrittspartei (13 Sitze) und die Volksallianz (8) erzielten ein schlechteres Ergebnis als 1983. Gewinner waren dagegen mit 10 Sitzen (15,2% der Stimmen) die Sozialdemokraten, die von der Auflösung der Sozialdemokratischen Allianz zugunsten der ehemaligen Mutterpartei profitierten, und die vier Wochen vor der Wahl neugegründete »Bürgerpartei« Albert Gudmundssons, der weniger aus politischen als aus persönlichen Motiven einen Teil der liberal-konservativen Wählerschaft von der Unabhängigkeitspartei, deren Spitzenkandidat er war, abwarb. Er erzielte mit seiner Partei 7 Sitze (10,9%). Eine regierungsfähige Koalition ist nach diesem Wahlausgang nicht in Sicht.
Schon 1979 hatte der fast 70jährige Gunnar Thoroddsen, um die Regierungsfähigkeit des Parlaments zu erhalten, ein politisches Kunststück vollbracht, als er hinter dem Rücken seiner eigenen liberal-konservativen (Unabhängigkeits-) Partei mit Hilfe dreier Überläufer aus den eigenen Reihen eine Koalition aus Sozialisten und Fortschrittspartei schmiedete, der er als konservativer Regierungschef vorstand.
Aber diese Mitte-Links-Koalition, obwohl vergleichsweise lange an der Regierung, scheiterte letzten Endes an den wirtschaftlichen Problemen des Landes, vor allem an der galoppierenden Inflation. Seit 1983 ist die Parteienlandschaft farbiger. Ob dies aber die politische Handlungsfähigkeit der wechselnden Parlamente im Angesicht der wirtschaftlichen Schwierigkeiten stärken wird, bleibt weiterhin fraglich.

Rechtsordnung

Die Rechtsprechung gründet sich auf altnordisch-altisländisches Recht und ist der skandinavischen Rechtsprechung angeglichen. Sie ist verfassungsmäßig als dritte unabhängige Gewalt etabliert. Es gibt zwei richterliche Instanzen: die untere fungiert jeweils auf der Ebene der einzelnen Verwaltungseinheiten (Kreise, Städte), die obere liegt beim Obersten Gerichtshof in Reykjavik als Appellationsgericht, bei dem Berufungen gegen Urteile der unteren Instanz eingelegt werden können. Erhebt das Althing gegen einen Minister Anklage, so kann ein besonderer Staatsgerichtshof einberufen werden.

Landesverteidigung

Island unterhält keine eigene Armee. Nach einem bilateralen Vertrag mit den USA (1951) wird das Land von den USA verteidigt. Diese versorgen in dem für die NATO strategisch wichtigen und schon während des Zweiten Weltkrieges zum Militärstützpunkt ausgebauten Keflavík eine Luftwaffen- und Radarbasis (Iceland Defends Force). Das amerikanische Engagement und die Zugehörigkeit zur NATO gerieten allerdings immer wieder ins Kreuzfeuer politischer Kritik. Repräsentant eines antiamerikanisch-neutralistischen Kurses ist hauptsächlich die linksgerichtete Volksallianz. Nach einer Meinungsumfrage von 1984 befürworten 53% der Isländer den Verbleib in der NATO.

Die Embleme

Seit 1915 zeigt die Flagge ein rotes Kreuz mit weißem Rand auf hellblauem Grund. Gelegentlich wird den Farben eine symbolische Bedeutung unterlegt: Rot wie das Feuer der Vulkane, weiß wie das Eis der Gletscher, blau wie das umgebende Meer. Erst ab 1918, seit der Unabhängigkeit, wurde diese Flagge auch außerhalb der isländischen Hoheitsgewässer gehißt.
Das isländische Wappen zeigt ein Schild mit der Nationalflagge, deren rotes Kreuz aber an Stelle des weißen einen silbernen Rand hat, ruhend auf einer Basaltplatte. Gestützt wird dieser Schild von den schon in der Heimskringla des Snorri Sturluson erwähnten vier Schutzgeistern des Landes: dem Stier, dem Geier, dem Drachen und dem Riesen.
Die isländische Nationalhymne, 1874 zur 1000-Jahrfeier von Matthías Jochumsson gedichtet und von Sveinbjörn Sveinbjörnsson in Musik gesetzt, beginnt mit den Worten: »Ó, Gud vors lands, ó, lands vors Gud, vér lofum thitt heilaga, heilaga nafn ...« – »Oh, Gott unseres Landes, oh, unseres Landes Gott; wir lobpreisen Deinen heiligen, heiligen Namen . . .«

Verwaltungsgliederung

Island ist verwaltungsmäßig in 23 Kreise (*Sýslur*) und 19 gleichgeordnete kreisfreie Städte (*Kaupstadir*) unterteilt. Die Kreise sind wiederum in Verwaltungsbezirke gegliedert. Die Zentralgewalt wird durch Gouverneure vertreten, die zugleich den Selbstverwaltungsorganen der Kreise und Städte vorstehen. Nach der Bevölkerungsstatistik vom Januar 1986 ergeben sich, auf- bzw. abgerundet, folgende Bevölkerungszahlen: Von rd. 240 000 Einwohnern Islands – davon rd. 122 000 Männer und 118 000 Frauen – lebten zu diesem Zeitpunkt in Reykjavik 87 000, in den kreisfreien Städten (ohne Reykjavik) 93 000 und in den 23 Kreisen rd. 60 000 Einwohner. Die größten kreisfreien Städte sind außer der Hauptstadt Reykjavik deren Trabantenstädte Kópavogur mit rd. 15 000 und Hafnarfjödur mit rd. 13 000 Einwohnern. In Akureyri lebten zum gleichen Zeitpunkt ebenfalls 15 000 Menschen. Die nächstgrößeren Städte (mit rd. 7000–5000 Einw.) sind Keflavik, Akranes, Gardabær und Heimaey auf den Westmännerinseln. Alle weiteren kreisfreien Städte haben zwischen rd. 1000 und 5000 Einwohner. Schlüsselt man die Verwaltungskreise mit ihren kleineren Orten, Dörfern und einzeln liegenden Gehöften weiter auf, so zeigt sich, daß die am dichtesten besiedelten Gebiete im Südwesten um Reykjavik, im Norden um Akureyri und an der Ostküste liegen. Unterbesiedelt dagegen sind der Nordwesten mit weniger als 9000 Einwohnern sowie der Nordosten, dessen flächendeckende Kreise, die sich von der Küste bis zum großen Gletscher erstrecken, nur rd. 7000 Einwohner zählen. Dünnbesiedelt sind ferner die östliche und westliche Skaftafellssýsla, also der südliche Küstenstrich im Bereich der Gletscher, mit rd. 3500 und das nördliche Húnavatn-Gebiet mit knapp über 4000 Einwohnern.

Wirtschaft

Landwirtschaft

Die geographische Struktur und das Klima Islands setzen der Landwirtschaft enge Grenzen: Weniger als 20% der Gesamtfläche sind überhaupt kultivierbar und nur rd. 1%, d.h. etwa 1100 km², werden landwirtschaftlich genutzt. Die wichtigen Produkte sind Kartoffeln, Kohl, Gemüse sowie Heu als Viehfutter. Rund 5000 Betriebe (durchschnittliche Größe: 500 ha) decken mit diesen Erzeugnissen bestenfalls den Eigenbedarf ab. Kartoffeln müssen z.B. sogar in gewissem Umfang eingeführt werden. Das Heu ist für die Viehwirtschaft von großer Bedeutung. Hat es bei einem schlechten Sommer wenig verfütterbares Heu gegeben, ist man auf die Winterweide angewiesen, die bei kalten Wintern ein großes Risiko für den Viehbestand birgt. Durch den Gebrauch von Kunstdünger hat sich die Heuernte in den letzten 50 Jahren allerdings mehr als verdoppelt; bessere Silos und eine effektivere Behandlung des Heus haben überdies den Nutzwert der eingebrachten Ernte erhöht.

Einen wesentlichen Bestandteil der isländischen Landwirtschaft stellt die Viehwirtschaft dar. Der Viehbestand umfaßte am 1.1.1984 69 000 Rinder, 712 000 Schafe, 52 000 Pferde, 2203 Schweine und 294 000 Stück Geflügel. Vergleicht man diese Zahlen mit denen zurückliegender Jahre, so stellt man fest, daß Rinder-und Schweinezucht seit 1980 deutlich zugenommen haben, die Zahl der Schafe dagegen stark zurückgegangen ist. Die Produkte, die aus der Viehwirtschaft gewonnen werden, sind in der Hauptsache: Milch, Sahne, Skyr (eine köstliche Spezialität, unserem Joghurt ähnlich), Butter, Vollfettkäse, Hammelfleisch, Pferdefleisch, Geflügel, Wolle, Schaffelle und Eier. Der Ertrag an Hammelfleisch belief sich z.B. 1980 auf rd. 13 500 t, davon wurden rd. zwei Drittel im Inland verkauft. Die Wollproduktion ergab im selben Jahr rd. 900 t, Schaffelle wurden über 1 Mill. Stück hergestellt. Mit diesen Erzeugnissen leistete die isländische Viehwirtschaft einen beträchtlichen Bei-

Einbringen von Heu für die Fütterung von Vieh

trag sowohl zur Eigenversorgung des Landes mit tierischen Produkten als auch zum Export. Ausgeführt werden in erster Linie gefrorenes Hammel- und Lammfleisch, sodann aber auch Rindfleisch, Käse, Wolle, Schaffelle, die der besseren Haltbarkeit wegen gesalzen werden, gesalzene Rinder- und Pferdehäute, getrocknete Fuchs- und Nerzfelle sowie lebende Pferde.

Die durch thermische Energie geförderten Treibhauskulturen stellen bei der Versorgung Islands mit kontinentalen Obst- und Gemüsesorten, ja sogar Südfrüchten einen zunehmend wichtiger werdenden Faktor dar. Früher sah man auf Island nur vereinzelt Treibhäuser, weil die technische Nutzung der Bodenwärme schwierig war. Heute wird das Bild der Ortschaften immer häufiger durch die großen Glashäuser mitgeprägt, die das Land mit Blumen, Früchten wie z.B. Tomaten, Bananen, Weintrauben und anderen Produkten versorgen. Ziel der Regierung ist es, mit der Förderung dieses Zweiges der Landwirtschaft die Abhängigkeit vom Import solcher Erzeugnisse allmählich zu verringern.

Forstwirtschaft

Die Forstwirtschaft bedarf keiner großen Erwähnung, da die aufgeforsteten isländischen Wälder keine wirtschaftliche Bedeutung besitzen. Sie sollen vielmehr die Abtragung des Bodens aufhalten, Vulkaneruptionen in ihren Auswirkungen mildern und positive klimatische sowie ökologische Veränderungen einleiten. Nutzholz wird Island auch künftig einführen müssen.

Fischerei

Um Island herum liegen reiche Fischgründe, was wohl nicht zuletzt auf das günstige Zusammentreffen warmer und kalter Meeresströmungen zurückzuführen ist. Die Isländer sind sich dieses Reichtums aus dem Meer allerdings spät bewußt geworden. Ursprünglich Bauern und Viehzüchter, betrieben sie den Fischfang jahrhundertelang nur nebenbei und mit unzureichender Ausrüstung. Der gewaltige Aufschwung der Fischereiwirtschaft im 20. Jh., der im Zusammenhang mit der politischen Befreiung des Landes zu sehen ist, hat Island aber inzwischen zu einer der führenden Nationen auf dem Gebiet der Seefischerei in der Welt werden lassen. Es verfügt über eine der modernst ausgerüsteten Flotten (über 80 000 BRT), die auf isländische Gewässer und im Hin-

Viehmarkt, ein wichtiger Teil der Landwirtschaft

blick auf spezifische Fangziele spezialisiert ist. So bedient die isländische Fischereiwirtschaft, die rd. ein Fünftel zum Bruttosozialprodukt beiträgt, heute nicht nur den eigenen Markt, der mit vielen Fischspezialitäten, u.a. auch Großtiere wie Wal, Rochen und Hai, der isländischen Küche das charakteristische Gepräge gibt, sondern schafft auch die Grundlage für einen weltweiten Export.
Daß die Seefischerei allerdings wegen der Veränderung der Fischbestände zu einem immer schwieriger kalkulierbaren Posten in der Gesamtwirtschaft wird, zeigen die Quoten der 80er Jahre. Belief sich der Fang von Meerestieren 1980 noch auf 1,5 Mill. Tonnen (75% aller Exporteinnahmen), so ging er bis 1983 auf rd. 835 000 Tonnen zurück. Das größte Geschäft wurde 1980 mit der Lodde, die mit rd. 760 000 t (1978/79 sogar rd. 960 000 t) den früher wichtigen Heringsfang verdrängte, und dem Kabeljau, der mit 426 000 t schon immer der bedeutendste Exportartikel war, gemacht. Das Ausbleiben der sonst in riesigen Schwärmen das Nordpolarmeer bevölkernden Lodde (Mallotus arcticus) im Jahr 1982, in dem nur rd. 13 000 t gefangen werden konnten, stellte Island vor schwerwiegende Probleme. Die Situation verschärfte sich noch dadurch, daß auch der Kabeljaufang bis 1983 auf rd. 293 000 t zurückging und die größeren Fangquoten bei anderen, vorher nur in geringen Mengen eingebrachten Fischarten wie Rotbarsch (1983: rd. 123 000 t) und Heilbutt (rd. 28 000 t) diese Verluste nicht ausgleichen konnten. Kammuschel, Krabbe, Scholle und Hummer werden sowieso nur in kleineren Mengen gefischt. Die Lodde wird fast ausschließlich für die Herstellung von Fischmehl verwendet und der Kabeljau (Dorsch) in erster Linie eingefroren oder eingesalzen; nur kleinere Mengen werden ungesalzen als Stockfisch getrocknet.
Die Hauptmenge aller insgesamt angelandeten Fische wird in die rd. 100 Gefrierhäuser gebracht, die entlang der Küste errichtet wurden. Die tiefgekühlten Fische werden hauptsächlich in die USA und die Sowjetunion geliefert. Hauptabnehmer für gesalzene Fische sind Südamerika und die Mittelmeerländer, während der getrocknete Fisch (Stockfisch) insbesondere nach Portugal und Afrika (Nigeria) ausgeführt wird. Der Fischbedarf der Mittelmeerländer erklärt sich aus der geringeren Fischausbeute der warmen Meere, die zusätzlichen Fischimport aus kühleren Zonen erforderlich macht. Weitere wichtige Abnehmer sind die Länder der EG, der EFTA und einige osteuropäische Länder. Die mehrmalige Ausdehnung der Fischereigrenze entsprechend

dem isländischen Festlandssockel (Grenzen der Hoheitsgewässer nunmehr 200 Seemeilen um Island) war für Island existenznotwendig. Denn die Fischbestände nahmen ab, und eine Kontrolle konnte nur unter diesen Bedingungen ausgeübt werden. So gingen z.B. in den Jahren 1948–56 die Heringsbestände rapide zurück. Die Fangquoten erreichten in den sechziger Jahren zwar nochmals Rekordhöhen von über 770 000 t, weil man die Schwärme inzwischen mit modernsten technischen Ultraschallgeräten und durch Beobachtung von Flugzeugen aus besser lokalisieren konnte. Aber diese modernen Fangmethoden führten Anfang der siebziger Jahre zu einer bedrohlichen Überfischung der Heringsschwärme. Um dem Problem stets geringer werdender Fangquoten von Heringen zu begegnen, traf man scharfe Schutzmaßnahmen, die in einem Fangverbot der Heringe von 1971–74 gipfelten.
Diese Schutzmaßnahme zahlte sich aus. Die Heringsbestände konnten sich wieder soweit erholen, daß die Regierung bestimmte Fangquoten zeitlich limitiert wieder zuließ. Stark zurückgegangen ist der Walfang, der schon einmal von 1915– 35 verboten war, da man die Ausrottung dieses größten Säugetiers des Meeres fürchtete. Seit 1948 wurde der Wal wieder gejagt. Erlegte man früher 400 – 500 Tiere pro Jahr, meist den Finnwal und den Potwal, so belief sich in den frühen achtziger Jahren die Quote nur noch auf 100 – 200 Stück jährlich. Das Jahr 1984 indes brachte insofern eine Überraschung, als plötzlich eine so stattliche Menge an Walen in Landnähe erschien, daß die besten Fangergebnisse seit dem Ende der sechziger Jahre erzielt wurden. Der Fang mußte vorübergehend sogar eingestellt werden, da die Verarbeitung an Land nicht nachkam. Solche Ereignisse können aber nicht darüber hinwegtäuschen, daß der Wal nach wie vor vom Aussterben bedroht ist. Zwar wurde der Walfang inzwischen vom internationalen Walrat wieder verboten, Island erhielt jedoch die Erlaubnis, weiterhin eine größere Zahl von Tieren für »wissenschaftliche Zwecke« zu fangen. Dies löste nicht nur Verstimmung in den USA, Proteste bei Naturschützern und Boykottdrohungen und Störmanöver von Greenpeace aus, sondern eskalierte im Frühjahr 1987 in einer auch von Greenpeace verurteilten Aktion von Mitgliedern der radikaleren Organisation »Sea Shepherd«, die kurzerhand die Computeranlagen der Walfangstation im Hvalfjord zerstörten und zwei in Reykjavik vor Anker liegende Walfangboote auf Grund setzten.

Links: Schafschur der für den Export bedeutsamen Wolle

Industrie

Die Ausbeute an Rohstoffen ist gering. Island ist deshalb zu umfangreichen Importen gezwungen. Eine Industrie konnte sich angesichts dieser natürlichen Rohstoffknappheit nur sehr schwer entwickeln. Die Regierung bemüht sich allerdings, durch Langzeitprogramme die Weiterentwicklung konkurrenzfähiger Fertigindustrien voranzutreiben, um die Abhängigkeit der isländischen Wirtschaft von der dominierenden Fischindustrie zu verringern. Denn diese ist sehr stark von den Fangquoten und den Preisen auf dem Weltmarkt abhängig.
Führende Industriezweige sind, neben der Fischverarbeitung, die Bekleidungsindustrie, das Baugewerbe, die Metallverarbeitung und der Schiffsbau (Fischereifahrzeuge und Kühlschiffe), der Maschinenbau – vorrangig für die fischverarbeitende Industrie – , die Gerberei, die Schaffell- und Schuhindustrie, die Bauxitverhüttung und chemische Industrie, die Industrie zur Herstellung von Seifen, Kerzen und Kosmetika. Ferner sind von Bedeutung: die Fleischverarbeitung, die Herstellung von Margarine und Schokolade und das Brauereigewerbe. Es gibt eine staatliche Zementfabrik in Akranes, eine Düngemittelfabrik in

Eines der modernen Fangschiffe kehrt mit reicher Ladung heim

Reykjavik und eine Aluminiumhütte in Straumsvík am Hafnarfjördur, die aus australischer Tonerde Aluminium ausschmilzt und mit einer Jahreskapazität von rd. 85 –90 000 t sowie einem Exportvolumen von mehr als zwei Dritteln der bedeutendste Industriebetrieb ist. Von 1969 – 87 produzierte das Werk über 1 Mill. t Aluminium im Werte von 2,5 Mrd. Schweizer Franken. Erwähnenswert sind auch ein Werk, das die Kieselgur-Vorkommen auf dem Grund des Mývatn zur Herstellung von Filtern ausbeutet, sowie eine Eisen-Silicium-Fabrik am Hvalfjördur zur Erzeugung von Stahllegierungen. Ihr jährliches Produktionsvolumen betrug 1985 insgesamt 52 000 t, ferner Zulieferindustrien, hauptsächlich für die fischverarbeitende Industrie, fertigen Verpackungs- und Behälterwaren, Ausrüstungen und Fischereizubehör, elektrische Geräte und Plastikwaren.

Islands Wirtschaftslage ist, wie schon gesagt wurde, stark von den Erträgen seiner Seefischerei und der fischverarbeitenden Industrie abhängig. Die Abnahme der Fischbestände, ein alarmierender Vorgang, könnte Islands Wirtschaft eines Tages zum Verhängnis werden. Wichtige Fischarten, z.B. der Kabeljau, sind immer seltener anzutreffen; der z.Zt. zu beobachtende langsame Temperaturabfall der isländischen und grönländischen Gewässer könnte den Bestand an Meerestieren endgültig dezimieren. Unter diesen Umständen ist der Aufbau fischunabhängiger Industrien für die Zukunft von entscheidender Bedeutung. Die Diversifikation der Industriezweige wird deshalb vom Staat durch verschiedene Stützmaßnahmen und Programme gefördert. Betrug der Exportanteil der Fischerei und Fischverarbeitung 1965 noch 90%, so sank er bis 1987 auf 75%. Ziel der Regierung ist, diesen Anteil am Esportvolumen auf 50% zu verringern. Der Anteil der Fertigungsindustrie am Bruttosozialprodukt betrug 1976 immerhin schon 20%, bei einer Beschäftigung von 18% aller Arbeitnehmer. Auch der sinnvolle Einsatz von Energie, die ja im Überfluß vorhanden ist, gehört zu solchen Grundsatzprogrammen: Verschiedene große Kraftwerke produzieren fast ausschließlich Strom für bestimmte Fabriken, so z.B. das Elektrizitätswerk in Búrfell für das Aluminiumschmelzwerk in Straumsvík. Pläne und Überlegungen, heißes Wasser in Spezialtankern nach Schweden zu exportieren, sowie, über Kabel im Meer, billigen Strom nach England zu leiten, wurden vorerst wieder aufgegeben. Über vier Milliarden iKr., fast genau 10% aller Ausgaben für die Wirtschaft, stellte der isländische Staat 1978 für Industrie- und Energieförderungs-

Herstellung und Transport von Stockfisch

maßnahmen zur Verfügung, davon einen größeren Teil für Entwicklungsvorhaben. Auch der Ausbau einer chemischen Industrie ist vom nationalen Forschungsrat vorgesehen. Als Rohstoffquellen sollen das Meerwasser und Salzsolen genutzt werden.

Natürliche Hilfsquellen und Energiewirtschaft

Island ist vergleichsweise arm an Bodenschätzen, bei denen ein industrieller Einsatz lohnte. Jahrhundertelange Bemühungen um den Abbau von Schwefel und die Salzgewinnung aus dem Meer wurden aus Rentabilitätsgründen eingestellt. Es bleiben im wesentlichen nur der Abbau von Bims und Basaltschlacke für die Bauindustrie; daneben werden, in geringen Mengen, Braunkohle, Bauxit, Schwefel, Liparit und Kalkspat genutzt. Das Land verfügt dagegen über reiche natürliche Energiequellen, deren Nutzung Island schon jetzt in Bezug auf Heizung, Warmwasserversorgung und Elektrizität weitgehend unabhängig von jeder anderen Energie macht. Es sind dies einerseits die geothermalen Energieresourcen, also die Warm-und Heißwasserreserven in der Erde sowie die Dampfquellen, andererseits die Wasserreserven der Flüsse und Seen. Die vorhandene geothermische Energie wird auf jährlich 80 000 Mill. kWh geschätzt, die Kapazität an Wasserkraft auf 35 000 Mill. kWh. Davon wird aber nur ein geringfügiger Teil genutzt: 1980 wurden nur rd. 3200 Mill. kWh der geothermischen und 3320 Mill. kWh der Wasserkapazität ausgeschöpft. Mit anderen Worten: Gewaltige Reserven liegen noch brach, obwohl bereits mehr als 97% der Bevölkerung mit elektrischem Strom und weite Teile der besiedelten Gebiete mit Heißwasserheizung und fließendem Warmwasser versorgt werden.

Heißes Wasser und Dämpfe versucht man seit langem volkswirtschaftlich zu nutzen. Die Erfolge der modernen Technik sind beachtlich. Die Isländer stellen heute einen großen Teil ihrer Heizwärme und Wasserversorgung durch die Nutzung der Heißwasservorräte sicher. Die heißen Dämpfe der geothermischen Gebiete dienen zur Erzeugung von Strom, mit dem kleinere Industriegebiete versorgt werden. Das warme Wasser wird direkt in die Hallen- und Freibäder geleitet und füllt dort auch die einzigartigen» hot pools« (Heißwassersitzbecken), die dem Isländer, von der Investition abgesehen, im Sommer wie im Winter ein praktisch kostenloses Freizeit- und Erholungsvergnügen schenken. Das warme Wasser temperiert Treibhäuser, in denen nunmehr alle kontinentalen Obst- und Gemüsearten angebaut werden können, und Warmwasserröhrensysteme erwärmen auch den Boden der Freigärten so weit, daß Kohl- und Gemüsesorten geerntet werden können, die in Island sonst nicht gedeihen.

Die Entwicklung der technischen Nutzung der Heißwasserquellen wurde, nach bescheidenen Versuchen in den vergangenen Jahrhunderten, durch die Kohleknappheit im Ersten Weltkrieg intensiviert und führte in den zwanziger Jahren zu ersten praktischen Ergebnissen. Von 1930 an kam es allmählich zur systematischen wissenschaftlichen Untersuchung der im Boden vorhandenen Heißwasserreserven und zu deren technischer Erschließung durch immer neue, tiefere und ergiebigere Bohrlöcher. Wichtige Stationen in diesem Prozeß stellen u.a. der Bau des ersten mit heißem Wasser beheizten Gewächshauses in Reykir (Mosfellssveit) 1924 dar, ferner die erste Heißwasserfernheizung in Reykjavik (1930), die 70 Wohnungen, 2 Schulen und 1 Krankenhaus versorgte; und der Anschluß des Hallenschwimmbades von Reykjavik ans Heizsystem (1937). Bohrungen im Thermengebiet von Sudur-Reykir, 1933 begonnen, führten Ende der dreißiger Jahre zum Bau des städtischen Heißwasserversorgungssystems von Reykjavik. 3000 Häu-

ser, in denen rd. 35 000 Menschen lebten (damals fast die ganze Stadt), wurden an die Anlage angeschlossen, die heute noch die Haushalte mit rd. 70°C heißem Wasser versorgt. Inzwischen erschließen rd. drei Dutzend Brunnen bis zu maximal 2000 m Tiefe immer neue Reserven, so daß der Wasserausstoß 1986 über 2000 l pro sec., bei Temperaturen von 80 – 95°C, betrug.
1976 wurden die Orte Kópavogur, Gardakauptún und Hafnarfjördur an das Heißwassersystem von Reykjavik angeschlossen. Mittlerweile besitzen die meisten größeren Orte und Gemeinden, insbesondere im Süden, Südwesten und Norden, ihre Bohrschächte und beliefern die Wohnungen mit Heißwasser. Schwimmbäder werden außer im Raum von Reykjavik vor allem im Gebiet westlich des Langjökull, im Norden um den Eyjafjördur herum und in der Húnavatnssýsla mit heißem Wasser gespeist. Für seine Gewächshauskulturen berühmt ist in erster Linie, neben Hveragerdi und Reykir in der Mosfellssveit, das Laugarvatn-Gebiet.
Die Dampfquellen sind demgegenüber noch so gut wie ungenutzt, obwohl auch sie eine enorme Energie freigeben. Man hat ihre Wärmeleistung auf über eine Million Kalorien pro sec. geschätzt. Probebohrungen in verschiedenen Gebieten (in Krísuvík, im Hengill u.a.) haben gezeigt, daß Dampfkraftwerke Kapazitäten von über 30 000 kWh produzieren können. Entsprechende Pläne liegen vor. Auch die Gewinnung des in der Kernphysik eingesetzten Schweren Wasserstoffs (Deuterium), der in den Dampfquellen vorkommt, scheint technisch realisierbar. Genutzt werden schon die Dampfquellen in Námafjall, wo bereits seit 1969 ein Dampfkraftwerk mit einer installierten Energie von 2650 kWh die Kieselgurfabrik am Mývatn mit Strom beliefert, und im Großwerk an der Krafla (55 000 kWh), das große Teile von Nord-Island mit Strom versorgt. Insgesamt deckte die geothermische Energie 1980 32,5% des Gesamtenergiebedarfs.
Bleibt zuletzt, noch einen Blick auf die Nutzung der Wasserkraft zu werfen, die 1981 rd. 18% der insgesamt benötigten Energie lieferte. 1985 waren 26 Kraftwerke, auf ganz Island verteilt, mit einer installierten Gesamtleistung von 752 000 kWh tätig und produzierten über 98% der im Lande verbrauchten Energie. Die größeren Kraftwerke stehen im Süden am Búrfell (240 000kWh), am Hrauneyjarfoss (210 000 kWh), bei Sigalda (150 000 kWh), am Irafoss (47 800 kWh), Ljósafoss (14 600 kWh) und bei Steingrímsstöd (26 400 kWh); im Westen bei Andakíll

Links: Einsalzen der angelandeten Fische in Gefrierhäusern

(7920 kWh); im Norden an der Laxá (20 460 kWh) und im Osten am Lagarfoss (7500 kWh). Daneben existieren, insbesondere im Norden und Nordwesten des Landes, eine Reihe kleinerer Werke. Außerdem gibt es rd. 200 private (z.B. firmeneigene) Wasserkraftwerke und über 200 meist private Generatoren auf den Höfen, die 1985 insgesamt eine installierte Kapazität von 33 000 kWh hatten und über 10 000 Megawatt pro Stunde produzierten. Die technisch ausbaufähigen Wasserkräfte hat man auf rd. 35 Milliarden kWh im Jahr, auf 90 Standorte verteilt, berechnet. Die tatsächlich erzeugte Energie stellt also erst einen verschwindend kleinen Prozentsatz des errechneten hydro-elektrischen Potentials dar.

Energiewirtschaftliche Probleme bereitet dagegen das Fehlen fossiler Brennstoffe, also wirtschaftlich verwertbarer Kohle-, Erdöl-, Erdgas- und Uranvorkommen. Der gesamte Bedarf an Kohle, Dieselöl, Benzin, Flugbenzin und anderen Erdölprodukten muß deshalb eingeführt werden, was eine starke Abhängigkeit der isländischen Volkswirtschaft vom Erdölpreis auf dem Weltmarkt bedeutet. Die teuren Importe von Erdöl aus der UdSSR machten bis 1970 70% des nationalen Ölimports aus. Seit 1980 gibt es Verträge mit der British National Oil Company, die zu günstigen Preisabsprachen rd. 40% des isländischen Bedarfs an Erdöl liefert; Verträge mit Norwegen und Saudi-Arabien sollen künftig einseitige Abhängigkeiten weiter abbauen. Schlüsselt man den Gesamtverbrauch an Energie auf, so ergibt sich, daß 1980 rd. 40% für Raumheizung, 30% für Industriezwecke, 27% für Fischerei und Transport verbraucht wurden. Etwa die Hälfte der industriell genutzten Energie und der gesamte Bedarf für Schiffsflotte und Transportkolonnen – also zusammen 42% des Gesamtenergieverbrauches – werden aber aus importierten Erdöl gedeckt. Diese Zahlen erhellen nochmals die hohe nationalökonomische Bedeutung des Erdöls. Islands reiche natürliche Kraftreserven decken eben nur einen Teil des gesamtwirtschaftlichen Energiebedarfs. So gesehen, hat auch Island, das Land der heißen Erde und der unzähligen Wasserfälle, seine Energieprobleme.

Wie erfolgreich die Entwicklung sog. synthetischer Energiequellen, wie die Herstellung eines Kraftstoffs bzw. Methanolgemisches auf der Basis der Wasserstoffelektrolyse, sein wird, bleibt abzuwarten. Eine entsprechende Studie, die ein konkurrenzfähiges Verfahren zur Herstellung von Benzinersatz bis 1990 vorsieht, liegt seit 1978 vor. Danach soll der bei der Wassertrennung gewonnene Wasserstoff für die Produktion

Straumsvík, der Umschlaghafen für Aluminium-Erzeugnisse

von Kohlenmonoxyd genutzt und dieses in Methanol umgewandelt werden. Die elektrische Arbeitsenergie liefert natürlich die reich vorhandene Wasserkraft. Zunächst ist eine kleine Versuchsanlage geplant, 1995 soll aber schon der erste funktionstüchtige Großbetrieb mit der Produktion beginnen. Ist dieser eingeschlagene Weg begehbar, so könnte Island eines Tages energiepolitisch unabhängiger vom Öl-Weltmarkt werden.

Außenhandel

Der Warenexport und -import steigerte sich in den Jahren 1976 – 1980 um etwa das Sechsfache. Ausgeführt wurden 1980 Güter im Wert von rd. 446 000 Mill. ikr (alte Währung), eingeführt wurden im selben Jahr Güter für rd. 480 000 Mill. ikr. Von 1981–83 nahmen Ex- und Import nochmals um das rd. Vierfache zu: Es wurden für rd. 18 620 Mill. ikr (neue Währung) Waren ausgeführt und für rd. 20 600 Mill. ikr eingeführt.

Die rangwichtigsten Exportgüter waren Mitte der achtziger Jahre Fisch- und Walerzeugnisse: gefrorene Fischfilets, ungepökelter Salzfisch und Stockfisch. Industrieerzeugnisse: Aluminium, Strickbeklei-

dung, behandelte Felle sowie luftdicht verschlossene Fisch- und Fischereierzeugnisse. Landwirtschaftliche Erzeugnisse: Hammel- und Lammfleisch, Käse.
Island beliefert heute alle Kontinente der Erde. Die wichtigsten Handelspartner in Europa sind vor allem die Bundesrepublik Deutschland und Großbritannien, sodann Portugal, Schweiz, Finnland und Spanien; ferner verschiedene Ostblockstaaten, in erster Linie die UdSSR, Polen und Jugoslawien. Unter den außereuropäischen Gebieten ragen Afrika (besonders Nigeria), die USA, ferner Asien, vor allem China und Japan, weiter der Iran und Australien heraus.
Die rangwichtigsten Importgüter waren in den achtziger Jahren Erdöl, Erdölerzeugnisse und Treibstoffe. Es folgten elektrische Geräte und andere Maschinen, Flugzeuge, Straßenfahrzeuge und weitere Beförderungsmittel; sodann Metalle, Garne, Holz und Papier, Bekleidung, Tierfutter, Kaffe, Obst und Getreide. Die Hauptlieferanten sind die Bundesrepublik Deutschland, sodann die UdSSR, Großbritannien, USA, die Niederlande, Dänemark, Norwegen, Schweden, Japan und Australien.
Die sich aus Fischerei, Landwirtschaft und Industrie ergebende Außenhandelsbilanz wies in den siebziger bis achtziger Jahren einen leicht negativen Saldo auf. Bis 1983 kletterte er noch im Rahmen der Inflationsrate auf rd. 1970 Mill. ikr. Die volkswirtschaftliche Situation Islands verschärft sich aber zunehmend. Die Prognosen sind nicht günstig. Die ständig steigenden Weltmarktpreise für Erdöl, auf das Island dringend angewiesen ist, und der Rückgang der Fischfangquoten schlagen hier besonders belastend zu Buche. Inwieweit durch Ausbau und Steigerung der Industrieproduktionen, verbesserte Infrastrukturen, Entwicklung synthetischer Energiequellen, Erweiterung des Tourismus' und durch sonstige Maßnahmen das wirtschaftliche Gleichgewicht auf Dauer besser ausbalanciert und die allgemeine Wirtschaftslage stabilisiert werden kann, bleibt abzuwarten. Die künftige Stabilität der isländischen Wirtschaft hängt nicht zuletzt auch von weltwirtschaftlichen Entwicklungen ab.

Verkehr

In einem Lande, in dem wegen der unwegsamen Natur das Pferd bis ins 20. Jh. hinein konkurrenzloses Transportmittel war, gewinnen nun, wenn auch spät, die technischen Verkehrsmittel, also Auto, Schiff und

Flugzeug, an Bedeutung. Eisenbahnen hat es in Island niemals gegeben; der Isländer, so sagt man, sei »vom Pony unmittelbar ins Flugzeug umgestiegen«.

Straßenverkehr

Auf den rd. 12 000 km des überwiegend geschotterten Straßennetzes fahren mittlerweile über 105 000 Pkws, wozu auch die rd. 1400 kleineren und großen Busse zählen, ferner 13 000 Lkws und ca. 1000 Motorräder. so daß am 1.1.1985 ein Gesamtbestand von rd. 120 000 Kraftfahrzeugen gezählt wurde; grob gerechnet, entfallen damit auf je 2–3 Einwohner ein Kraftfahrzeug. Autos brauchen aber Straßen. Straßen- und Brückenbau erfordern indes, besonders in einem Lande, das durch reißende Flüsse und ungünstige Boden-und Klimaverhältnisse gekennzeichnet ist, hohe und regelmäßige Investitionen, die langfristig durch eine Verbesserung des Inland-Warenverkehrs und durch den Tourismus kaum ausgeglichen werden können. Deshalb hat der Zustand der Straßen, trotz großartiger Fortschritte in den letzten Jahren, noch nicht den auf dem Kontinent gewohnten Standard erreicht.

Schiffahrt

Islands Bestand an Schiffen hat sich in diesem Jahrhundert stark erhöht, was nicht so selbstverständlich ist, wie man meinen sollte, da Island bis ins 20. Jh. hinein über keine nennenswerte Flotte verfügte. Aber seit sich nach der Jahrhundertwende mit dem Ankauf einer ausgemusterten Trawlerflotte von England die Seefischerei entwickelte, stieg das Gesamtvolumen an Schiffen bedeutend an. Es bestand am 1.1.1984 aus 940 Schiffen mit insgesamt 192 000 BRT. Den größten Anteil erbrachten die 836 Fischereifahrzeuge mit überwiegend kleineren Booten bis zu 300 BRT, etwa 100 Boote haben bis zu 500 BRT und mehr. Die Handelsflotte besaß am Anfang der achtziger Jahre rd. 90 Schiffe mit etwa 35 000 BRT. Die Schiffe gehören fast ausnahmslos den großen Reedereien »Eimskipafelag«, »Skipadeidl Sis« und »Hafskip«. Das Schicksal von »Hafskip« ist nach dem Konkurs im Dezember 1986 allerdings ungewiß. Die hohe wirtschaftliche Bedeutung der Schiffahrt steht außer Frage. Die Fischereiflotte leistet einen entscheidenden Beitrag zur Ernährung des Landes und schafft darüber hinaus Arbeitsplätze in anderen Bereichen der fischverarbeitenden Industrien; die Handelsflotte dient dem wirtschaftlichen Anschluß an die Welt. Mit rückläufi-

Mit Heißwasser betriebenes Gewächshaus im Laugarvatn-Gebiet

gen Fangquoten allerdings werden zunehmend Kapazitäten ungenutzt bleiben. Die Fahrgastschiffahrt, vom Staatlichen Schiffahrtsamt (*Skipaútgerd ríkisins*) mit 6 Schiffen betrieben, spielte demgegenüber stets nur eine untergeordnete Rolle. Sie gewinnt aber mit der Zunahme des Fremdenverkehrs an Raum.

Luftverkehr

Das Flugzeug stellt angesichts der Bodengestalt Islands das adäquate Verkehrsmittel dar. Im öffentlichen wie auch im privaten Reiseverkehr hat es sich deshalb auch schnell durchgesetzt. Neben dem internationalen Flughafen in Keflavík, 1987 in neuer Gestalt und hochmoderner technischer Ausstattung der Öffentlichkeit übergeben, gibt es rd. 90 kleinere Flugplätze für den binnenländischen Verkehr. 1984 betrug der Flugzeugbestand 197 Maschinen mit insgesamt 1971 Sitzplätzen. Ab 1987 wird sich dieser Bestand aber stark vermehren. Die beiden großen Fluggesellschaften, heute im Flugunternehmen Icelandair vereinigt, befördern über 1 Mill. Fluggäste pro Jahr. Icelandair unterhält heute Linien-, Stopover- und Charterflüge in alle Teile der Welt. Von der großen Boeing steigt der Isländer direkt auf die kleineren zweimotorigen

Maschinen des Binnenlandverkehrs um, wenn er nicht sogar eine Privatmaschine besitzt, mit der er auf der Wiese neben seinem Haus landet. Die Entwicklung des Flugverkehrs ist ein Teil jenes »Wirtschaftswunders«, das sich in diesem Jahrhundert auf Island vollzog. Die Ausweitung des internationalen Flugverkehrs beruht im wesentlichen auf der Entwicklung des Tourismus', vor allem des Fremdenverkehrs nach Island.

Tourismus

Der Trend zum Abenteurerurlaub hat auch für Island einen gewaltigen Aufschwung des Tourismus gebracht, der das Land zu verändern beginnt. 5% des Einkommens aus fremden Währungen erzielte das Land 1986/87 aus dem Tourismus. Noch sind es hauptsächlich die Individualisten, die das Land besuchen und mit eigenem oder gemieteten PKW die exotische Landschaft erkunden oder über die verschiedenen Touristikunternehmen »Safaris« buchen. 113 528 Besucher aus aller Welt wählten 1986 Island zum Reiseziel. Damit wurde die »magische Grenze« von 100 000 Touristen erstmalig überschritten. An erster Stelle standen mit 32 700 Besuchern die Amerikaner aus den USA. An zweiter Stelle rangierten mit 13.601 Einreisenden die Deutschen aus der Bundesrepublik (1983 waren es rd. 9 000). Es folgten Besucher aus Großbritannien, Dänemark, Schweden, Norwegen. Zunehmend kommen auch Franzosen, Schweizer, Österreicher, Niederländer und Finnen. 7 740 Reisende kamen mit dem Schiff, davon allein 5 502 aus der Bundesrepublik Deutschland. Allerdings tragen isländische Touristen zunehmend mehr Geld ins Ausland, besonders in europäische Länder, so daß die Einnahmen aus dem Fremdenverkehr den Ausgaben im Tourismus vorerst nur ungefähr die Waage halten.

Geldwesen und öffentliche Finanzen

Ein Vergleich der staatlichen Einnahmen mit den Ausgaben zeigt für die siebziger Jahre bis 1979 ein leichtes Defizit im Staatshaushalt. 1980 überstiegen die Einnahmen mit 3929 Mill. nýKr die Ausgaben mit 3790 Mill. nýKr (ab 1.1.1981 nýKr = neue Krone). Der größte Aktivposten bei den Einnahmen sind die indirekten Steuern. Die höchsten Ausgaben hatte der isländische Staat Anfang der achtziger Jahre für die Bereiche Gesundheit, Erziehung und Verkehr; »Öffentlicher Verbrauch« und »soziale Sicherheit« ragten dabei heraus.

Das allgemeine Preisniveau stieg in den letzten Jahren drastisch und zeigt starke inflationäre Tendenzen. So kletterte der Baukostenindex von 1975 – 1985 mit wachsender Beschleunigung von 100 (1975) auf 490 (1980), 1140 (1982) und auf fast 3 000 in 1985. Die Anpassung der Löhne und Gehälter an das Preisniveau führte zu einem Anstieg des Lohnindex bis 1980 um das rd. Zwanzigfache, bis 1983 aber um das rd. Siebzigfache gegenüber 1970. Im selben Zeitraum stieg der Lebenshaltungskostenindex im Jahresmittel allerdings um das Hundertfache. Diese relativ hohe inflationäre Tendenz hält bei starkem Preisauftrieb und hohen Lohnsteigerungen, die aber mit den Preissteigerungen nicht Schritt halten, weiterhin an.
Die Aktivität der isländischen Wirtschaft wurde allerdings durch die Inflation kaum beeinträchtigt: Die inländische Investitionsbereitschaft blieb erhalten, und es herrscht in Island nahezu Vollbeschäftigung. Aber was die öffentlichen Finanzen betrifft, so konnte die Regierung Staatsschulden im Ausland, trotz gutwilliger Erklärungen, immer weniger vermeiden. Die realwirtschaftliche Entwicklung ist deshalb Anfang der achtziger Jahre, trotz des natürlichen Reichtums des Landes, immer weniger zufriedenstellend. Dazu trägt eine gewisse Vorsicht gegenüber der Öffnung nach außen, die die Industrialisierung und die ausländische Investitionsbereitschaft gleichermaßen hemmt, sicherlich nicht wenig bei (S. 98).

Arbeitsmarkt und Lebensstandard
Ca. 106 000 Isländer gingen 1984 einer geregelten Arbeit nach, das sind etwa 45% der Bevölkerung. Arbeitslosigkeit gibt es in Island so gut wie gar nicht (zwischen 0,3 und 1,0%). Zwar war die Tendenz seit 1980 steigend: 1982 gab es z.B. 770 Arbeitslose (= 0,7%), 1983 sogar 1184 (= 1%). Aber 1987 betrug die Arbeitslosenquote wieder 0.3%. Aufgrund von Sonderzulagen und Überstunden werden, im europäischen Vergleich, sogar hohe Löhne erzielt. Allerdings wird die offizielle 40-Stunden-Woche dadurch praktisch unterlaufen. Der monatliche Grundlohn eines verheirateten Fabrikarbeiters oder Seemanns betrug Anfang der achtziger Jahre rd. 6000 nýKr, das sind rund 2000 DM. Die Kaufkraft nimmt aber, aufgrund der steigenden Lebenshaltungskosten, zunehmend ab. In gewissen Bereichen herrscht zwar in Island dem Augenschein nach ein hoher Lebensstandard: Das Eigenheim oder die Eigentumswohnung gehören genauso zur Selbstverständlichkeit wie das

Dampfkraft aus der Hexenküche des Teufels

Telefon, das in jedem zweiten bis dritten Haushalt vorhanden ist. Auch der öffentliche Wohlstand, der durch die natürlichen Energieressourcen geschaffen wird und beispielsweise in billiger Elektrizität, in heißem Wasser für jedermann, naturbeheizten Schwimmbädern, Saunen usw. seinen Ausdruck findet, prägt natürlich den allgemeinen Lebensstandard mit. Auf der anderen Seite jedoch sind beispielsweise Autos und deren Unterhaltung, viele technische Haus- und Küchengeräte und die meisten Artikel, die importiert werden müssen, recht teuer; die Preise für Kühlschränke, Wasch-und Spülmaschinen und ähnliche Elektrogeräte liegen weit über dem Preis für vergleichbare Waren in der Bundesrepublik Deutschland. Während die Textilpreise deutschem Preisniveau noch am ehesten vergleichbar sind, lagen die Lebenshaltungskosten für Essen und Trinken, gemessen an deutschen Verbrauchergewohnheiten, Anfang der achtziger Jahre schon rd. 150% über den deutschen Lebenshaltungskosten. Im Dienstleistungsbereich ist der Unterschied noch größer. Ein Essen im Restaurant kann sich nicht jeder Isländer leisten. Bedenkt man, aus welcher Armut sich Island befreit hat, so wird allerdings deutlich, wie gewaltig der Aufschwung in den letzten 50 Jahren war. Die Lebenserwartung ist, wie schon erwähnt, die höchste auf der Welt, die Sterbequote mit 6 Todesfällen pro Jahr auf je 1000 Einwohner eine der niedrigsten. Island gehört schon jetzt, was den persönlichen Wohlstand betrifft, zu dem Kreis der wohlhabenden Nationen. Ob aber der Trend sich fortsetzt und der Anschluß an europäische Verhältnisse gelingt, wird von der volkswirtschaftlichen Gesamtentwicklung abhängen, die von Kennern des Landes gegenwärtig mit Skepsis beurteilt wird.

Niederlassungs- und Steuerrecht

Der erwerbsmäßigen Niederlassung auf Island sind enge gesetzliche Grenzen gesetzt. Wer als Ausländer erwerbstätig werden will, muß außer der Aufenthaltsgenehmigung auch eine Arbeitsgenehmigung nachweisen. Diese muß vom Arbeitgeber beim isländischen Sozialministerium beantragt werden; sie wird aber nur dann erteilt, wenn in dem betreffenden Berufszweig ein Mangel an Arbeitskräften besteht. Genehmigungen werden in aller Regel für die Eröffnung eines Gewerbebetriebes oder für Handelsreisende nicht erteilt. Ausländer können kein eigenes Geschäft eröffnen. Ausländische Beteiligungen an isländischen Gesellschaften sind nur in Ausnahmefällen möglich und dann auf maximal 49% Beteiligung beschränkt. Investitionsförderungsverträge sowie Niederlassungsabkommen sind bisher nicht abgeschlossen worden. Die staatliche Besteuerung aller in Island entstandenen Einkommen liegt (1985) durchschnittlich bei etwa 30% des Bruttoeinkommens, zuzüglich ca. 4% Sozialversicherungsabgaben. Der Arbeitgeberzuschuß beträgt 6%.

Mitgliedschaften

Zwischen 1943 und 1970 wurde Island Mitglied zahlreicher internationaler Organisationen und Bündnissysteme. In den folgenden Organisationen ist Island Mitglied (die Jahreszahl gibt das Beitrittsdatum an): Organisation für Weltgesundheit (WHO) 1943; Internationale Organisation für Ernährung und Landwirtschaft (FAO) 1945; Weltbank 1945; Internationaler Währungsfonds (IWF) 1945; Vereinte Nationen (UNO) 1946; Internationale Zivilluftfahrts-Organisation (ICAO) 1947; Organisation für wirtschaftliche Zusammenarbeit und Entwicklung (OEEC/OECD) 1948; Nordatlantikpakt (NATO) 1949; Nordischer Rat 1952; Internationale Finanzkorporation (IFC) 1956; Internationale Atomernergie-Organisation (IAEO) 1957; Weltschiffahrts-Organisation (IMCO) 1960; Organisation zur Förderung von Erziehung, Wissenschaft und Kultur (UNESCO) 1964; Allgemeines Zoll- und Handelsabkommen (GATT) 1968; Europäische Freihandels-Assoziation (EFTA) 1970; Seit 1972/73 werden auch mit der Europäischen Gemeinschaft (EG) Freihandelsverträge abgeschlossen.

Kulturelle Grundlagen

Religion

Rund 98% aller Isländer bekennen sich zum evangelischen Glauben. Davon gehören rd. 93% der Evangelisch-lutherischen Kirche als verfassungsmäßiger Staatskirche an und rd. 5% anderen evangelischen Gemeinschaften, besonders der Freikirche, den Adventisten und der Pfingstbewegung. Es herrscht völlige Religionsfreiheit, so daß auch andere Gemeinschaften in ihrer freien Religionsausübung nicht behindert werden. Etwa 0,7% der Isländer sind Katholiken, 1,3% leben außerhalb jeder Religionsgemeinschaft. Wer in Island keiner anerkannten Kirche angehört und also keine Kirchensteuer zahlt, muß den entsprechenden Betrag an die Universität oder an einen von ihr bestimmten Stipendienfonds entrichten (Art. 64 der Verfassung). Aktive Gruppen sind besonders die Heilsarmee, die Christlichen Vereine Junger Männer (YMCA) und Junger Mädchen (YWCA) und die Missionsgemeinschaften.

Sprache

Die isländischen Siedler kamen aus den westlichen Teilen Norwegens und aus dem damals von Norwegen teilweise beherrschten britannischen Raum. Das Isländische gehört also zu den nordgermanischen Sprachen und bildete einst, sieht man von den geringfügigen keltischen Einflüssen ab, mit dem Norwegischen, Schwedischen, Dänischen und Faröischen das Altnordische. Im engeren Sinne wies es zur Zeit der Besiedelung die größten Gemeinsamkeiten mit der Sprache der West-Norweger und der Faröer auf. Während aber die kontinentalen skandinavischen Sprachen, allen voran das Dänische, sich in den Jahrhunderten nach der Völkerwanderungszeit, spätestens seit dem 15. Jh., stark veränderten und auseinanderentwickelten, blieb das Isländische weitgehend so erhalten, wie es die Auswanderer gesprochen hatten. Isländisch, das heißt: »eingefrorene« Wikingersprache. Während z.B. in Norwegen

Alte Holzkirche (Stich um 1840)

die alten Gesänge der Edda und die alten Königsgeschichten im 16. Jh. in ihrer Bedeutung nicht mehr entziffert werden konnten, auch in Deutschland schon im 14./15. Jh. die Texte der Vorfahren aus dem 10./11. Jh. nur noch von Gelehrten entschlüsselt werden konnten, werden auf Island die alten Texte auch heute noch prinzipiell von jedem verstanden. Die Ursachen dieser sprachgeschichtlichen Stabilität sind u.a. in der Insellage zu suchen, die die isländische Sprache von fremden Einflüssen stärker abschirmte; ferner in der geringen Größe der Insel, die eine Dialektbildung weitgehend verhinderte, zumal die Isländer überregionale Kontakte pflegten (das zentrale Thingfest).

Auch soziale Unterschiede, die in den ersten Jahrhunderten nach der Besiedelung gering waren, spiegeln sich in der isländischen Sprache kaum wider. Die bewußte Pflege der sprachlichen Selbständigkeit angesichts der politischen Abhängigkeit Islands von Norwegen und Dänemark seit dem 13. Jh. mag weiterhin dazu beigetragen haben, daß die Entwicklung der anderen skandinavischen Sprachen nicht mitvollzogen wurde. Schließlich entwickelten die Isländer auch eine reiche literarische Tradition, die sprachverfestigend wirkte. Wer heute »Altnordisch« studieren will, greift daher in erster Linie auf das alte Isländische der Edda-Lieder, der Sagas usw. zurück.

Die frühe Konsolidierung der isländischen Sprache in archaischem

Formen- und Wortbestand hat verschiedene Auswirkungen. Zunächst ergibt sich daraus das einzigartige Phänomen, daß der Isländer, auch der nur durchschnittlich gebildete, die Schriften seiner Vorfahren aus dem 13. Jh. ohne große Schwierigkeiten lesen und ohne Anleitung verstehen kann. Das bedeutet historisch-kulturelle Kontinuität, die eine größere Indentifizierung des Isländers mit seiner Vergangenheit ermöglicht. Andererseits ist die isländische Sprache heute gegenüber den anderen skandinavischen und europäischen Sprachen im Hinblick auf Wortbestand und Grammatik »zurückgeblieben«: die Grammatik ist kompliziert, sie verwendet ein reichhaltiges System von Flexionen, um, bei gleichbleibender Grundbedeutung des Wortes, unterschiedliche Aspekte der Sprechsituation zum Ausdruck zu bringen. Und der Wortbestand spiegelt eher eine gesellschaftliche Realität wider, an der die industrielle Revolution vorbeigegangen ist. Bill Holm, ein amerikanischer Schriftsteller isländischer Abstammung, schreibt in einem Gedicht über »Die isländische Sprache«: »... es ist eine Sprache der Schafe und Fische, der Pferde und der rennenden Wasser. Das Spülklosett ist in der Sprache noch nicht erfunden. Du stolperst durch Dunkelheit und Regen mit alten Wörtern; die Tür knarrt, ein abgestandener menschlicher Geruch zieht aus der Erde. Diese Sprache glaubt noch an Geister, leere Stühle, die unter einer Lampe hin und her rücken. An Pferde in Mondlichtschluchten, wiehernd, obwohl da keine Pferde sind. An kalte, marmorne Hände, streichend über deine Stirn, während du schläfst. In einem Zimmer mit air-condition kannst du die Grammatik dieser Sprache nicht verstehen.« Das mag liebevoll übertrieben sein, aber die Schwierigkeiten, die der Fremde beim Erlernen dieser altertümlichen Sprache hat, sprechen für sich. Die Isländer unterstützen den hermetischen Charakter ihrer Sprache eher noch, indem sie die Übernahme neuer, z.B. technischer Ausdrücke bewußt vermeiden und neue isländische Ausdrücke dafür prägen. Dafür einige Beispiele: Als das Fernsehen aufkam (engl./franz. television, schwed. fjernsyn), schuf man in Island das Wort *sjónvarp*, was bedeutet, daß eine Erscheinung oder ein Bild (sjón) geworfen, projiziert wird. Statt »Pizza« und »Mayonnaise« soll künftig, nach einer Empfehlung des Isländischen Sprachausschusses, »flatbaka« und »majónsóna« gesagt werden. Wer übrigens eine der anderen skandinavischen Sprachen beherrscht, wird das Isländische sehr bald lesen können. Die Probleme fangen an, wenn der Isländer zu sprechen beginnt. Denn trotz der Ähnlichkeit im Schriftbild verstehen die Kontinental-Skandinavier die Isländer kaum, weil im Bereich der gesprochenen Sprache Jahrhunderte der Sprachveränderung trennend dazwischenstehen. Der Tourist wird sich im übrigen der englischen Sprache bedienen und damit im allgemeinen gut durchkommen (S. 127, 130).

Literatur

Die kulturgeschichtliche Rolle der isländischen Literatur

Die Kultur Islands erlangte Weltgeltung durch die im 12./13. Jh. hervorgebrachte Literatur, die in der mündlichen Tradition der altgermanischen Dichtung stand. In den Götter- und Heldenliedern sowie den Heldensagen fand man eine reiche Dichtungstradition vor, die es vor dem Vergessen zu bewahren galt. Und so entstanden die großen Liederhandschriften, die germanisches Gedankengut fixierten, allen voran das »Königsbuch« (Konungsbók eddukvæaeda) und der sogenannte» codex regius« der Lieder-Edda, der in einer Abschrift aus der 2. Hälfte des 13. Jh.s vorliegt. In den Sagas erreichte die isländische Literatur die bedeutendste, eigenständigste künstlerische Leistung Alt-Islands. Diese Einzigartigkeit der Sagas, besonders ihres wichtigsten Typus, der »Isländer-Saga«, beruht u.a. auf ihrem realistischen Gehalt in der Darstellung des isländischen Alltags, wie er sich in ständigen, durch das Sittengesetz der Blutrache fortgezeugten Sippenfehden, in Mord, Totschlag und Ächtung und einem fatalistischen Schicksalsbegriff präsentiert. Die Saga ist germanische Literatur, wie sie in dieser Vollständigkeit im germanischen Raum einzigartig dasteht und von unschätzbarem Wert für unsere Kenntnis von germanischer Kultur und germanischem Sittenrecht ist, wenngleich isländische Besonderheiten der Entwicklung beachtet werden müssen.

Mit dem Verfall dieser germanischen Welt, nicht zuletzt unter dem wachsenden Einfluß des Christentums, versank auch allmählich die germanische Dichtung, die ja mündliche Kultur war. Die von Generation zu Generation weitergegebenen Stoffe spiegelten jetzt nur noch in der Erinnerung die Taten der Helden der Vergangenheit wider. Mündliches Dichten verwandelte sich, gefördert von der mönchischen Schriftkultur, in Literatur. Auf Kuhhäuten, später auf Pergament, wurde das mündliche Erbe fixiert und ihm die heute vorliegende künstlerische Gestalt gegeben.

Gegen Ende des 13. Jh.s versank auch diese literarische Kultur, und es

annad: en þa m e heilli hofdu
þa u alexandr skoru her son
þessi riedrdi ? illa at su hafa
una lopt i marga meidingu ok
suru. kunnu u nu ei greinligar
ellu eu sua se u hofu sagt pro
um riedrdu e giort logus

Ipr e þessa bok hafa i fyrstu sa
radi karl aboti jons s m: pullu
s ok h þ sagdi hue rita skulldi
en ept þsi bok skripadi styr
radi þ ept þsi bok magn pstr
gir hafa. e þet likt hir sanlig
de hin ade e ymissig m hafa
ma ok mega þo sannar va. ggr
Sueri kgi syni sigurdar ks muna
ahlpt sun kyrra. haralldr sun
ok harda haralldr sun ulf harpra
þuglanna halfdan sun ulf
alfdan sun hunbeins olafs sun
aurtrumþas sun yngus sun
raku eigil sun ana sun ulf
un agni sun dags sun duguna
sun vandla sun sueigdi sun
af noa tunu. En mod haralldr
huart aslaug sun sigurdar dottur
ins bana sigmsar sun volsung
s sun pins sun godolfs sun biarf
sun arnolf sun beraugs sunar
uls sun vingiþorf sun eredeus
ans dott þriam kona ks i tro
thonis sun dardans sun jupiter
[illegible]

su gaffaulig gledi e margs vaa eiru
margu gamna. hafi nu hir þ r gam
farlyti engi þ þar sina arfd þa e ve
hir fusamr at fulgia.

þau tima e stiorn
lini gilla. afartiga
liod ks u vuall ke
e gunhillde het ho
di h va s vuals þ
dann se opfliga k
vera mok voldug
hs sagdi enu dreau aa
vi i afartign lopth
vera at barni þ e ho
sat þ kma hi ok tkylli
e hi þou seni barni
a komma þa e ms k
Gunhillde mu þu
ogligau. þa þom ok
hafdi þa eu hi lu
eu sia þeim u hun
mok at alla vege
sem akafligast vae
muna geyuui u v
ei vai ade m var
sia. sidan þom h
unkin ok tkuldu va
h huldan se þar
igegnu kledin ok
mok mod af þessi
di þo. vnals ok gun
atti sinna stephan. hia sun u þetr
Suerir sa mu her e kor ar noregi ok var

begannen die Jahrhunderte, in denen die Kraft zur großen Dichtung erlosch. Die isländische Literatur blieb für lange Zeit, trotz einzelner in nationalem Rahmen herausragender Dichterpersönlichkeiten, gesamteuropäisch bedeutungslos. Erst im 20. Jh. erlangte sie wieder weiterwirkende Geltung, insbesondere durch den in viele Sprachen übersetzten Schriftsteller Halldór Laxnes (S. 112), der in seinen Romanen die Vergangenheit ins Bewußtsein der Isländer zurückruft und durch die Darstellung der Geschicke des isländischen Volkes seinen Beitrag zu einem neuen nationalen Selbstbewußtsein schafft.

Literatur im Freistaat: Die Blütezeit isländischer Dichtung

Drei literarische Hauptgattungen heben sich in der altisländischen Dichtung voneinander ab: Die sogenannten *Edda-Lieder* und das *Skalden-Lied* als versgebundene Form und die *Saga* (Erzählung, Geschichte) als Prosagattung.

Die *eddischen Dichtungen* umfassen Götter- und Heldenlieder sowie uralte Spruchweisheiten, alles in prägnante Strophenform und den germanischen Stabreim gefaßt, bei dem die Anfangsbuchstaben betonter Silben reimen: »Vom Speere verwundet, dem Wodan geweiht...« (aus »Wodans Runenkunde«). Seinem mythologischen Gehalt nach sind die Lieder z.T. ältestes Kulturgut, viele Stücke noch von kultischem Charakter. Sie wurden also bereits aus Norwegen mitgebracht und repräsentieren germanisches, ja – wie der Vergleich mit der indischen und iranischen Literatur zeigt – sogar indogermanisches Gemeingut. Textgrundlage ist hauptsächlich die 1643 von dem isländischen Bischof Brynjólfur Svensson wiederentdeckte, wohl um das Jahr 1270 aufgezeichnete Liederhandschrift, die sogenannte Lieder-Edda. Aber auch andere Liedersammlungen gleichen Stils und Inhalts gehören in diesen Kreis der eddischen Dichtungen.

Die *Götterlieder* handeln von dem ganzen Götterhimmel der Germanen: Von Odin und Thor, von Zwerg Allwis usw. Im Lied von »Thors Hammerholung« (Hamarsheimt) holt Thor, als Freia (Göttin des Frühlings) verkleidet von den Winterriesen seinen Hammer zurück, mit dem er Donner und Gewitter erzeugt. Die Mythen der Jahreszeiten enthalten z.B. die Frühlings- und Brautwerbungsmythen und das berühmte Lied »Der Seherin Gesicht« (Völuspa): In immer neuen Gesichtern läßt die Seherin die Welt von den Urtagen der Schöpfung bis zum Untergang, den sie prophezeit, vorüberziehen.

Links: Miniatur kämpfender Ritter im Buch von Flatey

Von den irdischen Kämpfen vor dem geschichtlichen Hintergrund handeln Heldensage- und Lied. Der Hunneneinfall ins Ostgotenreich von 375 n.Chr. wird im Hamdirlied (Hamdisál) beschrieben; und im Hunnenschlachtlied (Hlödskvida) bilden die Kämpfe zwischen Hunnen und Goten im Osteuropa des 5. Jh.s das Thema. Hierzu gehören auch der verzweigte Sagenkomplex um das Nibelungenlied mit den Gesängen von Sigurd und Brynhild, Atli (Etzel) und dem Burgundenuntergang.

Gegenüber den anonymen eddischen Dichtungen, die zwar eine gehobene, doch knappe Sprache reden, ist die *Skaldendichtung*, deren Verfasser sich fast immer zu erkennen geben, eine äußerst prunkvoll-überladene Kunst. Ihre Stilmittel: Die Vorliebe für selten poetische Wörter (heiti) und die kunstvolle Umschreibung einfacher Begriffe (kenningar). Wenn aus dem »Ross« durch Einsetzung eines selteneren Wortes ein »Renner« wird, so ist das ein Heiti; wenn das »Schiff« durch Zusammensetzung aus zwei Begriffen zum »Wogenreiter« aufgeputzt oder wenn das Wort »Gold« in mythologischer Anspielung an den Schatz der Nibelungen als »Lager des Fafnir« oder als »Feuer der Flut« bezeichnet wird, so ist das eine Kenning. Die Skaldendichtung setzt also beim Hörer genaueste Kenntnis der Mythologie voraus. Sie ist zumeist höfische Kunst, Preislied und insofern Gebrauchskunst, an den Augenblick gebunden: Man besingt den Ruhm des Fürsten, seine Siege im Kampf; und dem in der Schlacht Gefallenen wird ein ehrendes Andenken gestiftet. Unter den vielen Skalden, über 400 sind mit Namen bekannt, sollen zwei berühmte genannt sein: *Egill Skallagrímsson* (ca. 900 – 983), bekanntgeworden neben seinen Preisliedern durch das Haßlied (nidvisur) gegen Erich Blutaxt, den ältesten Sohn Harald Schönhaars. Und *Snorri Sturluson*: Der berühmte Historiker, Staatsmann und Poet (1179 bis 1241) , einer der gebildetsten, reichsten und einflußreichsten Isländer seiner Zeit, zweimal Gesetzessprecher und Vertrauter des norwegischen Königs Hakón Hakónarson, hat viele berühmte Gesänge, Sagas und Geschichtswerke hinterlassen. Sein Beitrag zur skaldischen Dichtung ist zugleich einer der letzten Höhepunkte dieser Kunst: *háttatal*, das hohe Lied auf den mächtigen König Hákon, auf dessen Veranlassung Snorri paradoxerweise, nachdem er in Ungnade gefallen war, ermordet wurde. Zwei Jahrzehnte später ist der vom Sittenverfall gezeichnete isländische Freistaat nicht mehr lebensfähig; Island gerät unter norwegische Fremdherrschaft.

Die Sagas

Eine herbe Luft weht einem aus den Sagas entgegen. In knapper Sprache, die alles unwesentliche ausspart und die Gefühle der Personen nur aus ihren Handlungen und kargen Worten hervorscheinen läßt, werden die bedeutsamen Ereignisse von Treue und Verrat, von Rache und Vergeltung, von Liebe und Haß, von Leben und Sterben vorgetragen. Das Beispiel der Saga von Gisli Sursson dem Geächteten mag einen Eindruck von der lapidaren Sprache und der Unausweichlichkeit des Geschehens vermitteln: Wegen einer verbotenen Liebesbeziehung Vesteins zu Thorkels Weib Asgerd, von der Thorkel, an der Wand des Frauenhauses lauschend, erfährt, muß Vestein, der Schwager Gislis, sterben. Als er von einem der Leute Thorkels den tödlichen Speer empfängt, sagt er nur: »Der saß!« Dann fiel er tot neben die Bettpfosten. Gisli, zur Rache verpflichtet, vollstreckt, auf einem Fest in Thorkels Hause, das Vergeltungsurteil an dem Mörder. Dafür wird er von der Gegenseite vor Gericht gebracht und von diesem für friedlos (vogelfrei) erklärt. Dreizehn Jahre verfolgt und umhergetrieben, von seinem mutigen Weibe Aud immer wieder mit List versteckt, wird Gisli am Ende von Thorkels Leuten aufgespürt und in ungleichem Kampf – einer gegen vierzehn – getötet. In einer großangelegten Beschreibung des Endkampfes werden nochmals alle Tugenden Gislis: Mut, Kraft und edle Gesinnung, und die Fähigkeit, wie ein Held zu sterben, sichtbar. Als er der Übermacht erliegt, hat er acht Gegner mit ins Grab genommen. »Nachher haben sie erzählt: Gisli sei keinen Schritt zurückgewichen, und sie hätten nicht gemerkt, daß sein letzter Hieb schwächer gewesen sei als sein erster...«. Zwingend erfolgen die Handlungen der Personen aus dem ungeschriebenen Sittenrecht, das dem Manne keine Wahl läßt, sondern ihn in einen unaufhebbaren Konflikt treibt. Der Saga-Held wird zerrieben zwischen den Mahlsteinen zweier Zeitalter und zweier Rechtsauffassungen, der germanischen, die ihm die Blutrache auferlegt, und der christlich beeinflußten, die den Mord öffentlich, im Interesse der Gemeinschaft, verurteilt. So wird Gisli, der immer den friedlichen Ausgleich gesucht hat, zum Opfer der herrschenden Doppelmoral und zur tragischen Gestalt. Mannhaft jedoch fügt er sich in das als schicksalhaft empfundene unvermeidliche Geschehen. Seine letzten Worte sind: »Seinen Sohn wollt' so tathart mein Vater«.

Die Sagas bilden vermutlich nicht in allen Einzelheiten historische Wirklichkeit ab. Vielmehr mischen sich Dichtung und Wahrheit;

St. Olaf tötet ein See-Ungeheuer, Miniatur im Buch von Flatey

schon deshalb, weil die Texte ja erst 2–3 Jahrhunderte später, bis ins 14. Jh. hinein, verfaßt wurden. Außerdem ordneten die Verfasser den Stoff nach künstlerischen Gestaltungspunkten und dürften diese oder jene Begebenheit überhöht, verändert oder weggelassen haben. Dennoch hat die Saga prinzipiell die Realität im Blick: Die Personen der Handlung haben gelebt, die dargestellten Schicksale einen realen Kern. Dafür gibt es viele Hinweise. Z.B. sind im Landnahmebuch (Landnámabók) Sturla Thórdarsons, einem dokumentarischen Werk über die Frühzeit Islands, als Belege gelegentlich Sagas herangezogen worden, ein Beweis dafür, daß der Historiker Sturla ihnen Realitätswert beimaß. Umgekehrt schöpfen viele spätere Sagas aus dem genealogischen Material der Landnámabók wie auch des Isländerbuches (Íslendingabók), das Ari Thorgilsson inn frodi (der Weise, gest. 1148) verfaßt hat. Beide Bücher enthalten reiches Quellenmaterial über das Leben der ersten Siedler. Aris Buch, das zugleich eine für Europa einzigartige Höhe der Geschichtsschreibung zeigt, enthält systematische Kapitel u.a. über die Entdeckung und Besiedelung des Landes, die Errichtung des Althings, Fragen der Zeitrechnung, die Entdeckung Grönlands und Amerikas, die Einführung des Christentums usw. Es zeichnet die isländische

Geschichte von etwa 870 – 1120 auf und ist für die Kenntnis des Alten Islands von grundlegender Bedeutung.
In der Frage, ob die Sagas schon in der mündlichen Tradition ihre formale Ausprägung erfuhren oder erst in der schriftlichen, dürfte eine vermittelnde Position der Wahrheit wohl am nächsten kommen: Die endgültig-prägnante Sprachgestalt der am abendlichen Herdfeuer oder auf den Althings vorgetragenen Geschichten ist sicherlich ein Produkt der schriftlichen Ausformung.
Herausragend in ihrer Bedeutung sind die Isländergeschichten oder Isländersagas (Íslendingasögur), denen auch die Saga von Gisli zugehört. Sie berichten im wesentlichen von Personen und Begebenheiten im 10./11. Jh. (bis etwa 1030), also von der eigentlichen Sagazeit. Sie greifen aber räumlich und zeitlich oft über den Rahmen hinaus, indem sie, um Würde und Ansehen der Helden ins rechte Licht zu rücken, deren Stammbäume zurückverfolgen, oft bis weit in die norwegische Zeit. Einige berühmte der rd. drei Dutzend Isländergeschichten sind: die *Njáls saga* vom Weisen Njál und seiner Gattin Bergthora; die *Laxdæla saga*; die *Egils saga* über den berühmten Skalden Egill Skallagrímsson, und die *Kormáks saga* vom Skalden Kormák; sodann die Geschichten von Geächteten (Ächtersagas), z.B. von Gisli Sursson und von Grettir. Von diesen Isländergeschichten lassen sich inhaltlich andere Saga-Gruppen unterscheiden. Dafür vier Beispiele: die *Königssagas* (konungasögur) enthalten Geschichten aus dem Leben der norwegischen Könige. Berühmt wurde hier vor allem die Heimskringla des Snorri Sturluson. Die *Sturlunga saga* beschreibt die bestialischen Greueltaten der Spätzeit des Freistaates und den Sittenverfall dieser Gesellschaft. Von den Heldentaten früher germanischer Recken, auch aus dem deutschen und französischen Sprachraum, z.B. Parzival, Tristan, handeln die *Vorzeitsagas* (Fornaldar Sögur), die zugleich eine Hinwendung der Dichtung zum Kontinent signalisieren. Durch das klassizistisch-romantische Epos des schwedischen Dichters Esaias Tegnér (1782–1846) ist z.B. der Stoff der Fridthjófs saga bekanntgeworden. Schließlich entfaltet sich, schon Ausdruck des Verfalls der Saga-Welt, der Typus der fabulierenden *Lügensaga* (lýgisögur): Romantische Phantasien über ferne Länder, über Byzanz, den Orient und Rußland.
Die Geschichte der Entdeckung der kostbaren Handschriften und ihrer Sammlung und Erhaltung ist äußerst spannend. Sie hier zu erzählen, würde aber den Rahmen des Buches sprengen. Nur so viel sei gesagt,

daß die im 16.–18. Jh. in dänischen Besitz übergegangene Originale und Abschriften ältester Dichtung heute zum Großteil Island zurückgegeben wurden. Die erste Handschrift, der» Codex regius« der Lieder-Edda, das berühmteste aller isländischen Bücher, wurde 1971 ausgehändigt. 1987 wurde die Handschriftenübergabe feierlich abgeschlossen. Insgesamt 400 000 Seiten von größtem Wert sind damit nach Island zurückgekehrt. Dort werden die Handschriften unter strengen Sicherheitsvorkehrungen in einem der Universität von Reykjavik angegliederten Forschungsinstitut, das den Namen des großen Forschers und Sammlers Árni Magnússon (1663–1730) trägt, aufbewahrt. Wem es geglückt ist, in diese geheiligten, durch dicke Panzertüren mehrfach gesicherten Räume einzudringen, kann einige der ehrwürdigsten Handschriften des Mittelalters bestaunen, die mehr als anderswo ein Stück nationaler Identität bedeuten. Z.B. »das Buch von Flatey« (1394), die größte und sehr prächtige Pergamenthandschrift mit Verzierungen und Illustrationen (S. 255) oder »das Buch von Skard: Gesetze der Jónsbok« (1280), ein jahrhundertelang gültiges Gesetzbuch. »Die Aushändigung der Handschriften durch die Dänen stellt ein so einzigartiges Ereignis in der Geschichte und den kulturellen Beziehungen beider Völker dar, daß die Welt darüber Bescheid wissen sollte», sagte Gylfi Gíslason bei der Abschlußzeremonie. Und:»Es ist doch Tatsache, daß wir kein selbständiges Volk werden und uns für unabhängig halten konnten, ehe die Handschriften nach Hause zurückgekehrt sind.«

Die dunklen Epochen

Der jähe politische Untergang Islands am Ende der Sturlungenzeit und die langen Jahrhunderte der Bedrängnis durch politische Unterdrückung, Krankheiten und Naturkatastrophen finden ihr Spiegelbild in der Kultur des Landes. Renaissance und Humanismus gingen spurlos an Island vorüber. Die Reformation brachte allerdings Höhepunkte geistlicher Dichtung hervor. Zu nennen sind besonders das hundertstrophige Mariengedicht »Lilie« (lilja) des Eysteinn Ásgrímsson (gest. 1361), die Werke des letzten katholischen Bischofs Jón Arason (S. 252) und vor allem die noch heute in jeder Kirche gesungenen Passionspsalmen des Hallgrímur Pétursson (1614–1674), nachdem die neue Kirche in Reykjavik benannt ist. Zuvor gewann noch die Bibelübersetzung des Bischofs Thorláksson aus dem Jahre 1584 geistlichen und für die Sprache konservierend-normgebenden Einfluß. Sie bewirkte, anders als die

lutherische Übertragung der Bibel, die Verfestigung der isländischen Sprache in ihrer überlieferten Form. Die Kontinuität zur klassischen isländischen Dichtung riß zu keinem Zeitpunkt ab. Sie dokumentierte sich in einer großen Sammel- und Abschreibetradition, aber auch in der Fortführung formaler Elemente der skaldischen Dichtung in einer seit dem 14. Jh. neuen Dichtungsart, den *rímur*. Die *rímur* sind strophisch gegliederte epische Gedichte mit Inhalten aus der Frühzeit. Durch das europäische Volkslied um den Endreim bereichert, beherrschte diese Gattung die volkstümliche isländische Dichtung bis weit in 19. Jh. hinein. Mehr als 1 000 *rímur*-Zyklen sind überliefert und mancher Sagastoff ist überhaupt nur in der Form einer *ríma* erhalten geblieben.
Der Geist der Aufklärung führte in Island in erster Linie zur Entwicklung einer kritischen Publizistik, zur Gründung literarischer Vereinigungen und Zeitschriften (seit 1773), so der späteren Zeitschrift »Skírnir« (1827), die noch heute als Organ der Isländischen Literarischen Gesellschaft (Bókmenntafélag Íslands) zu den wichtigsten wissenschaftlichen Literaturzeitschriften Skandinaviens zählt. Auch die Wiederentdeckung der isländischen Vergangenheit (Reisebeschreibung Islands von Ólafsson und Pálsson, 1772) sowie rege Übersetzertätigkeit (Homer-Übertragung von Sveinbjörn Egillsson, 1829–55; Jón Thorlákssons Übersetzung von Milton, Klopstock u.a.) markieren den Beginn eines neunen nationalen Selbstbewußtseins. Im Zeichen solchen Aufbruchs stand das 19. Jh., das den aufklärerischen Geist nationaler Besinnung unter Überspringung der auf dem Kontinent wirkenden klassizistischen Bestrebungen unmittelbar in die Romantik hinübertrug. Jónas Hallgrímsson (1807–45), Mitherausgeber der wegbereitenden Zeitschrift »Fjölnir« (1835–47), mag als Repräsentant genannt werden, dessen Gedichte und Geschichten eine deutliche nationalpolitische Färbung zeigen. Führer der romantisch-nationalen Bewegung war Jón Sigurdsson. Sein deutscher Freund Konrad Maurer inspirierte die zweibändige grundlegende Sammlung isländischer Volkssagen und Märchen (1862–64) des Jón Arnarson.

Neues Selbstbewußtsein

Dieses neue Bewußtsein von der Schönheit des eigenen Landes und der Kraft des isländischen Volkes erhielt durch die schon beschriebenen politischen Entwicklungen im 19./20. Jh., die in der Ausrufung der Republik ihr deutlichstes Zeichen setzten, immer wieder neue

Antriebe. Es darf nicht verwundern, dieses nationale Engagement, diese Liebe der Isländer zu ihrem Land auch in der Literatur wiederzufinden. Der wohl profilierteste Repräsentant isländischer Literatur der Gegenwart, Halldór Kiljan Laxness, soll ausführlicher vorgestellt werden. Im Gegensatz zu vielen seiner Landsleute, die, um sich einem größeren Publikum mitzuteilen, dänisch oder norwegisch schreiben, bedient sich Laxness der isländischen Sprache. Die Werke des 1902 in Reykjevik geborenen, 1955 mit dem Nobelpreis für Literatur ausgezeichneten Schriftstellers, der durch die Übertragung seiner Romane in viele Sprachen einem breiten internationalen Lesepublikum bekannt wurde, kreisen um Island, seine Menschen, Landschaft, Vergangenheit und politische Gegenwart. Das erste bedeutendere Werk ist der 1927 erschienene Roman »Vafarinn mikli frá Kasmír« (Der große Weber von Kaschmir). Der hochbegabte, künstlerisch sensible Steinn Ellidi, die Hauptfigur des Romans, verläßt die engen Verhältnisse seiner isländischen Heimat, um in den Hauptstädten Europas – in Kopenhagen, Paris, London und Rom – in der Auseinandersetzung mit den geistigen Strömungen seiner Zeit Klarheit über sich selbst zu finden. Formal bricht das Werk, in dem der Autor stilistische Mittel des Expressionismus, des Dadaismus und Surrealismus einsetzt, mit isländischen Romantraditionen. Die drei Bände der »Islandglocke« (Íslandsklukkan), 1943–46 als Einzelromane entstanden (dt. 1951), 1957 unter dem jetzigen gemeinsamen Titel erschienen, stellen eine Art von Vergangenheitsbewältigung dar: Anhand eines sich über eine Generation erstreckenden Prozesses, der dem Zinsbauern Jón Hreggvidsson gemacht wird, werden, vor dem Hintergrund wirtschaftlicher Ausbeutung, politischer Bevormundung und Bedrohung durch Pest und Hungersnöte, die bedrückenden isländischen Verhältnisse um die Wende vom 17. zum 18. Jh. dargestellt. Es ist ein realistisches, großenteils authentischen Quellen folgendes Werk, dessen Botschaft an den Leser auch eine patriotische ist: »So war es, seht, aus dieser Lage haben wir uns befreit!« Auch »Salka Valka» (1931/32, dt. 1951) und »Unabhängige Menschen« (Sjálfstaett Fólk, 1934/35, dt. 1962), beides historische Romane, sind gekennzeichnet durch realistische Handlung und Schreibweise und durch Parteinahme für die Armen und Entrechteten: dort für die erniedrigte, um ihre Existenz ringende Salka, hier für die in bedrückender Armut lebenden Kleinbauern.

In anderen Werken setzt Laxness sich kritisch mit aktuellen Gegenwartsproblemen auseinander. »Atomstation« z.B. (Atómstödin, 1948, dt. 1955) problematisiert die atomare Bedrohung der Menschheit, die Integration Islands in die auf atomare Rüstung gerichtete NATO-Bündnispolitik und die Präsenz amerikanischer Truppen in Keflavík. Der Roman verleiht damit einem politischen Unbehagen Ausdruck, das heute stärker denn je bei Teilen der Bevölkerung anzutreffen ist. Die Verfilmung des Romans wurde 1984 für das Filmfestival in Cannes ausgewählt. In den späteren Romanen (»Das Fischkonzert«, 1957; »Das wiedergefundene Paradies«, 1960; »Auf der Hauswiese«, 1975) sowie in zahlreichen Essaybänden, auch Gedichtsammlungen und Bühnenstücken bestätigt Laxness seinen hohen literarischen Rang. Das zuletzt in Deutschland als Taschenbuch veröffentlichte autobiographische Prosawerk »Zeit zu schreiben« (»Skaldátimi«, 1963; dt. 1980) vermittelt ein aufschlußreiches Bild vom Lebensweg des Schriftstellers. Im Werk Laxness', dessen epische Stilmittel das historische Detail, die Kargheit der Saga-Diktion und eine alles durchwebende Ironie sind, gehen verschiedene gedankliche Welten eine enge Verbindung ein: sozialistische Ideen, beißende Gesellschaftskritik und die fernöstliche Weisheit des Taoismus, ferner der Expressionismus, den Laxness in Deutschland kennenlernte, und der Katholizismus, zu dem er 1932 konvertierte. Laxness, dem 1982 anläßlich seines 80. Geburtstages von der Universität Tübingen die Ehrendoktorwürde verliehen und der zum 85 Geburtstag im April 1987 als künstlerischer Botschafter Islands weltweit gewürdigt wurde, hat mit seinen Romanen über Island den engen Radius seiner Heimatsprache und die Regionalität isländischer Literatur überwunden.

Neben diesem »großen alten Mann« der isländischen Literatur sind einige seiner Zeitgenossen bei uns in Vergessenheit geraten: In dänischer Sprache schrieb Gunnar Gunnarsson (1889 – 1974), dessen vierteiliger Roman »Die Leute auf Borg« (Borgslægtens historie, 1912–14; dt. 1927) und »Strand des Lebens« (Livets strand, 1915; dt. 1929) in der Weimarer Zeit und während des Krieges auch in Deutschland viel gelesen wurden. Darin und in anderen Heimatromanen wie die »Eidbrüder« (1918; dt. 1934), »Der weiße Christ« (1934; dt. 1935), »Die Eindalssaga« (1940/52; dt. 1959) u.a. vermittelt Gunnarsson dem skandinavischen und deutschen Leser ein Bild von der kargen Landschaft und der bäuerlichen Lebenswelt seiner isländischen Heimat.

Ebenfalls in dänischer Sprache schrieb der Dramatiker und Romanau-

Hateigskirche in Reykjavik

tor Gudmundur Kamban (1888 – 1945). Die Dramen »Marmor« (Thema: Kritik am herrschenden Strafvollzug, 1918; dt. 1931), »Wir Mörder« (Thema: Eifersucht, 1920 dän./dt.), »Komplexe« (Thema: Die Verwirrung bürgerlicher Ehen durch die Lehren Sigmund Freuds, 1938) und »Grandezza« (Thema: Satire auf die Sensationslust des modernen Journalismus', 1941) setzen sich kritisch und z.T. mit beißendem Spott mit der westlichen Zivilisation auseinander. Die Prosawerke, von denen als gewichtigstes das vierteilige »Skálholt« (Thema: die glücklich-unglückliche Liebe der Bischofstochter Ragnheidur zu Dadi Halldórsson und die gesellschaftlichen Verhältnisse im Island des 17. Jh.s, 1930–35; dt. 1934/43) genannt sei, sind im heimatlichen Leben und der isländischen Geschichte verwurzelt. Stärker als andere isländische Autoren erlag Kamban der Versuchung, sich dem nordischen Kult der Nationalsozialisten zu nähern.
Kristmann Gudmundsson (1901–83) schrieb auf norwegisch. In einer Vielzahl von Romanen (z.B. »Die blaue Küste«, 1931; dt. 1938; »Der rote Nebel«, norweg. 1950/52) pharaphrasiert er, vor der Kulisse der isländischen Landschaft, der dunklen Winter und hellen Sommer, die ewigen Themen Liebe, Haß, Leben und Tod am Beispiel isländischer Menschen.

Nicht so unbekannt und neuerdings wieder viel gelesen ist der Kinderbuchautor und Jesuitenpater Jón Svensson »Nonni« (1857–1944), der vom Geburtsjahrgang her fast noch dem 19. Jh. zuzurechnen ist. Er verfaßte seine weltberühmten »Nonni«-Bücher, die in 40 Sprachen übersetzt wurden, aber erst im Alter. Zwischen der frühen Erzählung »Nonni, Erlebnisse eines jungen Isländers von ihm selbst erzählt« (1913) und dem letzten, 1942 geschriebenen und 1947 veröffentlichen Buch »Nonnis Reise um die Welt« spannt sich der Bogen seiner weitgehend autobiographischen Kindererzählungen. Svensson, der durchweg in deutscher Sprache schrieb, fand begreiflicherweise in den deutschsprachigen Ländern auch eine große Anhängerschaft. Sein obengenanntes Erstlingswerk, in dem er von seiner Kindheit in Akureyri (S. 187) und der Überfahrt nach Dänemark berichtet, erschien 1984 ungekürzt in der dtv-junior-Reihe. Mit diesem Buch erreichte Svensson eine internationale Gesamtauflage von einer Million Exemplare.
Die jüngere Generation isländischer Autoren meldet sich von den 50er Jahren an zu Wort. Sie steht zunächst noch im Bann der gesellschaftskritischen Werke Halldór Laxness' und einer antiamerikanischen Zivilisationskritik. So etwa Indridi G. Thorsteinsson (geb. 1926), der in »Herbst über Island« (Land og synir, 1963; dt. 1966; Film 1979) am Beispiel der »Söhne«, also der nachwachsenden Generationen, die sozialen Probleme beschreibt, die sich aus dem Zerfall einer tausendjährigen isländischen Bauernkultur ergeben.
Zu den »zornigen jungen Männern« der isländischen Gegenwartsliteratur gehört Ingimar Erlendur Sigurdsson (geb. 1934), der in seinem Roman »Stadtleben« (Borgarlíf, 1965) die politischen Zustände seines Landes attackiert. Ähnlich scharf geht Jóhannes Helgi (geb. 1926) im Roman »Schwarze Messe« (Svört messa, 1965) mit den politischen Machtgruppen ins Gericht; der Rückzug in die Idylle des einfachen Landlebens, den er proklamiert, dürfte allerdings wenig geeignet sein, die sozialen Probleme zu lösen.
Ein pessimistisches Bild vom heutigen Menschen und seiner Gefährdung entwirft auch Thor Vilhjálmsson (geb. 1925), z.B. in seinem Werk »Der Mensch ist stets allein« (Madurinn er alltaf einn, 1950).
Als begabter Satiriker erweist sich in seinen letzten Büchern Gudbergur Bergsson (geb. 1932). In der »Liebe eines einträchtigen Paares« (Ástir samlyndra hjóna, 1967) werden der konforme Bürger der isländischen Gegenwartsgesellschaft und die Liebes-Beziehung zwischen Isländern

und amerikanischer Militärmacht mit beißendem Spott beschrieben. Dieses letztgenannte, für die Isländer mit Emotionen beladene Thema ist auch Gegenstand eines Romans der gesellschaftskritischen Schriftstellerin Svava Jakobsdóttir (geb. 1930): »Der Mieter« (Leigjandinn, 1969). Schließlich sei noch die sozialkritisch engagierte, der älteren Generation angehörende Jakobina Sigurdadóttir (geb. 1918) genannt, die im Roman »Die Schlinge« (Snaran, 1968) die gesellschaftspolitische Entwicklung Islands am Beispiel der von ausländischem Kapital gesteuerten industriellen Arbeitswelt kritisiert.

In der großen Tradition isländischer Erzählkunst steht auch der jüngst dem deutschsprachigen Publikum zugänglich gemachte Sigurdur A. Magnússon (geb. 1928) mit seinem isländischen Erfolgsroman »Unter frostigem Stern. Kindheit auf Island« (Undir kalstjörnu, 1982). In eindringlichen Bildern und suggestiver Sprachgestalt entwickelt Magnússon vor dem Leser isländische Erfahrungsräume und Erlebniswelten.

Schwerer übersetzbar und deshalb für das Ausland noch weniger zugänglich als die erzählende Literatur ist die Lyrik Islands. Selbst Ereignisse wie die Verleihung des Literaturpreises des Nordischen Rates (scherzhaft »kleiner Nobelpreis« genannt) an den Lyriker Ólafur Jóhann Sigurdsson 1976 für seine Gedichtbände von 1972 und 1974 haben die Kenntnis der isländischen Lyrik nicht erweitern können. Gemeinsam ist vielen neueren Autoren das Erlebnis des Sich-Fremd-Fühlens in der heutigen Welt, die Erfahrung der Fragwürdigkeit, ja Sinnlosigkeit menschlicher Existenz, besonders angesichts einer realen Untergangsbedrohung. Die sogenannten »Atomskalden« (-dichter) wie Steinn Steinarr (1908–58) mit »Die Zeit und das Wasser« (1948) oder Matthías Johannessen (geb. 1930), der seine Sammlung »Schön ist das Tal« (Fagur er dalur, 1966) mit den »Gesängen im Atomzeitalter« eröffnet, wären hier zu nennen. Aber auch andere Autoren bringen in ihren Gedichten Skepsis, Desillusionierung und Bitterkeit, die sie angesichts der Realität empfinden, zum Ausdruck; etwa Hannes Sigfússon (geb. 1922) in »Holz auf dem Feuer« (1961) und »Zeichen« (1966) sowie Thorsteinn frá Hamri (geb. 1939) in seinem Gedicht »Im schwarzen Mantel« (1958). Es bliebe zu wünschen, daß auch diese ernsten, mahnenden Stimmen Islands über ihr Land hinaus Gehör fänden.

Musik

Die Musikkultur Islands war lange Zeit von der kontinentaleuropäischen abgeschnitten. Sie speiste sich also wesentlich aus den einheimischen Wurzeln, die bis in die gemeinnordische Volksmusik der skandinavischen Urheimat zurückreichen. Nordgermanisches Volksgut, bald auch christlicher Gesang und später der protestantische Choral bildeten lange Zeit die Grundlage und zugleich das Repertoire isländischer Musikausübung. Das Interesse an den im europäischen Barock, in der Klassik und Romantik entwickelten großen Formen der Orchestermusik wuchs seit dem Ende des 19. Jh.s, ohne daß Island indes Künstler von europäischem Format hervorgebracht hätte. Dennoch gibt es eine beachtenswürdige isländische Musikkultur. Vom alten nordischen Heldenlied, der Ballade, den Volksliedern und -tänzen über die kirchliche Musik des Mittelalters bis in die Gegenwart hinein erfuhr die Musik auf Island eine lebendige Pflege. Sie war wichtiges künstlerisches Ausdruckmittel und ständiger Begleiter von Dichtung, Tanz und religiöser Zeremonie, eine in breiten Schichten der Bevölkerung ausgeübte, gesungene, bisweilen mit einfachen Instrumenten begleitete Volksmusik. Die Melodik und die harmonische Grundstruktur waren den Kirchentonarten, besonders dem dorischen und lydischen Tonleitersystem, verpflichtet, der Rhythmus war abwechslungsreich und stand mit seinen schnell wechselnden Taktarten in Beziehung zu volkstümlichen Tanzformen. Es war für eine lange Zeit nur gesungene ein- und zweistimmige Musik. Spätere Begleitinstrumente waren hauptsächlich die *fidla*, ein zweisaitiges Instrument, dessen Bogen über beide Saiten strich, und das *langspil*, eine dem Scheitholz nahestehende Streichzither.

Die Wurzeln der isländischen Musik reichen bis in die Wikingerzeit zurück. Die Gedichte der Edda, die Zaubergesänge, wurden mit gehobener Stimme vorgetragen. Zwei aus heidnischer Zeit erhaltene Melodien zu Edda-Liedern geben Hinweis auf den gesanghaften Charakter dieser Lieder. Auch in mehreren Sagas, z.B. in der Lachswassertalsaga, heißt es über alte Zaubergedichte: »Mit schöner Stimme wurde das Gedicht vorgetragen«. Und die Zauberin Heidur in der Örvaroddsaga hat sogar zwei Stimmengruppen, 15 Jungen und 15 Mädchen, die ihr bei der Ausführung der Zaubergesänge helfen. Später ist in den Quellen von improvisierten gesungenen Tänzen die Rede. Der Nationaltanz Vikivaki war ein solcher Singtanz. Seit der Mitte des 14. Jh.s gab es dann das berühmte Heldenlied, auch in schriftlichen Notierungen, das in ununterbrochener Tradition mindestens 600 Jahre lang die Hauptunterhaltung der Bauern an langen Winterabenden bildete. Es sind versifizierte, stets gesanglich vorgetragene Geschichten z.B. aus der Mythologie, deren Strophenzahl bis in die Tausende gehen kann und deren Versformen und metrische Struktur sich durch außerordentliche Vielfalt auszeichnen.

Bedeutsam von der Zeit der Besiedelung bis ins 19. Jahrhundert hinein war auch der dem kontinentalen Organum, der im Mittelalter praktizierten Form der Mehrstimmigkeit, ähnliche improvisierte *tvísöngur* (dt. Zwiegesang), ein kräftiger, zweistimmiger Männergesang in parallelen Quinten mit der Möglichkeit zur Stimmenkreuzung. Der tvísöngur war für Jahrhunderte die einzige volkstümliche Form der Mehrstimmigkeit.

Für die kirchliche Musik erlangte, insbesondere seit der ersten gedruckten Ausgabe des Graduale, einer Sammlung evangelischer Kirchenlieder, der protestantische Choral deutscher Tradition große Bedeutung, der auf dem Wege über Dänemark Island erreichte. Das Graduale (isl. *Grallari*) war lange Zeit das volkstümlichste Singbuch. Die erste Auflage von 1594 enthält zugleich die erste schriftliche Psalmensingkunde Islands. Der Gemeindegesang blühte in dieser Zeit wie sonst nie, die Orgel hingegen, für Kontinentaleuropa von größter Bedeutung für die geistliche Volksmusik, konnte sich auf Island nie so recht durchsetzen: 1802 hatte Magnús Stephensen, Hauptexponent der Aufklärung, eine Orgel eingeführt; 1840 erhielt die Domkirche zu Reykjavik die erste Orgel. Verbreiteter, nicht nur in den Kirchen, sondern auch auf den Bauernhöfen, war das Harmonium, denn es konnte leichter erlernt und auf dem Pferderücken oder Schlitten gut transportiert werden.

Eine knappe Skizze der nachreformatorischen Entwicklung der isländischen Musik muß wohl festhalten, daß die allgemeine politisch-wirtschaftliche Depression auch einer schöpferischen Entwicklung der isländischen Volksmusik sowie einer angemessenen Rezeption der kontinentaleuropäischen Musik hinderlich gewesen ist. Strukturmomente des Barock wurden verspätet im 19./20. Jh. aufgenommen und bestimmten, z.B. in den oratorischen Werken Björgvin Gudmundssons (1891 – 1961), die handwerkliche Grundlage. Die Klassik war vorbei, als Islands Komponisten in der 2. Hälfte des 19. Jh.s in Kopenhagen, London, Edinburgh, Paris, Berlin und Leipzig zu studieren begannen, und sie blieb daher in Island nahezu ohne Wirkung. Die Romantik erst, hier besonders Brahms und die nationalen Schulen Europas, sowie die

Hallgrímskirche

Spätromantik und die Schulen des 20. Jh.s gewannen größeren Einfluß auf die Entwicklung einer national orientierten, eigenständigen isländischen Musik. Mit Sveinbjörn Sveinbjörnsson (1847 – 1927), dem u.a. in Leipzig bei Carl Reinecke in der Tradition Robert Schumanns und Felix Mendelssohn-Bartholdys ausgebildeten Komponisten der Nationalhymne, beginnt – bezeichnenderweise erst zum Zeitpunkt der größeren politischen Freiheit, die durch das Jahrtausendfest der Besiedelung 1874 markiert werden kann – die isländische Kunstmusik im engeren Sinne. Mit Helgi Helgason (1848 – 1922), Jón Laxdal (1865 – 1928), Bjarni Thorsteinsson (1861 – 1938), der, besonders durch die berühmte

Volksliedsammlung von 1906–09, auch für die theoretische Grundlegung einer isländischen Nationalmusik wichtig wurde, und mit Sigvaldi Kaldalóns (1881 – 1946), dem Karl Straube-Schüler Páll Ísólfsson (1893 – 1974), der 1930 die Festkantate zur Tausendjahrfeier komponierte, sowie mit anderen, die wir hier nicht alle aufzählen können, gewinnt die isländische Musik allmählich Profil und breitere Popularität. Nationale Stilmomente durch den Rückgriff auf isländische Text-, Motiv- und Volksmusiktraditionen deuten sich bei Emil Thoroddsen (1898 – 1944) und Helgi Pálsson (1899 – 1964), hier in der Vermittlung einer nationalen Tonsprache mit moderner Kontrapunktik, an.
Entscheidenden Einfluß auf das isländische Musikleben der Gegenwart gewann der in Nord-Island geborene, in Leipzig u.a. von Robert Teichmüller ausgebildete Komponist Jón Leifs (1899 – 1968), der auch durch Forschung über die isländische Volksmusik und als Dirigent bekannt wurde. In seiner Orchester- und Kammermusik, z.B. in den drei Edda-Oratorien und den Streichquartetten, sowie in seinen Liedern und der »Island-Kantate« versuchte er, unter Verwendung von Elementen der isländischen Volksmusik, eine nationale Schule isländischer Musik zu begründen. Seine musikalische Sprache ist herb, ja bewußt grobschlächtig und ohne Konzessionen an das Prinzip des schönen Klangs. Die Saga-Sinfonie, in der Leifs die isländische Natur, ihre endlosen Lavafelder und Eiswüsten, und die isländische Mentalität widerspiegeln will, kann als markantes Beispiel für solche Bemühung um eine schulebildende nationale Tonsprache stehen.
Weitere zeitgenössische Komponisten, die im Anschluß an europäische Musiktraditionen, auch neuere Richtungen des Expressionismus', der konkreten Musik usf., das nationale Erbe weiterzuentwickeln suchen, sind: Hallgrímur Helgason (geb. 1914), ein Schüler Johann Nepomuk Davids und Paul Hindemiths, der durch vielfältige kompositorische, musikschriftstellerische und organisatorische Tätigkeiten hervortrat und u.a. die erste Sonate Islands (1936/39) sowie kirchenmusikalische Chor- und Orchesterwerke (Variationen und Doppelfuge über »Christ lag in Todesbanden«) schuf; ferner der Hindemith-Schüler Jón Thórarinsson (geb. 1917), die Komponistin Jórunn Vidar (geb. 1918) mit ihrem Epos für Chor- und Orchester »Olaf der Grönländer« sowie Jón Nordal (geb. 1926).
Bezieht man darüber hinaus das öffentliche musikalische Leben Islands mit ein, das sich mit dem staatlichen Sinfonie-Orchester, dem Natio-

naltheater, der Musikabteilung des Rundfunks, der Gründung eines Lehrstuhls für isländische Kirchenmusik und des Verlages »Musica Islandica« (H. Helgason) sowie dem vormals von Jón Leifs geleiteten »Komponistenverband und Büro für Urheberrechte« praktisch-organisatorische Sprachrohre geschaffen hat, so wird die wachsende Mannigfaltigkeit isländischer Musikkultur deutlich. Die Konzert- und Opernprogramme spiegeln freilich, wie andernorts so auch in Reykjavik, immer noch die Dominanz des kulturellen Erbes Kontinentaleuropas wider. Und die Jugend, auch hierin gleichen sich die Verhältnisse, steht im Banne der angloamerikanischen Rock- und Popmusik.

Bildende Kunst

Von Islands ältester Kunst ist wenig, fast garnichts erhalten. Die Wohn- und Kirchenbauten, die Hinweise auf Schnitzarbeiten hätten geben können, sind zerstört, die ältesten Handschriften fast alle verlorengegangen. So setzt künstlerische Überlieferung erst mit den Bildern der späteren Handschriften, insbesondere dem Gesetzeskodex *Skardsbók* und dem *Flateyjarbók*, ein. Es sind farbig ausgemalte historische Stoffe aus dem Umkreis der Heldensagen, der Sagas und der christlichen Überlieferung. Vom 16. Jh. an tritt dann in größerem Umfang eine vorwiegend kirchliche Kunst in Erscheinung: Die Abendmahlbildwerke, geschnitzt oder auf Holz gemalt, etwa des Gudmundur Gudmundsson (ca. 1618–90), des im Norden des Landes schaffenden Hallgrímur Jónsson (1717–85) oder des südlichen Namensvetters Ámundi Jónsson (1738 – 1805) wären hier zu nennen; auch die Ölgemälde des Predigers Hjalti Thorsteinsson (1665 – 1754), dessen bekanntestes vielleicht das Gemälde des Bischofs Thorláksson und seiner Frau Gudridur ist; und die Christusbilder des Jón Hallgrímsson (1739 – 1808). Es ist eine wenig eigenständige Kunst, eher die verspätete Übernahme kontinentaler Malweisen.

Das bleibt auch so bis zum 19. Jh., obgleich Island ein paar tüchtige Maler, die meist ihr Handwerk in Rom, Florenz, Paris oder London erlernten, hervorgebracht hat: etwa den klassizistisch inspirierten Ólafur Ólafsson (1754 – 1832) und Thorstein J. Hjaltalín (1770 – 1817), der u.a. in Dresden studierte und Eichenlandschaften im Stil der frühen deutschen Romantik malte. Thorstein Gudmundsons (1817-64) expressive Form-und Farbgebung scheint in der Mitte des 19. Jh.s schon Züge des Expressionismus', auch der naiven Landschaftsmalerei vorwegzu-

nehmen. Bei Sigurdur Gudmundsson (1833–74) zeigen sich, insbesondere in seiner Porträtmalerei, starke realistische Elemente. Jón Helgason mit seinen Landschaften um Reykjavik und der Porträtist Arngrímur Gislason führen die realistische Tradition weiter, mit Thorarin B. Thorláksson (1867 – 1924) erreicht sie ihre stärkste Ausprägung. Doch ist seine Spätphase schon gekennzeichnet durch expressionistische Stilelemente, vor allem in den Landschaftsbildern.
Einen bedeutsamen Aufbruch erlebt die isländische Malerei seit dem späten 19. und besonders im 20. Jh.. Fast alle Strömungen der neuen Malerei, hauptsächlich aber ein am Gegenständlichen orientierter Expressionismus, sind in der modernen isländischen Kunst vertreten. Der Kubismus findet in den formalen Mitteln der Quader und Kuben ein adäquates Darstellungsmittel für die isländische Landschaft. Unter den Repräsentanten neuerer isländischer Malerei seien einige genannt: Asgrímur Jónsson (1876 – 1958) wird durch seine Landschaftsbilder bekannt, in denen er die isländischen Küsten, Gletscher, Vulkane und Seen, z.B. die Westmännerinseln (1902), Thingvellir (1905) und den Vulkan Hekla (1909) nachgestaltet, aber auch die »Nachttrolle«, die den Schlaf ängstigen.
Jón Stefánsson (1881 – 1962) ist der kraftvolle Maler des Expressionismus': Landschaften (z.B. der Vulkan Hekla, 1930), Fjorde, Frauen- und Männerbildnisse (z.B. »Rúmönsk stúlka» = rumänisches Mädchen, 1918) und das Landvolk bei der Arbeit sind bevorzugte Themen.
Jóhannes Sveinsson Kjarval (1885 – 1972), der vielleicht bedeutendste isländische Maler der Gegenwart, gestaltet mit formalem Reichtum – von realistischer bis zu abstrakter Malweise – und ausdrucksstarker Farbgebung Fjorde, Basalte, Meeres- und Fischermotive, Charakterköpfe und Landschaften: »Skógarhöll« (= Waldpalast, 1918); »Fiskstöflun« (= Fischmarkt), Fresko in der Landesbank Islands (1924); »Vor í skógi« (= Waldbrand 1928); und – in immer erneuten Variationen – Thingvellir (1930; 1946–50; 1956).
Die Malergeneration der 90er Jahre tritt besonders hervor mit Gudmundur Thorsteinsson (Trolle und humoristische Zeichnungen seiner Mitmenschen); Gunnlaugur Blöndal (Frau mit den roten Handschuhen, 1932); Gudmundur Einarsson (Bildnis des Skúli Magnússon, 1953), Magnús Á. Árnason (Skulpturen und Landschaften im Stil des Pointillismus und Kubismus); Finnur Jónsson (an Expressionismus und Kubismus orientierte Bilder: »Segelboot«, 1930; Herdubreid,

Links: Gunnlaugur Blöndal: Frau mit roten Handschuhen, 1932

1930), und mit Sveinn Thórarinsson, dem Maler der düsteren Landschaften, in denen Mensch und Tier eine wichtige Rolle spielen.
Die zwischen 1900 und 1910 geborene Altersgruppe stellt mit Tryggvi Magnússon und Snorri Arinbjarnar (farbenfrohe Fischerdörfer und Häfen); mit Gunlaugur Scheving (Sommerabend, 1965), dem schwermütig-verträumten Jón Engilberts; mit den Landschaften und Pferdemotiven des Jóhan Briem sowie den überwiegend abstrakt malenden Thorvaldur Skúlarson und Svavar Gudnason einen bedeutenden Teil der isländischen Malerei des 20. Jh.s. Die Frauen haben deutlichen Anteil an dieser Gegenwartskunst: von Chrístin Jónsdóttir (geb. 1888) und ihren grellfarbenen Landschaftsbildern über Júlíana Sveinsdóttir (geb. 1889), Karen Agnete Thórarinsson (geb. 1903) und Greta Björnsson (geb. 1908), die nationale mit religiösen Elementen verbindet, Barbara Árnason (geb. 1911) bis hin zu Nína Tryggvadóttir (1913–68), die u.a. durch ihre Porträtmalerei (z.B. Halldór Laxness, 1940) bekannt wurde.
Erweitert man diese Palette der Malerei noch um die Werke der teils realistisch, teils symbolisch-allegorisch, teils abstrakt schaffenden Bildhauer, von denen als eigenwilligste nur Einar Jónsson, Sigurjón Ólafsson und Ásmundur Sveinsson sowie die Bildhauerinnen Gunnfridur Jónsdóttir, Nína Sæmundsson und Tove Ólafssson genannt seien, so zeigt sich ein bedeutsames Spektrum moderner isländischer Kunst. Wenngleich eingebettet in die europäische, insbesondere französische und deutsche, Kunstentwicklung des 20. Jh.s und durch sie stark angeregt, haben sich die isländische Malerei und Skulptur, vor allem in der heimatlich-landschaftsgebundenen Thematik der Malerei, einen ansehnlichen Platz in der neuen Kunst geschaffen. Freilich bedarf diese Kunst bei uns noch größerer Publizität.

Theater, Ballett, Film

Theater, Ballett und auch die isländische Filmkunst sind ohne große Tradition. Ein festes Bühnenensemble und auch ein Theater gab es in Reykjavik seit 1897. Aber erst das 1950 erbaute Nationaltheater im Zentrum der Hauptstadt schuf für nationale Theaterbestrebungen die würdige Stätte. Das Programm weist neben neueren isländischen Autoren eine breite Palette klassischer und moderner Stücke ausländischer, ins Isländische übersetzter Dramatiker auf. Zur Feier des 35jährigen Bestehens wurde 1985 die dramatisierte Fassung von Halldór Laxness'

Magnús Jónsson: Snæfellsjökull

»Islandsglocke« aufgeführt, mit der 1950 das Nationaltheater auch eröffnet worden war. Seit 1987 ergänzt ein neues kleines Theater, das nur neue isländische Stücke im Programm haben wird, die künstlerische Palette Reykjaviks. Oper, Operette und Musical kontinentaleuropäischer und amerikanischer Tradition gehören dazu. Das kleine Schauspielhaus »Ídnó« zeigt im Winter ein niveauvolles Programm, das zumeist dem gehobenen Unterhaltungsgenre, dem Kabarett usf. verpflichtet ist. Das Ensemble wird Ende der achtziger Jahre im neuen Stadtzentrum Reykjaviks ein großes und modernes Theaterhaus mit zwei Bühnen erhalten. Das Ballett hält zunehmend, allerdings zögernd, Einzug in die Kulturmetropole. Das erste von einer isländischen Choreographin verfaßte Ballett, »Daphnis und Chloe«, gelangte 1985 zur Aufführung. Die vielen Filmtheater zehren ganz überwiegend von ausländischen Produktionen: Gegen das erdrückende Filmangebot aus dem angloamerikanischen Raum, der Bundesrepublik Deutschland, aus Frankreich, Italien, aber auch aus Skandinavien und der Sowjetunion, kann sich der isländische Film, obwohl durch einige ausgezeichnete Filmwerke repräsentiert, quantitativ nicht behaupten. Beispiele für die eigenständige isländische Filmproduktion sind die Filme »Land und Söhne« (Land og Synir; 1979), »Der Geächtete« (Útlaginn; 1981) von Agust Gudmundsson und »Wie das Vieh stirbt« (Eing og skepnan deyr, 1987) von Hilmar Oddson. Auch den ersten »Western« Islands gibt es inzwischen: 1984 wurde »Cowboys des Nordens« uraufgeführt. Der Film entstand bei einem Country-Fest in Skagaströnd.

Kunsthandwerk

Traditionsreiche Web- und Schnitzkünste, in diesem Jahrhundert zunächst etwas in Vergessenheit geraten, wurden erfolgreich wiederbelebt. Die kunsthandwerkliche Herstellung dekorativer Textilien, Wandteppich-Webkunst, Silberfiligranarbeiten sowie Lava-Keramik, Walknochen- und Holzschnitzerei gewinnen, nicht ohne Blick auf deren touristische Nutzung als folkloristische Souvenirs, an ökonomischer Bedeutung. Historisch wertvolle Arbeiten sind u.a. im Nationalmuseum in Reykjavik ausgestellt.

Massenmedien (Presse, Rundfunk, Fernsehen)

Die isländische Presse besteht seit 1848, also seit der Zeit der nationalen Bewegung des 19. Jh.s. Heute gibt es sechs Tageszeitungen mit einer Gesamtauflage von rd. 120 000 Exemplaren und vier Morgenzeitungen mit rd. 90 000 Exemplaren. Älteste Tageszeitung ist die 1910 gegründete, der Unabhängigkeitspartei nahestehende Zeitung »Visir« mit einer Auflage von rd. 25 000; älteste Morgenzeitung, und mit 40 000 Exemplaren zugleich die auflagenstärkste, ist »Morgunbladid«, 1913 gegründet und ebenfalls zur Unabhängigkeitspartei tendierend, »Dagbladid« (1975 gegründet; 25 000) charakterisiert sich als unabhängig; »Timinn« (1916 gegründet; 17 000) ist das Organ der Fortschrittspartei. Die auflagenstärkste Illustrierte (12 000) ist »Vikan«. Diese Auflagenziffern stellen, im Verhältnis zur Bevölkerungszahl Islands, ein relativ dichtes Kommunikationsnetz dar. Selbstverständlich ist die Pressefreiheit in der Verfassung verankert.

Die staatliche Rundfunk-Station »Rikisutvarpid« in Reykjavik besteht seit 1930, das isländische Fernsehen, »Rikisutvarpid-Sjonvarp«, ebenfalls eine staatliche Einrichtung, seit 1966. Bereits im selben Jahr gab es 36 000 Fernsehempfänger, seit Ende der 70er Jahre wird auch in Farbe ausgestrahlt. 1980 bestanden rd. 58 000 Fernseh- und rd. 68 000 Rundfunkanschlüsse, heute besitzt fast jeder Bürger Radio und Fernsehen. Der Rundfunk sendet in Langwellen- und UKW-Bereich und kann, wie auch das Fersehprogramm, fast in ganz Island empfangen werden, in Reykjavik und Umgebung erweitert zudem das Rundfunk- und Fernsehprogramm des US-Senders in Keflavík das Angebot. Rd. 30%

des Fernsehprogramms sind isländische Eigenproduktionen, der größte Teil der Fremdproduktion kommt aus dem angloamerikanischen Raum.

Bildungswesen

Trotz ihrer geographischen Isolation und ihrer bäuerlichen Lebensform wies die isländische Bevölkerung von jeher einen vergleichsweise hohen Bildungsstand auf. Die Auswandererführer im 9./10. Jh., die zumeist aus reichen Adels- oder Bauerngeschlechtern stammten und in Norwegen zur gesellschaftlichen Führungsschicht gehörten, trugen eine hochentwickelte Kultur in die neue Heimat. Die große literarische Kulturblüte im Mittelalter wurde von einer breiten Schicht der Bevölkerung getragen, ja sogar die Kunst des Dichtens war und ist im Volk breit verankert. Auch die isländische Geschichtsschreibung des Mittelalters kann als bedeutend angesehen werden. Und führende Persönlichkeiten des öffentlichen Lebens waren häufig historisch, politisch, künstlerisch und sprachlich hoch gebildet. Die Analphabetenquote gehörte immer zu der geringsten in Europa, und seit dem Ende des 18. Jh.s gibt es auf Island keine Analphabeten mehr. Auch heute noch sind alle Bevölkerungskreise an aktiver literarischer Produktion beteiligt, die isländischen Schriftsteller sind fast ausnahmslos Bauernsöhne, die Buchproduktion ist, im Pro-Kopf-Vergleich, mit die höchste in der Welt. Die wirtschaftliche und geistige Orientierung nach außen, zum Kontinent hin, weckte zwangsläufig das Interesse an fremden Ländern und fremden Sprachen. Es ist deshalb nicht verwunderlich, daß Island über ein ausgebautes Bildungssystem verfügt, das dem internationalen Standart der Industrievölker entspricht: Seit 1907 besteht die allgemeine Schulpflicht für Kinder vom 10. – 14. Lebensjahr, seit 1936 für 7–14jährige, seit 1946 auch für 15jährige; 1974 wurde die gesetzliche Grundschulpflicht (Volksschule) auf 7–16jährige ausgedehnt, für 6jährige ist der Schulbesuch fakultativ. In allen Teilen des Landes gibt es Gymnasien, 85% der Grundschüler gehen auf weiterführende Schulen bzw. besuchen 2–4jährige berufsqualifizierende Lehrgänge, 30% aller Schüler machen das Abitur, das mit 19 Jahren abgelegt werden kann. Als Fremdsprachen werden Dänisch und Englisch gelehrt, am Gymnasium fakultativ auch Deutsch. In Reykjavik gibt es eine Pädagogische Hochschule zur Ausbildung von Lehrern und die 1911 gegründete Universität, an der alle wissenschaftlichen Grade bis zum Doktorgrad erworben werden können. Sie verfügt zur Zeit über folgende Studienrichtungen: Jura, Theologie, Medizin, Zahnmedizin, Volkswirtschaft, Sozialpädagogik, philosophische, technische und naturwissenschaftliche sowie handelswissenschaftliche Fakultät. Der weitere Ausbau ist geplant, da für eine Reihe von Berufen die Ausbildung bisher nur im Ausland möglich ist. Architekten und Tierärzte beispielsweise müssen ihr Handwerk »draußen« lernen; aber auch Ärzte, Ingenieure, Kaufleute, die spezielle Qualifikationen (Facharzt) erwerben wollen, müssen Island verlassen. Das gilt vorerst noch für viele Ausbildungszweige. Bevorzugte Ausbildungsländer sind die USA, Schweden, Dänemark und die Bundesrepublik Deutschland.

Sport

Als »Nationalsportarten« können Reiten und Schwimmen bezeichnet werden. Von der Begeisterung, mit der diese Sportarten betrieben werden, zeugen die zahlreichen Reitklubs und die rd. 80 beheizten Bäder, die neben den zahlreichen Naturquellen zur Verfügung stehen. Daneben sind beliebte sportliche Freizeitvergnügen die landschaftsgebundenen Sportarten Wandern und Bergsteigen, Lachs-und Forellenangeln in Seen und Flüssen, Ski- und Eislauf, beides vor allem im Norden und Nordwesten des Landes ausgeübt, weil dort Schnee und Wetter beständiger sind. Darüber hinaus haben in diesem Jahrhundert Sportarten Eingang gefunden, die vereins- und wettkampfmäßig betrieben werden, insbesondere: Leicht- und Schwerathletik, Hallenhandball, Badminton und Hallentennis, Fußball (nur im Sommer), Judo, Segelfliegen, Golf und Schießen. Internationale Erfolge im Hochleistungssport waren vor allem in der Leichtathletik, besonders im Sprint, Zehnkampf, Kugelstoßen, Weit- und Dreisprung, zu verzeichnen, aber auch im Gewichtheben, im Hallenhandball und Korbball. Verbreitet war auch noch bis vor kurzem die traditionelle isländische Form des Ringens, die Glíma. Auf den jährlich stattfindenden nationalen Wettkämpfen (das 75. Islands-Glíma war 1985) wird der Grettir-Gürtel und der Titel »Glíma-Kämpfer Islands« verliehen. Bis 1920 war die Glíma in Island Wettkampfsport Nummer Eins. Auch in den Denksportarten Schach (6 Großmeister) und – mit wachsender Bedeutung – Bridge haben sich die Isländer internationalen Ruhm erworben. Die Weltmeisterschaft im Schach zwischen Bobby Fischer und Boris Spassky (1972) wurde in Reykjavik ausgetragen. Daß eine zahlenmäßig so kleine

Nation wie Island seit vielen Jahrzehnten Teilnehmer zu den Olympiaden entsendet und gelegentlich sogar Medaillen gewinnt und gute Plätze belegt (1956: Silber im Dreisprung; 1984 Bronze im Judo; 6. Platz im Speerwurf und im Handball) soll nicht unerwähnt bleiben. Die Fußballfans wissen natürlich auch, daß der Bundesliga-Spieler Ásgeir Sigurvinsson 1984 zum Fußballer des Jahres erkoren wurde. Man entsinnt sich auch, daß Island 1985 mit Jón Pál Sigmarsson den »stärksten Mann der Welt« stellte, der u.a. einen Baumstamm heben und einen Truck ziehen mußte. Und auf jeden Fall soll hier noch von der sportlichen Glanzleistung des 22jährigen Seemanns Gunnlaugur Fridbórsson von den Westmännerinseln berichtet werden, der im März 1984, nach einem Bootsunglück südöstlich der Insel Heimæy, in den eiskalten Fluten fast sechs Kilometer schwamm – er brauchte dafür etwa fünf Stunden –, dann bei Nacht eine Felswand erkletterte und barfuß über die gefrorene Lava lief, bis er, als einziger Überlebender von fünf Seeleuten, die Ortschaft Heimæy erreichte. Diese Leistung wird von den Isländern mit der des geächteten Grettir verglichen, von dem die Saga erzählt, er sei von der Insel Drangey aus an Land geschwommen, um Brennholz zu holen. Zum Gedenken an dies Ereignis findet nunmehr alljährlich am 12. März an der Steuermannsschule in Vestmannæyjar das Gunnlaugschwimmen über eine Distanz von gut drei Seemeilen statt.

Mensch und Gemeinschaft

Herkunft und Mentalität

Die Isländer beiderlei Geschlechts sind in ihrem äußeren Erscheinungsbild nicht durchweg blond und blauäugig, wie man das von den Nachkommen der Nordländer erwarten sollte, sondern häufig auch dunkelhaarig. Das weist auf den keltischen Einschlag hin. Zwar erfolgte die Landnahme durch westnorwegische Bauern- und Adelsgeschlechter von Norwegen und Schottland aus, aber man brachte von den britischen Inseln auch Kelten, meist als Sklaven, mit. Da die Skandinavier die herrschende Klasse waren, setzten sich gesellschaftlich von Anbeginn an die nordische Kultur und Sprache durch. Biologisch vermischten sich jedoch nordische und keltische Rasse. Blutgruppenuntersuchungen zeigen sogar die engere blutsmäßige Verwandschaft mit Irland: Wie dort überwiegt in Island die Blutgruppe 0, während in Norwegen und Dänemark die Gruppe A dominiert. Dazu paßt, daß der dunkelhaarige Typ in Island prozentual häufiger vorkommt als bei den anderen skandinavischen Völkern.

Daß in Island jeder jeden kennt und jeder mit jedem irgendwie verwandt ist, ist zwar eine freundliche Übertreibung, aber andererseits waren die Landnehmer tatsächlich häufig verwandt, verbrüdert, verschwägert oder versippt. Und wenn auch aus alten Quellen hervorgeht, daß schon in der dritten bis vierten Generation die verwandtschaftlichen Beziehungen für die Bildung von Gemeinschaften keine tragende Rolle mehr spielten, so gab es doch Faktoren, die die Stabilisierung einer isländischen Eigengruppe förderten: vorrangig die isolierte Lage der Insel; dann das alljährliche Volkstreffen zum Thingfest, das überregionale Kontakte stiftete; die gemeinsam ertragene Bedrückung durch Fremdherrschaft, Krankheits- und Naturkatastrophen; das durch die Familien-Sagas vermittelte Sippengefühl und das Bewußtsein derselben Geschichte; und endlich: der gemeinsame Befreiungskampf, der die Isländer in dem Wunsch einte, eine politisch und wirtschaftlich unabhängige Nation zu werden. Mit all dem hängt wohl auch zusammen, daß die Isländer eine starke ethnologische Binnenorientierung – eine Art »Wir-Denken« – besitzen, die die Integration alles Fremden erschwert. Die Verschlossenheit, die dem Zuwanderer wie dem Reisenden entgegentritt, hat sicherlich zum Teil ihre Wurzeln auch in den Lebensbedingungen, die Landschaft und Klima vorgaben: Das weite Auseinanderliegen der Gehöfte und die Unwirtlichkeit des Klimas machen in den langen Monaten der Dunkelheit und Winterstürme den heimeligen Herd attraktiv und begünstigen wohl eine gewisse Abkapselung in der kleineren bäuerlichen Lebensgemeinschaft. Doch tritt man in nähere Beziehungen, dann zeigt sich ein geselliger Zug im Charakter des Isländers, der sich gerne im Kreise der Familie oder in privater Gesellschaft bewegt. Und heute, wo die Landflucht immer mehr Menschen in die städtischen Ballungsgebiete treibt, in denen der Kontakt mit Ausländern schon fast selbstverständlich ist, und viele Isländer ihr Studium oder ihre Berufsausbildung außerhalb des Landes absolvieren, ist die Aufgeschlossenheit den Fremden gegenüber gewachsen. Wer dem Isländer freundlich begegnet, wird in ihm bald einen hilfsbereiten und zugänglichen Menschen kennenlernen.

Die Stellung der Frau

Aus den Sagas treten uns die Isländerinnen als selbstbewußte, stolze, zuweilen kühne Frauen, mitunter als ebenbürtige Partnerinnen der Helden entgegen. Sie scheinen damals, soweit die literarischen Zeugnisse ein Urteil zulassen, zumindest im häuslichen Umkreis und im Arbeitsbereich eine vergleichsweise selbständige und von den Männern geachtete Stellung innegehabt zu haben. Der Nordist Hans Kuhn beschreibt eine Reihe von Rechtsbedingungen im Alten Island, die dieser Selbständigkeit der Frau zugute kamen; beispielsweise die Möglichkeit, sich jederzeit – ohne Richter und Rechtfertigung – vom Manne scheiden d.h. rechtskräftig trennen zu können: Vor Zeugen konnte auch die isländische Frau, nicht nur der Mann, eine eheliche Beziehung öffentlich für beendet erklären. Von einer wirklichen Gleichstellung wird man indessen nicht reden dürfen, denn die patriarchalisch-rechtliche Struktur des Gemeinwesens räumte dem Manne nach dem Gesetz die volle Vormundschaft über die Frau und die unmündigen Kinder ein. Die Frau war also nicht rechtsfähig, konnte nicht haftbar gemacht, belangt oder bestraft werden; die Verantwortlichkeit für alle Handlun-

Isländischer Junge mit Pferden

gen der Familienmitglieder wie auch der Sklaven lag ausschließlich beim Manne als dem Familienoberhaupt und sicherte auf solche Weise dessen Dominanz. Die von den Männern als selbstverständliches Recht in Anspruch genommene und praktizierte Polygamie (mit Nebenfrauen und Sklavinnen) stellt nur eine von manchen Freiheiten dar, die keine Entsprechung im gesellschaftlichen Leben der Frau hatte. Nach der Christianisierung verschärften sich die Abhängigkeitsverhältnisse: Die kirchliche Einstellung gegenüber der Frau verschüttete auch in Island viel von der Freiheit und Selbständigkeit, die die germanische Frau besessen hatte.

Die Emanzipation kam auch in Island spät. In den Befreiungsbewegungen des 19. Jh.s mobilisiert, erkämpften Islands Frauen mit als erste in Europa das Wahlrecht für Frauen (1882 Kommunalwahl, 1915 Parlamentswahl). Seit 1911 dürfen isländische Frauen studieren. Die verfassungsrechtliche Verankerung ihrer Gleichberechtigung erfolgte dagegen erst zu Beginn der achtziger Jahre, und die Erfolge bei der Erringung öffentlichen Einflusses blieben lange aus. »Kvinnalistinn«, die

Isländisches Mädchen mit ihrem Pferd

neue Frauenpartei, rechnet den isländischen Männern vor, daß in 1053 Jahren Thinggeschichte nur zwölfmal Frauen sich einen Platz im Thing erobert haben. Um so erfolgreicher gewinnen die isländischen Frauen seit einigen Jahren politischen Boden: Ihr eintägiger Streik 1975, der das öffentliche Leben in Island weitgehend zum Erliegen brachte, hatte der Nation die Augen für die politische Macht der Frauen, wenn sie geeint handelten, geöffnet; 1980 trat die heute unumstrittene Vigdis Finnbogardóttir als erste vom Volk direkt gewählte Präsidentin der Welt an die Spitze des Parlaments; und spätestens seit 1983, seit dem spektakulären Einzug der neuen Frauenpartei ins Parlament, in dem nunmehr rd. ein Dutzend Parlamentarierinnen mitregieren, haben die Isländerinnen einen starken Zuwachs an Selbstvertrauen und öffentlichem Ansehen errungen. Ihre politischen Ziele: Sie wollen dazu beitragen, verhärtete Positionen in der Auseinandersetzung um wichtige öffentliche Fragen aufzuweichen, gewohnte Einstellungen zu verändern (Frauen machen andere Erfahrungen als Männer) und »weiche Werte« in die Politik einzuführen – z.B. soll die Diskussion um Frieden, atomare Bedrohung und Islands Militärstrategie neu belebt werden –; sie wollen neue Initiativen im Schul- und Kulturleben, im Gesundheits- und Sozialwesen, aber auch in der Wirtschaft und Arbeitswelt ergreifen und, selbstverständlich, konkrete Verbesserungen der Rechte der isländischen Frauen durchsetzen. Denn, daß strukturelle Benachteiligungen der Frau deren gesellschaftliche Gleichstellung in der Praxis, z.B. am Arbeitsplatz, nach wie vor verhindern, ist eine Realität, die überkommene Machtverteilungen und Rollenverständnisse widerspiegelt. Dennoch: Die von Männern regierte Welt ist auch in Island stark in Bewegung. Das wird der Besucher am selbstbewußten Auftreten der Isländerinnen spüren.

Die isländischen Personennamen

Der Isländer hat ein anderes System der Namensgebung: Statt eines Familiennamens bildet er den zweiten Namen aus dem Vornamen des Vaters durch Anhängung der Silbe -son bei Söhnen und -dóttir bei Töchtern. Heißt der Vater beispielsweise Magnús Einarsson, so heißt der Sohn z.B. Björn Magnússon und die Tochter z.B. Aslaug Magnúsdóttir. Diese schöne, alte Sitte, die noch heute altgermanischem Brauch folgt, erschwert natürlich das Erkennen der Familienzugehörigkeit. Auch die Ehegatten haben nicht denselben Namen, weil die Frau ihren Vaternamen behält, was auf die starke gesellschaftliche Stellung des Vaters im germanischen Sippenverband verweist. Es ist dies eine Grund, weshalb man in Island relativ schnell zur Anrede mit dem Vornamen übergeht, ein allgemeiner skandinavischer Brauch übrigens. Der Vorname ist auch maßgeblich für die Alphabetisierung amtlicher Listen. Auch im Telefonbuch sind die Personen alphabetisch nach Vornamen geordnet. Es gibt gelegentlich auch Familiennamen in Island. Z.B. haben Familien dänischen Ursprungs häufig die kontinentaleuropäischen Namensregelungen beibehalten. Sie heißen dann Hansen, Larsen usw., und gewisse begüterte und vornehme Familien legten sich im 18. und 19. Jh. einen Familiennamen zu, den manche Familien behalten haben. Aber dies sind Ausnahmen.

Umgang mit Isländern

Sprachliche Verständigungsprobleme im Umgang mit Isländern gibt es

für den Touristen nicht: Im Verkehr mit Behörden oder beim Einkauf kommt man mit Englisch gut weiter. Mit dem gebildeten Isländer oder der gebildeten Isländerin wird es ebenfalls keine Verständigungsschwierigkeiten geben, sie sprechen Englisch, häufig auch etwas Deutsch. Schwierig kann es außerhalb solcher Situationen und Personenkreise werden. Man kann zwar häufig lesen, fast jeder Isländer spreche Englisch; aber das erweckt doch falsche Vorstellungen vom Bildungsstand des einfachen Mannes von der Straße. Denn der isländische Land- oder Industriearbeiter beherrscht die englische Sprache kaum. Zwar lernt er etwas Englisch in der Schule, aber häufig nur zwei Jahre lang oder weniger. Und dann bleibt die Verständigung weitgehend auf die Zeichensprache beschränkt. Man sollte die Zurückhaltung des Isländers in solchen Situationen nicht für mangelnden Verständigungswillen ansehen.
Im Umgang mit dem Zeitbegriff wird der Kontinentaleuropäer umdenken müssen. In einem Lande, in dem das Pferd bis vor wenigen Jahrzehnten das einzige Verkehrsmittel war, hat man keinen so exakten Zeitbegriff wie bei uns. Der Isländer nimmt sich mehr Zeit als wir es tun. Wenn man etwa auf einem der kleineren Flugplätze im Lande auf eines der einmotorigen Reiseflugzeuge wartet und die Maschine eine Stunde nach der planmäßigen Ankunftszeit noch nicht in Sicht ist, braucht man nicht beunruhigt zu sein. Sie wird bestimmt kommen!
Im übrigen gibt es heute keine grundlegenden kulturellen Unterschiede mehr: Man kleidet sich nach europäischem und amerikanischem Vorbild, auch hier ist die Popularität der Jeans-Mode ungebrochen, Anzüge und Kleider liegen im gleichen modischen Trend und Make-up wird ebenso gern und gut verwendet wie bei uns. Supermarkt, Telefon und Auto, Würstchenbude und Music-shops gehören genauso in dieses Bild, wie die Trabantenstädte in die Skyline von Reikjavik oder Kopavogur.
Auffallend für den Besucher ist, daß sich das Leben der Isländer nach Feierabend weniger in der Öffentlichkeit abspielt als vielmehr in den häuslichen vier Wänden. Der Isländer ist gern zu Hause. Er wohnt fast immer im Eigenheim oder in einer Eigentumswohnung, weil der Staat dessen Erwerb begünstigt bzw. sogar erzwingt. Junge Leute zwischen 16 und 26 Jahren müssen 15% ihres Lohnes als Spareinlage für das künftige Heim festlegen.
Weil die Restaurants zu teuer sind, ißt der Isländer meist zu Hause. Einladungen an Fremde werden nicht so leicht ausgesprochen; am ehesten noch von Isländern, die schon einmal im Ausland waren. Wird man

zum Essen eingeladen, so ist es üblich, wie auch im übrigen Skandinavien, nach Beendigung der Mahlzeit sich bei den Gastgebern oder wenigstens bei der Hausfrau mit Handschlag und der sprachlichen Floskel zu bedanken: »Ich danke sehr für das Essen (den Kaffee)!« Auf Isländisch lautet das: »Þakka yður (þér) kærlegar fyrir matinn (kaffið)!« Ist man abends eingeladen, wiederholt man den Dank in der Formel: »Vielen Dank für den schönen Abend (...fyrir kvöldið)«, und schließlich erneuert man den Dank – der Skandinavier ist höflich! – bei der nächsten Begegnung, auch wenn diese erst Wochen später stattfindet: »Þakka yður fyrir siðast: Ich danke Ihnen für Letztens!«

Feste und Nationale Gedenktage

Feste

Die Isländer feiern gern und haben viele Feste, die mit großer Ausgelassenheit, wie man sie den Isländern zunächst nicht zutraut, mitunter tagelang und häufig mit aufwendiger Vorbereitung begangen werden. Es wird viel gegessen und getrunken, auf den Straßen und in den Parks von Reykjavik wird musiziert und getanzt; Freudenfeuer und große Umzüge werden veranstaltet sowie Reit- oder andere Sportturniere ausgetragen. Natürlich fließt auch viel des isländischen »brennivins«. Geschäfte und Büros haben dann auch meist geschlossen und die öffentlichen Verkehrsmittel ihren Fahrplan eingeschränkt. Die Taxis nehmen in diesen Tagen gerne Aufpreise.

Teils sind es die bekannten religiösen Feste, teils Feiertage, die an heidnische Natur-Riten oder an historische Ereignisse anknüpfen. Die bekannten Feste aus dem Umkreis christlicher Überlieferung sind besonders: Heilige drei Könige (6. Januar), mit Partys und Kostümbällen gefeiert; Fastnacht, auf isländisch sprengidagur, was andeutet, daß man so viel ißt, bis man platzt: Hammelfleisch und Erbsensuppe; Pfingsten mit Seeangelwettbewerb und jährlicher Pferdeschau; und der Heilige Abend, im stillen Familienkreis wie bei uns begangen.

Dann gibt es die Feste aus vorchristlicher Zeit, die den Wechsel der Natur betreffen: Thorri (Ende Januar Anfang Februar), dem alten Monat geltend, der das Ende des Winters ankündigte. An ihm werden gepökelte und geräucherte isländische Spezialitäten reichlich verzehrt und Feste im Freundeskreis gefeiert (Thorrablót). Sumardagurinn fyrsti, der erste Sommertag (meist der dritte Donnerstag im April). Mit ihm wird der nahende Sommer begrüßt. Der Mittsommer (im Juli)

Das Pferd als Verkehrsmittel, ein immer selteneres Bild

wird mit regionalen Pferdeschauen und mit Mittsommernachtsfeuer und -tanz gefeiert. Réttir (September), wenn die Pferde und Schafe von den Hochweiden eingetrieben und in den Pferchen (isländisch réttir) ihren Besitzern zusortiert werden, ist ein beliebtes Volksfest für jung und alt, bei dem wiederum reichlich selbstgebrannter brennivin – übrigens häufig eine Delikatesse – getrunken und viel Hammelfleisch verzehrt wird. So ein Fest kann Tage dauern. Fyrsti vetrardagur, der erste Wintertag (in der Regel der dritte Samstag im Oktober), beinhaltet weniger einen Feiertag als einen Gedenktag, an dem man sich wehmütig des scheidenden Sommers erinnert. Zu Silvester schließlich wird mit Raketen und Knallkörpern sowie mit organisierten Großfeuerwerken (Reykjavik) und Freudenfeuern das alte Jahr verabschiedet und das neue begrüßt.

Nationale Gedenktage

Politische und nationale Gedenktage werden in verschiedener Weise feierlich begangen. Der 1. Mai läuft mit Kundgebungen usw. ähnlich wie bei uns ab. Der 17. Juni, den man im Gedenken an den 17. Juni 1944 zum Nationalfeiertag erklärte, als auf Thingvellir die Republik ausgerufen wurde, ist ein Freudentag, der entsprechend ausgelassen gefeiert wird. Ausstellungen und Vorträge und ein tagelanges Volksfest auf Thingvellir mit Festreden, Pferderennen und großen Gelagen bilden den Rahmen für die politischen Freiheitskundgebungen. Die Isländer strömen zu solchem Anlaß aus allen Landesteilen herbei. 17. Juni und Thorrablót sind übrigens die einzigen Feste, zu denen die Frauen ihre alten Trachten, das eher schlichte *Upplut* (Wochentagskleid) und das festliche *Reysuföt* (Sonntagsgewand), hervorholen. Der Leif-Eiricson-Tag (9. Oktober) erinnert an den Entdecker Amerikas; vor seiner Statue in Reykjavik wird eine Feierstunde abgehalten. Am 1. Dezember schließlich wird, besonders von den Studenten, der Unabhängigkeitstag im Gedenken an das Jahr 1918 gefeiert. Darüber hinaus gibt es andere Feiertage wie den Bankfeiertag (Verzlunarmannahelgi) Anfang August, der im wesentlichen zu Ausflügen genutzt wird, und eine Reihe regionaler Feste, deren bedeutendstes wohl das tagelang gefeierte Nationalfest der Westmännerinseln Anfang August ist (S. 199). Viele und noch mehr Anlässe zum Feiern gibt es als Ausgleich für die Unbill, die Natur und politische Geschicke den Menschen auf Island immer zugefügt haben.

Islands Beziehungen zu deutschsprachigen Ländern

Als 1982 der über 70 Jahre alte Regierungschef Islands, Gunnar Thoroddsen, in Erwiderung des Besuches von Bundeskanzler Helmut Schmidt im Jahre 1977 die Bundesrepublik Deutschland besuchte, kam diesem Ereignis über den aktuellen Anlaß hinaus eine symbolische Bedeutung zu. Denn zwischen den beiden Ländern gibt es eine lange Tradition wechselseitiger kultureller und wirtschaftlicher Verbindungen. Historisch reichen sie bis ins 10. Jh. zurück. Waren es zunächst religiöse Einflüsse, so prägten später Handelsbeziehungen und seit dem 19. Jh. auch künstlerische und philosophische Wechselwirkungen das Verhältnis beider Länder.

Historische Beziehungen

Die religiösen Einflüsse reichen bis in die Zeit der Christianisierung zurück. Einige deutsche Bischöfe, so z.B. der geduldige und wohlwollende Friedrich, der 981 nach Island kam, oder der heftige Dankbrand, der bei seinen Bekehrungsversuchen, wo nötig, mit dem Schwerte nachhalf, haben unter anderen wesentlichen Anteil an der Christianisierung Islands. Umgekehrt gab es auch isländische Bischöfe, die, wie Thorwald der Weitgereiste, den neuen Glauben aus Deutschland mitbrachten, wo sie sich hatten taufen lassen. Im 16. Jh. trug dann die deutsche Reformation ihre weitreichenden geistigen Wirkungen nach Island. Schon früh wurden die Lieder Luthers oder später Paul Gerhardts übersetzt und fest in die neuen isländischen Gesangbücher eingefügt; der bedeutendste isländische Kirchenlieddichter, Halgrímur Pétursson, wurde vom deutschen Kirchenlied stark beeinflußt. Der protestantische deutsche Kirchenchoral prägte die liturgische Ausgestaltung des neuen Gottesdienstes im Einzelnen und überhaupt die isländische religiöse Musikkultur im Allgemeinen nachhaltig (S. 118).

Zu Zeiten waren auch die Handelsbeziehungen beider Länder sehr intensiv. Seit in der 2. Hälfte des 15. Jh.s die Hanse, vor allem die Städte

Hamburg und Bremen, aber auch Lübeck, Danzig, Rostock, Wismar, Stralsund und Lüneburg, den Norwegern die Monopolstellung in Island streitig machten, rissen die Handelsbeziehungen mit Island nie ganz ab; auch in der Zeit der dänischen Handelsvorherrschaft nicht. Es heißt, die deutschen Kaufleute seien gern gesehen gewesen. Die Isländer gaben Fisch, Häute, Pelze und Wollstoffe und erhielten dafür Güter vom Kontinent, die für sie lebenswichtig waren.
Für die kulturellen Beziehungen zwischen Island und Deutschland wurden die Literaturen beider Länder außerordentlich bedeutsam. Die Isländer, ein der Dichtung gegenüber besonders aufgeschlossenes und sensibles Volk, schätzten in den Deutschen stets das »Volk der Dichter und Denker«, und kaum eine andere fremde Literatur hat einen solchen Einfluß auf die isländische ausgeübt wie die deutsche. Isländische Schriftsteller, die in Deutschland studiert hatten, übersetzten schon früh größere Teile der aufklärerischen, klassischen, romantischen und realistischen Dichtung in ihre Muttersprache. Thorlákssons Übertragung des »Messias« von Klopstock folgten Übersetzungen wichtiger Werke von Lessing, Tieck, Conrad Ferdinand Meyer und Sudermann. Schiller, der auch in Island vor allem von der patriotischen Jugend geliebte Dichter, und Goethe, der für die Isländer die deutsche Seele verkörperte, in dem man sich aber auch selbst wiederzuerkennen glaubte, wurden mit ihren wesentlichen Dramen, der Lyrik und den großen Balladen vielfach übertragen. Auch Heine, der ironische, der kritische, im französischen Exil lebende Romantiker, war ein Liebling der isländischen Nation. Die idealistische deutsche Philosophie war zumindest unter den Gebildeten bekannt und wurde im Original gelesen.
Umgekehrt hat die isländische Dichtung deutsche Schriftsteller immer wieder zum Studium, zur Nachahmung oder Übernahme von Erzählmotiven angeregt. Seit die Romantiker, vor allem der deutsche Dichter Friedrich de la Motte Fouqué, das Interesse für die isländische Literatur geweckt haben und die Germanistik sich die altnordische Literatur zum Forschungsgegenstand erkor, sind Dutzende deutscher Erzählungen und Romane nach isländischen Saga-Stoffen entstanden; Richard Wagners »Ring des Nibelungen« basiert auf den altnordischen Ausgestaltungen des germanischen Sagenkreises; und berühmte Forscher, wie z.B. Konrad Maurer mit seinem 1860 erschienenen Buch »Isländische Volkssagen der Gegenwart«, haben die Kenntnis der isländischen Welt bei uns verbreitet. Ausdruck dieser kulturell belebenden Beziehung

zwischen den beiden Völkern sind schließlich auch die isländisch-deutschen Kultur-Gesellschaften und Freundeskreise, allen voran die »Germania«, die Gesellschaft zur Förderung der kulturellen Beziehungen zwischen Island und Deutschland, 1920 in Reikjavik gegründet. Sie sorgen für Kontinuität in den deutsch-isländischen Beziehungen.

Aktuelle Beziehungen

In Island leben z.Zt. rd. 350 Deutsche. Die meisten sind in Landwirtschaft und Handwerk tätig und im Raum Reykjavik zu finden. Eine größere deutsche Einwanderungswelle gab es 1946/47, als viele den Siedlungsangeboten der Isländer folgten. Diplomatische Beziehungen unterhält Island seit 1953 zur Bundesrepublik Deutschland und seit 1974 zur DDR, beide Teile Deutschlands sind in Reykjavik durch Botschaften vertreten, die Bundesrepublik darüber hinaus durch sechs Honorarkonsulate. Die Spaltung Deutschlands wird auf diplomatischer Ebene pragmatisch behandelt. Bei der isländischen Bevölkerung findet die Teilung viel Beachtung und Anteilnahme, wohl nicht zuletzt, weil Island selbst in der Pufferzone zwischen den politischen Machtblöcken liegt und von den Ost-West-Spannungen nicht unberührt ist. Wenn die Sympathien für die Bundesrepublik in der Öffentlichkeit überwiegen, so ist das kaum verwunderlich. Denn während die DDR bisher wenig Aktivitäten entfaltete, sind die Beziehungen zur Bundesrepublik in allen Bereichen sehr intensiv: Es bestehen weitreichende Handelsbeziehungen. Studien- und Stipendienprogramme ermöglichen deutschen Wissenschaftlern, Studenten, Schülern und Lehrern einen Aufenthalt in Island, und diese bewegen umgekehrt auch immer mehr isländische Studenten, zum Studium der deutschen Sprache in die Bundesrepublik zu kommen. Nicht zuletzt bewirkt der Tourismus, der viele Bundesbürger nach Island bringt, daß die menschlichen Kontakte sich vertiefen, so daß das »andere« Deutschland etwas ferner gerückt ist. Die heutigen Wirtschaftsbeziehungen sind durch einen stabilen Interessenausgleich gekennzeichnet. Island kauft mit den Dollars, die es in den USA aus Fischexporten verdient, in der Bundesrepublik Maschinen und andere Industrieprodukte ein, die auf dem heimischen Markt fehlen. Der Handelspartner Island verschafft auf diese Weise der Bundesrepublik, die mehr Waren nach Island verkauft als sie von dort einführt, einen nützlichen Devisenüberhang. Aus solcher Konstellation ziehen also beide Länder auch ihren materiellen Nutzen.

Beziehungen zu Österreich und der Schweiz

1985 lebten 23 Schweizer auf der Insel, das sind rd. 0,01% der isländischen Bevölkerung, Österreicher sogar nur 16. Die Quote an Besuchern ist vergleichsweise gering. Da auch die gegenseitigen Handelsbeziehungen quantitativ kaum ins Gewicht fallen, konnten die offiziellen Kontakte bisher auf konsularischer Ebene geregelt werden. Die skandinavische Botschaft der Schweiz befindet sich in Oslo, die österreichische in Kopenhagen. Die Beziehungen zur Schweiz wurden auf eine schwere Belastungsprobe gestellt, als der Industrieminister Albert Gudmundsson gegen den multinationalen, überwiegend in Schweizer Besitz befindlichen Konzern Alusuisse eine politische Kampagne entfachte, bei der es weniger um antischweizerische Ressentiments als vielmehr um die alte national getönte Frage ging, ob man ausländischen Unternehmen überhaupt weitreichende Wirkungsmöglichkeiten einräumen oder nicht die Produktionsstätten und Kapitalanlagen solcher multinationaler Unternehmen in eigene Hände überführen sollte. Diese Konflikte sind aber inzwischen beigelegt, Alusuisse wird nicht nationalisiert. Immer mehr Schweizer und Österreicher scheinen, unberührt von solchen vorübergehenden politischen Mißstimmigkeiten, die andersartige Schönheit Islands zu entdecken, denn die Besucherzahlen aus beiden Ländern, insbesondere aus der Schweiz, sind in den letzten Jahren gestiegen: 1985 warten es fast 3 000 Schweizer und rund 1 500 Österreicher, die Island zu ihrem Reiseziel wählten.

Rechts: Islandpferd im Winterfell

Anreise und Verkehr

Reisen nach Island

Fährverbindungen

Die Schiffspassage stellt den klassischen Zugang zu Island dar. Die Annäherung geschieht auf dem uralten Weg, den schon die Siedler in früheren Jahrhunderten nahmen, freilich heute auf etwas komfortableren Schiffen. Der Reisende kommt an der Ostküste Islands, genauer gesagt, in Seydisfjördur, an. Die 1983 eingerichtete Route Bremerhaven – Reykjavik wurde leider sogleich wieder eingestellt, so daß sich die Anreise per Schiff auf die nachfolgend aufgeführten drei Anfahrten beschränkt:

Linie Hanstholm (Dänemark) – Färoer-Inseln – Island

Die derzeit für Reisende aus dem deutschsprachigen Raum günstigste und hauptsächlich befahrene Schiffsroute ist die von Hanstholm an der dänischen Westküste über Tórshavn auf den Färoer-Inseln nach Island. Sie wird von der faröischen Smyril Line betrieben, die sich seit 1983 mit dem Fährschiff Norröna (Nordmeer) präsentiert. Dieses Fährschiff (7457 BRT) kann 1040 Passagiere und 250 Personenkraftwagen aufnehmen.

Die Autofähre Norröna verkehrt auf dieser Linie von Ende Mai bis Anfang September. Abfahrt ab Hanstholm jeden Samstag 20 Uhr, Ankunft in Tórshavn (Hauptstadt der Färoer-Inseln) am Montag 9 Uhr. Dort zweieinhalbtägiger Aufenthalt. Abfahrt ab Tórshavn am Mittwoch um 17 Uhr, Ankunft in Seydisfjördur (Island) am Donnerstag um 8 Uhr. Abfahrt von Seydisfjördur am Donnerstag um 12 Uhr und Ankunft in Hanstholm am Samstag um 16 Uhr.

Linie Frederikshavn (Dänemark) – Bergen (Norwegen) – Shetland-Inseln – Färoer-Inseln – Island

Den Autofahrern bietet sich als zweite Linie der Weg über Frederiks-

Die traditionsreiche Fähre Smyril auf der Fahrt nach Island

havn im Norden Jütlands an. Nach einer Fahrt über den Skagerrak nach Larvik am Oslo-Fjord und einer Autotour von 475 km durch Norwegen setzt man die Schiffsreise von Bergen an der Südwestküste Norwegens über die Shetland- und Färoer-Inseln nach Island fort. Auf dieser Larvik Line kann man allerdings nur auf der Hinfahrt zwei Tage Zeit gewinnen. Die Gesamtfahrzeit beträgt auf dieser Strecke 59 Stunden.

Wer bei dieser Anfahrt und Rückreise Zeit sparen möchte, weil er die Urlaubstage lieber auf Island verbringen will, der kann auf der Hinreise nach Island die Larvik Line, für die es inzwischen ein Kombi-Ticket gibt, und auf der Rückfahrt die Route über Hanstholm wählen; er benötigt dann insgesamt nur rund fünf Tage, weil der Aufenthalt auf den Färoer-Inseln entfällt.

Die Autofähre legt in Frederikshavn am Montag um 22 Uhr (oder 8 Uhr) ab und kommt in Larvik (Norwegen) am Dienstag um 6 Uhr (bzw. am Montag um 22 Uhr) an. Abfahrt Bergen am Dienstag um 14 Uhr und Ankunft in Seydisfjördur (Island) am Donnerstag um 8 Uhr. Abfahrt von Seydisfjördur am Donnerstag um 12 Uhr und Ankunft in Bergen am Samstag um 6 Uhr.

Linie Esbjerg (Dänemark) – Färoer-Inseln – Island

Die Linie der DFDS Seaways, die mit dem Fährschiff Winston Churchill die Route Esbjerg (Dänemark) – Tórshavn befährt, wird von Islandreisenden weniger benutzt, obwohl gegenüber der Hanstholm-Linie eineinhalb Tage Fahrzeit eingespart werden können. Das hat seinen Grund in den höheren Kosten, denn es läßt sich nicht übersehen, daß die Passage bei dieser Schiffsgesellschaft, jedenfalls auf den ersten Blick, teurer ist. Dagegen kann unter bestimmten Umständen der PKW-Transfer auf der Esbjerg-Route preisgünstiger sein. Die genauen Bedingungen müssen im Einzelfall geprüft werden.

Die Autofähre legt in Esbjerg am Montag um 13 Uhr ab und kommt am Dienstag um 23 Uhr in Tórshavn an. Von dort geht es mit der Norröna weiter (siehe oben Linie Hanstholm).

Transport des Autos auf einem Frachtschiff

Eine weitere, wenngleich sehr teure Möglichkeit für diejenigen, die schnell und ohne Verzicht auf ihr eigenes Fahrzeug nach Island kommen möchten, ist die, selbst zu fliegen und den Wagen mit einem Frachtschiff nachkommen zu lassen. Informationen dazu über Eimbcke, Schiffsmakler, Raboisen 5, 2000 Hamburg, Tel. 040/3 33 51.

Preise

Zum Vergleich seien einige Preisbeispiele von 1986 aufgeführt: Eine Deckspassage für eine einfache Fahrt inkl. Schlafmöglichkeit kostete zwischen 476 DM (Hanstholm-Linie) und 523 DM (Esbjerg-Linie), eine Luxuskabine zwischen 709 DM (Hanstholm-Linie) und 1074 DM (Esbjerg-Linie). Der PKW-Transfer für die Hin- und Rückfahrt kostete zwischen 347 DM (Hanstholm-Linie) und 308 DM (ab Norwegen). Der Preis für den reinen PKW-Transfer mit einem Frachtschiff liegt für den Hin- und Rücktransport bei 550 US-$.

Die Vor- und Nachteile der Schiffspassage gegenüber den Flugverbindungen liegen auf der Hand. Der Vorteil besteht unter anderem darin, den eigenen Wagen mitzunehmen. Denn Leihwagen sind auf Island sehr teuer, die Kosten für den Transfer eines PKW's demgegenüber relativ niedrig. Wer einen längeren Island-Aufenthalt mit selbständigen Erkundungsfahrten plant, dem sei immer die Mitnahme des Autos angeraten, auch wenn die Schiffsreise länger dauert.

Alle Fähren verkehren nur im Sommer, in der Regel von Ende Mai bis Anfang September. Für den wöchentlichen Fahrplan können keine längerfristigen verbindlichen Zeiten angegeben werden, auch die Reiserouten sind Schwankungen unterworfen.
Die Preise differieren zwischen den einzelnen Schiffsgesellschaften sowohl in den Übernachtungskategorien (Deckspassage oder Luxuskabine) als auch für die PKW-Mitnahme. Während die DFDS Seaways den Beförderungspreis für den Wagen bei Mitfahrern kontinuierlich reduziert (bei vier Personen wird für das Auto nichts mehr berechnet), gewährte die Smyril Line einen solchen Preisnachlaß nicht. Schließlich zeigten sich auch bei den Kinderfahrpreisen recht erhebliche Unterschiede (10% bis 50% des Fahrpreises für Erwachsene). Diese Angaben machen deutlich, daß es sich empfiehlt, vor Antritt der Reise Preisvergleiche einzuholen.
Schiffs- und Flugreisen lassen sich kombinieren (z.B. Anreise mit dem Schiff und Rückflug). Abgesehen davon, daß in diesem Fall der Vorteil der Fährverbindung, also das eigene Auto mitzuführen, wegfällt, ist auch zu bedenken, daß ein einfacher Flug im Sondertarif nicht viel billiger kommt als Hin- und Rückflug zusammen. Immerhin ist es eine Möglichkeit, die Reisezeit stark zu verkürzen und dadurch die An- und Abfahrt schon in den Urlaub einzubeziehen.

Flugverbindungen
Die isländischen Fluggesellschaften Icelandair (in Island Flugleidir genannt) und Eagle Air (Árnarflug) teilen sich den Markt für den in- und ausländischen Flugverkehr. Icelandair unterhält einen regelmäßigen Flugdienst zu rund zehn Städten des westlichen Europa, so z.B. nach Paris, Frankfurt, Salzburg und Luxemburg, wobei Anschlußflüge von vielen europäischen Flughäfen sowie Zubringerdienste mit Touringbussen die rasche Verbindung sichern. Eagle Air fliegt im Sommer Zürich und Amsterdam an und unterhält seit April 1987 einen Direktflugdienst zwischen Hamburg und Reykjavik: ganzjährig und zweimal wöchentlich nach Island und zurück. Außerdem gibt es zweimal wöchentlich (Di./Do.) Flüge von Hamburg über Amsterdam nach Reykjavik. Islands internationaler Flughafen Keflavík liegt an der Westküste. Von dort bestehen Transferverbindungen nach Reykjavik.
Fly and Drive-Kombinationen ermöglichen auch dem, der die Mitnahme seines Autos wegen der langen Schiffsreise scheut, die Insel mit

dem Wagen zu erkunden. Diese Form des Island-Urlaubs ist aber teuer. Billiger kommt die Kombination von Flug- mit einem Bus-Ticket. Der ganzjährige Flugplan sieht neben dem schon genannten Hamburg-Flug mehrmals täglich Flüge von Luxemburg vor. Kostenlose Zubringerbusse von Wuppertal, Düsseldorf, Köln, Frankfurt, Mannheim, Stuttgart und Heilbronn sorgen für eine gute Verbindung. Im Sommer gehen ferner Direktflüge zweimal wöchentlich von Frankfurt (Mai – September) und einmal wöchentlich ab Salzburg (Juni – Oktober) und Zürich (Mitte Juni – Mitte August). Im Winter wird nur von Luxemburg und Amsterdam sowie von Hamburg aus (Bus- und Flugzubringerdienste vorhanden) geflogen.

Die Preise betrugen 1987 im einzelnen:
Hamburg – Keflavík = Sonderflug (Hin- und Rückflug) 999 DM, ansonsten einfach 1 214 DM, hin und zurück 2 108 DM.
Luxemburg – Keflavík = Sondertarif (Hin- und Rückflug) 999 DM.
Frankfurt – Keflavík = Sondertarif (Hin- und Rückflug) 1065 DM, ansonsten einfach 1263 DM, hin und zurück 2193 DM.
Salzburg – Keflavík = Sondertarif (Hin- und Rückflug) ganzjährig 1170 DM.
Zürich – Keflavík = Sondertarif (Hin- und Rückflug) 876 SFR
Amsterdam – Keflavík = Sondertarif (Hin- und Rückflug) Apex 1 333 DFL, Apex 1 019 DFL.
Die Gültigkeitsdauer der verbilligten Flugtickets beträgt drei Monate, für Hamburg – Keflavík sowie Frankfurt – Keflavík sechs Monate und für Amsterdam Apex einen Monat. Der Rückflug darf frühestens am Sonntag nach Reiseantritt erfolgen. Hin- und Rückflug sind fest zu buchen. Die Tickets sind nur auf Direktflügen mit einer Flugnummer anwendbar. Bei Rücktritt wird eine Stornogebühr von 100 DM erhoben, beim Apex-Tarif Amsterdam 50% des Tarifs. In Luxemburg gelten die gleichen Bedingungen. Hamburg hat noch einen Excursion-Tarif (Hin- und Rückflug, drei Monate gültig, Rückflug offen) 1 820 DM. (Adressen der Fluggesellschaften S. 328.)

Reisen in Island

Das klassische europäische Fortbewegungsmittel der Neuzeit, die Eisenbahn, hat es auf Island nie gegeben. Das gebirgige Hochland und die Gletscher im Innern Islands sowie die Fjorde und immer wieder überschwemmten Sander an den Küsten standen dem Bau einer Eisenbahn im Wege. Diese Umwelt erzwang andere, landschaftsgebundene Fortbewegungsmittel, so z.B. das anspruchslose und ausdauernde Islandpferd und die Fortbewegung per Schiff. Im Zeitalter der Technik gesellten sich diesen keineswegs überholten Verkehrsmitteln das Auto und das Flugzeug hinzu. Auto und Bus dienen den Isländern heute in erster Linie als Nahverkehrsmittel, und zwar sowohl im Arbeits- als auch im Freizeitbereich. Längere Distanzen werden gern im Flugzeug zurückgelegt. Die Autos und Busse sind oftmals mit Vierradantrieb ausgerüstet, und viele Isländer besitzen Landrover oder ähnliche geländegängige Wagen, häufig mit Funkanlage oder anderen Überlebensutensilien ausgestattet. Denn wer in die Highlands fährt, muß Flüsse durchqueren und Lavafelder bewältigen können. Das ist nicht immer ungefährlich, ein Sprechfunkgerät kann hier also durchaus nützlich sein. Der Tourist wird von allen diesen Verkehrsmitteln, je nach Situation, Gebrauch machen.

Flugzeug

Das Flugzeug stellt in Island ein sehr wichtiges öffentliches Verkehrsmittel dar. Linienverkehr und Charterflüge mit kleineren Maschinen (4–6 Passagiere) spielen für die schnelle Überbrückung der Entfernungen eine bedeutende Rolle im Inlandsverkehr. Reykjaviks Flughafen ist für den Inlandverkehr der wichtigste des Landes. Von hier aus bestehen Verbindungen zu allen Teilen der Insel. Daneben gibt es von Egilsstadir im Nordosten eine Querverbindung nach Ísafjördur im Nordwesten (über Akureyri) und weitere Nebenlinien. Für den Touristen wichtig zu wissen ist, daß man die Flugreisen mit Busfahrten (Air-Bus-Rover-Ticket: Hinflug, Rückfahrt per Bus oder umgekehrt) oder auch mit Wanderungen kombinieren und sich so sein eigenes Fly and Drive oder Go-Programm zusammenstellen kann.
Seit einiger Zeit hat Icelandair die Palette der Inlandsflüge durch innerisländische Rundflüge bereichert. Mit dem Air Rover Ticket kann man von Reykjavik aus einmal die Insel umrunden und in Ísafjördur, Akureyri, Egilsstadir, Höfn und Reykjavik beliebig lange Station machen. Nur muß diese Rundreise innerhalb eines Monats, der Gültigkeitsdauer dieses Tickets, abgeschlossen sein (Preis: 444 DM). Für 275 DM berechtigt der attraktive Island-Airpass zu vier beliebigen Flügen innerhalb Islands nach Orten, die von der Icelandair und ihren Tochtergesell-

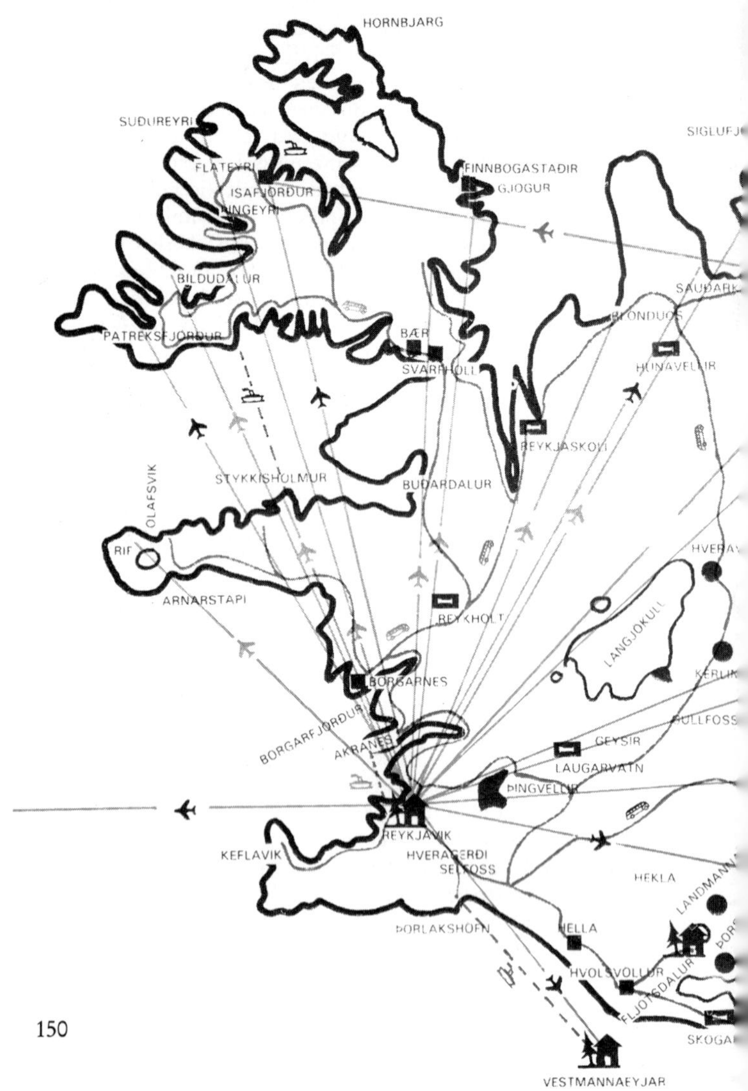
HORNBJARG
SUDUREYRI
FLATEYRI
ISAFJORDUR
ÞINGEYRI
BILDUDALUR
PATREKSFJORDUR
FINNBOGASTADIR
GJOGUR
BÆR
SVARFHOLL
SAUDARK
BLONDUOS
HUNAVELLIR
REYKJASKOLI
STYKKISHOLMUR
BUDARDALUR
OLAFSVIK
RIF
ARNARSTAPI
REYKHOLT
LANGJOKULL
BORGARNES
BORGARFJORDUR
AKRANES
GEYSIR
LAUGARVATN
ÞINGVELLIR
REYKJAVIK
KEFLAVIK
HVERAGERDI
SELFOSS
HEKLA
ÞORLAKSHÖFN
HELLA
HVOLSVOLLUR
FLJOTSDALUR
VESTMANNAEYJAR

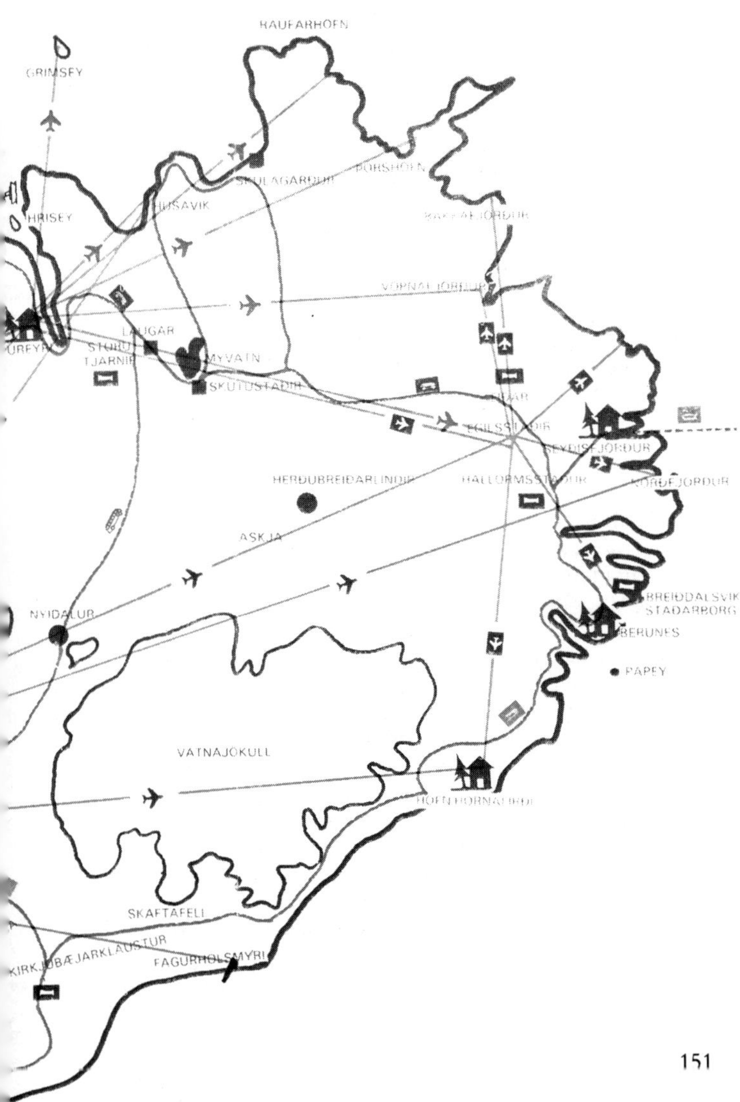
RAUFARHOFN
GRIMSEY
HRISEY
HUSAVIK
LAUGAR
MYVATN
SKUTUSTADIR
HERDUBREIDARLINDIR
ASKJA
NYIDALUR
BREIDDALSVIK
STADARBORG
BERUNES
PAPEY
VATNAJOKULL
SKAFTAFELL
KIRKJUBÆJARKLAUSTUR
FAGURHOLSMYRI

schaften angeflogen werden (gültig vom 1. Mai bis 30. September 1987 für 30 Tage).
Der Island-Airpass ist ideal mit der Reise im Mietwagen zu kombinieren (Flug/Drive).
Daneben gibt es noch eine ganze Reihe anderer Angebote, von regionalen Rundflügen bis zur Islandumrundung, die mit kleinen Maschinen durchgeführt werden. So bietet z.B. Árnarflug (Eagle Air) in seinen Spezialprogrammen Flüge zu den isländischen Sehenswürdigkeiten wie Mývatn, die großen Gletscher, Höhlen und Wasserfälle an. Bei klarem Wetter die Vulkan- und Gletscherlandschaften aus der Vogelperspektive zu sehen, ist nicht nur ein schönes, sondern auch gar nicht so teures Vergnügen.
Das innerisländische Flugnetz erfaßt von Reykjavik aus die Städte Patreksfjördur, Thingeyri, Ísafjördur, Akureyri, Húsavík, Egilsstadir, Höfn, Vestmannaeyjar und von Akureyri aus Ísafjördur, Mývatn, Egilsstadir, Vestmannaeyjar und Reykjavik. Die Preise bewegen sich mit Flughafensteuer zwischen rd. 100 und 200 DM.

Schiff

An Islands Küsten gibt es selbstverständlich viele Möglichkeiten, mit kleineren Fährschiffen, die teils vom Staatlichen Isländischen Schifffahrtsamt in Reykjavik unterhalten werden, teils auch privaten Schifffahrtsgesellschaften gehören, entweder Abschnitte der Küste abzufahren oder ganz Island zu umrunden und die vorgelagerten Inseln (Vestmannaeyjar, Flatey, Grímsey usw.) anzusteuern. Man kann auch Fjorde durchqueren, um Wegstrecken abzukürzen. Gelegentlich kann man so die Reiseroute durch Einbeziehung einer Fährpassage abwechslungsreicher gestalten. Neben dem ganzjährigen Küstenverkehr zwischen allen größeren und den meisten kleineren Häfen (durchschnittlich einmal die Woche) werden während der Sommermonate auch regelmäßige Fährdienste zwischen Reykjavik und Akranes sowie auf dem Breidafjördur zu den Siedlungen im Ísafjardardjúp eingesetzt. Auch sind prinzipiell Fahrten auf Fischdampfern von Thorlákshöfn zu den Vestmannaeyjar sowie von Akureyri zu den Häfen im Eyafjördur möglich. Sie hängen allerdings von der Eigeninitiative des Einzelnen ab. Informationen über die Küstenschiffahrts- und die Fährverbindungen erhalten Sie in allen Reisebüros, an den Häfen und beim Staatlichen Schiffahrtsamt (Skipaútgerd ríkisins) in Reykjavik, Hafengebäude, Tryggvagata 2.

Fähre Akraborg
Von Reykjavik nach Akranes über den Faxaflói. Regelmäßig tägliche Fahrten mit Autotransport. Fahrzeit eine Stunde. Preise: 260 ikr/Person, 430 ikr/Wagen mit Fahrer.

Fähre Baldur
Von Stykkishólmur über den Breidafjördur nach Brjánslækur (von Juni bis September). Autos werden als Decksladung mitgenommen. Zwischenaufenthalt auf der Insel Flatey. Preise: 400 ikr/Person, 770 ikr/Wagen ohne Fahrer.

Fähre Fagranes
Von Ísafjördur zu den Siedlungen und Inseln im Ísafjardardjúp (Ögur, Melgraseyri, Aedey u.a.). Im Sommer verkehrt die Fähre drei- bis viermal wöchentlich und ist dann ganztägig unterwegs (Rundfahrt). Preise: 265 ikr/Person, 885 ikr/Wagen ohne Fahrer.

Fähre Herjólfur
Zwischen Thorlákshöfn und den Vestmannæyjar. Täglich ab Thorlákshöfn, Fahrzeit rd. 3 Stunden, Aufenthalt rd. 4 Stunden. Preise: 550 ikr/Person und 550 ikr/Wagen ohne Fahrer.

Informationen über Fähren und Schiffsverbindungen
In allen isländischen Reisebüros, Häfen sowie beim Staatlichen Schiffahrtsamt (skipaútgerd ríkisins), Reykjavik, Hafengebäude, Tryggvagata 2.

Straßennetz

Islands Straßennetz ist überschaubar. Im Küstenbereich umrundet die Ringstraße (Hringvegur), die Straße Nr. 1, die Insel. Wie die Hauptinsel werden auch die Halbinseln wie Reykjanes, Snæfellsnes und die nördlichen Halbinseln von einer Küstenstraße umsäumt. Schließlich gibt es viele Hochlandwege, insbesondere die berühmten Transversalen, die den Süden mit dem Norden verbinden. Dazu gehören die zwischen dem Langjökull und Hofsjökull hindurchführende Kjölur-Route sowie die zwischen Hofsjökull und Vatnajökull verlaufende Sprengisandur-Strecke mit ihren Varianten. Der Süden ist engmaschiger erschlossen und weist neben den Hauptverkehrsadern, die ins Landesinnere bis an die Grenzgebiete der großen Gletscher heranreichen, eine Reihe von Querverbindungen auf.
Die Straßenverhältnisse Islands darf man nicht an kontinentaleuropäischen Maßstäben messen. Man muß sie vielmehr von den Bedingungen her, die Landschaft und Klima stellen, beurteilen. Es handelt sich überwiegend um Schotterstraßen, auf denen man vor Überraschungen in

Mit Allradantrieb unterwegs im Hochland

Form von Schlaglöchern oder kilometerlangen Bodenwellen nie sicher sein kann. Asphalt bzw. einwandfreie Straßenbeläge finden sich nur in den großen Städten und ihrem Umkreis, sodann auf der Südroute von Reykjavik bis kurz vor Hella und gelegentlich in reicheren kleinen Ortschaften.

Im Inneren des Landes hören die Straßen dann vollends auf, hier sind die Wege häufig nur noch gesteckt, d.h. durch Orientierungsstäbe im Abstand von ca. 100 m markiert. Eine genaue Wegführung ist hier schon häufig wegen der zahlreichen Gletscherflüsse unmöglich, deren Wasserstände und Verlaufsrichtungen schwanken. So muß der Autofahrer sich oft vor Ort die flachste Stelle der Furt selbst suchen.

Dem Touristen bieten sich, je nach Zeit, Geld und Eigeninitiative, ganz unterschiedliche Möglichkeiten, Island auf dem Landwege kennenzulernen.

Bus

Das isländische Linienbusnetz von rd. 7000 km und die regelmäßig, auf allen wichtigen Routen täglich verkehrenden Bussse gestatten dem Touristen Busreisen auf eigene Faust. Das »Go as you please-Ticket«, sowie das Ticket »Around Iceland«, das auch im Flugkombinationspaket (S. 328) gebucht werden kann, ermöglichen dem Reisenden, die Touren nach eigenen Wünschen und Vorstellungen zusammenzustellen und überall dort auszusteigen und zu verweilen, wo es ihm gefällt, und zwar rund um Island, 1457 Reisekilometer. Immer beliebter werden Rucksacktouren in der Kombination von Busfahren und Wandern. Die Übernachtung erfolgt in diesem Fall auf eigene Initiative in Hotels, Jugendherbergen oder auch mitgeführten Zelten.

Busverbindungen von Reykjavik
Täglich ein- oder mehrmals nach Akureyri, Grindavík, Gullfoss/Geysir, Hveragerdi, Hvolsvöllur, Höfn, Keflavík-Flughafen, Reykjalundur, Selfoss.
In regelmäßigen Abständen nach Akranes, Borgarness, Búrfell, Hólmavík, Keflavík-Stadt, Króksfjardanes, Ólafsvík, Reykholt.

Busverbindungen von Akureyri
Täglich ein- oder mehrmals nach Mývatn.
In regelmäßigen Abständen nach Dalvík, Egilsstadir, Húsavík, Ólafsfjördur, Seydisfjördur.

Preise
Von Reykjavik nach Akureyri ca. 65 DM. Von Akureyri nach Egilsstadir ca. 50 DM. Das Rundreise-Ticket ca. 180 DM.

Auskunft
Auskunft erteilt die BSÍ (Isländische Busgesellschaft, Umferdamidstödin, Hringbraut, Reykjavik, Tel. 2 23 00

Organisierte Busreisen

Schließt der Tourist sich einer organisierten Busreise an, so wird er in bequemen Spezialbussen oder auch mit Landrovern gefahrlos und meist unter sachkundiger Führung in alle interessanten Gebiete gebracht. Diese 6–14tägigen Bussafaris erfreuen sich steigender Beliebtheit. Sie führen in der Zeit von Juni bis August an die Südküste oder in den Nordwesten, ins Zentrale Hochland oder rund um Island. Für diese Bequemlichkeit und perfekte Vorplanung seiner Reise zahlt der Tourist freilich wie überall den Preis der Freiheit, zu gehen, wohin er will, und zu bleiben, wo und solange es ihm gefällt. Allerdings versuchen viele Veranstalter kleineren Reisegruppen, die aus 8–12 Personen bestehen, immer mehr auch individuell zugeschnittene Routen und einen gewissen Planungs- und Entscheidungsspielraum anzubieten.

Auto

Wer mit dem Auto unterwegs ist, sei es mitgebracht oder gemietet, der kann auf eigene Faust einen großen Teil der Insel besuchen, wenngleich sich nicht abstreiten läßt, daß für die zentralen Teile des Landesinnern ein Geländefahrzeug nötig ist. So gesehen hat noch fast jeder, der mit einem gewöhnlichen Auto Island bereist hat, am Ende erklärt, daß er das nächste Mal mit einem »richtigen« Wagen zurückkäme. Dennoch: ein Anfang will gemacht sein, und Tatsache ist, daß man mit einem zweiradangetriebenen Fahrzeug im Sommer die ganze Insel auf der Straße Nr. 1 umrunden, auch die Halbinseln befahren und eine Reihe bedeutsamer Abstecher in einige der schönsten Gegenden Islands unternehmen kann. Zum Beispiel sind die in Route 1 beschriebenen Natursehenswürdigkeiten einschließlich der heißen Quellen des Landmannalaugar-Gebietes heutzutage mit dem normalen PKW erreichbar.
Wer allerdings ein Auto mit Allradantrieb fährt, ist überall dort überlegen, wo – wie im zentralen Teil Islands – schwierige Bodenverhältnisse (Blocklavafelder) und nicht überbrückte Flüsse Probleme aufwerfen, die sich mit einem normalen Auto nicht lösen lassen. Selbst der bei Isländern beliebte und vergleichsweise preiswert zu mietende kleine Lada-Sportgeländewagen (Wolga) leistet hier letztlich mehr als das größte und kräftigste zweiradangetriebene Auto. Für verwegene Querfeldeinfahrten sind allerdings Kenntnis des Landes und die Fähigkeit, Kompaß und Karte zu lesen sowie eine gegen Witterungsstürze gefeite Ausrüstung notwendig. Am besten ist es, sich an die bezeichneten Pisten zu halten, um die gefährdete Vegetationsdecke nicht noch stärker zu belasten.

Flußdurchquerungen mit dem PKW

Die Flußdurchquerungen mit dem Wagen gehören zu den für jeden Island-Fahrer reizvollsten Momenten bei der Eroberung der Insel. Sie vermitteln noch ein wenig von jenem abenteuerlichen Gefühl der Freiheit und der Auseinandersetzung mit der noch nicht gebändigten Natur, wie wir es sonst nur aus den Reklamefilmen der Werbeagenturen kennen. Man soll aber die Gefahren nicht unterschätzen. Aus Leichtsinn und aus Unkenntnis der möglichen Gefahren sowie durch falsches Fahrverhalten kommt es jährlich immer wieder zu vielen, z.T. tödlichen Unfällen. Hier wird die Tiefe der Flüsse falsch eingeschätzt, dort die Strömungsgeschwindigkeit der reißenden Gletscherbäche

Flußdurchquerung mit dem Geländewagen

nicht genügend veranschlagt und der Technik des Autos ein zu unbegrenztes Vertrauen entgegengebracht. Und dann passiert es, daß der Wagen im Fluß steckenbleibt oder durch die Wassermassen umgeworfen wird. Gewiß sind diese Ereignisse selten, aber sie kommen immer wieder vor. Deshalb sollten einige Grundsätze beim Durchqueren von Flüssen mit dem PKW beachtet werden:

Wenn die Wassertiefe mit dem bloßen Auge nicht erkennbar ist, so muß durch Steinwürfe (Geräusch) oder durch Hineinwaten mit hohen Stiefeln (Anglerhosen) die Tiefe ermittelt und die gesuchte flache Furt gefunden werden. Die Gletscherflüsse sind besonders gefährlich, weil sie von trüber Färbung sind und deshalb ihre Tiefe nicht abgeschätzt werden kann. Sie führen mittags mehr Wasser mit sich (Abschmelzung des Eises durch die Sonne). In kritischen Situationen empfiehlt es sich deshalb, den Abend oder den nächsten Morgen abzuwarten. Vom Mittag bis zum Abend kann ein Gletscherfluß durchaus um 30–40 cm an Wassertiefe verlieren.

Ferner muß der unter der Motorhaube befindliche Ansaugstopfen des Luftfilters über dem Wasser bleiben, da sonst Wasser angesaugt und das Getriebe zerstört wird. Bei Wassertiefen von über 40 cm ist Vierradantrieb erforderlich. Ist es unumgänglich, daß tiefe Flüsse durchfahren werden müssen, so empfiehlt es sich, den Ansaugstopfen des Luftfilters mit einem Schlauch zu überstülpen und mit Draht gut zu befestigen (freies Ende am Dachgepäckträger anbringen), damit kein Wasser eindringen kann. Wenig, aber gleichmäßig im ersten Gang Gas geben. Im Zweifelsfalle sollte man lieber ein paar Stunden warten, bis andere Fahrzeuge, eventuell mit Sprechfunk und Seilwinde ausgerüstet, kommen und die Flußdurchquerung in der Kolonne vorgenommen werden kann.

Zweirad

Daß es Mutige gibt, die auf einem Fahrrad die Vulkaninsel erobern, stellt man immer wieder mit Erstaunen fest. Denn eigentlich ist Island kein Land zum Radfahren. Die Straßen und Wege sind dazu zum großen Teil ungeeignet, da steinig oder extrem sandig, voller Schlaglöcher, bergig und in den Lavafeldern zu unwegsam. Hinzukommt, daß die Flüsse sehr kalt und gelegentlich zu reißend sind.

Mutige erobern die Vulkaninsel mit dem Rad

Der Motorradfahrer muß eine geeignete geländegängige Maschine haben, wenn er dieses Abenteuer bestehen will. Der Radfahrer kann zur Not sein Rad schieben, er wird sogar öfters damit rechnen müssen, dies zu tun, der Motorradfahrer schafft dies nicht. Dennoch ist das Reisen mit beiden Arten von Zweirädern möglich, wenn man die Fahrt gut vorbereitet.

Dazu gehört unbedingt die richtige Ausrüstung: ein besonders stabiles Tourenrad mit starkem Rahmen, gute Qualität der Einzelteile, wie z.B. eine robuste Gangschaltung, ein extrem massiver Gepäckträger, breite Räder und Reifen zum Abfangen von Straßenunebenheiten, weiter ein kräftiger, nicht zu harter und gut angepaßter Sattel, ferner alle wichtigen Ersatzteile (Schrauben, Muttern, Kette), Werkzeuge, Draht und Breit-Isolierband für Notreparaturen abseits der Zivilisation und endlich: ausreichend Proviant, eine Reiseapotheke, wetterfeste Kleidung und eine leichte, aber gute Zeltausrüstung, da Wettereinbrüche mitunter zum Notlager zwingen oder die Distanzen von Hütte zu Hütte zu groß sind. Ein vorheriges Konditionstraining ist sinnvoll. Der Radfahrer kann davon ausgehen, daß er in Notfällen (Pannen, Krankheit) und bei der Überquerung tieferer Flüsse von Überlandbussen und Landrovern mitgenommen wird.

Wandern

Der Landschaft Islands angemessen ist das Wandern. Denn Wanderer brauchen keine guten Straßen, sondern nur solides Schuhwerk und wetterfeste Kleidung. Wer in diesem Land auf Schusters Rappen unterwegs ist, dem erschließt sich eine neue Dimension von Landschaft. In allen Routenbeschreibungen wird auf kürzere Wanderungen aufmerksam gemacht. Wer sich allerdings ganz auf's Wandern verlegt und Landschaften oder gar Island von Ost nach West oder Nord nach Süd ausschließlich mit dem Rucksack erkunden will, der sollte sich sachkundiger Führung anvertrauen oder die Wanderung sehr genau planen. Denn mangelhafte Vorbereitung und Unkenntnis können in den Einöden, z.B. bei Wetterstürzen oder Krankheiten und Verletzungen, gefährlich werden. Im Kapitel »Wandern auf Island« (S. 299) findet der Wanderer darum eine ganz spezielle Zusammenstellung aller notwendigen Informationen, die zur Vorbereitung eines solchen Vorhabens sowie zur Auswahl der Ausrüstung notwendig sind. Dazu Hinweise über Landschaften, Gelände und natürlich empfehlenswerte Wandergebiete.

Die Hauptstadt Reykjavik

Lage und Geschichte

Wenige Minuten nördlich des 64. Breitengrades (64° 09'N – 21° 56'W) auf der flachen Halbinsel Seltjarnarnes im Faxaflói gelegen, ist Reykjavik die nördlichste Hauptstadt der Welt. Dies merkt man der aufstrebenden Metropole jedoch nicht an. Klimatisch nicht, denn Reykjavik liegt auf der Insel, die ohnehin noch die Nähe des Golfstromes spürt, in günstiger Position. Mit 4,7°C mittlerer Jahrestemperatur, aufs 20. Jh. bezogen, bzw. 4,3°C im Zeitraum von 1970–80 und rd. 10,5°C Durchschnittstemperatur in den Sommermonaten Juli/August wird die Hauptstadt, was das milde Klima betrifft, nur von Vík im südlichen Mýrdal leicht übertroffen. Auch im Vergleich zum europäischen Festland schneidet Reykjavik nicht schlecht ab. Die Temperaturen klettern im Sommer nicht so hoch wie in den kontinentaleuropäischen Städten, sinken im Winter aber auch kaum unter den Gefrierpunkt. Die mittlere Spanne zwischen den jahreszeitlichen Extremwerten ist also gering, der Einfluß des Golfstromes deutlich erkennbar. Die tiefste gemessene Temperatur zwischen 1970 und 1980 betrug in Reykjavik –19,7°C (30.01.71), die höchste +24,3°C (09.07.76). Auch die Niederschläge halten sich in Grenzen. Zwar regnet es in Reykjavik oft, aber selten lang anhaltend, denn der Wind treibt die Wetterwolken schnell weiter. Meist nur kurz friert der Tjörnin im Zentrum der Stadt zu, der Schnee schmilzt schnell, und schon Mitte März bevölkern die sonnenhungrigen Bewohner die Steinstufen am See, Schwäne und Enten fütternd.

Aber auch das geistige Klima, die kulturelle, politische und wirtschaftliche Aktivität läßt die Nähe des Polarkreises leicht vergessen. Die Bevölkerungs- und Bauexplosion hat in den letzten fünfzig Jahren aus dem Fischerdorf ein Zentrum des isländischen Gemeinwesens erwachsen lassen, das den Anschluß an kontinentaleuropäische Verhältnisse gefunden hat. Natürlich muß man vor falschen Vergleichen warnen. Die 1100jährige Geschichte Reykjaviks ist die Geschichte eines

Rechts: Der Wikinger Ingólfur Arnarson, Statue von Einar Jónsson

Fischerdorfes, das auch nach der Verleihung des Stadtrechts im Jahre 1786 mit damals nur 300 Einwohnern (das bedeutete weniger als 1% der Gesamtbevölkerung) noch lange Zeit ein Dorf blieb. Auf Stichen aus dem vorigen Jahrhundert kann man die Häuser, die die kleine lutherische Domkirche umstanden, ohne Mühe zählen. Heute leben in der Landeshauptstadt rd. 90 000 Einwohner, im Großraum Reykjaviks sogar weit über 120 000 Menschen, d.h. fast 55% der Gesamtbevölkerung Islands. Eine Stadt, deren Einwohnerzahl sich in wenigen Jahrzehnten derart sprunghaft erhöhte, weist nicht jene historisch gewachsenen Tradition und Entwicklung auf, die anderen europäischen Städten wie etwa Stockholm oder Kopenhagen, Profil verleihen. Dennoch, was aus Reykjavik heute geworden ist und was bei anhaltendem Wachstum daraus zu werden beginnt, ist eine Stadt modernen großstädtischen Zuschnitts, die, während sich die Skyline in den östlichen Außenbezirken schon zu hochgebauten Trabantenstädten mit eigenem »Neuen Zentrum« erhebt, im alten Stadtkern, zwischen Tjörnin und nördlichem Hafen, ihren unverwechselbaren und intimen Charakter bewahrt hat. Da gibt es menschenfreundliche Fußgängerpassagen, in denen zugleich moderne Geschäfte und Einkaufszentren angesiedelt sind, die fast alle Bedürfnisse, auch eines verwöhnten Touristen, befriedigen. Die Konzentration wichtiger Funktionen eines Gemeinwesens wie z.B. Einkauf, Post, Behörden usw. auf kleinem Raum innerhalb etwa eines Quadratkilometers, Bibliotheken, Universität, Museen, Nationaltheater eingeschlossen, ließ ein kulturell anregendes Milieu erwachsen, das aus Reykjavik eine liebenswerte Metropole macht, in der man leben kann.

Die Geschichte Reykjaviks soll hier nur kurz erzählt werden. Sie datiert nach der offiziellen Rechnung seit dem Jahre 874, als der erste Dauersiedler und Namensgeber seinen Hof an der Stelle gründete, wo heute Reykjavik steht: Ingólfur Arnarson. Dem Willen der Götter, heißt es, überließ er die Lagebestimmung seines Siedlungsplatzes: Wo die Pfosten seines Hochsitzes, den er ins Meer stürzte, angestrandet würden, sollte sein Hof stehen. Er hielt Wort und nannte den vorbestimmten Platz »Reykjavik« (Rauchbucht). Offenbar war der Ort damals noch von vulkanischen Aktivitäten gezeichnet.

Das Leben der nachfolgenden Geschlechter liegt weitgehend im Dunkeln. Ingólfurs Hof scheint lange Zeit der einzige in der Umgebung gewesen zu sein, er selbst und seine Söhne und Enkel spielten im isländi-

schen Gemeinwesen führende Rollen, danach verliert sich die Spur. Man lebte von den Erträgen einer kärglichen Vieh- und Bodenwirtschaft, später auch vom Fischfang. Sehr viel später begann der Handel; Engländer und hamburgische sowie Bremer Hanseaten stritten um die Handelsmonopole. Im 16. Jh. hatte die Hanse offenbar eine bedeutende Stellung errungen: Die Isländer lieferten Fische, Wolle, Häute und Pelze im Austausch gegen lebenswichtige Produkte aus Deutschland. Die dänischen Könige des 16./17. Jh. bekämpften die hanseatische Vormachtstellung Zug um Zug und letztlich mit Erfolg. Reykjavik wurde Krongut des dänischen Königs. Dänische Handelsmonopole vertrieben die deutschen und englischen Kaufleute. Erst nach langen schmerzlichen Versuchen, Reykjavik größere Selbständigkeit und Stabilität zu sichern, Versuche, bei denen sich der isländische Amtmann Skúli Magnússon große Verdienste erwarb, gelang der historisch bedeutsame Durchbruch: Nach der Vulkan-Katastrophe an der Laki-Spalte (1783/85) gewährte der König dem Ort 1786 das königliche Stadt- und Handelsrecht und lockerte die wirtschaftlichen Restriktionen. Die nun folgenden Entwicklungen machten Reykjavik bald zum wirtschaftlichen und kulturellen Zentrum. Dies spiegelte sich auch im Bevölkerungswachstum wider. Zählte die Stadt 1850 ca. 1150 Einwohner (d.h. 1,9% der Gesamtbevölkerung), so waren es schon 1900 rd. 5800 (7,6%), 1920 dann 17 700 Einwohner (18,7%). In den nächsten 20 Jahren wuchs die Zahl der Einwohner um das Doppelte auf 38 200 (31,4%) und bis 1960 noch einmal außergewöhnlich rasch auf 72 400 Einwohner (40,8%) an. Heute leben hier rd. 90 000 Menschen (rd. 40%).
Dieser Anstieg, besonders in Relation zur Gesamtbevölkerung, verweist u.a. auf das Phänomen der Landflucht. Immer mehr Isländer verlassen ihre Höfe und versuchen, in der Stadt Fuß zu fassen und deren Annehmlichkeiten durch Preisgabe der Heimat zu erkaufen. Erst neuerdings zeigt sich eine gegenteilige Entwicklung: Städter ziehen, des hektischen Getriebes müde, wieder aufs Land oder erwerben in der Einöde zumindest einen Wochenendsitz. Dies kann aber über die weiterhin bestehenden strukturellen Probleme der Besiedelungsumschichtung nicht hinwegtäuschen.
Für Touristen wird Reykjavik in der Regel eher Durchgangsstation sein. Man besucht Island nicht, um Reykjavik zu sehen, sondern der Landschaft wegen. Dennoch ist die Stützpunkt-Funktion der Hauptstadt auch für den Reisenden nicht zu unterschätzen, sei es, daß vor der

Stadtansicht von Reykjavik (19. Jh.)

großen Expedition ins Landesinnere noch einmal die Vorräte nachgefüllt oder sei es, daß bei der Rückkehr gewisse zivilisatorische Bedürfnisse befriedigt werden. Reykjavik, das bedeutet: Restaurants und gute Küche zur Auswahl, Shopping, ein Arztbesuch, Geldwechsel und ein Telegramm nach Hause, Erholung in den aus thermischen Quellen gespeisten Schwimmbädern oder den schwefligen Dampfsaunen. Auch ein Rundgang durch das Stadtzentrum oder das neue Einkaufszentrum und der Besuch der Museen und Galerien sind durchaus lohnend.

Stadtrundgang

Wir beginnen unseren Rundgang am **Parlamentsgebäude** (Althingíshúsíd, 1). 1845 war der Sitz des Parlaments von Thingvellir nach Reykjavik verlegt worden, aber erst 1881 wurde das aus dunklem Stein gebaute Gebäude auf diesem Platz, am Austurvöllur (Ostplatz) errichtet. Seitdem tagen die Abgeordneten des Althingi hier; vom Balkon des Gebäudes hielt die Präsidentin Finnbogadóttir 1980 ihre Ansprache zum Amtsantritt. Im Angesicht des Parlamentsgebäudes steht das **Jón-Sigurdsson-Denkmal** (2). Es erinnert an den Politiker und Freiheitskämpfer (1811–79), der in lebenslangem Kampf die isländische Unabhängigkeitsbewegung schuf und deren Haupt- und Symbolfigur wurde (S. 64).

Die kleine Kirche mit dem Glockenturm neben dem Parlamentsgebäude ist die lutherische **Domkirche** (Dómkirkjan, 3). Sie wurde 1796 errichtet. Bertel Thorwaldsen, der berühmte dänische Bildhauer (1770–1844), schuf das Taufbecken. (Geöffnet: täglich 10–17 Uhr, ein Tag Mitte der Woche geschloss., Gottesdienst: sonntags vormittags) Im Westen des Austurvöllur befinden sich **Telefon- und Telegraphenamt** (Landssímahúsid, 4), im Osten das Hotel Borg und im Norden das Hotel Ódal, eine Buchhandlung und andere Geschäftshäuser.
Wir folgen nun der Pósthússtræti, 50 m in nördlicher Richtung erreicht man die belebte Geschäftsstraße Austurstræti mit der **Hauptpost** (5), den Reisebüros Útsýn und Úlfar Jakobsen, der Nationalbank, dem Restaurant Nautid sowie Cafés und Geschäftshäusern. Wir folgen ihr nach rechts bis zur breiten Lækjargata und weiter links zum Lækjartorg, wo wir vor uns, von Grünanlagen umgeben, das **Regierungsgebäude** (Stjórnarrádshúsid, 6) sehen. In diesem schönen, aber fast unscheinbaren Gebäude haben der Ministerpräsident sowie das Außenministerium ihren Sitz. Die Statuen vor dem Gebäude, von Einar Jónsson geschaffen, zeigen Christian IX. (links) und den ersten isländischen

Blick von der Hallgrímskirche auf den Hafen von Reykjavik

Minister Hannes Hafstein (rechts). Nördlich am Regierungsgebäude vorbei gelangt man zum **Arnarhóll** (7), dem ebenfalls von Einar Jónsson stammenden, aber auf einem Hügel (=holl) stehenden und auf den Hafen hinüberschauenden Standbild von Ingólfur Arnarson, den ersten Siedler Islands, Begründer und Namensgeber von Reykjavik. Gleich dahinter, über die Hverfisgata zu erreichen, befindet sich die **Nationalbibliothek** (Landsbókasafn, 8). Sie beherbergt das Staatsarchiv mit der Sammlung eines großen Teils der isländischen Literatur, nicht jedoch die Handschriften, die in der Universität untergebracht sind (S. 168). Der Zutritt, auch zu den Leseräumen, ist jederzeit möglich (Geöffnet: Mo–Fr 9–19 Uhr).
Der Nationalbibliothek benachbart ist das **Nationaltheater** (Thlódleikhúsid, 9). Das ungewöhnliche, schwarze, quaderartige Gebäude, 1923 begonnen und 1950 fertiggestellt, verkörpert in seiner Basaltstruktur ein Stück Island. Das Gebäude ist technisch für Repertoires, vom Schauspiel über die Operette bis zur großen Oper, ausgerüstet. Zum Ensemble gehören namhafte isländische Schauspieler und Sänger, die fast alle im Ausland ausgebildet wurden. Der Erbauer des Gebäudes war Gudjón Samúelsson, nach dessen Entwürfen auch die Universität und die Hallgrímskirche entstanden.
Vom Nationaltheater aus biegen wir in die gegenüber einmündende schmale Gasse Smidjustígur ein, kreuzen die Geschäftsstraße Laugavegur und gelangen in den zum Laugavegur in spitzem Winkel verlaufenden Skólavördustígur, der bergan zur **Hallgrimskirche** (Hallgrímskirkja) führt (10). Dieser eigenwillige, 1945 begonnene, aber erst 1986 fertiggestellte Betonbau, weithin über die Stadt sichtbar und lange schon Wahrzeichen Reykjaviks, wurde zum ehrenden Andenken an den Kirchenlieddichter Hallgrímur Péttursson erbaut. Vom 75 m hohen Turm aus, in dessen Spitze man mit einem Aufzug gelangen kann, hat man einen überwältigenden Rundblick über Reykjavik weit hinaus aufs Meer. Vor dem Turmeingang steht die kraftvolle Statue von Leifur Eiríksson, dem Entdecker Amerikas. Die Figur, von Stirling Calder geschaffen, wurde 1930 vom amerikanischen Volk gestiftet.
Der weitere Weg führt über die Njardargata in westlicher Richtung wieder abwärts, vorbei am **Einar-Jónsson-Museum** (Listasafn Einars Jónssonar, 11), das linkerhand in der Eiríksgata liegt und eine Sammlung von Werken des bekannten Bildhauers (1874– 1954) beherbergt. In den Sommermonaten von 13.30–16 Uhr täglich geöffnet.

Althíngíshúsíd, das Parlamentsgebäude in Reykjavik aus dem Jahr 1881

Nur vier Querstraßen weiter unten, in der Bergstadastræti Nr. 74, kann man in der **Ásgrímur-Jónsson-Galerie** (Ásgrímssafn, 12) Werke des gleichnamigen bedeutenden Malers (1876–1956) besichtigen, der in diesem Hause lebte und arbeitete. Geöffnet: Juni–August, täglich außer Samstag 13.30–16 Uhr; in den übrigen Monaten Di, Do, So 13.30–16 Uhr.

Sodann geht es wieder zurück zur Njardargata, in die man nach links, also bergab einbiegt. An der nächsten Ecke folgt man nach rechts dem Laufásvegur. Der Weg führt an der **Jugendherberge** (13), Laufásvegur Nr. 41, vorbei. Am Skothúsvegur hält man sich erneut links, umrundet den See Tjörnin und erreicht jenseits der breiten Hauptstraße Hringbraut, die sich hier mit der Sudurgata kreuzt, das **Nationalmuseum** (Thjódminjasafnid, 14). Es birgt zahlreiche Zeugnisse isländischer Kulturgeschichte: Funde aus der Wikingerzeit, ein Schiffahrtsmuseum mit werkgetreuen Nachbildungen alter und neuer Schiffstypen, wertvolle Bootsoriginale, z.B. ein aus Viehhaut gebautes Kanu, Werkzeuge, Reiter- und Landmännerutensilien, Gemälde und Lithographien aus dem frühen Island. Ferner: Möbel, Trachten, Schmuck, Schmiedekunst, Kirchenkunst wie z.B. geschnitzte Kanzeln, Madonnen und

Kruzifixe, Webarbeiten, Spiele, Uhren und vieles andere. Geöffnet: Di, Do, So 13.30–16 Uhr.

Dem Museum benachbart liegt das **Hotel Gardur** (15), ein Studentenwohnheim, das nur in den Sommermonaten als Hotel dient. Dahinter erstreckt sich das Gebäude der **Universität** (Háskólinn, 16). Auf ihrem Vorplatz reitet Sæmundur auf einer Robbe (Sæmundur á selnum), eine Plastik von Ásmundur Sveinsson, die den weisen Sæmundur Sigfússon (1056–1133) darstellt, der im südisländischen **Oddi** eine der ersten Schulen gegründet hat. Das Hauptgebäude der 1911 gegründeten Universität wurde 1940 bezogen. Es beherbergt die theologische und philosophische Fakultät. Südlich daneben liegt die juristische Fakultät mit der Mensa und noch weiter südlich steht das Gebäude, in dem seit 1971 der **Arnagardur** (17), die Aufbewahrungs- und Erforschungsstätte der alten isländischen Handschriften, untergebracht ist (S. 103). Eine Sport- und Konzerthalle ergänzen die Anlage.

Nun führt uns ein Abstecher zum **Nordischen Haus** (Norræna Húsid, 18), einem modernen Bau des finnischen Architekten Alvar Aalto (1968). Es soll als nordisches Kulturzentrum und Stätte der Begegnung den kulturellen Austausch zwischen den skandinavischen Völkern fördern. Kernstück ist die Bibliothek, die insbesondere schwedische, norwegische und finnische, aber auch isländische Literaturen sowie geographisch-historische Dokumentationen skandinavischer Kultur in Freihand-Leseabteilungen zu jedermanns Verfügung hält. Leseräume, Ausstellungswände, Konzert- und Vortragsraum sowie ein Café runden dieses Zentrum ab. Freier Eintritt, geöffnet: Mo–Fr 14–19 Uhr, Sa/So 14–17 Uhr.

Von hier aus treten wir entweder den Rückweg zum Stadtkern über die Hringbraut (nordwestlich) und die Hofsvallagata an oder erweitern den Rundgang um eine bei schönem Wetter lohnende zwanzigminütige Strandpromenade entlang der Ægisida am südwestlichen Skerjafjördur. Im ersten Fall führt der Weg durch das Universitätsgelände zum **Hagatorg-Platz** (19) mit Universitätskino, Hotel Saga (u.a. Büros von Icelandair/Aussichtspunkt) und Neskirkja (moderne Kirchenarchitektur); dann weiter über Birkimelur, Hringbraut, Hofsvallagata. Im anderen Fall wenden wir uns westlich und erreichen über Sudurgata-Lynghagi die breite Strandstraße, der man in nordwestlicher Richtung folgt, bis auch auf diesem Wege die Hofsvallagata erreicht wird, in die man nach rechts, stadtwärts, einbiegt. Linker Hand liegt nach ca. 150 m das

Stadtzentrum von Reykjavik

Freibad West (Sundlaug Vesturbæjar, 20), das mit natürlichem Heißwasser beheizt wird. Die Wandmalereien der Eingangshalle stammen von Barbara Arnason.

Nächstes Ziel ist die **Kristkirkja** (21), die römisch-katholische Kirche am Landakot, westlich des Stadtzentrums, in der Túngata auf einem Hügel gelegen. Zum katholischen Landakot-Komplex gehören u.a. eine Schule (1909) und ein Krankenhaus (1927) gegenüber der Kirche. 1927 erfolgte die Grundsteinlegung, 1929 wurde die Kirche eingeweiht: ein Symbol religiöser Versöhnung und Toleranz nach Jahrhunderten der Unterdrückung des Katholizismus auf Island. Ca. 1% der Bevölkerung gehören heute dem katholischen Glauben an. Im Inneren der Kirche sind besonders beachtenswert: die wertvolle, aus Zedernholz geschnitzte Christusstatue des spanischen Künstlers Campanya aus Barcelona (20. Jh.) – ein Original, von dem es keinen Abguß gibt – und ein aus Nußholz geschnitztes Relief aus Bozen in Süd-Tirol, Maria mit dem Jesusknaben darstellend, schwebend auf Wolken über der Peterskirche in Rom. Beides sind Geschenke von Papst Pius XI., der auf dem Relief in anbetend-kniender Haltung abgebildet ist. Gottesdienste: werktags 8 Uhr, So 10 oder 14 Uhr.

Über die Túngata geht es danach zurück zum Stadtkern, vorbei am Gebäude der **Heilsarmee** (22) an der Ecke Sudurgata, und links in die Adalstræti hinein. Hier versucht man in archäologischen Grabungen Spuren des ersten Siedler Ingólfur zu finden. Das Haus Nr. 10 ist wahrscheinlich das älteste erhaltene Gebäude Reykjaviks (1730). Wenn man am Ende der Adalstræti rechts in die Hafnarstræti einbiegt, erreicht man an der ersten Querstraße links (Nr. 3) das **Haus der isländischen Volkskunst** (Íslenzkur Heimilisidnadur, 23). Strick- und Silberarbeiten, Schnitzereien und Keramiken können hier bewundert und gekauft werden, nachmittags (14–16 Uhr) kann man sogar beim Spinnen und Weben zuschauen. Auch dieses Haus ist eines der ältesten erhaltenen der Stadt (Mitte des 18. Jh.s).

Wer noch einen Blick auf die Hafenanlage werfen will, folge der am Haus der Volkskunst abzweigenden Nebenstraße Naustin, die geradewegs zum Hafen und zum mittleren **Hafenbecken** (24) führt, in dem Passagierschiffe und Frachter anlegen. Hier steht auch das in den dreißiger Jahren errichtete Hafengebäude (Hafnarhúsid), von dessen Dach aus man einen guten Überblick über den Hafen hat, daneben das 1970 fertiggestellte Zollgebäude. Im nordöstlichen Teilhafen ankern die Küstenwachboote und Trawler, im westlichen Becken die Flotte der Schifferboote. Die frühere Insel Örfirisey wurde durch Aufschüttung ins Hafengelände einbezogen. Einige Kilometer weiter östlich entstand inzwischen der moderne Industriehafen Sundahöfn, der von den großen Schiffen angelaufen wird.

Der Rückweg erfolgt über die Pósthússtræti, und am Tjörnin endet der Rundgang. Dort kann man sich beim Beobachten und Füttern der Enten und Schwäne erholen. Wenige Meter entfernt, am Kopfende des Sees, befindet sich das kleine **Ídnó-Schauspielhaus** (25), in dem Aufführungen nur in der Wintersaison stattfinden. Dieses alte »Handwerkerhaus«, von der Theatergruppe vor 90 Jahren als Provisorium bezo-

Die Fontäne im Tjörnin-See in Reykjavik

gen, wird 1988/89 aufgegeben. Man zieht dann um in das neue, im neuen Stadtzentrum Kringlan (Kringglumýrardraut-Straße) gelegene große Haus, das mit zwei modernen Bühnenräumen für 570 und für 250 Zuschauer ausgestattet sein wird. Am östlichen Ufer des Sees liegt die **Freikirche** (Fríkirkja, 26), in der die Glaubensgemeinde der Freien Lutheraner ihre Gottesdienste abhält.

Weitere markante Punkte der Stadt

Das Flughafengelände mit **Reykjavik Excursions** (27), **Hotel Loftleidir** (28), **Autoverleih Loftleidir** (29), staatlichem **Touristenbüro** (30) und **Fernbus-Bahnhof** (31) ist vom Zentrum aus zu Fuß oder aber mit dem Stadtbus oder Taxi leicht zu erreichen. Ebenso das **Hallenbad** (32) im Barónstigur; das **Naturgeschichtliche Museum** (Náttúrugripasafnid, 33) am Hlemmtorg-Platz mit seiner Mineralien- und Vogelsammlung (Öffnungszeiten über Tel.: 1 54 87); und die für Kunstliebhaber interessante **Kjarval-Kunstgalerie** (Kjarvalsstadir, 34), in der eine Reihe wichtiger Originale des bedeutenden Künstlers, Jóhannes Sveinsson Kjarval, hängen.
Auf dem Hügel **Öskjuhlid** (35), am östlichen Ende des Flughafens, ste-

hen die Heißwasserspeicher, die Reykjavik mit Energie versorgen. Von hier hat man zugleich einen guten Überblick über die Stadt. Weiter im Osten und mit den Stadtbussen zu erreichen: das **Freibad Ost** (Sundlaug Reykjavikur 36) in Laugardalur, das größte seiner Art in Island. Die Wassertemperatur beträgt sommers wie winters 30°C, die der 4 hot pots rd. 36–44°C. Eine Sauna gibt es selbstverständlich auch. Unmittelbar benachbart: der Campingplatz von Reykjavik. Wenige hundert Meter südlich, über den Reykjavegur zu erreichen, befindet sich die große **Sport- und Ausstellungshalle** (Laugardalshöll, 37) und die **Ásmundur-Sveinsson-Galerie** (Ásmundargardur, 38). Das Atelierhaus und der Garten des wohl bedeutendsten zeitgenössischen Bildhauers gleichen Namens bergen einen wichtigen Teil seines Skulpturen-Werkes.

Blick auf die Altstadt von Reykjavik und die Hallgrimskirche

Reykjavik von A bis Z

Apotheke
Eine für den Besucher wichtige Apotheke, die auch nachts Dienst hat, befindet sich im Haus Storholt 1, Tel. 2 32 45.

Auskunft
Touristbüro (Iceland Touring Board), Laugarvegur 3, Tel. 2 74 88; Informationshäuschen: Fußgängerzone Lækjatorg, Tel. 1 79 90

Autoverleih
Bílaleigan Áfangi, Skeifan 5, Tel. 3 72 26
Bílaleiga Akureyrar, Skeifan 9, Tel. 8 69 15
Bílaleigan A.G., Tangarhöfda 8-12, Tel. 8 55 04
Bílaleigan AS, Reykjanesbraut 12, Tel. 2 90 90
Bílaleigan Braut, Skeifan 11, Tel. 3 37 61
Bílaleigan Geysir, Borgatún 24, Tel. 1 10 15
Bílaleiga Húsavíkur, Bildshöfda 14, Tel. 3 92 44
Bílaleiga Loftleida, Flughafen, Tel. 2 11 90
Bílaleigan Vík, Grensásvegur 11, Tel. 3 76 88
Skoda Leigan, Kópavogur, Audbrekka 44, Tel. 4 26 00

Banken
Die beiden größten Banken sind die Nationalbank (Landsbanki Íslands) und die Fischereibank (Útvegsbanki Íslands) in der Austurstræti Nr. 11 bzw. 19. Daneben gibt es eine Reihe weiterer Banken, wie die Industriebank, die Handelsbank oder die Sparkasse.

Biliotheken
Nationalbibliothek (Landsbókasafn), Hverfisgata, Stadtzentrum
Universitätsbibliothek /Háskólasafnid), auf dem Universitäts-Gelände
Nordisches Haus (Norræna húsid), auf dem Universitäts-Gelände
Stadtbibliothek (Borgarbókasafn), Thingholtsstræti 28 A
Amerikanische Bibliothek, Nesvegur 16 (hauptsächlich englisch-sprachiger Bestand)

Buchhandlungen
Island unterhält zu Deutschland lebhafte kulturelle Beziehungen und in den Gymnasien ist Deutsch ein (fakultativ zu wählendes) Lehrfach. So ist es nicht verwunderlich, daß viele Buchhandlungen auch deutsche Bücher führen.

Ordabokautgafan (Steinar's Bookshop), im Zentrum. Im Sortiment vorhanden: Berlitz, Hallwag, Autobooks
Land OG Saga HF., Laufásvegur 2. Spezialgebiet: Deutsche Bücher
Snæbjoern Jonsson & Co HF., im Zentrum. Deutsche Abteilung
Bokabuth Mals OG Menningar, Laugaveji 18. Deutsche Abteilung
Bokaverzlun Sigfusar Eymundssonar, Austurstræti 18. Deutsche Abteilung
Bokabuth Braga, Laugavegur 118. Ausländische Zeitungen und Zeitschriften, skandinavische und fremdsprachige Bücher
Boksala Studenta (The University Bookstore), Universität. Deutsche Abteilung
Innkaupasamband Boksala HF., Sundaborg 9. Deutsche Bücher auf Lager

Busse
Busse sind die einzigen öffentlichen Verkehrsmittel in Reykjavik. Die 15 Linien, betrieben von der städtischen Busgesellschaft Strætisvagnar, verkehren im gesamten Stadtgebiet, einschließlich der Vorstädte im Osten und der Halbinsel Seltjarnarnes, in zeitlich kurzen Abständen von etwa 7 Uhr früh bis Mitternacht, an Wochenenden und auf manchen Linien noch länger. Eingeschränkter Verkehr besteht an Feiertagen, wie z.B. Weihnachten, Neujahr, Ostersonntag. Die Entfernungen zwischen den Haltestellen sind gering. Man zahlt einen Einheitspreis, der jede Streckenlänge und auch das Umsteigen (zeitliche Terminierung!) einschließt. Knotenpunkte: Lækjatorg-Platz im Zentrum und Hlemmtorg-Platz im Ost-Teil Reykjaviks. Eine handliche Linienkarte (Leidakerfi) mit farbigen Routenverläufen erhält man kostenlos in Buchhandlungen und an Kiosken.

Campingplatz
Sundlaugavegur. Klein und für längere Aufenthalte wenig geeignet; aber attraktiv durch die unmittelbare Nachbarschaft zum östlichen Freibad und zur Sauna. Mit der Buslinie 5 zu erreichen. Geöffnet: vom 30. Mai bis 30. August

Diskotheken/Tanz
Hinweis unter »Restaurants«

Flüge
Islands internationaler Flughafen ist Keflavík, 51 km von Reykjavik entfernt; der Autobus-Zubringer hält am Luftleidir-Air-Terminal, Flughafen Reykjavik. Flugbuchungen in allen Reisebüros und am Flughafen.
Inlandflüge starten vom Flughafen Reykjavik – im Linien- und Charterverkehr – täglich bzw. mehrmals wöchentlich in alle Teile des Landes.
Nachbarschaftsflüge gibt es zu den Faröer-Inseln (einmal wöchentlich) und nach Grönland (nur im Sommer).
Rundflüge werden von Reykjavik aus zu vielen sehenswerten Zielen durchgeführt. (Adressen der Fluggesellschaften S. 328)

Hotels

Die aufgeführten Hotels gehören teils der Luxusklasse an (mit Schwimmbad, Sauna, Konferenzsälen usw.), teils der preiswerteren Mittelklasse; oder sie bieten einfache Unterkünfte wie die Gästeheime oder das Haus der Heilsarmee.

Erstklassige Hotels
Hotel Esja, Sudurlandsbraut 2, Tel. 8 22 00
Hotel Holt, Bergstadastræti 37, Tel. 2 57 00
Hotel Loftleidir, Flughafen Reykjavik, Tel. 2 23 22
Hotel Saga, Hagatorg 1, Tel. 2 99 00

Gute Hotels
Hotel Borg, Pósthússtræti 11, Tel. 1 14 40
Hotel City, Ránargata 4 A, Tel. 1 86 50
Hotel Hekla, Raudarárstig 18, Tel. 2 88 66
Hotel Gardur, Hringbraut (Studentenheim der Universität, nur im Sommer geöffnet) Tel. 1 56 56

Einfache Hotels
Gistiheimilid, Snorrabraut 52, Tel. 1 62 55
Gistihúsid, Brautarholti 22, Tel. 2 09 86
Víkingur Gistiheimilid, Ránargata 12, (Übernachtung mit Frühstück), Tel. 1 93 67

Heilsarmee (Hjálprædisherinn), Kirkjustræti 2, Tel. 1 32 03

Information

Die Informationsabteilung im Außenministerium (Utanríkisráduneytid) im Regierungsgebäude am Lækjatorg-Platz gibt offizielle Informationen über Island heraus.
Im Volkszählungsbüro (Manntalsskriftofan), Pósthússtræti 9, sind Auskünfte über Namen und Adressen zu erhalten
Das Statistische Landesamt Island (Hagstofa Íslands), Althýduhús, Hverfisgata 8–10 ist für statistische Informationen, Schriften und Jahrbücher über Reykjavik und ganz Island zuständig
Der Nationale Forschungsrat (Rannsóknarád), Laugavegur 105, erteilt die Genehmigungen für Ausländer, die auf Island wissenschaftlich forschen wollen

Jugendherberge

Die Jugendherberge von Reykjavik liegt in der Laufásvegi 41, im Herzen der Stadt (Tel. 2 49 50). Sie verfügt über 63 Betten, eine Gemeinschaftsküche, fließend kaltes und warmes Wasser. Museen, Schwimmbäder, Tjörnin sind von ihr per Fußweg in 5 Minuten zu erreichen. Eine zweite, größere Jugendherberge gibt es seit 1987 im Langardalur, unweit des Schwimmbads.

Kinos
Reykjavik hat, Kópavogur eingerechnet, ein knappes Dutzend technisch gut ausgestatteter Kinos, in denen zumeist ausländische Filme in Originalsprache, teils mit isländischen Untertiteln, gespielt werden.

Im engeren Stadtgebiet
Gamla Bíó, Ingólfsstræti (Zentrum)
Nýja Bíó, Austurstræti (Zentrum)
Háskólabió, Hagatorg-Platz (Universitätsgelände)

Im Osten der Stadt
Bíó Austurbæjarbió, Snorrabraut 37
Bíó Laugarásbió, Laugarás
Bíó Störnubió, Laugarvegur 94
Bíó Tónabió, Skipholti 33

Medizinische Dienste
Stadtkrankenhaus (Borgarspítalinn) mit Erste-Hilfe- und Unfallstation (Slysavardstofan), in der Vorstadt Vossvogur, Tel. 8 12 00
Landeskrankenhaus (Landspítalinn, Hringbraut, Nähe Busbahnhof
Katholisches Krankenhaus (Landakot), Túngata, Nähe Stadtzentrum
Der diensthabende Arzt ist zu erreichen unter Tel. 11 51 10 (tags), 2 12 30 (sonntags und nachts)

Krankenwagen
Der Krankenwagen kann bestellt werden unter Tel. 1 11 00

Zahnärztlicher Notdienst
Den zahnärztlichen Notdienst kann man samstags und sonntags von 17–18 Uhr in Anspruch nehmen. Er befindet sich in der Barónsstigur 47, Tel. 22 24 11

Post/Telefon und Telegraphenamt
Das Hauptpostamt befindet sich im Stadtzentrum in der Pósthússtræti 5/Austurstræti; Telefon- und Telegraphenamt liegen an der Westseite des Austurvöllur-Platzes. Hier werden Telegramme und Telefongespräche ins In- und Ausland vermittelt. Vorwahlnummern (isländisch svœdisnúmer) S. 323

Reisebüros und Reiseunternehmen
Staatliches Isländisches Reisebüro (Ferdaskriftstofa ríkisins), Reykjanesbraut 6, Tel. 2 58 55
Reisebüro Úrval, Pósthússtræti 2, Tel. 2 69 00
Reisebüro Útsýn, Austurstræti 17, Tel. 2 35 10
Samvinn Travel, Austurstræti 12, Tel. 2 70 77
Reisebüro Úlfar Jacobsen, Austurstræti 9, Tel. 1 34 99 (Camping- und Safari-Touren durch das zentrale Hochland)

Reiseunternehmen
Arena Campingtours, Havassaleyti 26
Ferdafélag Íslands, Öldugata 3
Gudmundur Jónasson, Lækjarteigur 4

Restaurants/Cafés/Tanz
Erstklassige und gute Restaurants
(mit Alkohol-Lizenz)
Arnarhóll, Hverfisgötu 8–10, Altstadt (Luxusrestaurant, erstklassige internationale Küche)
Hotel Borg, Austurvöllur, Altstadt
Hotel Esja, Sudurlandsbraut 2, Ost-Stadt (Penthouse-Bar)
Hotel Holt, Bergstadastræti 37, Altstadt (Spezialitäten-Restaurant)
Hotel Loftleidir, Reykjavik Flughafen
Hotel Saga, Hagatorg 7, West-Stadt (Grillroom)
Glæsibær, Álfheimar 74, Ost-Stadt
Klúbburinn, Borgartún, Ost-Stadt
Naustid, Vesturgata 6 (Spezialitäten-Restaurant)
Ódal, Austurvöllur, Altstadt (Steak-House-Restaurant)
Theaterkeller (Thjódleikhúskjallarinn), Hverfisgata 19

Einfache Restaurants und Schnellgaststätten
(in der Regel ohne oder mit eingeschränkter Alkohol-Lizenz) Askur, Laugavegur 28, Altstadt und Sudurlandsbraut 14, West-Stadt (Lamm- und Fischspezialitäten)
Esjuberg Cafeteria, Hotel Esja, Sudurlandsbraut 2, Ost-Stadt
Fjarkinn, Austurstræti 4, Altstadt
Hornid, Hafnarstræti 15, Altstadt (Pizza-Restaurant)
Hressingarskálinn, Austurstræti 20, Altstadt
Kaffiterían Glæsibær, Álfheimar 74
Kaffivagninn, Grandagardur, Fischerhafen (Fisch-Restaurant)
Kirnan, Laugavegur 22, Altstadt
Kokk-Húsid, Lækjargata 8, Altstadt
Lauga-Ás, Laugarásvegur 1, Nähe Campingplatz
Matstofa Austurbæjar, Laugavegur 116, Ost-Stadt
Mikligardur, Kjarvalsstadir
Mokkacafé, Skólavördustigur 3
Múlakaffi, Hallarmúli
Nessý, Austurstræti 1, Altstadt
NFLI, Laugavegur 20 B, Altstadt (Vegetarisches Restaurant)
Norræna Húsid, Hringbraut, Nähe Universität
Rán, Skólavördustigur 12 (Französische Küche, isländische Fischspezialitäten)
Sælkerinn, Austurstræti 12 a
Sigtún, Sudurlandsbraut 26, Ost-Stadt
Skrínan, Skólavördustigur 12, Altstadt

Stúdenta-Kjallarinn, Studentenheim/Hotel Gardur, Hringbraut (Pizza-Restaurant)
Thórscafé, Brautarholt 20, Ost-Stadt
Torfan, Bókhlödustig (Spezialitäten-Restaurant)
Versalir, Hamraborg 4, Kópavogur (Spezialitäten-Restaurant)

Cafés
Ingólfsbrunnur, Austurstræti 9, Altstadt
Kaffitorg, Lækjartorg, Altstadt
Mokka-Espresso, Skólavördustigur 3 a, Altstadt
Nýja Kökuhúsid, Austurvöllur, Altstadt
Sæluhúsid, Bankastræti 11, Altstadt

Diskotheken / Tanz
(Anschriften unter »Restaurants«)
Hotel Borg; Hotel Saga; Glæsibær; Klúbburinn; Ódal (Disco); Rödull; Sesar (Disco); Hallarmúli (Sigtún); Silfurtunglid (Snorrabraut 37); Theaterkeller; Thórscafé

Schwimmbäder und Saunas
Hallenbäder
Sundhöll Reykjavíkur, Barónsstigur, Ost-Stadt
Hotel Loftleidir, Flughafen

Freibäder
Sundlaug Reykjavíkur, Sundlaugavegur, Ost-Stadt
Sundlaug Vesturbæjar, Hofsvallagata, West-Stadt

Saunas / Dampfbäder
Sundlaug Reykjavíkur, Sundlaugavegur, Ost-Stadt
Sundlaug Vesturbæjar, Hofsvallagata, West-Stadt
Hotel Loftleidir, Flughafen
Hotel Saga, Hagatorg-Platz (auch physiotherapeutische Behandlung)
Gufubadstofan, Kvisthagi 29, Ost-Stadt (Sauna, Massage, Bestrahlungen)
Gufubadstofan Sauna, Hátún 8, Ost-Stadt (Sauna, Massage, Bestrahlungen)
Gufubadstofan Heilsulindin, Hverfisgata 50 (Dampfbad)

Theater und Konzerthallen
Nationaltheater (Thjódleikhúsid), Hverfisgata 19, Spielzeit September – Ende Juni
Idnó-Schauspielhaus, Vornarstræti, am See, Spielzeit: nur im Winter
Neues Theater, Lindargötu 7, am Nationaltheater. Spielzeit: September bis Juni
Universitäts-Konzerthalle, Hagatorg-Platz
Manche Unterhaltungsprogramme finden auch in Kinos statt, besonders im Austurbæjarbió; sakrale Musik in den Kirchen

Ausflüge in die Umgebung von Reykjavik

Halbtagestouren

Seltjarnarnes

Ein Gang nach Seltjarnarnes zum Grótta-Leuchtturm führt zur westlichen Spitze der Halbinsel, auf der Reykjavik liegt. Die alte Pfarre Nes (Steinhaus von 1763) war einst auch der Sitz des höchsten Medizinalbeamten des Landes und beherbergte Islands erste Apotheke. Auf dem Valhúsahead-Hügel befindet sich eine Orientierungsscheibe.

Videy

Die Insel Videy, im Kollafjord nördlich von Reykjavik gelegen, kann man an schönen Sommertagen mit dem Boot erreichen. Entsprechende Angebote sind in den Reisebüros (S. 328) zu erfragen. Heute unbewohnt, lag auf der einst blühenden Insel früher die Residenz des dänischen Gouverneurs. Verlassene Gehöfte aus dem 18. Jh. zeugen von der Ansiedelung. Das erhaltene Gouverneursgebäude und die Kirche wurden 1754 erbaut. Aber schon 1226 stand auf Videy eines der bedeutendsten Klöster Islands, das bis in die Reformationszeit hinein ein Zentrum geistiger Kultur war.

Bessastadir

Bessastadir, rd. 15 km südlich von Reykjavik auf der Halbinsel Álftanes gelegen, beherbergt den offiziellen Sitz des isländischen Präsidenten. Die sehenswerte alte Kirche mit farbiger historischer Fenstermalerei, ferner das Gálgahrun (Galgenlava), eine alte Hinrichtungsstätte, und schließlich: Die schöne Aussicht auf Reykjavik und die Bergkulisse der Stadt machen den Ort im Sommer zum lohnenden Ausflugziel. Busverbindung mit Reykjavik.

Árbær-Freilichtmuseum

Das Árbær-Freilichtmuseum im Stadtteil Árbær wurde 1957 um einen alten erhaltungswürdigen Bauernhof herum errichtet, der von seinen letzten Besitzern 1948 verlassen worden war. Inzwischen sind andere Bauwerke eingegliedert worden, so eine Kirche (1842), die früher in Silfrastadir (S. 249) stand, und Bürgerhäuser aus Reykjavik aus der Zeit der Jahrhundertwende. Das im Osten der Stadt gelegene Gelände ist mit der Buslinie 10 in einer halben Stunde erreichbar. Geöffnet: Vom 1.6.–15.9., di–so 13–18 Uhr.

Heidmörk

Heidmörk ist eine große Gras-, Moor- und Heidelandschaft einige Kilometer südlich des Großraums Reykjavik, zu erreichen über eine der Ausfallstraßen nach Hveragerdi oder Hafnarfjördur. Besonders im Spätsommer, Ende August/Anfang September, lockt sie viele zu Wanderungen durch die blühenden Heidebezirke.

Seefahrtsmuseum

In Hafnarfjördur, der südwestlich von Reykjavik gelegenen Trabantenstadt, wurde 1986 in einem alten Handelshaus das »Seefahrstmuseum Islands« eröffnet. Ein Besuch lohnt sich.

Tagestouren

Als größere Ausflüge empfehlen wir eine Fahrt in das Quellgebiet von Krísuvík oder, vorbei am Pumpwerk von Reykir, zur Walstation am Hvalfjord; oder auch nach Thingvellir (S. 204).

Krísuvík

Um nach Krísuvík zu gelangen, einem vulkanisch aktiven Gebiet rd. 40 km südlich von Reykjavik, benutzt man die Ausfallstraße nach Hafnarfjördur. Heiße Quellen, Dampfaktivitäten der Erde, die für die Beheizung von Gewächshäusern genutzt werden, und interessante Schwefelablagerungen machen den Ort zu einem charakteristischen Stück Island. Weitere Ausflugsziele am Wege sind: **Bessastadir** (S. 223), der 6 km östlich von Hafnarfjördur gelegene Berg **Helgafell** mit einer schönen Aussicht, ein kleiner **Zoo** und ein **Seeaquarium** in der Nähe der Abzweigung nach Krísuvík und, unweit davon, das Aluminiumwerk **Straumsvík**. Schließlich vermittelt auch die lange, gradlinig über Lavafelder führende Straße, vorbei am See **Kleifarvatn**, ein typisches Bild isländischer Landschaft.

Wer Zeit hat, kann die Rückreise auf der südlichen Strecke, vorbei an der **Strandarkirkja** (Abstecher), dem Hof **Hlidarendi**, dem Fischerhafen **Thorlákshöfn** (Abstecher) und dem Gutshof mit Kirche **Hjalli** über Hveragerdi nach Reykjavik antreten. Die Wegstrecke verlängert sich inkl. Abstecher dann von 40 auf rd. 110 km.

Reykir/Walstation

Zunächst geht es auf der in Route 1 (S. 203) beschriebenen Wegstrecke bis zur Weggabelung an der **Esja**, wo die S 36 nach Thingvellir (S. 204) abbiegt. Hier kann man zwischen der kürzeren Küstenstrecke (30 km), die nach links verläuft, und der etwas längeren Bergstrecke (40 km), die die Esja östlich umgeht, wählen. Die letztere Route führt also zunächst weiter in Richtung Thingvellir. 7 km hinter dem Leirvogsvatn biegt man links in die 22 km lange Höhenstraße S 48 ein. Sie führt an der Nordostflanke der 909 m hohen Esja entlang durch das Tal der **Laxá**, einem der lachsreichsten Flüsse Islands. Nach etwa 12 km wechselt die Straße vom linken auf das rechte Flußufer über, passiert die kleineren Kirchen bei **Vindáshlíd** und **Reynivellir** und erreicht schließlich die Straße 1, die in Windungen, nunmehr in östlicher Richtung am Walfjord entlang, um den Reynivallahals herumführt.

Wer die Küstenstraße wählt, kommt am Kollafjördur an der **Fischzuchtanstalt** vorbei, später an vielen Gehöften; denn die Halbinsel **Kjalarnes** war schon immer dicht besiedelt. An der Hofsvík-Bucht gab es, wo heute das Gemeindezentrum steht, einen alten Thingplatz; **Brautarholt** und **Saurbær** sind Kirchenplätze (die Kirche in Esjuberg, eine der ältesten Islands, ist nicht erhalten geblieben). Saurbær ist auch historisch bekannt geworden durch einige berühmte Juristen, die dort lebten. Bei Laxárnes, wo die Laxá in den Hvalfjord mündet, trifft man auf die aus den Bergen kommende, oben beschriebene Laxártal-Straße. Am innersten Punkt des Fjords, am **Botnsdalur**, wendet sich die Straße wieder westwärts. Nach ca. 4 km, kurz hinter der Halbinsel Thyrilsnes, taucht die Rampe der Walfangstation auf. Zur Zeit werden dort immer noch, trotz zunehmenden Fangeinschränkungen (S. 82), Wale an Land gezogen, durchschnittlich 100 bis 200 Stück im Jahr. Hauptsächlich wird der häufigere Finnwal gefangen, der eine Länge von 30 m und ein Gewicht von 20 t erreicht. Das uralte blutige Geschäft des Tötens, Einholens und Zerteilens der riesigen Säugetiere, die noch draußen auf dem Meer sterben und dann, je ein Exemplar links und rechts des Fangbootes, eingeschleppt werden, löst wahrscheinlich bei jedem, der dies Schauspiel zum ersten Mal sieht, eine zwiespältige Reaktion aus: Faszination, aber auch Betroffenheit. Von Scharen von Vögeln bedeckt, die vom Blutgeruch angelockt werden, wird der Wal mit Winden hereingezogen. Wortlos und von den Blicken Hunderter von Zuschauern begleitet, zerteilen die Arbeiter mit speziellen Geräten und sparsamen Handgriffen die massigen Tiere, deren Fleisch sogleich durch Luken in bereitstehende Kühlwagen hinabgleitet. Nach ein bis zwei Stunden ist der Spuk verschwunden, die Touristen fahren ab, die Einsamkeit des Fjords greift wieder um sich. Beim Reisebüro in Reykjavik (S. 176) kann man sich vorher erkundigen, ob und wann Wale gelandet werden. Die Zahl derer, die dem grausamen Schlachten ein Ende bereiten wollen, nimmt indes zu, und möglicherweise gehört der Walfang bald der Vergangenheit an.

Thingvellir
Siehe Route 1 (S. 203)

Mehrtagestouren
Stehen zwei bis drei Tage Zeit zur Verfügung, so können die beiden letztgenannten oder alle drei Touren kombiniert werden:
Als erste Tour bietet sich die Route von Reykjavik nach Thingvellir und anschließend über die Bergstraße S 48 zum Walfjord mit der Walstation und auf der Straße S 1 nach Reykjavik zurück an (2 Tage).
Die zweite Tour führt von Reykjavik zuerst gen Süden nach Krísuvík und von dort in östlicher Richtung über Hveragerdi nach Selfoss. Von dort geht es sodann nach Norden zum Thingvallavatn mit Thingvellir und über die S 48 wieder zur Walstation und von dort auf der S 1 nach Reykjavik zurück (2–3 Tage).
Als dritter Vorschlag sei auf die in den beiden ersten Routen (S. 203, 223) gegebenen Anregungen verwiesen. Das in der Route 1 beschriebene südliche Zentral-Island sowie die in der Route 2 aufgezeigten Küstenregionen bieten eine reichhaltige Palette an Naturwundern und -schönheiten sowie auch an Erholungsgebieten. In alle attraktiven Gebiete, angefangen von Geysir, Gullfoss, Hekla, Landmannalaugar bis nach Thórsmörk und Dyrhólaey bei Vík í Mýrdal, gelangt man leicht mit Linienbussen oder organisierten Fahrten. Auskünfte erteilen das Staatliche Touristbüro und die Reisebüros (S. 176).

Akureyri

Lage und Geschichte

Die »Hauptstadt des Nordens«, am 50 km langen Eyjafjördur gelegen, ist mit über 13 000 Einwohnern nach Kópavogur die drittgrößte Stadt Islands und bedeutendstes Handels-, Industrie- und Bildungszentrum der nördlichen Region. Akureyri verfügt über gut ausgebaute, geschützte Hafenanlagen, einen Flugplatz, zahlreiche Hotels und Gaststätten, ein reges Geschäftsleben, zwei Kinos und ein Theater. Die Stadt stellt für das Umland ein wichtiges Ausbildungszentrum dar. Sie hat ein Schulzentrum mit weiterführenden und berufsqualifizierenden Schulen sowie eine Musikschule; es gibt Sportanlagen, Saunas und beheizte Schwimmbäder, im Winter ist Akureyri eine Hochburg des Skisports. In der Architektur überwiegt die ältere Bauweise mit kleinen Holz- und Wellblechhäusern, das einheitliche Bild wird noch kaum durch Hochhäuser gestört. Die Akureyrarkirkja oberhalb des Fjords, zu der 112 Stufen hinaufführen, ist das weithin sichtbare Wahrzeichen der Stadt. Als erster Siedler gilt Helgi der Magere (Helgi Magri), der sich im 10. Jh. hier niederließ. Sein Denkmal steht im nördlichen Teil der Stadt, etwa 700 m vom Hafenviertel entfernt. Landwirtschaft und Fischerei prägten das Gesicht des Ortes, der erst 1862 Stadtrechte erhielt (damals 286 E.). Obwohl Akureyri 1786 vom dänischen König (zusammen mit den Orten Grundarfjördur, Ísafjördur, Eskifjördur, Reykjavik und den Westmännerinseln in den Rang eines königlichen Kaufortes erhoben wurde, nahm der Handel doch erst gegen Ende des 19. Jh.s zu. Etwa seit der Gründung der Produktions- und Kaufgenossenschaft KEA (1886) – heute die größte und führende Handelskooperative Islands –, begann der explosionsartige Anstieg der Bevölkerung: Um 1900 gab es knapp über 1 000, 1925 schon rd. 3 000 und 1 980 rd. 12 000 Einwohner.

Stadtrundgang

Man kann den touristisch interessanten Teil der Stadt, den alten Orts-

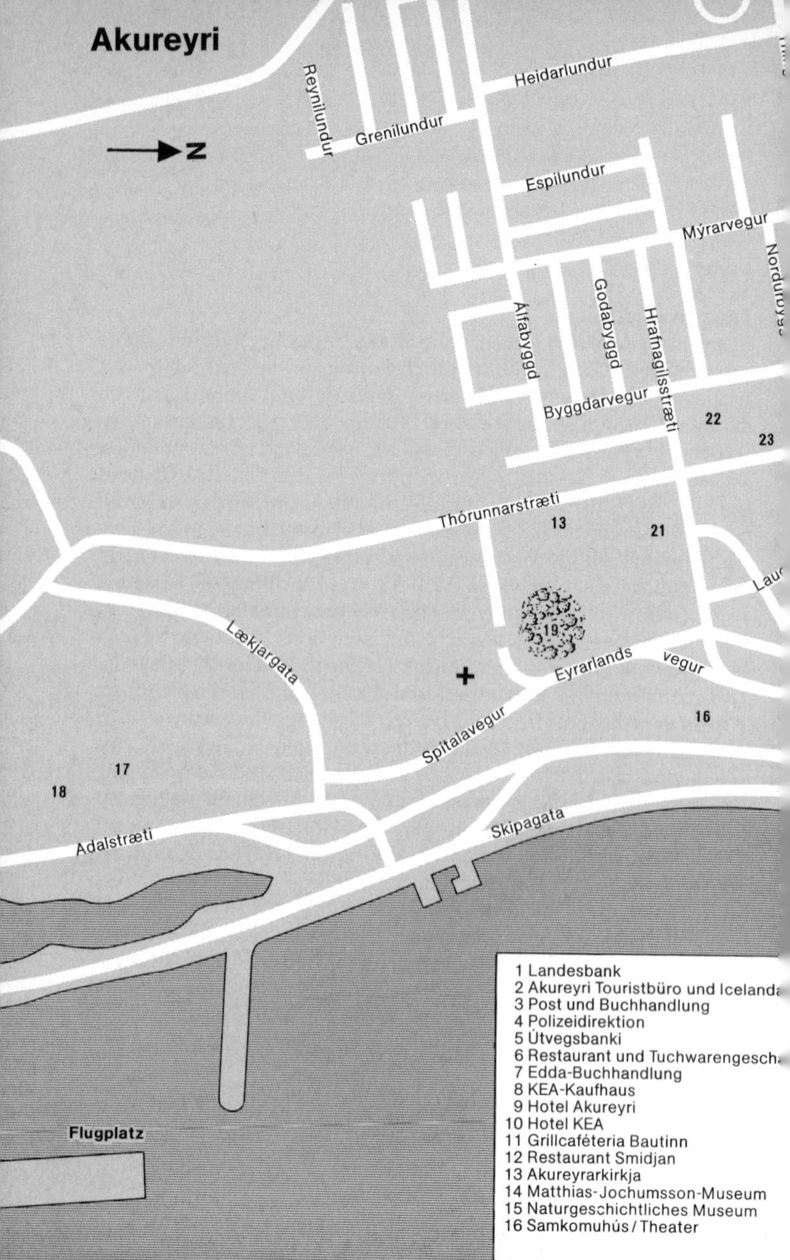
Akureyri
N
Reynilundur
Heidarlundur
Grenilundur
Espilundur
Mýrarvegur
Álfabyggd
Godabyggd
Hrafnagilsstræti
Byggdarvegur
22
23
Thórunnarstræti
13
21
19
Lækjargata
Eyrarlands
vegur
Spítalavegur
16
17
18
Adalstræti
Skipagata
Flugplatz
1 Landesbank
2 Akureyri Touristbüro und Iceland
3 Post und Buchhandlung
4 Polizeidirektion
5 Útvegsbanki
6 Restaurant und Tuchwarengesch
7 Edda-Buchhandlung
8 KEA-Kaufhaus
9 Hotel Akureyri
10 Hotel KEA
11 Grillcaféteria Bautinn
12 Restaurant Smidjan
13 Akureyrarkirkja
14 Matthias-Jochumsson-Museum
15 Naturgeschichtliches Museum
16 Samkomuhús / Theater

Höfdahlíd
Langahlíd
Skardshlíd
29
Kambsmýri
Langamýri
Hamarsstigur
Byggdarvegur
Thórunnarstræti
Helgamagrastræti
28
26
Glerárgata
Tryggvabraut
30
Furuvellir
Oddeyrargata
27
Smáragata
Grenivellir
Eyrarvegur
Brekkugata
1
Geislagata
5 4
8
Hafnarstræti
32
3
2
9 7 6
31
Skipagata
12
Nordurgata
Nordurgata
Eidsvallagata
Hjalteyrargata
Strandgata
Gránufélagsgata
Laufásgata
17 Nonnahús
18 Heimatmuseum
19 Botanischer Garten
20 Gymnasium
21 Edda-Hotel
22 Campingplatz
23 Grundschule
24 Technische Schule
25 Schwimmbad
26 Davidshús
27 Stadtbibliothek
28 Denkmal des Helgi Magri
29 Jugendherberge
30 Autoverleih
31 Taxizentrale
32 Flughafenbus

Stadtansicht von Akureyri

kern, der sich auf einem Raum von rd. 2 km Länge und 500 m Breite am Fjord entlang erstreckt, bequem zu Fuß durchstreifen.
Geschäftszentrum ist der Komplex Hafnarstræti/Rathausplatz/Brekkugata. Dort befinden sich dicht beieinander: Die **Landsbanki Islands** (1); das Akureyri-**Touristbüro und Icelandair** (2); **Post und Buchhandlung** (3); **Polizeidirektion** (4); **Útvegsbanki** (5); **Restaurant und Tuchwarengeschäft** (6); **Edda-Buchhandlung** (7); **KEA-Kaufhaus** (8); die **Hotels Akureyri** (9) und **KEA** (10) sowie die **Grillcaféteria Bautinn** (11) und das **Restaurant Smidjan** (12). Von dort führen 112 Stufen zur 1940 fertiggestellten protestantischen **Akureyrarkirkja** (13) empor, deren landschaftsorientierte Basaltarchitektur des Doppelturms denselben Architekten erkennen läßt, der auch in Reykjavik das Nationaltheater und die Universität entworfen hat: Gudjón Samúelsson. Geöffnet: im Sommer täglich 10–12 und 14–16 Uhr.
Ein schmaler Weg verbindet die Kirche mit dem **Matthías-Jochumsson-Museum** (Matthíassafnid oder »Sigurhædir«, 14), dem ehemaligen Wohnhaus des bedeutenden Dichters und Geistlichen, der den Text der isländischen Nationalhymne geschrieben und durch die Übertragung klassischer europäischer Werke, insbesondere Shakespeares, ins Isländische bekannt wurde. Er lebte von 1855–1920.

Der Campingplatz mitten in Akureyri

In unmittelbarer Nachbarschaft, aber von der Hafnarstræti zugänglich, liegt das **Naturgeschichtliche Museum** (Náttúrugripasafnid, 15), das eine bedeutsame Sammlung isländischer Vögel und Pflanzen enthält. Geöffnet: 1.6.–15.9., täglich 13–15 Uhr.

Das **Samkomuhús** (16), ein Gemeinschaftshaus für unterschiedliche Veranstaltungen, dient im Winter als Theater. Es faßt rd. 275 Personen. Ein paar Fußminuten weiter, in der Adalstræti Nr. 55 B, liegt das 1859 erbaute **Nonnahús** (17), das mit Büchern und Lebensdokumenten des in rd. 40 Sprachen übersetzten Kinderbuchautors und Jesuitenpaters Jón Svensson (S. 115) gedenkt, der hier seine Kindheit verbrachte. Berühmt wurde er durch die autobiographischen »Geschichten von Nonni«, dem kleinen Fjordjungen. Daneben, Nr. 58, steht das **Heimatmuseum** (Minjasafnid, 18) mit kulturgeschichtlich interessanten Gegenständen aus der näheren Region. Geöffnet von Juni–September täglich 13.30–17 Uhr.

Der **Botanische Garten** (Lystigardurinn, 19), 1912 angelegt, zeigt relativ vollständig die isländische Flora, und hier gedeihen, 70 km südlich des Polarkreises, sogar südliche Pflanzen. Der Weg führt jetzt am **Gymnasium** (Menntaskólinn, 20), an der Statue des **Geächteten** von Einar Jónsson, dem **Edda-Hotel** (21), dem von Juni–September geöffneten

Campingplatz (22) sowie der Grund- (23) und **Technischen Schule** (24) vorbei zum **Schwimmbad** (Sundlaug, 25) in der Thingvallastræti. Es ist ein Hallen- und Freibad mit einem hot pot. Geöffnet im Sommer: Mo–Fr 8–21, Sa 8–18, So 8–15 Uhr. Vor dem Schwimmbad befindet sich ein kleiner Ententeich, Andapollur genannt, auf den die Einheimischen stolz sind. In der Bjarkarstígur 6 steht das **Davidshús** (26), das Wohnhaus des 1964 verstorbenen Dichters David Stefánsson mit einer noch weitgehend originalen Einrichtung. Die **Stadtbibliothek** (27) befindet sich in der Brekkugata 17. Sie ist im Sommer von 13–19 Uhr geöffnet. Etwa 500 m sind es jetzt noch bis zum Denkmal des **Helgi Magri** und seinem Weib (28), dem ersten Siedler Akureyris, daneben der Aussichtstisch mit einer Orientierungstafel. Von hier aus bietet sich bei klarem Wetter ein weiter Blick über die Bergwelt und den Fjord. Die **Jugendherberge** (29), an der Hauptstraße nach Norden gelegen, wird von einer Dänin, die Deutsch spricht, geführt. Ein herrlicher Garten mit dichtem und hohem Baumbestand macht die Herberge zugleich zu einer kleinen Sehenswürdigkeit. Auf dem Rückweg, vorbei an Stockfisch-Trockenanlagen, kreuzt man den Gléra-Fluß und kann jetzt den Rundgang mit einem Gang durchs Industrie- und Hafenviertel im westlichen Stadtteil Oddeyri abschließen. In diesem Fall biegt man links in die Tryggvabraut ein, vorbei am **Autoverleih** (Bilaleiga Akureyrar, 30) und wandert an den Kais entlang, wo sich eine **Schiffswerft** und verschiedene **Fischfabriken** etabliert haben. Über die Strandgata geht es dann zurück ins Zentrum (**Taxizentrale**, 31; **Flughafen**, 32).

Weitere Sehenswürdigkeiten

Die Stadt bietet durchaus noch weitere Sehenswürdigkeiten, so den Baumgarten **Eyrarlandsgardur** am Eyrarlandsvegur und die Staatliche Baumschule **Gródrarstödin**. Daneben stehen einige ältere Häuser aus dem 19., sogar 18. Jh., die heimatgeschichtlich interessant sind. Das älteste Haus von Akureyri, das 1795 gebaute **Laxdalshúsid**, befindet sich in der Hafnarstræti 11. Ein Blick sei auch dem Gebäude **Adalstræti 50** gegönnt, das 1849 gebaut und gegen Ende des Jahrhunderts von Matthías Jochumsson bewohnt wurde. Auch suche man das **Gamli Spítalinn** in der Adalstræti 11 auf, das 1836 gebaut und später 25 Jahre lang das erste Krankenhaus von Akureyri war sowie das **Gamli Lundur**, das in der Eidsvallagata im Jahre 1860 errichtete erste Wohnhaus im damals neuen Stadtteil Oddeyri.

Akureyri von A bis Z

Alkoholverkaufsstelle
Staatliche Alkoholverkaufsstelle (Áfengisverzlun ríkisins), Hólabraut 16, Nähe Sportstadion

Apotheken
Hafnarstræti 104, Tel. 2 24 44
Hafnarstræti 89., Tel. 2 14 00
Geöffnet: 9–18 Uhr. Wöchentlich rotierend: 18–19; Sa/So ll–12 und 20–21 Uhr

Auskunft
Akureyri Tourist Bureau (Ferdaskrifstofa Akureyrar) Rádhústorg (Rathausplatz) 3; Tel. (96)–2 50 00
Informationskiosk (für Nordisland) Skipgata

Autoverleih (30)
Bílaleiga Akureyra, Tryggvabraut 14, Tel. 2 17 15; 2 38 15

Banken (1, 5)
Landsbanki Íslands, Strandgata, Tel. 2 18 00
Útvegsbanki Íslands, Hafnarstræti 107, Tel. 2 34 00

Busse
Stadtbusse fahren von 7–19 Uhr alle halbe Stunde; im Winter werden spezielle Busse zum Skihotel usw. eingesetzt. Überlandbusse nach Reykjavik, ins Mývatn-Gebiet und in alle größeren Orte der Umgebung verkehren im Sommer täglich. Auskunft: Tourist Bureau

Campingplatz
Thórunnarstræti, hinter dem Schwimmbad

Fähre
Die Fähre Drangur verkehrt unregelmäßig zu den Häfen im Eyafjördur, Siglufjördur und Skagafjärdur sowie zu der Insel Grímsey

Flüge
Der am inneren Fjordende liegende Flugplatz ist 5 Autominuten vom Stadtkern entfernt. Es gehen mehrere Flüge täglich (im Sommer durchschnittlich alle drei

Stunden) nach Reykjavik mit der Icelandair. Regelmäßig werden auch Ísafjördur, Siglufjördur, Insel Grímsey, Husavík, Kópasker, Raufarhöfn, Thórshöfn, Vopnafjördur und Egilsstadir angeflogen. Zubringer: Taxi oder die Busse der Linie Akureyri – Mývatn, die den Flugplatz anfahren und zumindest den Anschluß an den Verkehr mit Reykjavik sicherstellen

Fluggesellschaften
Flugfélag Nordurlands, am Flughafen, Tel. 2 18 24
Hier können Privatmaschinen gebucht werden, auch für Rundflüge, z.B. zur Askja (S. 290)
Flugleidir, am Flughafen, Tel. 2 20 00

Hotels
Hotel Akureyri (9), Hafnarstræti 98, Tel. 2 25 25
Hotel KEA (10), Hafnarstræti 96, Tel. 2 22 00 (Alkohollizenz, Bar, Tanz, internationale Küche)
Skídastadir, 3 km oberhalb von Akureyri im Hlidarfjall, Tel. 2 29 30. Geöffnet vom 1. Januar bis April/Mai
Hotel Vardborg (Guttemplerorden), Geislagata 7, Tel. 2 26 00
Hotel Edda (21), Hrafnagilsstræti, am Botanischen Garten, Tel. 2 40 55. Nur im Sommer geöffnet

Gästeheime
Dalakofinn, Lyngholt 20, Tel. 2 30 35
Félagsheimili Einingar, Thingvallastræti 14, Tel. 2 43 15
Gasthaus Skólastigur 5, Tel. 2 36 48

Jugendherberge (Gistiheimilid, 29)
Stórholt 1, Tel. 2 36 57 (50 Betten, Duschen, Gemeinschaftsküche)

Kinos
Borgabíó, Geislagata 7, Nähe Rathausplatz

Konsulat
Vizekonsulat der Bundesrepublik Deutschland, Heidarlundur 8, Tel. 2 53 38

Medizinische Dienste
Krankenwagen, Tel. 2 22 22
Krankenhaus (Sjúkrahúsid), Spítalastígur, am Botanischen Garten (19), Tel. 2 21 00
Falls ein Arzt nachts oder am Wochenende benötigt wird, so ist er über die Polizei zu erreichen

Polizei
Thórunnarstræti, Tel. 2 32 22

Post und Telefon (Sími, 3)
Hafnarstræti 102

Reisebüros
Hinweise unter »Auskunft« und »Fluggesellschaften«

Restaurants/Cafés
In allen oben aufgeführten Hotels. Ferner:
Sjallinn, Geislagata 14, Nähe Rathausplatz, Tel. 2 27 70 (Bar, Tanz, Diskothek, Dinner-Musik; Shows an Wochenenden)
Bautinn (11), Hafnarstræti 92, Tel. 2 18 18 (Fischspezialitäten)
Smidjan (12), Skipagata/Kaupvangsstræti
Discotek H–100, Hafnarstræti 100, Tel. 2 55 00. Geöffnet: jede Nacht bis 1 Uhr, Fr/Sa bis 2 Uhr (Alkohollizenz, internationale Küche)

Schiffahrtsamt
Im Hafen, Tel. 2 39 36

Schwimmbad/Sauna
Sundlaug Akureyrar, Thingvallastræti/Thórunnarstræti. Beheiztes Freibad und überdachte Halle, hot pots, Dampfsauna. Geöffnet: ganzjährig wochentags von 8–21; Sa 8–18; So 8–15 Uhr

Skilauf
Hinweise unter »Wintersport«, S. 324

Taxizentrale Glerárgata, am Rathausplatz, Tel. 2 27 27

Ausflüge in die Umgebung von Akureyri

Akureyri hat eine vielfältige und reizvolle Umgebung. Als kürzere Touren lohnen sich eine Fahrt auf die gegenüberliegende Seite des Fjordes zu einem Aussichtspunkt sowie mit dem Pkw oder dem Bus ins Hochland Kræklingahlíd (ca. 3 km) zum Skihotel Hlídarfjall. Das Hotel ist von Januar–Anfang Juni geöffnet. Von dort bietet sich nicht nur eine weite Sicht über die Stadt, Berge und Fjord, sondern man kann auch schöne Wanderungen unternehmen, z.B. entlang der Glerá durchs Glerárdalur (Hütte auf etwa 700 m) bis zu den kleineren, über 1400 m hohen Gletschern Bægisárjökull, Glerárdalshnúkur, dem Ursprungsort der Glerá, und Kerling (1538 m). Ausflüge in die weitere Umgebung, z.B. entlang der Fjordufer, ins Mývatn-Gebiet oder ins bergige Hinterland, sind in den Routen 3, 4 und 7 beschrieben. Weitere Informationen, auch über Schiffahrten, etwa zur Insel Grímsey, Flüge oder Bustouren erhalten Sie im Tourist Bureau (Adresse unter Auskunft, S. 189).

Die Westmännerinseln (Vestmannaeyjar)

Lage und Geschichte

Die Westmännerinseln, die aus 15 Inseln sowie zahlreichen Felsklippen bestehen, sind der Südküste Islands nördlich des 63. Breitengrades und zwischen dem 20. und 21. Längengrad vorgelagert. Die größte Insel, Heimaey (14,5 km^2), ist seit Beginn des 10. Jh.s, also seit der späten Landnahmezeit, besiedelt. Ins Blickfeld der Weltöffentlichkeit, vor allem aber der internationalen geologischen Forschung, trat die Inselgruppe durch zwei große Vulkanausbrüche in der Gegenwart: den submarinen, der zur Bildung der neuen Insel Surtsey (1963) führte, und den Ausbruch auf Heimaey (1973). Heimaey erlangte seitdem auch als naturgeschichtliche Attraktion immer größere touristische Bedeutung. Dabei wäre die Insel auch ohne diesen neuen Anziehungspunkt der dampfenden Lava von 1973 sehenswert. Denn sie ist mit der sie einfassenden Bergkulisse einiger markanter Felsen und ihrem eben durch diese Felsen gebildeten idyllischen Naturhafen sowie den vorgelagerten Vogelinseln von besonderer landschaftlicher Schönheit und ein Paradies für Ornithologen und Vogelliebhaber. Von Reykjavik aus bestehen schnelle Flugverbindungen nach Heimaey, doch reizvoller ist eine Fahrt mit dem Schiff, das sich an den kleineren Inseln vorbei langsam der Insel nähert.

Wie der gesamte isländische Archipel sind die Westmännerinseln vulkanischen Ursprunges. Man hat ihr Alter auf 5000–6000 Jahre bestimmt. Hier interessiert besonders die einzige bewohnte Insel Heimaey. Ihre Laven entstammen überwiegend dem Vulkan Helgafell im nordöstlichen Abschnitt der Insel (Ausbruch ca. 3000 v. Chr.), den man über lockere Vulkanaschen in etwa 20 Minuten ersteigen kann. Aber auch andere Vulkane, deren ehemalige Krater trotz starker Verwitterung teilweise noch gut erkennbar sind, vor allem im Nordwesten der Insel, dürften an der alten Lavabildung beteiligt gewesen sein. Auf ihren mittlerweile bewachsenen Flächen hatten sich schon bald nach 900, durch

Die Westmännerinseln vor der Südküste Islands

den natürlichen Hafen begünstigt, von Island kommende Siedler niedergelassen, und wiederum, so heißt es, habe dabei Ingólfur Arnarson, der erste Besiedler Islands, eine Rolle gespielt. Als nämlich irische Sklaven seinen Schwurbruder Hjörleifur, der an der Südküste Islands südlich des Mýrdalsjökull gesiedelt hatte, ermordet und sich auf die Westmännerinseln geflüchtet hatten, suchte und fand Ingolfur die Männer auf Heimaey, wo er sie vernichtete, und so glaubt man heute, daß diese irischen »Westmänner« der Inselgruppe ihren Namen gaben. Genau weiß man das aber nicht. Gesichert ist dagegen, daß sich Herjólfur Bardarson als erster Landnehmer im 10. Jh. auf Heimaey niederließ. Die ersten Siedler hatten zwar Schafe und Pferde mitgebracht, doch ihre Haupterwerbsquelle bildete der Fischfang. Die ihre Freiheit und Unabhängigkeit – auch von Island – gern betonenden Bewohner der Insel, die immer schon individualistisch auf ihren Freiheitsstatus pochten, waren dennoch in historischer Zeit meist an das Schicksal der Mutterinsel gekettet. So gerieten sie im 12. Jh. in die Abhängigkeit der Bischöfe von Skálholt und im 14. Jh. auch unter die Herrschaft der dänischen Krone. In der sonst abwechslungsarmen Geschichte der Fischer wird ein Datum besonders hervorgehoben, das für die Inselbewohner von einschneidender Bedeutung war. Im Jahr 1627 überfielen nordafrikanische Piraten, die von den Bewohnern für Türken gehalten wurden, weshalb das Ereignis unter dem Namen »Tyrkjardu« in die Geschichte einging, die Inseln, töteten 36 Bewohner und verschleppten 242 Männer, Frauen und Kinder, etwa die Hälfte der rd. fünfhundertköpfigen Bevölkerung, in die afrikanische Sklaverei. Erst nach neun Jahren gelang es der dänischen Regierung, 37 Opfer freizukaufen. Von diesen hat aber nur ein Drittel die Heimat wieder erreicht. Die Bevölkerungslücke schloß sich aber nicht nur im Laufe der Zeit wieder, sondern stieg im 19. und 20. Jh. sogar stark an; und auch der Vulkanausbruch am 22. Januar 1973, der keine Menschenleben forderte, da die Bevölkerung mit drastischen Selbsthilfe- und Evakuierungsmaßnahmen sofort aufs Festland gebracht werden konnte, führte nur zu einem leichten Rückgang der Bevölkerungszahl. Nachdem am 29. Juni 1973 der Vulkan seine Tätigkeit eingestellt hatte (Dauer des Lava-Flusses: 158 Tage) kehrten von den 5300 Einwohnern nicht alle wieder zurück, so daß die Bevölkerung 1981 immer noch knapp 5000 Einwohner zählte.

Der Vulkanausbruch auf Heimaey

Nach kurzen einleitenden Erdbeben am Vorabend setzte in der Nacht zum 23. Januar 1973 auf Heimaey unvorhergesehen ein Vulkanausbruch mit riesigen Aschen- und Bimsstein-Ausschüttungen sowie Lavaflüssen ein, deren Geschwindigkeit bis zu 100 m in der Stunde erreichten. Über 300 Häuser und Bauten, darunter das Freibad und der östliche Warmwassertank, wurden unter der Lava, die aus einer nordöstlich des Helgafell aufgerissenen Spalte quoll, begraben. Mit besonderen Ausrüstungen, insbesondere durch das Hineinpumpen von rd. 5,5 Mill. t Meereswasser in die glühende Lava, aber auch durch den Einsatz spezieller Kühlsysteme, mit deren Hilfe Lava zur schnelleren Erstarrung gebracht wurde, gelang es, diese vorzeitig zu stoppen und die weitere Vernichtung der Stadt und des wirtschaftlich wichtigen Hafens aufzuhalten. Die neue Lava (225 Mill. m^3 Rauminhalt, außerdem 25 Mill. m^3 Asche und Bimsstein) hat rd. 2,5 km^2 Neuland geschaffen und die Insel im Nordosten um rd. ein Drittel vergrößert. Sie bietet nun einen vermehrten Schutz der Stadt gegen die vom Meere kommenden Nordostwinde und die Bewohner machten aus der Not eine Tugend: Sie setzen die noch heute heiße und weithin auch dampfende Lava bei der Energie-

Hnaus
Faxasker
Faxasund
Faxi
Stöng
Midklettur
Ystiklettur
Löngmannsæt
Stóri Örn
Litli Örn
Drangar
Drengir
Stóraklif
Agdahellir
Heimaklettur
asleysa
Litlaklif
Hrauney
Hafen
Herjólfsdalur
Stafnsnes
Hani
Dalfjall
Blátindur
Kafhellir
æna
Hundradsmannahellir
Eldfell
Teistuhellir
Agdahellir
Hraun
Helgafellsdalur
Axlarsteinn
Helgafell
Haugar
Djúpidalur
Flugplatz
Skarfatangi
Ofanleitishamar
Sæfjall
Bótin
Litlistakkur
Lyngfellisdalur
Stóristakkur
Kervíkurfjall
Litlhöfdi
Litlhöfdahellir
Ræningjatangi
Valshilluhamar
Gardsendi
Stórhöfdi
Höfdahellir
Heimaey
Sudurey

versorgung ein. Für das neue Schwimmbad im Westen wurde die Wärme der Lava bereits 1976 genutzt, indem man Kaltwasserrohre über die heiße Lava leitete. Seit 1981/82 wird nun das gesamte Heiz- bzw. Warmwassersystem von Heimaey über die neue Wärmequelle mit Energie gespeist. Das in den Heizungskreislauf gebrachte Heißwasser wird nach der Benutzung, wenn es sich auf 35°C abgekühlt hat, wieder in die Lava zurückgeführt. So konnte die technische Vernunft des Menschen in diesem Fall über die blinden Kräfte der Natur zu guter Letzt doch noch einen Sieg erringen.

Bevölkerung und Wirtschaft

Der Lebensstandard der Bewohner liegt trotz der gewaltigen Inflationsrate relativ hoch. Die ergiebigen Fischbänke im Umkreis der Westmännerinseln haben der überwiegend vom Fischfang lebenden Bevölkerung von jeher zu ausreichendem Lebensunterhalt verholfen. Der Vogelfang, immer schon auch erwerbsmäßig betrieben, stellt demgegenüber nur eine zusätzliche, wenngleich begehrte Nahrungsquelle dar. Die Fischbestände sind hier so reich und die Ausbeute ist so groß, daß die Heimaey-Fischer, die nur etwa 2,5% der Gesamtbevölkerung Islands ausmachen, Anfang der siebziger Jahre rd. 20% und 1980 rd. 16% des nationalen Fischaufkommens förderten. Sie bringen damit einen erheblichen nationalökonomischen Aktivposten auf. Dementsprechend gut werden die auf See und im Fischereigewerbe Tätigen auch entlohnt. Nur so ist verständlich, daß das hohe Preisniveau, das bei den Nahrungsmitteln und Verbrauchsgütern inzwischen erreicht ist, es beträgt das Drei- bis Sechsfache gegenüber der Bundesrepublik Deutschland, von der Bevölkerung noch abgefangen werden kann. Daß selbst der Fisch hier paradoxerweise noch immer unangemessen teuer ist, hat mancherlei Ursachen, nicht zuletzt die, daß bestimmte Zweige der fischverarbeitenden Zuliefererindustrie, z.B. die Verpackungsindustrie, schlecht entwickelt sind. Man darf sich nicht wundern, wenn man auf den Westmännerinseln oder im nordwestlichen Ísafjördur, also in ertragreichen Fischfanggebieten, im Selbstbedienungsladen Fisch aus Norwegen oder Dänemark kauft. Frischfisch wird von Island in diese Länder geliefert, dort verarbeitet und verpackt und kehrt schließlich als Importware in den Hafen zurück, in den er ursprünglich eingebracht wurde. Daß solcher Widersinn unrentabel ist, liegt auf der Hand. Die Einheimischen freilich beziehen den Fisch aus anderen Quellen, häufig

Moosbewachsene Lava auf Heimaey, Westmännerinseln

zum Nulltarif. Wie gesagt: den Bewohnern geht es, was den sozialökonomischen Status anbelangt, nicht schlecht. Auf der kleinen Insel fahren mehr Autos, als dem Naturfreund lieb sein kann. 1982 waren auf der Insel 1300 Pkws registriert, fast jeder hat sein eigenes Haus und im neuen westlichen Teil sind die Eigenheime sogar besonders ansehnlich. Probleme der Energieversorgung kennt man heute weniger denn je, nachdem es gelungen ist, die neue Lava als Wärmequelle zu benutzen und die Kaltwasserversorgung vom »Festland« aus durch ein Röhrensystem, das auf dem Boden des Ozeans verlegt wurde, gesichert ist: eine technische Wunderleistung. Ein Stromkabel auf dem Meeresboden verbindet die Insel schon seit dem 19. Jh. mit der isländischen Südküste. Licht und Telefon sind längst Selbstverständlichkeit. Das Milchschiff stellt daran gemessen eine geradezu liebenswerte Erinnerung an alte Zeiten dar. Und was der Vulkan an Schaden angerichtet hat, ist dank nationaler und internationaler Hilfsfonds fast nur noch an jenen von der Lava erdrückten Häusern abzulesen, die, so scheint es, als touristische Attraktion stehengelassen wurden.

Inselrundgang

Wer die Insel auf eigene Faust erobern will, die von Reykjavik aus organisierten Touren haben ein vorgezeichnetes Programm, der wird in erster Linie den Spuren der Naturereignisse nachgehen, d.h. über die neuangelegten Pisten einen Rundgang durch die noch dampfende Lava machen, in ihrem Ostteil sich einen Eindruck von dem Landgewinn ins Meer hinaus verschaffen, was man auch mit dem Boot kann, und überhaupt die Quellgänge der Lava, die aus einer rd. 2 km langen Spalte hervorgebrochen waren, verfolgen. Der neue Berg, das **Eldfell**, hat übrigens mit 221 m die Höhe seines älteren Nebenbuhlers, des Helgafell (226 m), nur um wenige Meter verfehlt. Ferner können das neue **Gemeindemuseum** (Byggatasafn), die 1776 erbaute **Landakirkja**, die zu den ältesten auf Island überhaupt erhaltenen Kirchen zählt, die **Stadthalle** (Bæjarrádshús) und auch die **Fischfabrik** am Hafen besichtigt werden. Im **Naturkundlichen Museum** (Náttúrugripasafn) ist eine kleine, aber sehenswerte Sammlung von Vögeln und Fischen ausgestellt, die sämtliche auf den Westmännerinseln und die meisten der auf Island brütenden Vögel, auch viele Durchzügler sowie viele der hier gefangenen Fischarten umfaßt. Das angrenzende **Aquarium** zeigt Prachtexemplare selten vorkommender Riesenkrabben, Krebse und Fische, so z.B. den furchterregend aussehenden Steinbitur (Catfish) und den über 1 m langen Latifronds. Geöffnet: So 16–18 Uhr und nach Voranmeldung, Tel. 15 16.

Zur Entspannung stehen dem Besucher ein **Golfplatz** im Nordwesten der Insel und ein **Hallenschwimmbad** zur Verfügung. Nach der Zerstörung des alten Freibades wurde dieser moderne Komplex mit Freibecken (40°C) und Sauna sowie neuem Sportzentrum im Westen der Insel aus internationalen Spendenmitteln von Dänemark erbaut. Geöffnet: tägl. 7–21 Uhr, Sa/So 9–21 Uhr.

Bei schönem Wetter ist ein Gang zur südlichen Spitze der Insel, zum Berg **Stórhöfdi** (6 km), wo sich eine kleine nicht öffentlich zu besichtigende meteorologische Station befindet, lohnend. Wer nicht laufen will, kann auch das »Insel-Taxi« (Tel. 2038) benutzen. Wer kletterlustig ist, wird bei schöner Sicht die Besteigung der nördlich des Hafens gelegenen Felsen nicht scheuen und sich durch einen überwältigenden Rundblick für die Mühen des Anstiegs belohnt sehen. Von West nach Ost heißen sie: **Blátindur**, **Agdahellir**, **Litlaklif**, **Stóraklif**; **Heimaklettur**, **Midklettur**, **Ystiklettur**. Alle Felsen auf der Insel sind ohne bergsteigerische Erfahrung zu erklimmen. In unmittelbarer Nähe des westlichen Hafenabschnitts (Fridahöfn) befindet sich ein langes Seil im

Der Hafen von Heimaey, Westmännerinseln

Fels, an dem man vorsichtig den westmännischen »Nationalsport«, das Seilschwingen am Felsen, probieren kann. Dabei stößt man sich mit den Füßen vom Felsen ab und bewegt sich in raumgewinnenden seitlichen Schwüngen am Fels fort, eine in früheren Zeiten durchaus wichtige, dem Lebensunterhalt dienende Beschäftigung, die die Einheimischen anwandten, um im steilen Fels an die Vogelnester zu gelangen. Immer wieder wegen tödlicher Unfälle verboten und immer wieder von jungen Männern als Probe ihres Mutes und ihrer Kraft ausgeübt, wird dieser Sport heute kaum noch betrieben, meist nur zu besonderen Anlässen, z.B. anläßlich der Nationalfeier Anfang August, als traditionsreiche Kunst vorgeführt. Die Nationalfeier wird übrigens als Volksfest seit 1874, dem Jahr der tausendsten Wiederkehr der Besiedelung Islands, in ganz Island begangen. Da die Bewohner der Westmännerinsel in jenem Jahre wegen schwerer See nicht aufs Festland konnten, veranstalteten sie ihr eigenes Fest, das seitdem Tradition wurde und im idyllischen Tal **Hérjólfsdalur** besonders ausgelassen eine Woche lang mit Freunden und Verwandten begangen wird.

Schließlich ist es nicht nur für den Vogelliebhaber, für diesen aber besonders lohnend, mit einem Boot die vor der Küste liegenden **Vogel-**

Blumen auf der rauchenden Lava des Eldfell, Westmännerinseln

inseln zu besuchen. Es handelt sich bei diesen um wahre Vogelparadiese, wo über 40 Arten zu Abertausenden ihr Familienleben führen und ein ungeheuerliches Geschrei veranstalten.

Die Insel Surtsey

Auch die durch unterseeische Vulkantätigkeit neu entstandene Insel Surtsey kann umschifft, allerdings nicht betreten werden. Zugang haben hier nur Wissenschaftler mit besonderer Genehmigung.
Surtsey wurde im geographischen Bereich der Vestmannaeyjar am 15. November 1963 aus ozeanischen Tiefen geboren und, mit Unterbrechungen, bis zum Juni 1967 durch immer neue Lavaflüsse aufgebaut. Heute erreicht sie eine Höhe von 153 m (höchster Punkt) und umfaßt eine Fläche von rd. 3 km^2. Botaniker, Zoologen und andere Wissenschaftler finden hier ideale Bedingungen vor, um die Ansiedlung pflanzlichen und tierischen Lebens zu beobachten. In Reykjavik kann man im Vólk-Film-Kino (Hellusundi 6 A) interessante Filme über Surtsey sehen, die den gesamten Entwicklungsverlauf der Insel dokumentieren.

Heimaey von A bis Z

Anreise

Flugzeug

Täglich fliegt die Icelandair Heimaey von Reykjavik an. Die Flugdauer beträgt 35 Min., der Preis 198 DM (1985). Zudem werden vom Flughafen Reykjavik aus Sonderflüge in Kleinmaschinen inkl. Inselrundfahrt veranstaltet. Dauer: 3 Stunden

Autofähre

Herjólfur: täglich ab Thorlákshöfn. Ankunft: Heimaey mittags, zurück nach Thorlákshöfn abends. Dauer der Überfahrt: rd. 3 Stunden, Aufenthalt: rd. 4 Stunden

Bank

Die Bank befindet sich in der Vestmannabraut, in Nähe der neuen Lava

Camping

Camping ist im Herjólfsdalur, im NW der Insel möglich

Golfplatz

Den Golfplatz findet man neben dem Schwimmbad im Nordwesten der Insel

Hotels

Die Hotelsituation ist problematisch. Heimaey verfügt z.Zt. noch über kein ganzjährig geöffnetes Hotel. Das einzige, recht anspruchlose, das existiert (1985), ist vom 1.6.–15.9. geöffnet. Es wird zugleich als eine Art Jugendherberge genutzt und verfügt über einfache Zimmer und Matratzenlager. Es nennt sich Heimir und liegt im Heidavegur 1, unweit des Hafens. Ferner ist es möglich, in Privatpensionen zu übernachten; zu erfragen bei Luftleidir oder im Restaurant Gestgjafinn.

Jugendherberge

Skátahúsid, Höfdavegur 25. Geöffnet: Juni–August, Tel. 23 15; zu übrigen Zeiten über Tel. 13 00

Kartenmaterial

Sérkort Vestmannaeyjar, 1:50 000 mit der Inselgruppe und einer zusätzlichen Luftaufnahme Heimaeys. Kleine Touristenkarte vom Ort erhalten Sie im Reisebüro

Kino

Vestmannaeyja Bíó

Kirche

Landakirkja, Skólavegur

Medizinische Dienste
Krankenhaus: Sólhlid 10, Tel. 19 55
Zahnarzt: Ragna Birma, Baldvinsd/ottir, Sólhlid 6, Tel. 18 36

Naturkundemuseum
Das Naturkundemuseum ist im Heidavegur zu finden

Reisebüro
Loftleidir: Skólavegur, nahe der Vestmannærbraut

Restaurants/Cafés/Snackbars
Gestgjafinn, Heidavegur 3, Tel. 25 77
Skutinn, Kirkjuvegur 21, Tel. 14 20

Rotari-Club
Hilmisgata (NO), unweit der neuen Lava

Rundfahrten
Bootsrundfahrt um die Insel und Ausflüge zu umliegenden Vogelinseln mit dem Schiff »Bravo«, Olafur Granz, Kirkjuvegur 88, Tel. 11 95. Inselrundtouren mit dem Taxi möglich

Schwimmbad
Das Schwimmbad ist in der Illugagata zu finden

Shopping
Tauginn, großer moderner Selbstbedienungsladen in Hafennähe
Anglerbedarf: Eyabud, am Hafen

Taxi: Tel. 20 38

Zehn Routen durch Island

Route 1: Die klassischen Sehenswürdigkeiten des Südens

Reykjavik – Thingvellir – Laugarvatn – Geysir – Gullfoss – Thjórsárdalur – Landmannalaugar – Hekla – Reykjavik (445 km)

Zumindest der erste Teil der Route bis zum Gullfoss-Wasserfall stellt die klassische Reiselandschaft Islands dar, denn Wege dorthin gab es schon früh. Heute gehört die Route zum festen Programm aller Islandsreisenden, auch derjenigen, die ihre Stop-over-Flüge nach Amerika in Reykjavik für einige Tage unterbrechen. Höhepunkte der landschaftlich durchweg schönen Strecke sind der Nationalpark Thingvellir, der von warmen Quellen gespeiste See Laugarvatn, die berühmten Springquellen oder Geysire und der grandiose Gullfoss, der zu den größten Wasserfällen der Welt zählt. Aber auch der weitere Weg durch das Tal der Thjórsá ins Gebiet der Landmannalaugar – wörtlich: der warmen Quellen der Landnehmer – sowie der Rückweg vorbei am Vulkan Hekla gehören zu den nachhaltigen Erlebnissen einer Island-Fahrt. Für die ganze Route benötigt man, mit kleineren Aufenthalten an den genannten Orten, die zugleich Übernachtungsstützpunkte sind, etwa 5–6 Tage. Edda-Hotels oder kleinere bewirtschaftete Hütten stehen in Thingvellir, Laugarvatn, Geysir und Landmannalaugar zur Verfügung, das Zelten ist natürlich auch überall möglich. Will man übrigens die Route verkürzen, so kann man vom Gullfoss nach Reykjavik zurückfahren, am besten auf der S 35 über Selfoss.

Reykjavik – Gullfoss (117 km)

Von Reykjavik aus führt der Weg zunächst 7 km in östlicher Richtung bis zur S 1, die wir sodann in nördlicher Richtung befahren.

Schon nach wenigen Kilometern ist ein Abstecher über die nach rechts wegführende Rundstraße S 430 möglich. Er führt entweder nördlich zum Rehabilitationszentrum Reykjalundur, zur Wollfabrik von Álafoss und zu dem Dorf Brúarland (ca. 1000 Einw.), das touristisch immer mehr an Bedeutung gewinnt (Freibad, Ponyreiten, Tanz, Kino u.a.) oder südlich über die S 431 zum idyllischen See **Hafravatn**, wo es u.a. ein Schafrjétt (S. 49) zu sehen gibt.

Ein Stück weiter die S 1 entlang gelangt man angesichts des Reykjaviker

Hausberges **Esja** (909 m) zu einer Weggabelung. Hier verlassen wir die S 1 und biegen nach rechts gen Osten auf die S 36 ab. Eine Weile begleitet uns zur Linken die Südflanke der Esja, während sich zur Rechten die Mosfellsheidi ausdehnt. Links liegt das Pfarrgehöft **Mosfell**. Wo heute die Kirche steht, soll der Skalde Egill Skallagrímsson (S. 106) seinen Lebensabend verbracht und seine Beute-Schätze verborgen haben. Der rechts abgehende Weg führt zum Ort **Reykjahlíd** (Gewächshäuser) und zu den heißen Quellen von **Reykir** mit der Pumpstation, die Reykjavik mit heißem Wasser versorgt. Wiederum auf der Hauptstraße, liegen linkerhand die Geburtsstätte des Dichters Halldór Laxness (S. 112), das Gehöft **Laxness** sowie, von der Straße aus sichtbar, das Wohnhaus des Dichters. Rd. 35 km sind es jetzt noch bis zur historischen Stätte Thingvellir, das Schauplatz frühester freistaatlich-republikanischer Politik auf europäischem Boden war. Kurz bevor man ihn erreicht, bietet sich vom Aussichtsplatz oberhalb der **Almannagjá-Schlucht** ein weiter Blick über den See **Thingvallavatn** und die Thingstätte der alten Isländer, das **Thingvellir** (52 km von Reykjavik), das heute zugleich ein bedeutsamer Nationalpark der Isländer ist.

Das Thingvellir

Die von der Natur begünstigte und zentrale Lage dieser vulkanischen Hochebene, die weiträumig, aber gleichzeitig durch die Umgebung geschützt ist, ließ sie für die Isländer bereits seit dem 10. Jh. geeignet erscheinen, hier ihre Thing-Versammlungen abzuhalten.

Die Landschaft

Der große Freiplatz, der, geologisch gesehen, ein riesiges tektonisches Einbruchsgebiet von rd. 40 km Länge und 10 km Breite ist, wird im Osten und Westen durch hohe Felsschluchten Hrafnagjá und Almannagjá (d.h. Allmännerschlucht, weil in ihr alle damaligen Isländer Platz fanden), im Süden durch den Thingvallavatn, den größten See Islands, und im Norden durch den Berg Ármannsfell sowie durch den erloschenen Schildvulkan Skjaldbreidur (1060 m) begrenzt. Der Öxará-Fluß, der über den 20 hohen Öxaráfoss die Almannagjá hinabstürzt, sicherte die Wasserversorgung der Thing-Teilnehmer. Thingsvellir ist eine Ebene von malerischer Schönheit, die von tiefen, z.T. mit klarem Wasser angefüllten Felsspalten durchzogen wird. Das Wasser weist Sommer wie Winter eine konstante Temperatur von 4°C auf, da es aus großer

Thingvellir, auf dem der Altthing zusammentrat

Tiefe aufsteigt, wo sich die Schwankungen der Oberflächentemperatur nicht mehr auswirken. Vielfältiger Pflanzenwuchs, Birken- und Weidengestrüpp, wilde Blumen und im August/September Heidekraut und Blaubeeren machen den Ort zu einer Idylle, die im Sommer die Isländer und Touristen zu Camping, Picknick und Spaziergängen anlockt. Das Zelten ist freilich nur auf den bezeichneten Plätzen auf der Westseite der Ebene, entlang der Felswände der Almannagjá, erlaubt; das gesamte Gelände steht unter Naturschutz, der zentrale Teil (27 km^2) wurde 1928 zum Nationalpark erklärt, um die Tier- und Pflanzenwelt in ihrer Ursprünglichkeit zu erhalten. In seiner natürlichen Beschaffenheit dürfte der Platz sich seit dem 10. Jh. kaum verändert haben, außer daß infolge des Erdbebens von 1789 der Wasserspiegel des Sees gestiegen ist. Angesichts der herrlichen Lage dieser Hochebene kann man verstehen, daß der Gode Grímur Geitskór seinerzeit diesen Ort für die künftige Nationalversammlung empfahl.

Die politische Bedeutung

Im Jahr 930, dem Gründungsjahr des Freistaates Island, trat das Althing, die Gesetzesversammlung, hier erstmals zusammen. Der Name Thingvellir, d.h. »Ebene des Things«, war geboren. Man reiste auf Pferden aus ganz Island an, vernahm am Gesetzesberg (Lögberg) das geltende Recht, erließ neue Gesetze, hielt Gericht, schloß Ehen, traf Verwandte und Freunde und feierte 14 Tage lang fröhliche Feste. Die Gesetze hatte der Rechtskundige Úlfljótur aus Norwegen mitgebracht. Sie wurden im Laufe der Zeit von der Gesetzgebenden Versammlung (Lögretta), die sich aus den Häuptlingen der Distrikte, den *Goden*, zusammensetzte, ergänzt oder verändert, waren aber fast 200 Jahre lang, bis 1118, nicht schriftlich fixiert. Und so rezitierte der Gesetzessprecher (*Lögsödumadur*) den Text vor der widerhallenden Felswand aus dem Gedächtnis, jedes Jahr ein Drittel, so daß im dreijährigen Turnus, der zugleich der Amtsperiode des Gesetzessprechers entsprach, den Isländern alle Gesetze ins Gedächtnis gebracht wurden. Jahrhundertelang, fast durchgängig bis 1798, tagten hier Parlament und Oberstes Gericht, wurden hier alle großen Entscheidungen getroffen. Auch nachdem der Sitz des Parlamentes im 19. Jh. nach Reykjavik verlegt worden war, trafen sich die Isländer zu bedeutenden nationalen Ereignissen auf der traditionsreichen Thing-Ebene: Anfang August 1874 fand in Thingvellir die 1000-Jahr-Feier (und am 28. Juli 1974 die 1100-Jahr-Feier) der Besiedelung Islands statt; 1930 gedachte man des tausendjähringen Bestehens des Althings. Und als am 17. Juni 1944 die Unabhängige Republik Island ausgerufen wurde, war wiederum Thingvellir der Ort, an dem man das große Ereignis festlich beging. So wurde Thingvellir zum weithin sichtbaren Symbol des friedlichen Bemühens um Freiheit, Volkssouveränität und Unabhängigkeit des Landes.

Thingvellir heute

Der landschaftliche Reiz ist geblieben, von den historischen Stätten finden sich freilich nur noch Spuren. Von den ehemaligen Behausungen, den Budir – ganz früher waren es Zelte, später Holzhäuser –, ist nichts erhalten. Nur einige Überreste aus späterer Zeit (18. Jh.) kann man zwischen Almannagjá und Öxará entdecken. Auch zahlreiche Kirchen sind, seit die erste im Jahre 1118 niederbrannte, wieder verschwunden. Die jetzige steht seit 1860, flankiert von fünf kleinen aneinandergebauten spitzgiebligen Holzhäusern. Diese Gebäudegruppe bildet ein Wahrzeichen Thingvellirs. Zugleich dienen die Häuser dem Direktor des Nationalparks, der auch die Pfarrei versieht, als Wohnsitz. In seiner

 Rechts: Wassergefüllte Erdspalten im Thingvellir-Nationalpark

unmittelbaren Nähe hat sich das Valhöll-Hotel mit Restaurationsbetrieb angesiedelt, ein paar hundert Meter weiter, bei dem Campingplätzen, gibt es eine Cafeteria. Unweit Valhöll kann man durch die Almannagjá-Schlucht wandern, vorbei am Lögberg, der noch heute den Standort des Gesetzessprechers erkennen läßt. Wenn man laut gegen die Felswände ruft, hallen die Worte weithin verständlich zurück. Entlang des Öxará-Flusses führt dann der Weg weiter zum **Wasserfall**. Auch einige alte Hinrichtungsplätze lassen sich noch aufspüren: der Ertränkungspfuhl **Drekkingerhylur**, in dem Ehefrauen, die Mann oder Kinder umgebracht hatten, den Tod erleiden mußten; **Höggstokkseyri**, wo Mörder unters Beil des Henkers kamen; der Galgenberg **Gálgaklettar**, auf dem Diebe gehenkt wurden; **Brennugjá**, Ort fanatischer Hexenverbrennungen im 17. Jh.; und schließlich **Kagahólmi**, Platz der Auspeitschungen für weniger belastete Verurteilte. Das alles braucht Sie nicht mehr zu schrecken. Die Todesstrafe ist in Island genauso abgeschafft wie bei uns, und an Hexen glaubt auch hier heute keiner mehr.

Der Thingvallavatn-See

Von Thingvellir geht es entweder auf der nördlichen Uferstraße des Thingvallavatn oder auf der S 36 weiter, die nunmehr in südlicher Richtung am Ostufer des Sees entlangführt. Wer von hier aus nach Reykjavik zurück oder den See umrunden will, wird auf der S 36 südwärts weiterfahren; ansonsten biegt man einige Kilometer hinter Thingvellir auf die Höhenstraße nach Laugarvatn ab, nicht ohne zuvor noch eine kurze Rast am See eingelegt zu haben.

Mit einer Fläche von fast 83 km² ist der Thingvallavatn der größte See Islands, mit 114 m Tiefe zugleich nach dem Askja-See der zweittiefste. Allerdings weist er, als Folge unterseeischer Vulkanausbrüche, auch sehr viel flache Stellen auf. Hauptzufluß ist die Öxará, die von der Hochfläche der Almannagjá brausend herunterstürzt; größter Abfluß ist der Sog, der im Südost-Zipfel den See verläßt, sich an einigen Stellen zu kleineren Seen verbreitert und schließlich, mit der Hvítá vereint, als Ölfusá ins Meer mündet. Die Fahrt um den See (rd. 60 km) bietet ein schönes Landschaftspanorama und verlockt immer wieder zu Unterbrechungen, z.B. Wanderungen am Úlfljótsvatn oder entlang der östlichen und südlichen Lava. Südwestlich des Sees ist ein Ausflug zu den **Thermalquellen** am Fuße des 803 m hohen Hengill empfehlenswert. Das drittgrößte Quellgebiet Islands dehnt sich kilometerweit bis nach

Hlödufell in Südwest-Island

Hveragerdi aus. Der Thingvallavatn ist einer der fischreichsten Seen des Landes: Eine Fangquote zwischen 10 000 und 20 000 t im Jahr ist keine Seltenheit. Eine Attraktion ist hier der kleine, sehr schmackhafte Murta, ein bis zu 25 cm langer Fisch, den es nur hier gibt.

Von Thingvellir zum Laugarvatn
Man setzt nunmehr den Weg über die landschaftlich reizvolle Höhenstraße S 365 durch die Lyngdalsheidi, vorbei an den Höhlen **Gjábakkahellir** und **Laugarvatnshellir**, fort und erreicht nach 18 km den in der fruchtbaren Ebene des Laugardalur (Tal der warmen Quellen) gelegenen See und Ort **Laugarvatn** (75 km von Reykjavik).

Laugarvatn
Der nach dem See benannte gleichnamige Ort mit relativ geringer Stammeinwohnerzahl von einigen hundert Einwohnern ist im Sommer vom Tourismus geprägt; außerhalb der Sommermonate wird das Leben durch das Schulzentrum (Internatsschulen) beherrscht, dem ein Gymnasium, eine Mittelschule, eine Hausfrauenschule und eine Sportschule angehören. Es gibt Hotels, auch ein Edda-Hotel (S. 312), Ge-

schäfte, Post, Tankstelle, Campingplatz, Pony- und Bootsverleih sowie, als eigentliche touristische Attraktion von Laugarvatn, ein natürliches Schwefeldampfbad am Seeufer nebst Thermal-Duschen und natürlich das erwärmte Wasser des Laugarvatn (See der Heißen Quellen). Linienbusse fahren nach Reykjavik, Geysir und Gullfoss. An sich ist dieser See ebenso kalt wie die meisten in Island. Das merkt man, wenn man ins Wasser hineinwatet. Aber an verschiedenen Stellen, besonders am nordwestlichen und am südlichen Ufer, führen Quellen heißes Wasser zu (rd. 70–100°C), und in deren Umkreis ist es dann angenehm warm. Wer den leichten Schwefelgeruch nicht mag, kann ins Hallenbad des Ortes ausweichen. Organisierte Ausflüge mit Pferden sowie Anglertouren zum nahegelegenen forellenreichen Apavatn ergänzen das touristische Angebot.

Von Laugarvatn zum Gullfoss-Wasserfall (125 km von Reykjavik)
Weiter geht die Fahrt in nordöstlicher Richtung auf der S 37, später der S 35 durch das weite Laugadalur zum Stóri Geysir und zum Gullfoss-Wasserfall. Zur Rechten dehnen sich Heide- und Moorlandschaften aus, zur Linken Wälder und Berge. In der Ortschaft **Middalur** steht eine sehenswerte kleine Kirche.

Von Middalur führt übrigens ein Pfad, der aber hier nicht näher beschrieben wird, ins Gebirge, hoch zum **Raudafell** (916 m) und in die Vulkangebiete südlich des Langjökull, genauer zum **Hlödufell** (1188 m), an dessen Fuß eine Schutzhütte steht sowie zu den Kratern des **Skjaldbreidur** (1060 m), des **Lambahraun** und anderer Vulkanberge. Für geologisch Interessierte ist das eine lohnende Tour, die aber nur mit einem Geländewagen durchgeführt werden kann.

Die Straße umrundet nun den 627 m hohen **Efstadalsfjall**, passiert einige kleinere Abzweigungen – z.B. nach links zum **Brúarfoss** – und trifft nach 25 km bei dem Gehöft **Múli** auf eine Straßengabelung. Hier geht es nach links weiter ins **Haukadalur**. Bald kann man die Dampfquellen des Geysir-Gebietes sehen, das man nach weiteren 9 km erreicht (111 km von Reykjavik).

Die Geysire im Hauka-Tal
Stóri Geysir, der Große Geysir (isl. stór = groß, geysa = herausquellen, springen), Namengeber für die heißen Springquellen in aller Welt, ist eine ebenso faszinierende wie unzuverlässige Naturerscheinung. Frü-

Rechts: Der Große Geysir auf Südisland in Tätigkeit

her erreichte er Springhöhen bis zu 70 m. Im Jahr 1294 soll er bei einem Ausbruch des Hekla, der mit Erdbeben und Bodenzerreißungen verbunden war, erstmalig hervorgetreten sein, allerdings in einem Gebiet, in dem schon vorher Springquellen existierten. Vom Ende des 18. Jh.s an wurden die Abstände, in denen der Stóri Geysir sprang – um 1770 herum noch halbstündig –, immer größer. Sie betrugen zunächst Stunden, dann Tage und Wochen. Die Kraft des Geysirs erlosch immer mehr, der Gasdruck im Inneren reichte offenbar nicht mehr aus, die im Schlot stehende Wassersäule zum Sieden zu bringen und auszuschleudern. Nach dem Erdbeben von 1896 kam es zehn Jahre lang wieder zu täglichen Eruptionen, doch dann vergrößerten sich die zeitlichen Abstände erneut, und 1915 stellte Stóri Geysir seine Aktivität ein. 1935 erzwang man durch die Schaffung einer druckentlastenden Abflußrinne seine erneute Tätigkeit, die bis 1955 anhielt und bis 1964 langsam zum Stillstand kam. Unerwartet begann der Große Geysir 1971 erneut, allerdings sehr unregelmäßig, zu springen. Ihn im folgenden Jahrzehnt (bis 1981) aktiv zu sehen, blieb an den großen Zufall gebunden: Der Stóri Geysir galt als tot. Da erweckte ihn Gunnlaugsson, der isländische Filmemacher, auf eine ebenso drastische wie wirkungsvolle Weise: Weil er einen spuckenden Geysir, und zwar möglichst den »Großen«, für einen historischen Film brauchte, trieb er im September 1981 in einer Nacht- und Nebelaktion mit einem Preßlufthammer einen Schacht in die Kraterwand und ließ einen Teil des in der Schale befindlichen Wassers ab. Die Folge der plötzlichen Druckentlastung der Wassersäule zeigte sich prompt und aufregend für eine ganze Nation: der Große spuckte wieder. Bis zu 50 m hoch, höher als die ältesten Bauern auf Island ihn je hatten springen sehen, warf er seine Wassermassen in die Luft empor, zum Jubel der Isländer wie der Touristen. Und wenn es auch für Gunnlaugsson ein gerichtliches Nachspiel gab, er hatte Island seine Attraktion zurückgegeben. Wie lange wohl diesmal? Nun, inzwischen haben Staat und Naturbehörden ein Einsehen und provozieren mit künstlichem Eingriff den »Großen«: Alljährlich, meist am Sonnabend vor dem Bankfeiertag (S. 138, 310), gibt ein Mitglied des Geysir-Ausschusses dem Großen Geysir rd. 50 kg Seife zu »fressen«. Und diese mag er offenbar nicht, denn wenig später, manchmal auch erst nach Stunden, beginnt er, sie wieder auszuspucken. Das Schauspiel, verfolgt von Tausenden von Isländern, die mit Kind und Kegel hinausgezogen sind, nimmt seinen Lauf. Wie lange wird Stóri Geysir das Spiel nur mit-

spielen? Im übrigen bildet das weiße Kieselsinter-Becken von 14 m Durchmesser mit seinem dampfenden, blauschimmernden Wasser für sich schon eine Sehenswürdigkeit. Ebenso das übrige Gelände mit den vielen kleinen kochenden Quelltöpfen.
Weit zuverlässiger als der Große Geysir befriedigte schon seit langem der 50 m danebenliegende Strokkur (Butterfaß) die touristische Neugier: Alle sechs bis fünfzehn Minuten schleudert er, eingeleitet durch grollenden Donner im Innern des Schachtes und durch immer höher schwappende Wasserkegel, plötzlich explosionsartig seine Wassersäule bis zu 25 m empor. In der Luft zerstäubt der Springbrunnen zu feinem weißen Sprühregen, und man muß die Windrichtung beachten, will man an seinen Beckenrand treten. Denn immerhin hat das Wasser eine Temperatur von 80–90 Grad und kann schwere Verbrennungen verursachen. Beim Absog der Wasser wird das Innere des 20 m tiefen Quellschachtes immer tiefer freigelegt, bis sich das Becken wieder mit dem rückströmenden abgekühlten Wasser füllt und das Spiel der Natur von neuem beginnt (S. 21). Eines Tages wird sicherlich auch der zuverlässige Strokkur aufhören zu springen, aber der Wärmevorrat im Inneren ist nach Berechnungen noch lange nicht erschöpft. In 1000 m Tiefe herrschen auf Island 50–100°C Bodentemperatur, im Kontinentalbereich dagegen nur 10–30°C. Jedes Erdbeben kann neue Schächte aufreißen, durch die der Gasdruck bzw. das siedende Tiefenwasser sich Entlastung sucht. Der neuerliche Ausbruch des Stóri Geysir hat deutlich gemacht, daß sich Islands Geysire so schnell nicht geschlagen geben. Das Land wird seine nationalen Sehenswürdigkeiten noch lange behalten.

Sommerhotel »Geysir« (geöffnet Juni–August) – auch Schlafsacklager – mit Restaurant, Kiosk, Tankstelle, quellbeheiztem Freibad und Gewächshaus. Neues Hotel Geysir (ganzjährig geöffnet), 20 Zimmer, Restaurant. Busverkehr mit Reykjavik und Gullfoos.
Fußweg zum Gullfoss ca. 10 km, auf der Straße S 35 rd. 6 km. Hier enden alle Wege, die mit einem »normalen« Pkw befahrbar sind.

Der Gullfoss-Wasserfall (117 km von Reykjavik)

Der Gullfoss-Wasserfall gilt vielen als der schönste isländische Wasserfall, er zählt auch zu einem der schönsten der Welt. Über drei große Basaltstufen stürzt der Hvítá-Fluß, der seine Wasser hauptsächlich aus den Gletschermassen des Langjökull erhält, 32 m tief hinab in eine 2,5 km lange, bis zu 70 m tiefe Schlucht. Hoch schäumt der Gischt auf,

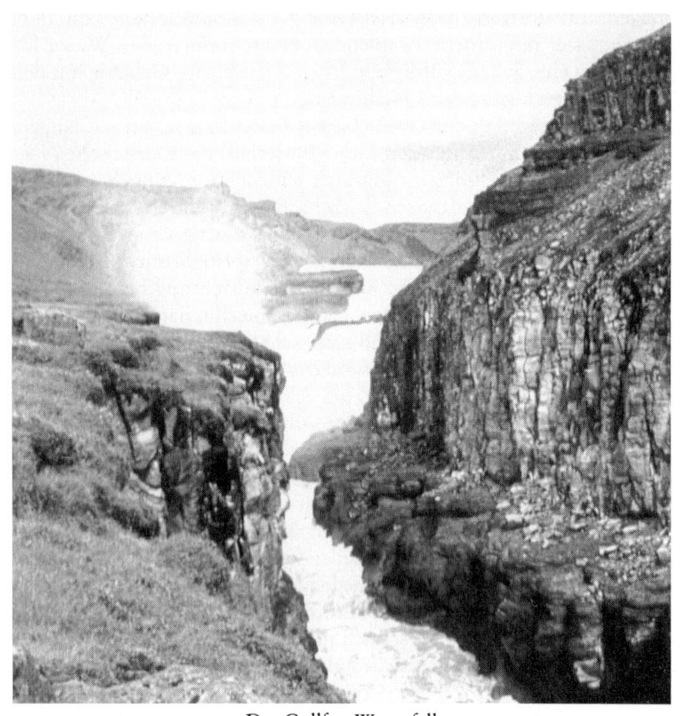

Der Gullfoss-Wasserfall

und feine Sprühnebel überziehen in vielen Lichtbrechungen und schönen goldenen Regenbögen farbig schillernd die nähere Umgebung. Davon hat der Gullfoss, der »Goldene Wasserfall«, seinen Namen. Ende des 19. Jh.s wollte einmal ein Ausländer den Wasserfall wegen seiner Schönheit für 50 000 ikr kaufen. Es heißt aber, daß eine Bauerntochter von Brattholt den Kauf verhindert habe. Einige Jahre später wollte eine Gruppe von Engländern abermals den Wasserfall aufkaufen und für kommerzielle Zwecke ausbeuten. Der Vertrag kam sogar trotz des erneuten couragierten Widerstandes eben jener Bauerntochter, die den Kauf auch diesmal verhindern wollte, zustande. Die Sache erledigte sich jedoch von selbst: Die Engländer zahlten nicht, und heute ist der Gullfoss Staatsbesitz.

Kein Hotel. Busverkehr: Geysir-Gulfoss; Tagesausflüge Reykjavik-Gullfoss.

Vom Gullfoss nach Landmannalaugar (142 km, 259 km von Reykjavik)
Die nächste Etappe führt uns ins Gebiet der warmen Quellen und Flüsse von Landmannalaugar. Zunächst geht es zum Hotel Geysir zurück. Hier bestehen zwei Möglichkeiten der Weiterfahrt. Die ältere, etwas längere, westliche Route (45 km) führt über Skálholt (S 35/S 31) ins Thjórsárdalur (S 30/S 32) und die neuere Route (39 km) über Flúdir.

Skálholt
Die Stadt war von 1056 bis 1796 Bischofssitz und lange Zeit geistliches und geistiges, zeitweilig auch machtpolitisches Zentrum Island. Hier residierten 45 Bischöfe, davon 32 katholische. Bischof Gizur Einarsson (1540-48) führte, nachdem er zum Protestantismus übergetreten war, die Reformation in seinem Bistum durch. Sein Widersacher, der katholische Bischof Jón Arason von Hólar, wurde bei dem Versuch, Skáholt mit Waffen zurückzuerobern, gefangengenommen und hier 1550 ohne Gerichtsverfahren hingerichtet (S. 252). Eine Gedenktafel erinnert an dieses historische Ereignis. Die jetzige **Kirche** ist vermutlich die elfte und wurde in den Jahren 1956-63 von Islands Staatsarchitekt Hödur Bjarnason gebaut. Interessant sind die Krypta mit den Bischofsgräbern, der unterirdische Gang, der die Kirche mit den alten Wohnhäusern und der Schule verband, das Altarbild von Nína Tryggvadóttir sowie die bemalten Kirchenfenster von Gerdur Helgadóttir. Vom Turm besteht gute Fernsicht. Die benachbarte Volkshochschule erinnert daran, daß in Skálholt Islands erste Schule (1056) stand.

Wer die andere Route über Flúdir wählt, überquert zunächst in südlicher Richtung den Fluß Hvítá. Kurz danach führt ein kleiner Abstecher linker Hand zur Kirche am **Tungufell**. Wieder auf der Hauptstraße zurück, sind es noch 17 km bis **Flúdir**.

Flúdir
Der kleine, aber touristisch immer interessanter werdende Ort Flúdir mit Hotel, Geschäften, Schule, einem Gemeindezentrum und heißen

Quellen, aus denen ein Schwimmbad und eine Reihe von Treibhäusern beheizt werden, wird aufgrund seiner zentralen Lage immer häufiger als Ausgangsort für Touren benutzt: Laugarvatn, Apavatn, Geysir, Tungufell, Gullfoss, Laxárdalur, Thjórsárdalur, Búrfell, Hekla, Landmannalaugar und die ganze, östlich des Ortes gelegene Bergwelt mit ihren Kratern und Gletscherflüssen sind von hier zu erreichen. Auch als Ausgangspunkt für Wanderungen ist Flúdir zu empfehlen.

Der weitere Streckenverlauf führt zunächst durch Wiesen und Moore, vorbei am Berg Midfell zur Rechten, an den Ausläufern des Galtafell zur Linken und an einem kleinen See, der von der Stóra-Laxá gespeist wird. Wenige Kilometer weiter trifft man auf die S 32, die Hauptverbindungsstraße Reykjavik – Thórisvatn bzw. Sprengisandur. An dieser Stelle biegt man links ab und erreicht bald das sich verengende Tal der Thjórsá, die mit rd. 230 km Länge der längste isländische Fluß ist. Sein Wasser kommt hauptsächlich aus den Gletschermassen des Hofsjökull. Die Fahrt flußaufwärts ist landschaftlich abwechslungsreich und gestattet immer wieder Ausblicke auf die 1491 m hohe Hekla, den Schicksalsberg dieses Landstrichs. Denn mehrfach im Laufe der Geschichte erreichten die glühenden Lavamassen der Hekla dieses Gebiet und vernichteten die Wohnsiedlungen. Deshalb findet man, wenn man den Bauernhof Asolfsstadir oder das Sommerhotel bei Sandártunga passiert hat, keine Gehöfte, Hotels oder sonstigen Ansiedlungen mehr. Einzigartig ist in diesem Zusammenhang das rekonstruierte Gehöft Stöng.
Bevor man dort hingelangt, kann man links der Straße einen kleinen Abstecher zum Wasserfall **Hjálparfoss** machen. Der Sandá-Fluß fällt hier rd. 10 m tief herab, durch einen kleinen Felsen in der Mitte geteilt, so daß der charakteristische Doppelfall entsteht.
Nach kurzer Weiterfahrt auf der Hauptstraße erreicht man das naturbeheizte Schwimmbad **Thjórsárdalslaug**. Die nächste Station könnte das rd. 3 km südlich gelegene **Kraftwerk Búrfell** sein. Das erste an einem aufgestauten Gletscherfluß errichtete Stauwerk wurde 1972 in Betrieb genommen und versorgt hauptsächlich das Aluminiumwerk in Straumsvík. Es ist mit einer installierten Kapazität von 240 000 kw das größte isländische Wasserkraftwerk. Die Energieerzeugung betrug 1980 rd. 1 500 000 MWh, das ist mehr als die Hälfte der von allen 25 Wasserkraftwerken zusammen erzeugten Energie. Eine Besichtigung ist möglich. Anschließend kann man noch den Wasserfall **Thjófafoss** besu-

chen, der ein paar Kilometer am südlichen Ausläufer des Búrfell (672m) herabstürzt. Ansonsten geht es wieder ein Stück zurück, um das Skeljafell (405 m) herum, hinauf zum Gehöft **Stöng**.

Stöng

Schon sehr früh, im Jahre 1104, wurde Stöng nach einem Ausbruch der Hekla unter Asche begraben. Es muß damals, wie die anderen rd. 12–15 Farmen im Thjórsárdalur, inmitten von saftigem Weideland gelegen haben. 1939 wurde der Hof ausgegraben. Anhand des freigelegten Grundrisses rekonstruierte man die Gesamtanlage und baute sie wieder in der für Island typischen Grassoden-Bauweise auf: Der Hauptraum mit Langfeuer enthält die Schlafstätten für Männer und Frauen, während in der östlichen Ecke die Sklaven auf dem Boden schlafen mußten. Vorratskammer, Toilette und der Arbeitsraum der Frauen rundeten den Wohnbezirk ab. Ferner gab es, wie die Ausgrabungen erkennen lassen, eine Werkstatt, eine Schmiede und einen Kuhstall für 16 Tiere. Die Gebäude waren aus Grassoden und Holz gefertigt, das es auf Island damals noch gab. Stöng ist eine in Island einzigartige Rekonstruktion eines Gehöftes aus der Saga-Zeit, das einen Eindruck von der Kargheit der Lebens- und Wohnverhältnisse jener Helden vermittelt, die uns in den Dichtungen der damaligen Zeit begegnen. Das Gehöft ist im Sommer ganztägig geöffnet.

Von Stöng aus kann man zu Fuß noch zwei schöne Wasserfälle erreichen, den ganz in der Nähe liegenden **Gjáinfoss**, wo die Raudá (der »rote Bach«), in ein Dutzend kleinerer Fälle aufgespalten, über eiszeitliche Basaltlava abstürzt, und den 1–1 1/2 Stunden entfernten, rd. 120 m hohen **Haífoss** am Ende des Fossár-Tals. Von Stöng aus geht es dann wieder auf die S 32. Nach rd. 5 km überquert man die Thjórsá und erreicht nach weiteren 6 km jenen Knotenpunkt, wo S 26 und S 32 zusammenstoßen. Hier kreuzt man die Hauptstraße, die zum Thórisvatn weiterführt, und fährt auf der in älteren Karten noch nicht eingezeichneten Sigalda-Route, die über ausgedehnte Lavafelder und Steinwüsten, vorbei an **Stóra-** und **Litla-Melfell** und einigen kleineren Kratern, nach **Landmannalaugar** führt. Nach ca. 25 km in östlicher Richtung erreicht man – kurz vor Landmannalaugar – eine Wegkreuzung: nach links wird auf den rd. 2 km entfernten Kratersee **Ljótipollur** verwiesen (der auf dem Rückweg angesteuert wird), nach rechts auf den **Dómadalsleid** (Landmannaleid), auf dem die Rückfahrt erfolgt. Geradeaus führt der

Weg um den Kratersee **Frostastadavatn** herum und auf dem letzten Stück, steil hinunter nach Landmannalaugar am Gletscherfluß Jökulgilskvísl (259 km von Reykjavik auf unserer Route). Unmittelbar vor dem Zeltplatz versperrt noch zu guter Letzt ein Flüßchen den Weg, das mit Vorsicht durchquert werden sollte. Bei normalem Wasserstand durchaus für gewöhnliche Pkws passierbar, kann es bei Regen oder starker Gletscherabschmelzung schnell den Pegel von einem Meter übersteigen und versperrt dann den Rückweg. Es sollte also nur mit vierradgetriebenen Fahrzeugen durchfahren werden. Man kann diesseits des Flusses zelten oder die Ausrüstung durch den Fluß tragen. Am anderen Ufer befinden sich dann Zeltplatz und Hütte des isländischen Touristenverbandes.

Landmannalaugar (die warmen Quellen der Landnehmer)
Der Platz ist aus mehreren Gründen außerordentlich reizvoll und seit altersher ein attraktives Ausflugsziel der Isländer. Schon die Landnehmer kannten den Ort, der wegen seines angenehmen Klimas, seiner geschützten Lage und vor allem wegen seiner warmen Quellen geschätzt wurde. Haben Sie schon einmal in einem Fluß gebadet, aus dessen Bodenporen 40–45°C warmes Wasser, vermischt mit warmen Luftbläschen, prickelnd hervortritt und den Fluß auf ca. 28°C Dauertemperatur (auch im Winter) aufheizt? Eine zweite Wasserstelle, 20 m daneben, weist moosigen Untergrund auf. Hier hat das Wasser eine Temperatur von 38°C. Wer es noch wärmer liebt, erreicht über einen Steg eine Stelle im Fluß, an der eine heiße Quelle aus dem Fels tritt. Hier kann man die Wärme nach Wunsch dosieren. Nicht nur bei schlechtem Wetter, bei Regen, Sturm oder auch Schnee, ist es ein Badevergnügen ganz besonderer Art.
Unmittelbar vom Zeltplatz bzw. der Hütte aus kann man eindrucksvolle Wanderungen auf die umliegenden Berge unternehmen. Gut markierte Wander- und Gratwege sowie Rundtouren lassen sich in 2–3 Stunden bewältigen. Geologisch interessante Formationen liegen zutage und ergeben ein formen- und farbenreiches Bild. Liparitberge (rhyolithische Tuffe) in ihrer charakteristischen tiefgelben bis braunen Tönung wechseln mit tiefschwarzem, glasigem Obsidiangestein ab, schwarze Basaltketten und am fernen Horizont Schneekuppen der Gletscher Vatnajökull, Lang- und Hofsjökull tauchen die Landschaft in Farbkontraste, die man nicht so schnell wieder vergißt. Die vielfältigen Lichtbrechun-

Warmwasserpfuhl bei den Landmannalaugar, Südisland

gen zeigen innerhalb weniger Minuten ein und denselben Berg in den unterschiedlichsten Beleuchtungen. Durch den Feuchtigkeitsgehalt der Luft überwölben intensive, häufig kreisförmig geschlossene Regenbögen die Landschaft und halten sich lange am Himmel. Die Kulisse der weiter entfernten Berge ist in ein tiefes Blau bis Violett oder Lila getaucht, so daß der Betrachter ein farblich außergewöhnlich nuanciertes Panorama erleben kann, das durch einen Sonnenuntergang mitunter ins Unwirkliche gesteigert wird. In den höheren Lagen trifft man auf dampfende und zischende Schwefelquellen und Ströme von moosüberwachsener Blocklava. Eine unvergeßliche Landschaft!

Schon während des Aufenthaltes, spätestens aber auf der Rückfahrt, sollte man einen Abstecher zum **Ljótipollur-Krater** einplanen: ein wunderschöner Kratersee, dessen Umgebung zu einem Spaziergang lockt (Fahrt: zur ersten Kreuzung zurück, dann dem Wegweiser nach rechts folgen). Die schon erwähnte bewirtschaftete Hütte bietet Betten und Matratzenlager sowie eine Küche für Selbstversorger. Organisierte Fahrten Reykjavik – Landmannalaugar.

Von Landmannalaugar zum Vulkan Hekla (rd. 60 km)

Die Rückfahrt geht, wiederum von der genannten Kreuzung aus, in westlicher Richtung über den Dómadalsleid, dessen Verlauf unter dem Namen Landmannaleid bekannt ist. Bis zum Sommer 1980 erlebte man hier eine idyllisch schöne Landschaft mit Wiesen, die von klaren Bächen durchzogen wurden. Wer jetzt nach dem großen Hekla-Ausbruch vom August 1980 hier entlangfährt, sieht nur mehr eine schwarze Aschendecke. Die Hekla hat wieder einmal eine blühende Landschaft zerstört. Nach 4,5 km passiert man einen kleinen Kratersee, weiter oben befindet sich ein zweiter. Nach 3 km macht der Weg eine große Linksbiegung in südwestlicher Richtung auf **Raudfossafjöll** zu, ein Bergmassiv, das sich an mehreren Stellen bis über 1200 m erhebt. Seine Einzelkrater sind bis in die nächste Umgebung der Straße ver-

Ein Vulkankrater bei Landmannalaugar

streut. Bald geht nach rechts eine Trackspur ins nördlich gelegene Gebiet der **Landmannahellir** ab; nach links zweigen zwei Trackspuren ab, auf denen man mit dem Geländewagen die Raudfossafjöll umrunden und zum **Laufafell** (1164 m) gelangen kann. Von dort hat man den Anschluß an die südlichen Bergstraßen, die das Hochland zwischen **Tindfjallajökull** und **Torfajökull** erschließen. Etwa 20 km sind es jetzt noch auf dem Landmannaleid bis zu S 26. Ungefähr auf der Hälfte der Strecke, rechter Hand sieht man das 764 m hohe Valafell, zweigt links eine Trackspur zur Hekla ab, dem nordöstlichen Einstieg, wenn man den berühmten Vulkanberg erobern will. Ein anderer Zugang ist von der Südwestflanke aus über die S 268 möglich, meist durch die Svartahraun. Beide Spuren führen aber nur in die Nähe der Hauptkrater. Die letzten 8–10 km müssen zu Fuß zurückgelegt werden. Eine Wanderung bis zum Fuße der Hekla dauert also einen halben bis einen ganzen Tag; sie sollte nur mit festem Schuhwerk, warmen Wollsachen, Regenzeug und ausreichend Proviant durchgeführt werden, da man auch im Sommer nie vor Überraschungen sicher sein kann.

Der Vulkan Hekla

Unter den tätigen Vulkanen ist die Hekla wohl der bekannteste. Das liegt z.T. an Ihrer Lage in der Nähe der am stärksten besiedelten Gebiete Islands. Reykjavik ist schließlich nur zwei Autostunden entfernt. Und bei jedem ihrer Ausbrüche, mit denen sie in der letzten Zeit nicht gegeizt hat, strömen Tausende von Isländern und Touristen dorthin, um das Schauspiel zu beobachten. Schon im Mittelalter war die Hekla, deren Schlund christliche Vorstellung für den Eingang zur Hölle hielt, der am häufigsten beschriebene tätige Vulkan. Von Südwesten her erscheint sie als Kegelberg. Tatsächlich handelt es sich aber um einen Spaltenvulkan, der in SW/NO-Richtung aus vielerlei Kratern seine Lava und Asche ausgestoßen hat, so daß sich die Hekla von Nordwesten aus als ein langgestreckter Bergrücken darbietet. Die höchste Erhebung am »Gipfelkrater« beträgt 1491 m, eine Höhe, die der Berg seit dem Ausbruch von 1947/48 aufweist, als er um 44 m wuchs. Das Alter der Hekla kann man heute mit Hilfe der von Sigurdur Thórárinsson entwickelten Methode der Tephrochronologie (Tephra = vulkanische Asche) einigermaßen genau auf 6000–7000 Jahre schätzen. In dieser Zeit gab es insgesamt fünf große Eruptionszyklen von rd. 1100 Jahren Dauer, denen jeweils größere Ruhepausen folgten. Der derzeitige fünfte Zyklus

Der Spaltenvulkan Hekla

begann in historischer Zeit mit dem Ausbruch von 1104, den die Landnehmer als den ersten Hekla-Ausbruch seit der Besiedelung erlebten. Deshalb traf sie diese Eruption auch völlig unvorbereitet. Die besiedelten Gebiete (Thjórsárdalur und Hrunamanna-Afrettir sowie das Gehöft am Hvítarvatn) wurden vernichtet, weil niemand mit einer so starken Vulkantätigkeit gerechnet hatte. Seitdem hat die Hekla noch 16mal gespuckt, durchschnittlich zweimal in jedem Jahrhundert. In diesem Jahrhundert war sie sogar schon viermal tätig (29.3.47–21.4.48; 5.5.–5.7.70; 18.–21.8.80; 10.–13.4.81 = 17. Eruption). Bis zum 15. Ausbruch hat die Hekla nach Berechnungen von Wissenschaftlern insgesamt 8 km^3 Lava und 5 km^3 Asche gefördert; mehr als ein Viertel aller Lavaproduktion auf Island überhaupt seit der Besiedelung (und rd. ein Zehntel der gesamten geförderten Asche). Die Ausbrüche von 1104 (die mit Abstand höchste Aschenproduktion der Hekla in historischer Zeit) sowie von 1300, 1510 und 1693 richteten verheerende Verwüstungen an. Demgegenüber kann der angerichtete Schaden der vier Ausbrüche in diesem Jahrhundert als vergleichsweise gering betrachtet werden. Allerdings waren die Explosionen der Hekla am 29. März 1947 Hunderte von Kilometern weit zu hören, und der Aschenauswurf betrug in der Initialphase rd. 180 Mill. m^3. Die Aschenwolke erreichte eine Höhe von 30 km, verfinsterte die Atmosphäre aller angrenzenden Bezirke und trug den rötlichbraunen Staub bis nach Finnland, 3800 km weit. Bei der Eruption von 1970 tötete die stark fluorhaltige Asche 7500 Schafe, davon 6000 Lämmer. Bei dem Ausbruch von 1980 gelang es relativ schnell, die Schafe von den Weideplätzen abzutreiben, so daß hauptsächlich das Weideland in Mitleidenschaft gezogen wurde. Der Kurzausbruch von 1981 war mehr ein Epilog zum Vorjahresgeschehen und wurde als »Touristeneruption« eingestuft. Die furchtbare Gewalt des Vulkans Hekla kann man, wenn man in seine ruhigen, lediglich von weißen Fumarolendämpfen durchzogenen Krater blickt, nur ahnen. Karte: Sérkort Hekla, 1:50 000 (mit genauen Angaben über die zeitlichen Verteilungen der Lavaflüsse).

Vom Vulkan Hekla zurück nach Reykjavik (126 km)
Die Rückfahrt führt auf der S 26 über **Skard** durch das Gebiet der warmen Quellen **Laugarland** bis zur Anschlußstelle an den **Ringweg** und von dort über **Selfoss** und **Hveragerdi** (S. 224) nach Reykjavik zurück, das man nach insgesamt 445 km wieder erreicht.

Route 2: Rund um die Insel auf der Südtangente

Reykjavik – Thórsmörk – Skaftafell – Höfn – Egilsstadir (ca. 775 km)

Die lange südliche Küstenstrecke um Island berührt sehr unterschiedliche Landschaften. Bis Thórsmörk fährt man durch ein weites, fruchtbares Grünland. Dann geht es über lange Sanderstrecken weiter, bis man den Nationalpark Skaftafell am südlichen Rand des großen »Wassergletschers« erreicht. Der Abschnitt bis Höfn zeichnet sich im Küstenbereich durch eine schöne Vegetation aus. Darüber hinaus eröffnet er großartige Ausblicke auf die mitunter arktisch anmutende Welt der Gletscher, Gletscherzungen und -seen. Das letze Teilstück nach Egilsstadir führt durch die Landschaft der östlichen Fjorde und die hochgelegene Breiddalsheidi in die liebliche Ebene des Lögurinn-Sees. Entsprechend dieser Landschaftsgliederung, aber auch aus praktischen Gründen (Übernachtungsstützpunkte/Fahrtetappen) unterteilen wir die Gesamtstrecke in vier Abschnitte. Alle Stützpunkte, auch die im Text angegebenen Zwischenstationen, verfügen über gute Übernachtungsmöglichkeiten, zumindest einen Campingplatz. Nur wer es sehr eilig hat, wird die Strecke in drei Tagen schaffen wollen; ansonsten sollte man fünf bis sechs Tage einplanen, mit Abstechern ins Hochland entsprechend mehr.

Von Reykjavik ins Hinterland des Markarfljót (152 km)
Ein Hinweis vorweg: Das idyllische Thórsmörk-Tal ist, jedenfalls der

innere Bereich, nur mit einem Wagen mit Vierradantrieb zu erreichen; wer mit einem gewöhnlichen Auto unterwegs ist, sollte auf jeden Fall das Tal Fljótsdalur mit gleichnamiger Jugendherberge ansteuern. Beide Etappenziele führen in das wasserreiche Hinterland Markarfljót, das von den umgebenden Gletschern Tindfjallajökull im Norden, Mýrdalsjökull im Osten und Eyjafjallajökull im Süden gespeist wird.
Die Straße führt zunächst, bis **Hveragerdi**, durch Heide- und Lavalandschaften. Rd. 50 km von Reykjavik entfernt erhebt sich zur rechten Seite das **Vífilfell** (655 m) mit dem Segelfluggelände Sandskeid, während von links der über 800 m hohe **Hengill** herübergrüßt. Die Lava Svínahraun, die heiße Quelle am Hotel **Hveradalir** und die Lava der Hellisheidi legen Zeugnis davon ab, daß dieser Raum früher hochaktives Vulkanland war. Die Hellisheidi empfing ihre Lavamassen von einem Dutzend Vulkanen der Moosfellsheidi, deren Ausbruch im Jahre 1000 fast die Einführung des Christentums verhindert hätte. Denn manche sahen im Walten der Natur den zornigen Willen der alten Götter am Werke. Kurz bevor man nach Hveragerdi hinabfährt, erreicht man den Berg **Kambar**, von dem man bei schönem Wetter einen herrlichen Fernblick bis zu den Westmännerinseln, zur Hekla, zu den südlichen Gletschern und besonders zum Eyjafjallajökull hat. Östlich davon und greifbar nahe zeigt sich das 551 m hohe **Ingólfsfjall**, zu Ehren Ingólfur Arnarsons benannt, der hier vorübergehend gehaust haben und auch hier begraben sein soll.
Die Ortschaft **Hveragerdi**, im Gebiet heißer Quellen gelegen, ist durch seine thermisch betriebenen Treibhäuser berühmt geworden, in denen Gemüse, Früchte, ja sogar Bananen und Blumen reichlich gedeihen. Ein Spaziergang durch den Ort (rd. 1000 Einwohner), wo es überall aus der Erde zischt und dampft, führt an Hotel, Restaurant, Kino, Thermal-Schwimmbad, Bank und Rekonvaleszenten-Einrichtungen vorbei.
Mit fast 3000 Einwohnern wesentlich größer ist **Selfoss**, wichtiger Verkehrsknotenpunkt und Zentrum der isländischen Milchwirtschaft. Auch Selfoss liegt in einem postvulkanisch-aktiven Gebiet und verfügt deshalb selbstverständlich neben sonstigen wichtigen Einrichtungen (Krankenhaus, Zahnarzt, Apotheke, Kino, Heimatmuseum, Hotel, Restaurants usf.) über ein naturbeheiztes Schwimmbad, die »Sundhöll Selfoss«. Östlich der Stadt steht, nahe der Hauptstraße, das Denkmal Ashildarmýri, das an einen Bauernaufstand von 1496 gegen die dänischen Unterdrücker erinnert.

Thermalbeheizte Gewächshäuser bei Skálholt

Nach Überquerung der Thjórsá und der Hólsá geht die Fahrt durch grünes Weideland nach **Hella**. Der kleine Handelsplatz mit rd. 500 Einwohnern, einem Flugplatz und Ponyvermietung hat sogar ein deutsches Vizekonsulat. In den 6 m langen unterirdischen Höhlen von Ægisida, die heute zum Teil als Keller genutzt werden, sollen in der Landnahmezeit irische Mönche gelebt haben. Auf dem Wege nach Hvolsvöllur, rd. 7 km von Hella entfernt, liegt der Bauernhof **Oddi**. Im 12. Jh. war er Wohnsitz bedeutender Gelehrter, zu denen auch Sæmundur der Weise zählt. 2 km weiter, kurz vor der Brücke über den Eystri-Rangá, zweigt nach links ein Weg zum historischen Dorfgehöft **Keldur** mit seiner Kirche ab (12 km). **Hvolsvöllur** ist ein kleiner Ort mit einigen hundert Einwohnern und landwirtschaftliches Zentrum Südislands. Hier gibt es eine Bank, ein Restaurant (Hvoll) und Übernachtungsmöglichkeiten.

Abstecher zu den Tälern Fljótsdalur und Thórsmörk

Anstatt auf der Hauptstraße zu bleiben, schlagen wir nunmehr einen kleinen Umweg vor, den diejenigen, die in die Jugendherberge ins Fljótsdalur wollen, ohnehin machen müssen: In Hvolsvöllur verläßt man die Hauptstraße Nr. 1 und biegt auf die nach Osten verlaufende S 261 ein. Sie führt an der Farm **Hlidarendi** vorbei (jetzt neue Gebäude), die in der Saga von der Verbrennung Njáls eine Rolle spielt. An der nächsten Abzweigung (der S 250) ist dann die Stelle erreicht, wo sich, wie eingangs erwähnt, die Routen trennen. Wer mit einem Wagen ohne Allradantrieb unterwegs ist, bleibt auf der S 261 und fährt geradeaus in das Tal **Fljótsdalur** zur gleichnamigen Jugendherberge weiter (6 km), die in einem alten, umgebauten Farmhaus untergebracht ist. Sie ist sehr einfach eingerichtet, liegt aber landschaftlich wunderschön mit einen Blick auf den Mýrdals-Gletscher. Leseratten steht eine reichhaltige Island-Bibliothek mit isländischen, englischen und einigen deutschen Büchern zur Verfügung. Wer dagegen ein Auto mit Allradantrieb fährt, kann das idyllische Thórsmörk-Tal besuchen. In diesem Fall verläßt man die S 261 und biegt auf die S 250 in südlicher Richtung ab. Nach 10 km über Sanderflächen, vorbei an dem einsam in der Landschaft aufragenden Felsen **Stóra-Dimon** (178 m), erreicht man wieder die Hauptstraße Nr. 1. Man überquert nach links die Brücke Markarfljótsbrú und wendet sich unmittelbar dahinter nach links in die Thórsmörk (25 km). Die ersten 20 km Wegstrecke sind problemlos, die wenigen Flüßchen weisen einen Wasserstand von höchstens 25 cm auf. Dann aber, wenn das Tal sich verengt, werden die Wasserarme tiefer. Ab hier zeigt sich die Notwendigkeit eines geländegängigen Fahrzeugs. Zunächst geht es einen Geröllberg hinauf, abwärts aber versperrt der Abfluß eines kleinen Gletschersees unterhalb der Falljökull-Gletscherzunge den Weg. Er stellt, kurz vor dem Ziel, das größte Hindernis auf der Strecke dar. Am Ziel angelangt, zeltet man am besten diesseits der Krossá, die als Hauptfluß das Tal durchschneidet. Eine Schutzhütte des Ferdafélag befindet sich auf der jenseitigen, östlichen Seite. Jedoch: Die Krossá fließt schnell und gefährlich und fordert immer wieder ihre Opfer. Man sollte sie nur bei niedrigem Wasserstand durchfahren. Die täglich zwischen Reykjavik und Thórsmörk verkehrenden Busse sind so hochrädrig und geländegängig, daß ihnen der Fluß nichts anhaben kann. **Thórsmörk**, ein liebliches, von vielen Wasserarmen durchzogenes Tal, liegt geschützt und deshalb klimatisch begünstigt zwischen den drei Gletschern Tindfjallajökull im Norden, Mýrdalsjökull im Osten und Eyjafjallajökull im Süden. Die Temperaturen sind hier ein paar Grad höher als im offenen Land, die Pflanzendecke ist üppiger, kleine Birkenwäldchen säumen die Ufer der Wasserläufe. Nicht zufällig zieht es die Reykjaviker im Sommer hierher, wo sie zwischen den Birken zelten oder in der Schutzhütte nächtigen und zu Wanderungen in die Bergwelt bzw. an den Rand der Gletscher aufbrechen. Die Möglichkeiten, das Tal zu Fuß zu erkunden, sind zahlreich und vielfältig.Seit 1987 dämmt man den Besucherstrom druch die Ausgabe von Erlaubnisscheinen ein, die in Reykjavik beim Staatlichen Reisebüro (Ferdafélag) erhältlich sind.

Vom Eyafjallajökull nach Skaftafell (239 km)

Von Fljótsdalur (16 km) geht es auf der S 250 zur Hauptstraße Nr. 1 und zur Markarfljótsbrú, wohin auch die Besucher des Thórsmörk-Tales zurück müssen. Die Weiterfahrt um den 1666 m hohen **Eyjafjallajökull** steht zunächst im Zeichen einiger besonders schöner Wasserfälle. Am

Ausläufer des Vatnajökullgletschers an der Südküste

Wege liegen der **Seljalandsfoss** und nach dem Salzsee **Holtsós** der **Skógafoss** (Waldwasserfall), der auf 25 m Breite über 60 m tief herabstürzt. Sein feiner Wasserstaub schillert in allen Farben des Regenbogens. Den Wald sucht man freilich vergebens, er ist der Vernichtungskraft der Natur und der Menschen und Tiere längst zum Opfer gefallen. Der Ort **Skógar** beherbergt ein kleines volkskundliches Museum, ferner ein Internat bzw. – im Sommer – Edda-Hotel mit Restaurant und öffentlichem Hallenbad (ab 18 Uhr).

Weitere Attraktionen am Wege oder durch kleine Abstecher leicht zu erreichen, sind der **Sólheima-Gletscher** und **-sandur**, der 284 m hohe Palagonit-Felsen Pétursey, Kap **Dyrhólaey** mit einem Leuchtturm, unendlichen Scharen von Vögeln (Papageientaucher) und dem bekannten Felsentor, das von der Meeresbrandung ins Gestein gewaschen wurde, ferner **Vík**, das kleine, aber wichtige Handelszentrum (rd. 1000 Einw.) mit einer Radarstation für die Schiffsnavigation, in dessen Nähe die Klippen des **Reynisfjalls** liegen; und schließlich der Felsen **Hjörleifshöfdi**, wo einstmals das Gehöft des Schwurbruders von Ingólfur Arnarson gestanden haben soll (S. 193). Danach führt unsere Route auf die in ihrer weitflächigen und schwarzsandigen Monotonie faszinierenden Sanderflächen, die, geprägt von dem subglazialen Vulkan **Katla** und seinen gefährlichen Gletscherläufen, die Maßstäbe von schöner Landschaft durcheinanderbringen. Und nochmals erlebt man auf dieser Fahrt mit der **Nýja-Eldhraun** (kurz vor Kirkjubæjarklaustur) eine ungewöhnliche Landschaft. Bei ihr handelt es sich um eine unübersehbare Fläche moosüberzogener Blocklava, mit 550 km² Ausdehnung eine der größten Lavawüsten Islands, die vom Laki-Ausbruch 1783 herstammt. Wer die Krater des **Laki** aufsuchen will, kann sie auf einem Hochlandweg, der am Ende der Eldhraun links in die Berge führt, in ca. 3–4 Stunden (Geländewagen) erreichen.

Laki (1783/84)

Laki (818 m), südwestlich des Vatnajökull, bildet mit einer ganzen Reihe von Kratern, die in gerader, südwestlich verlaufender Linie auf einer Spalte angeordnet sind, die Gruppe der Laki-Krater (Lakagigar; gigur = Krater). Laki erlangte traurige Berühmtheit, weil sich an seinen Namen die größte Vulkankatastrophe Islands knüpft. Laki selbst, obwohl vulkanischen Ursprungs, hatte zwar 1783 keinen Ausbruch, er besitzt nicht einmal einen Krater. Aber entlang der tieferliegenden Spalte, in deren ungefährer Mitte Laki aufsitzt, brachen auf einer Länge von rd. 25 km 115 Krater auf und ergossen die größte Lavamenge, die in historischer Zeit je aus der Erde herausquoll, ins Land. Sie verbreitete sich hauptsächlich in zwei breiten Strömen, die in südöstlicher und südwestlicher Richtung verliefen. Die größte Ausdehnung der Lava vom nordöstlichsten bis zum südlichsten Punkt betrug 70 km, die Fördermenge rd. 12 km³ bei 565 m² Ausdehnung. Sie begrub das Land unter sich. Die ausgeworfenen Lockermassen wurden auf knapp 1 km³ Rauminhalt, der Schwefeldioxydausstoß auf rd. 10 Mill. t geschätzt. Am 8. Juni 1783, einem Pfingstsonntag, begann die Eruption in den südwestlich des Laki gelegenen Kratern. Die Lava wälzte sich zunächst in das Tal der **Varmá**, brachte den wasserreichen **Skaftáfluß** zum Verdampfen, so daß am 11. Juni im Küstenbereich die Wasser der Skafta versiegten. Am 12. Juni erreichte die Lava, dem Flußbett der Skaftá folgend, das besiedelte Küstengebiet, wo sie auf einer Breite von rd. 25 km die Ebene überzog und erst 2 1/2 km vor Kirkjubæjarklaustur zum Stillstand kam. Nach Augenzeugenberichten waren in dieser ersten Phase zeitweilig bis zu 27 Krater gleichzeitig tätig. Die zweite Phase wurde am 29. Juli in der nordöstlichen Kraterreihe eingeleitet. Die Lava ergoß sich hier durch

das **Hverfisfljóts-Tal**, wiederum dem Bett des Gletscherflusses folgend, in einer Länge von über 40 km bis ins Küstengebiet. Monatelang dauerte der gleichmäßige Fluß der Lava an, erst im Februar 1784 kam er zum Stillstand.
Der unmittelbare Schaden, den der Lavastrom anrichtete, war relativ gering (11 Gehöfte wurden allerdings völlig zerstört). Aber die säurehaltigen Asche-Auswürfe und schwefeligen Dämpfe, die die Atmosphäre vergifteten und zum Teil als bläulicher Dunst sogar in Südeuropa wahrgenommen wurden, verteilten sich als feine Nebel über ganz Island und verseuchten das Weideland. Die Folge: Island erlebte die größte Viehseuchenkatastrophe in seiner Geschichte. 10 000 Rinder (50% des Bestandes), 27 000 Pferde (76%) und 187 000 Schafe (79%) starben im Winter 1783/84. Der daraufhin einsetzende Nahrungsmittelmangel führte zu Hungersnöten und Krankheiten. Innerhalb von drei Jahren starben 11 000 Menschen. Erst 27 Jahre später (1811) erreichte der Bevölkerungsstand wieder die ursprüngliche Zahl von 49 000. Die Spuren dieses größten nacheiszeitlichen Lava-Ausbruches zeigen sich gespenstisch-eindrucksvoll an der Küstenstraße östlich von Kirkjubæjarklaustur, wo die alten Lavamassen wie ein silbrig-grün versteinertes Meer kilometerweit das Land bedecken.

Das vermutlich schon von irischen Mönchen vor der Landnahme durch die Wikinger besiedelte **Kirkjubæjarklaustur** liegt sehr malerisch in einer mit grünen Matten bedeckten Hügellandschaft. Obwohl nur eine kleine Ansiedlung, weist der Ort gleichwohl Hotel, Geschäft, Gästeheim, Gemeindezentrum, Autoreparaturwerkstatt und Flugplatz auf. Einige Minuten Fußmarsch auf der Nebenstraße 203 führen zum **Kirkjugólf** (Kirchenfußboden), einem durch Säulenbasalt hervorgerufenen Naturpflaster. Der Hof **Kálfafell** am Midfell (721 m) und das Gehöft **Núpsstadur** am Fuße des 767 m hohen Lómagnúpur mit kleiner Kapelle aus dem Jahr 1660 sind die nächsten Haltepunkte. Vom Gehöft, besser noch, von einem erhöhten Punkt des **Lómagnúpur** aus, eröffnen sich bei schönem Wetter Ausblicke der Superlative: auf den größten Gletscher Europas, den **Vatnajökull**; auf den höchsten Berg Islands, den **Öræfajökull**, dessen vereiste Spitze, der Hvannadalshnúkur, 2119 m in die Höhe ragt; schließlich, meerwärts, auf den von unzähligen Wasserarmen durchzogenen **Skeidarársandur**, mit 1000 km² Islands flächenmäßig größten und problematischsten Sander.

Gletscherzunge und -see am Vatnajökull

Durchschnittlich alle fünf Jahre überspülen die gefährlichen Gletscherläufe der **Grímsvötn**, einem Gletschersee, vom Vatnajökull aus den Sander mit unvorstellbaren Wassermassen, die bis zum Zwanzigfachen der Wassermengen betragen können, die der Rhein – gemessen in m^3/sec. – zum Meer transportiert. Jahrzehntelang verhinderte die Unberechenbarkeit dieser ständigen Flußlaufverschiebungen jeden Brückenbau. Erst der zwischen 1972 und 1974 gebaute 17 km lange Damm mit 5 langen Betonbrücken schloß den »Ringweg«, der bis dahin keiner war. Und so ist jetzt Skaftafell, das früher nur von der anderen Seite, nach einer Fahrt um die ganze Insel (rd. 1400 km) zugänglich war, problemlos zu erreichen. Das moderne, gut ausgestattete Camp (Restaurant, Geschäft, Duschen usf.) ist als Übernachtungsplatz zu empfehlen.

Skaftafell, einst Thingstätte und aus klimatischen Gründen bevorzugter Siedlungsplatz, besticht zum einen durch die für isländische Verhältnisse üppige Vegetation – Heidelandschaft mit niedrigem Baumwuchs, saftiges Gras, Wildblumen bis an den Rand der Gletscher – und zum anderen durch das landschaftliche Kontrastprogramm der weißen Gletschermassen, schwarzen Sanderflächen, grünen Auen und des azurblauen Meeres, die zusammen eine harmonische Farbkomposition bilden. 1967 wurden ca. 500 km² Fläche zum Nationalpark erklärt. Hier sollte man sich Zeit für Wanderungen nehmen und z.B. die drei noch vorhandenen Bauernhöfe besuchen oder den eindrucksvollen Wasserfall **Svartifoss**, der über die berühmten 20 m hohen Basaltsäulen, welche die Architektur des Reykjaviker Nationaltheaters inspiriert haben, herabfällt. Lohnend ist auch ein Gang ins **Morsárdalur** nordwestlich der Skaftafellsheidi und zum **Morsárjökull** mit seinen kleinen Seen und Eisbergen oder nach Osten an den Gletscher-Rand des **Skaftafellsjökull**. Auf den Gletschern sollte man aber nur mit kundigen Führern wandern.

Von Skaftafell nach Höfn (131 km)

Das Gebiet zwischen Skeidarársandur und Jökulsá bzw. Breidamerkurjökull heißt *Öræfi* oder *Öræfasveit* (sveit = Gegend, Gemeinde). Einst war es dicht besiedelt, rd. 120 Höfe standen hier. Denn das Klima gehört

Der Svartifoss-Wasserfall im Skaftafell-Nationalpark

Torfgedeckte Häuser am Breidamerkursandur

aufgrund der nächsten Nähe zum Golfstrom und der weitesten Entfernung zum Ostgrönlandstrom zum mildesten auf Island, gut geeignet für Rinder- und Schafwirtschaft, zumal es viel Regen und wenig Schnee gibt. Aber die Lebensbedingungen am Fuße der launischen, nie ganz berechenbaren Gletscher waren zu unsicher. Und so wurde ein Hof nach dem anderen aufgegeben. Auf dem Weg nach **Fagurhólsmýri** fährt man auf der erst 1967 gebauten Straße an einigen der noch vorhandenen Höfe vorbei: Z.B. an **Svinafell**, wo um das Jahr 1000 Flosi, einer der Mörder Njarls, einige Zeit gelebt hat. Der Hof liegt hart an der Gletscherwand, umzingelt fast vom Eis. Dann passiert man **Hof**, was soviel wie Tempel bedeutet und auf eine der ältesten Kirchenbauten Islands hinweist. Die jetzige Form der Kirche stammt aus dem 14. Jh. und wurde im 19. Jh. neu aufgebaut. Unweit von Hof wurde Mitte der fünfziger Jahre die alte Farm **Gröf**, die 1362 unter Bimssteingeröll verschüttet wurde, wieder ausgegraben. Der Flugplatz von Fagurhólsmýri, der 1955 in Betrieb genommen wurde, verband erstmals das vorher völlig isolierte Gebiet mit der Außenwelt. Die Höfe hier gehörten zu den unzugänglichsten Siedlungen auf Island. Sie waren durch die Wasserarme des Skeidarársandur im Westen und die Gletscher des Breidamerkurjökull und die Jökulsá im Osten sowie durch die Gletscher im Norden und das unschiffbare Meer im Süden von der Welt nahezu abgeschnitten. Von Fagurhólsmýri führen heute Stichstraßen zu den verstreut an der Küste liegenden Gehöften. Am Vorgebirge **Ingólfshöfdi** betrat Ingólf Arnarson um 873 zum ersten Mal isländischen Boden und überwinterte dort vermutlich. Die Fahrt führt nun am Fuße des Hvannadalshnúkur entlang, an der östlichsten Farm der Öræfasveit, Kvisker, vorbei, hinaus auf den **Breidamerkursandur** und zum Gletschersee **Jökulsárlón** des kalbenden Breidamerkurjökull. Zum Gletscher sind es übrigens rd. 45 Minuten Fußmarsch. Der kleine See, Restwasser des sich zurückziehenden Gletschers, ist 130 m tief. Das Treibeis und die Gletscherkulisse lassen Gedanken an eine arktische Landschaft aufkommen. Man wähnt sich fast schon in Grönland. Hier befindet sich das größte Brutgebiet der Skúa-Raubmöwe in der nördlichen Hemisphäre. In der Brutzeit muß man mit Tiefangriffen der dann agressiven Vögel rechnen. Jetzt folgen 83 km herrliche Gletscherfahrt bis nach Höfn. Es geht über Sander und Wiesen, links die Gletscherzungen, rechts Schmelzwasser oder das Meer. Man kommt am **Steinafjall** und **Steinavötn** vorbei sowie der Ansiedlung **Kálfafellsstadur** und der **Brunnhólskirkja**, an einigen Gehöften, und zum Schluß noch um den Hornafjördur herum nach Höfn. **Höfn** ist ein größerer Ort mit über 1000 Einwohnern, einem geschäftigen Fischereihafen, in dem auch die Schiffe des Staatlichen Schiffahrtsamtes anlegen. Es besitzt ein Luxus- und ein einfaches Hotel, das sich 8 km außerhalb des Ortes (Richtung Skaftafell) befindet. Eine schön gelegene Jugendherberge, ein Campingplatz, ein Flugplatz, Taxis, ein Schwimmbad und Restaurants runden das für den Besucher interessante Angebot ab. Das Umland bietet zahlreiche Ausflugsmöglichkeiten ins bergige Hinterland oder ins Gebiet des Horna- oder Skardsfjördur. Auf Stokksnes, zu Füßen des 757 m hohen **Vesturhorn** östlich von Höfn, haben die Amerikaner eine Radarstation eingerichtet, von der strategisch wichtige Teile des nordatlantischen Luftraumes kontrolliert werden.

Von Höfn nach Egilsstadir (248 km)

Die Weiterfahrt führt am Skardsfjördur entlang und über den **Almannaskard-Paß** (12 km), der einen Blick auf den **Papafjördur** und die Lagune Papós – Hinweis auf frühe Siedlungen irischer Mönche, die von den Isländern »Papas« genannt wurden – sowie das breite, von den

Bergen eingerahmte Schwemmland **Lónsvík** gewährt. Am Lónsfjördur bietet sich die Möglichkeit, eine Abkürzung durch die auf 600 bis 700 m ansteigende **Lónsheidi** zu wählen, eine schöne, unproblematische Strecke, mit jedem Wagen zu fahren. Der Küstenweg dagegen führt am luftigen Kap **Austurhorn** vorbei, von wo aus man einen Abstecher zum Hof **Hvalnes** machen kann. Von dem Punkt aus, an dem die Straßen wieder zusammentreffen, sind es noch 105 km Fahrt entlang der Fjorde mit stets neuen, aber auch ähnlichen Bildern. Vor Ihnen liegen: Zur Rechten die Fjorde, offen wie die beiden ersten oder, wie der Berufjördur, tief ins Land eingeschnitten; und zur Linken die Ausläufer der z.T. über 1200 m hoch aufragenden Basaltzungen des östlichen Hochplateaus, zwischendurch von schmalen Kerbtälern eingeschnitten. Eine schöne, aber gottverlassene Gegend, Alptraum für Tramper, weil nur dreimal am Tage ein Auto vorbeikommt und dreimal in der Woche der Linienbus verkehrt. **Djúpivogur** am Eingang zum Berufjördur ist ein kleines Dorf mit weniger als 400 Einwohnern, aber eine der ältesten Siedlungen an der Ostküste und als Handelsplatz hanseatischen Kaufleuten bestens bekannt. Hier bestehen Einkaufsmöglichkeiten, es gibt eine Post, ein Hotel, und im Hafen legen die Schiffe des Staatlichen Schiffahrtsamtes an. In der Ferne (7 km) ist die Insel **Papey** (irische Mönche!) zu sehen, die nur im Sommer bewohnt ist. Ihr saftiges Gras dient der Schaf- und Eiderentenzucht. Auf dem Gehöft **Teigarhorn**, rd. 10 km weiter, hat der Besitzer eine Gesteinssammlung zusammengetragen, die man besichtigen kann. Am innersten Punkt des Fjordes angelangt, kann derjenige, der einen Geländewagen fährt, eine erhebliche Abkürzung über die S 939 einschlagen; die Strecke verkürzt sich dann um 78 km. (Abstecher zu den Odádavötn).

Der Hauptweg führt weiter an der Küste entlang. Kurz vor **Breiddalsvík** biegt die S 1, so die 60 km längere Küstenstrecke über Búdir umgehend, ins **Breiddalur** (das längste und breiteste Tal der Ostküste) ab und führt über die liebliche **Breiddalsheidi**, entlang der Flüsse **Múlaá** und **Grímsá**, zum **Lögurinn-See** und nach **Egilsstadir** (S. 237)

Umweg über Búdir

Wer Richtung **Búdir** an der Küste weiterfährt, wobei man dem natürlichen Verlauf jedes Fjordes und jeder Bucht folgt, kommt durch die kleineren Fischerorte Breiddalsvík, Kirkjuból, Búdir und Búdareyri (zwischen 250 und 750 Einwohnern), alle durchwegs florierende Fischerhäfen und fast alle (außer Búdir) von den Schiffen der Staatlichen Schiffahrtsgesellschaft angesteuert. Sie finden hier

Links: Im freien hängender Trocken- oder Stockfisch

in Breiddalsvík: ein Sommerhotel und ein Kino; in Kirkjuból eine Bank; in Budír ein kleines Krankenhaus, ein Schwimmbad, ein Kino und Taxis. Búdareyri verfügt über ein Hotel, ein Gästeheim und ebenfalls über ein Kino sowie Taxis. Östlich der Hauptroute, in einer Sackgasse der Ostfjorde, liegen die größeren Orte **Eskifjördur** (rd. 1500 Einw.) und, über den hochgelegenen **Oddsskard-Paß** (660 m) zu erreichen, **Neskaupstadur** (über 2000 Einw.), die größte Ortschaft Ostislands. Beide Orte verfügen über alle wichtigen Einrichtungen, einschließlich Krankenhaus (Neskaupstadur).

Route 3: Rund um die Insel auf der Nordosttangente

Seydisfjördur – Akureyri (303 km)

Auch auf dieser Route erwartet den Reisenden eine ganz besondere, eine sehr typische isländische Landschaft, die gleichwohl recht verschieden ist zu den südlichen, westlichen oder nördlichen Regionen der Insel. Ihr Reiz wird durch den weitläufigen Hochlandscharakter des südöstlichen Plateaus bestimmt, der schon erste Eindrücke des inner-isländischen Hochlandes vermittelt. Denn, wenn man den Küstenstrich und die fruchtbare Ebene des Lögurinn-Sees hinter sich gelassen hat, steigt die Straße sanft, aber gleichmäßig auf Höhen zwischen 200 m und 400 m, teilweise noch höher an und führt durch ein ausgedehntes, z.T. noch aktives vulkanisches Gebiet bis zum 300 m hoch gelegenen Mývatn-See, einem Zentrum der Vulkantätigkeit in neuerer historischer Zeit. Großflächige Lavalandschaften, eine Skyline, auf der sich so berühmte Vulkankegel wie die Herdubreid vor dem Horizont abheben, und dampfende Schwefelfelder fesseln hier das Auge.
Der letzte Streckenabschnitt, auf Akureyri zu, verläuft durch die Kerbtäler und über die Pässe der nördlichen Fjord-Basalte. Hier, am Ende der Fahrt, verändert sich also das Landschaftsbild.

Seydisfjördur am gleichnamigen Fjord, Ankunftshafen für das Fährschiff aus Norwegen und Schottland sowie Anlegestelle der Staatlichen Schiffahrtsgesellschaft, war im 19. Jh. aufgrund seines guten Naturhafens ein blühendes Gemeinwesen. Damals war es die bei weitem größte und entwickelste Stadt Ost-Islands. Um die Jahrhundertwende hatte Reykjavik nur sechsmal mehr Einwohner. Erst mit der wirtschaftlichen Expansion Rykjaviks verlor Seydisfjördur an Bedeutung. Nur die Holzhäuser norwegischer Tradition erinnern an die reiche Vergangenheit. Heute erlebt der von rd. 1000 m hohen Bergen eingeschlossene Ort (rd. 2000 Einw.) wieder einen gewissen Aufschwung. Davon zeugen Einrichtungen wie Hotel, Café, Jugendherberge, Kino, Schwimmbad, Krankenhaus, Apotheke, Gemeinschaftszentrum Herdubreid, Polizei-

Lögurinn-See im Osten der Insel

präfektur und Taxis. Die Tanks am Ortsende enthalten Heringsmehl, das hier produziert wird.

Die Straße nach Egilsstadir (28 km), mit einer Paßhöhe von 660 m eine der höchstgelegenen Straßen Islands, führt über die **Fjardarheidi**, eine Hochmoorlandschaft. Oben auf dem Paß bietet sich eine herrliche Aussicht auf die Ebene des Lögurinn-Sees.

Egilsstadir, dessen rd. 1300 Einwohner hauptsächlich in Handel, Industrie und Landwirtschaft tätig sind, ist eine junge Stadt (1987) und heute als Kreuzungspunkt der Ost/West- und Nord/Süd-Verbindungswege ein wichtiger Verkehrsknotenpunkt des Ostens. Für den Touristen, der mit dem Schiff ankommt, ist sie in der Regel Ausgangspunkt für die Eroberung Islands in südlicher oder nordwestlicher Richtung. Aber auch die unmittelbare Umgebung des Ortes bietet schon reizvolle Ausflugsmöglichkeiten, z.B. nach Norden ins Gebiet des nördlichen Lagarfljót oder nach Süden zum **Lögurinn-See**. Der mit einer Fläche von 52 km^2 und 35 km Länge drittgrößte See Islands ist bis zu 112 m tief und damit zugleich der tiefste Punkt auf der Vulkaninsel. Er wird von zwei Flüssen gespeist: aus dem Eyjabakkajökull – daher seine milchig-trübe Färbung – über den Jökulsá-Fluß und aus dem Keldur-

Die Ringstraße im Norden der Insel

vatn über den Kelduá-Fluß. Eine Fahrt um den schönen, von Bergen umgebenen See lohnt sich. Sie führt – im Urzeigersinn – von Egilsstadúr auf der S 1 nach Süden, dann auf der S 931 an den See. Zu einem Spaziergang lädt der Wald von **Hallórmstadaskógur** ein, das mit über 650 Hektar größte angeforstete Waldgebiet Islands. Die ältesten Bäume, Lärchen, Kiefern und Fichten, die hier 1905 gepflanzt wurden, sind mittlerweile über 80 Jahre alt und an die 20 m hoch. Der Wald ist für den Isländer eine nationale Sehenswürdigkeit von Rang. Am See, und deshalb in sehr schöner Lage, liegt der Campingplatz Atlavík. Die Kirche **Valthjófsstadur** besaß einst eine Kirchentür aus dem 13. Jh. Heute ist nur eine (gute) Kopie zu sehen, während das Original im Nationalmuseum von Reykjavik zu bewundern ist. Am Südende des Sees ragt der 1833 m hohe Snæfell auf, den man von dieser Seite aber nur zu Fuß (rd. 30 km) erreichen kann. An der Nordwestseite des Sees liegt das Gehöft Skriduklaustur, einst Augustinerkloster (nicht erhalten!), heute Neubau eines deutschen Architekten. Hier lebte eine Zeit lang der Dichter Gunnar Gunnarson. Zum **Hengifoss**, dem mit 118 m Fallhöhe dritthöchsten Wasserfall Islands, führt ein kurzer Spaziergang entlang der Hengifossá. In der engen Schlucht, in die der Wasserfall stürzt, haben sich Basaltsäulen-Wände von bis zu 50 m aufgetürmt.

Nach Umrundung des Lögurinn geht es auf dem Ringweg weiter in nördlicher Richtung. Die Route führt zunächst 26 km über Wiesen- und Heidelandflächen der Lágheidi nach Norden, später, nach Überquerung der Jökulsá á Dal, in einem scharfen Knick südwestwärts ins Tal Jökuldalur. Vorbei an Gehöften und der Kirche **Hofteigur** steigt die Straße langsam an, um sich hinter dem größeren Gehöft **Skjöldólfsstadir** (Tanken, Post, Telefon) auf die Hochebene der Jökuldalsheidi hinaufzuschwingen. Am Sænautavatn und -fell (736 m) vorbei, durch die endlose Lavalandschaft Mödrudalsfjallgardar geht die Fahrt in die idyllische grüne Oase **Mödrudalur**, der höchstgelegenen Farm Islands, wo man im Fjallakaffi einen Imbiß zu sich nehmen und bei klarem Wetter den weiten Fernblick auf Herdubreid und Askja auskosten kann.

Auf dem Weg nach Mödrudalur zweigen südwärts drei Hochlandwege ins Gletschergebiet ab, sehr reizvolle Abstecher, die aber nur mit Geländefahrzeugen befahrbar sind:
Der erste Weg führt zur Snæfell-Hütte (81 km). Die Piste verläuft entlang der stürmischen Jökulsá á Brú, die täglich fast 3000 t Gletschergeröll mit sich reißt, bis nach Brú und weiter ins Hrafnkelsdalur zum **Snæfell** (1833 m), an dessen Fuß die Hütte des Ferdafélag steht.
Auf dem zweiten Weg kommt man zum Brúarjökull (90 km). Zuerst geht es am Anavatn vorbei, dann biegt man kurz hinter dem links liegenden Thverárvatn rechts ein (Fiskidalsháls) und nach gut 4 km noch einmal links (Fiskidalur). Sodann durchfährt man den Fluß Reykjará und stößt auf dem langen, über 700 m hohen Berg-Rücken des Meljadrafjall entlang bis zu den Seen Vesturdalsvötn vor, wo sich der Weg mit einem anderen vereinigt und über Sander- und Geröllflächen, flankiert von einigen größeren Erhebungen, bis hart an den Gletscherrand heranführt.
Die dritte Piste führt von Mödrudalur aus auf einer ebenfalls reizvollen Strecke über Sander und Blocklava zur Hütte am Dyngjujökull (105 km). Etwa zehn Flüsse sind dabei zu durchqueren. Am Ziel angekommen, steht man zu Füßen des **Virkisfell** (1108 m), des **Karlfell** (1240 m) und im Angesicht der gewaltigen Gletschermassen des **Kverkjökull** sowie des **Dyngjujökull**.

Zurück zur Hauptstraße, erreicht man von **Mödrudalur** aus nach 17 km das Gehöft **Grímsstadir** (Tanken, Post, Telefon, Flugplatz), einen möglichen Ausgangspunkt für den Abstecher zum Dettifoss und über Asbyrgi zur Halbinsel Tjörnes (S. 244). Auf die 7 km hinter Grimsstadir abzweigende Hochlandpiste zur Herdubreid und zur Askja wird bei den Hochlandrouten (S. 279) eingegangen. Die 44 km lange Straße zum Mývatn führt über die reißende Jökulsá á Fjöllum am

Rande der ausgedehnten Lava der Búrfellshraun entlang, die Teil der riesigen Lavamassen der Mývatnsöræfi ist, einem der flächenmäßig ausgedehntesten Lavagebiete Islands. Sie stammt z.T. aus historischer Zeit. In **Námaskard**, einem bekannten Solfatarengebiet mit postvulkanischen Aktivitäten, dampfender Erde, schwefeligen Ausdünstungen und kleinen glucksenden Schlammpfulen von farbiger Pracht, sollten Sie verweilen.

Das Mývatn-Gebiet
(zusätzliches Kartenmaterial: Sérkort Mývatn, 1:50 000)
Der 38 km^2 große Mývatn und sein Umland gehören wegen des milden Klimas, der üppigen Vegetation, der artenreichen Tierwelt auf und im Wasser und der vulkanologisch interessanten Umgebung zu den attraktiven Exkursionszielen auf Island. Die Hotels Reynihlid und Reykjahlíd im gleichnamigen Ort **Reykjahlíd** am Ostufer des Sees sorgen, wie ein dazugehöriger Campingplatz und ein Geschäftszentrum, für alles, was einen längeren Aufenthalt problemlos macht. Die kleine Kirche, 1729 anläßlich des Ausbruchs der Leirhnúkur-Spalte in alten Quellen erwähnt, wurde bei der Vernichtung des Ortes als einziges Gebäude von den andringenden Lavamassen verschont. Das hatte wohl weniger mit Gottes Eingreifen zu tun, als mit ihrer exponierten Lage: Sie steht ganz einfach auf einem erhöhten Platz.
Der Mývatn, Islands viertgrößter See, ist im Gegensatz zu den anderen Großseen nur 1–4 m tief. Er wurde in vorgeschichtlicher Zeit aufgestaut, nachdem durch Vulkantätigkeit das Wasser eingrenzende Lavadämme entstanden waren. Nicht nur sein Mückenreichtum, der ihm den Namen gab (Mückensee), sondern der Reichtum an Fischen, besonders an Forellen, die sich von diesen Mücken ernähren, und seine unzähligen Scharen von Enten (S. 44) haben den See berühmt gemacht. Die fruchtbare Umgebung tat ein übriges, um schon früh zahlreiche Siedler anzulocken. Leider erwies sich das ganze Gebiet als vulkanisch hochaktiv, und nach vielen Vulkankatastrophen, durch die zahlreiche Höfe vernichtet wurden, zogen die Menschen wieder fort. Spuren des Vulkanismus begegnen einem auf Schritt und Tritt und machen zum Großteil die Sehenswürdigkeiten des Mývatn-Gebietes aus. Sie liegen in der Nähe der 35 km langen Uferstraße, auf der – so unser Vorschlag – der See im Uhrzeigersinn umfahren werden sollte.
Stóragjá und **Grjótagjá** sind zwei Heißwasser-Grotten, deren wörtliche

Die schlichte Mödrudalur-Kirche in Nordostisland

Übersetzung »große Schlucht« und »felsige Schlucht« oder »Felsengrotte« lautet. Sie sind schnell von Reykjahlíd aus zu erreichen. Zur unterirdischen Stóragjá führt vom Einkaufszentrum ein fünfminütiger Fußweg. Über eine Leiter steigt man abwärts (der zweite Einstieg über ein Seil ist weniger bequem) und findet sich in zwei untereinander verbundenen, mit warmem, glasklarem Wasser angefüllten Grotten wieder, die von oben durch natürliche Felsenschächte matt erleuchtet werden. Bei 40°C Wassertemperatur hier schwimmend und tauchend sich zu erholen, ist besonders bei kaltem Wetter überaus wohltuend. In der Grjótagjá dagegen kann man schon lange nicht mehr baden, weil das Wasser aufgrund verstärkter Vulkantätigkeit im Mývatn-Gebiet leider immer heißer wurde. Zwischen 1970 und 1980 stieg die Temperatur um 20°C. Durch die Erdbeben haben sich wahrscheinlich Gesteinsverschiebungen ergeben, so daß der heiße Dampf des Untergrundes vermehrt in die Grotte ausströmen konnte; gleichzeitig verursachten diese Beben aber auch Risse in der Decke des Felsens, so daß man heute ihr Einstürzen befürchtet. Das Badevergnügen in der romantischen Felsgrotte dürfte also leider der Vergangenheit angehören.

Campingsafari am Mývatn

Zwei Kilometer südlich der Grjótagjá liegt das **Hverfjall**; einer der größten Explosionskrater der Welt (452 m ü.M.). 150 m erhebt er sich über der Ebene, 140 m ist seine Kratertiefe, ca. 1000 m beträgt sein Durchmesser, und sein Alter wurde auf etwa 2500 Jahre geschätzt. Das ist der Steckbrief der kegeligen, aus lockeren Tuffen gebauten Vulkanruine: Hat man die mit schwarzem Basaltbims bedeckten Hänge erklommen, bietet sich ein interessanter Blick in das Innere des zerfurchten Kraters und ein herrlicher Rundblick auf den Mývatn mit seinen Kraterinseln, den **Lúdent** (482 m) und seinen Ringwallkrater (369 m), das 529 m hohe **Vindbelgarfjall** auf der anderen Seite des Sees und auf viele andere Vulkane. Zugang zu Fuß von der Grjótagjá oder dem Parkplatz Dimmuborgir aus. Der Anstieg bis zum Kraterrand dauert ca. zwei Stunden.

Die **Dimmuborgir** (dunkle Berge) sind eigenwillig geformte, bizarre Lavabildungen, ca. 2000 Jahre alt und einst aus den Schlünden der 5 km entfernten **Threngslaborgir**-Kraterreihe gequollen. Die Halbinseln in der Südostbucht (z.B. Kálfaströnd/ Thorlákshöfdi) und das wasserreiche Gebiet um den **Grænavatn/Gardsmýri**, von Gardur im Südosten aus zu erreichen, sollte man zu Fuß aufsuchen.

Das Gehöft **Skútustadir** ist nicht von echten Vulkankratern umgeben, sondern von den berühmten *Pseudokratern*. Sie entstanden immer dann, wenn heiße Lava über nassen Untergrund, z.B über kleinere Seen vorgedrungen war, infolge von Dampfexplosionen. Im Gegensatz zu echten Kratern haben sie aber keine Verbindung zu unterirdischen Magmaherden.
Das **Kieselgurwerk** östlich von Reykjahlíd baut die Kieselgurvorkommen auf dem Grund des Mývatn ab; das sind die winzigen Panzer der Kieselalge, die sich in langen Zeiträumen dort abgelagert haben. Das gewonnene Material wird u.a. für Filteranlagen verwendet. Die Bohranlagen, die man beim Werk sieht, dienen der Dampfgewinnung für die Fabrikation. Das Kieselgurwerk ist auch Ausgangspunkt für einen längeren Fußmarsch zur **Krafla**. Dieser kleine Vulkan mit dem Explosionskrater Víti, seit den Eiszeiten nicht mehr tätig, machte 1724 auf sich aufmerksam, als er eine langanhaltende Serie von Ausbrüchen westlich des Leirhnúkur einleitete, die als Mývatnseldar (Mückenseefeuer) in die Geschichte einging. Damals wurden riesige Gebiete und viele Gehöfte von der Lava zerstört. Eine Wanderung zum **Leirhnúkur** (2 km) oder zur **Leirhnúkshraun** (5 km) in Richtung Gæsafjöll läßt das Ausmaß der damaligen Vorgänge erahnen. Im **Hlídardalur** findet man bizarre Lavaformen, die z.T. wie versteinerte Wasserfälle aussehen. Seit 1975 machte die Krafla wieder von sich reden, als in ihrem unmittelbaren Umkreis innerhalb von sechs Jahren (bis 1981) acht kleinere Ausbrüche erfolgten. Die Krafla-Feuer brannten z.T. bis 1984. Kaum waren sie erloschen, als im September 1984 ein stärkerer Ausbruch erfolgte, der nach Schätzungen der Geologen 60–80 Mill.m^3 Lava an die Oberfläche förderte. Seitdem ist das von zahlreichen Spalten durchzogene und über einem Magma-Druckkessel befindliche Gebiet unruhig geblieben. Bedroht sind nicht nur das Elektrizitätswerk, eine der kostspieligsten technischen Anlagen, die auf Island je gebaut wurden, sowie das Kieselgurwerk; bedroht sind auch die Siedlungen am Mývatn. Deshalb wird das Terrain seit längerem mit hochempfindlichen Meßgeräten kontrolliert und durch Katastrophenpläne zur schnellen Evakuierung der Bevölkerung des Mývatn-Distrikts soweit als möglich gesichert. Seit 1986 wird auch vor Wanderungen auf den Leirhnúkur wegen nicht vorhersehbarer Dampf- oder Schlammausbrüche und damit plötzlich einhergehender Veränderungen der Erdhitze gewarnt.
Lohnende Ausflugsziele stellen die Horstvulkane **Búrfell** und **Búr-**

Der 60 m herabstürzende Dettifoss im Norden der Insel

fellshraun dar. Für eine Wanderung durch die Mývatnssveit zum höchsten Horstvulkan **Bláfjall** (1222 m) oder seinem kleineren Artgenossen **Sellandafjall** (988) im Süden sollte man mit Zelt und gutem Gepäck ausgerüstet sein und nicht alleine gehen. Die Umgebung des Mývatn bietet darüber hinaus viele weitere Wandermöglichkeiten, vor allem im südlichen und südwestlichen Umland sowie im Laxárdalur.

Abstecher Dettifoss – Echofelsen – Ásbyrgi

Vom Mývatn aus geht es auf der S l nach Osten. Zum Dettifoss gelangt man auf dem linken (westlichen) oder rechten (östlichen) Uferweg der Jökulsá á Fjöllum. Meist wird der rechte, östliche Zugang gewählt, aber die westliche Strecke ist in den letzten Jahren in Verbindung mit der Anlage des nördlichen **Nationalparks Jökulsárgljúfur** gut ausgebaut worden. Und sie ist landschaftlich sehr reizvoll, vielleicht sogar schöner, weil abwechslungsreicher, als die auf dem Hólssandur über lange Strecken einförmige rechte Route. Von Mývatn aus ist sie außerdem kürzer (47 km) als die östliche Strecke (73 km), und sie führt auf dem Wege ins Ásbyrgi an den Echoklippen vorbei. Bis ins Ásbyrgi betragen die Entfernungen 85 km (links) bzw.100 km (rechts).

22 km von Reykjahlíd entfernt, biegt die westliche Dettifoss-Route nach Norden ab und führt über eine weite, hügelige Heidelandschaft – im Sommer von inten-

siver Färbung – während an der steinigen Piste die eiszeitliche Grundmoräne zu erkennen ist. Der weite Blick findet im Westen seine Begrenzung an der Kulisse der Berge **Jörundur** (811 m) und **Hágöng** (826 m), dazwischen im Hintergrund die **Krafla** (818 m). Später, schon dicht am Ziel, wird der fast 700 m hohe **Eilífur** sichtbar. Drei Wasserfälle liegen beieinander: oben der kleinere **Selfoss**, in der Mitte der **Dettifoss** und ein Stück weiter unten der **Hafragilsfoss** am Zusammenfluß von Hafragil und Jökulsá. Der mächtige Dettifoss ist Europas wasserreichster Fall: 44 m stürzen die Wassermassen (über 190 t pro Sekunde) hinab in den tiefeingeschnittenen Canyon der Jökulsá, regenbogenfarbenen Sprühregen zerstäubend.
Der Weg führt dann in höhere Regionen, die Heide verwandelt sich in Steinwüste, aber nach 4 km wird die Landschaft wieder grün; man biegt ein ins **Svínadalur**, ins **Vesturdalur** und in das idyllische Ferienparadies bei den **Echofelsen** (isl. Hljódaklettar). Mit seinem milden Klima, in dem Buschwerk und Bäume gedeihen, und umgeben von steilen Felswänden wirkt der Ort wie der Innenhof einer großen alten Burg, eine Oase der Ruhe, umspült von den milchigen Wassern der Jökulsá. In den Basalt hat die Natur Rosetten gebrochen, die an den Schmuck gotischer Dome erinnern. Das letzte Wegstück führt über die bemooste Blocklava **Ásheidi** zur Hauptstraße (S 85) zurück, in die man nach rechts einbiegt. 2 km weiter, vor der Tankstelle, führt rechts ein Weg ins birkenbestandene **Ásbyrgi**, ein riesiges, fast 6 km langes und einige hundert Meter breites hufeisen-

Rauchende Krater im Gebiet um den Vulkan Krafla

förmiges Tal, das von lotrechten Felsen umgeben ist. Abertausende von Vögeln nisten hier und lassen ihr Geschrei ertönen, das sich in den Wänden in vielfachem Echo bricht. Geradezu gespenstisch-unwirklich wird es in diesem basaltischen Felsen-Amphitheater, wie es Martin Schwarzbach nennt, am frühen Morgen, wenn die Natur erwacht. Die Sage, Odins Pferd Sleipnir habe das Tal durch einen tiefen Huftritt geschaffen, wird aber wohl der Thórarinssonschen Erkenntnis weichen müssen, daß es sich um ein uraltes Fallbett der Jökulsá handelt, die hier einst, in prähistorischer Zeit, ihren größten Wasserfall hatte, dann aber durch Oberflächenveränderungen in ein anderes Flußbett gedrängt wurde. Vorschläge für den Rückweg: an der Ostseite der Jökulsá über **Grímsstadir**; oder in einem großen, aber lohnenden Bogen über die **Halbinsel Tjörnes** (u.a. Fundstellen für fossile Meerestiere aus dem Tertiär bei Hallbjarnarstadir) und durch die traditionsreiche, 2700 Einwohner zählende Hafenstadt Húsavík, alter Stapelplatz skandinavischer und deutscher Kaufleute und heute wichtiger Exporthafen für landwirtschaftliche- und Industrieprodukte (z.B. Filteranlagen aus dem Kieselgurwerk Mývatn). Moderne Betriebe, Krankenhaus. In diesem Fall geht die Fahrt über den **Hólasandur** (S 87) nach Reykjahlíd zurück.

Von Reykjahlíd nach Akureyri

Von Reykjáhlid/Mývatn nach Akureyri beträgt die Entfernung rd. 100 km, bis zum Godafoss, dem nächsten Etappenziel, genau 50 km. Am Nordwestufer des Mývatn entlang – durch den Wald **Vindbelgjarskógur** und die Seenplatte unterhalb des **Vindbelgarfjalls** – geht es über die lachsreiche Laxá und weiter an deren Südufer am See Másvatn entlang und von dort durch die **Laxárdalsheidi** ins heiße Quellgebiet **Laugar** (zwei Schulen als Sommerhotel mit Thermalschwimmbad, Tanken); sodann durch das Reykjadalur nach **Einarsstadir** (Imbiß, Tanken, Post, Telefon, Arzt). Die weitere Strecke hat markante Aussichtspunkte mit weitem Blick ins **Skjálfandafljót**, auf die Flußinsel und alte regionale Thingstätte **Thingey** (Thinginsel), nach der der Bezirk »Thingeyjasýsla« benannt wurde; bis aufs Meer hinaus reicht der Blick.
Der **Godafoss** im Bárdardalur gehört trotz seiner geringen Fallhöhe (10 m) zu den schönsten und wasserreichsten Fällen Islands. Nachdem im Jahre 1000 das Althing die Einführung des Christentums beschlossen hatte, stürzte der Gode und damalige Gesetzessprecher Thórgeir Ljósvetningagodi, der sich aus politischen Motiven sehr für die Annahme der neuen Religion eingesetzt hatte, seine heidnischen Götter in den Wasserfall und gab ihm durch diese symbolische Handlung den doppelsinnigen Namen »Götterfall« (Godafoss). Fossholl ist dann das Gasthaus in der Nähe des Wasserfalls (Tanken). Die letzte Wegstrecke führt zunächst auf

einer Paßstraße am **Ljósavatn**, am Internat bzw. Eddahotel **Stórutjarnir** und am Hof **Háls** vorbei. Die Fahrt geht dann durch den Birkenwald **Vaglaskógur** über die **Fnjóská** hinweg und schließlich in Serpentinen auf die über 600 m hohe **Vadlaheidi**. Von ihrem höchsten Punkt (643 m) eröffnet sich ein herrlicher Blick auf den **Eyjafjördur**, an dessen gegenüberliegendem Ufer die nördliche Metropole Islands, Akureyri, liegt. Wie mit einem Zoom immer näher herangeholt, erlebt man die Stadt bei der Talfahrt in den Fjord. (Akureyri, S. 183).

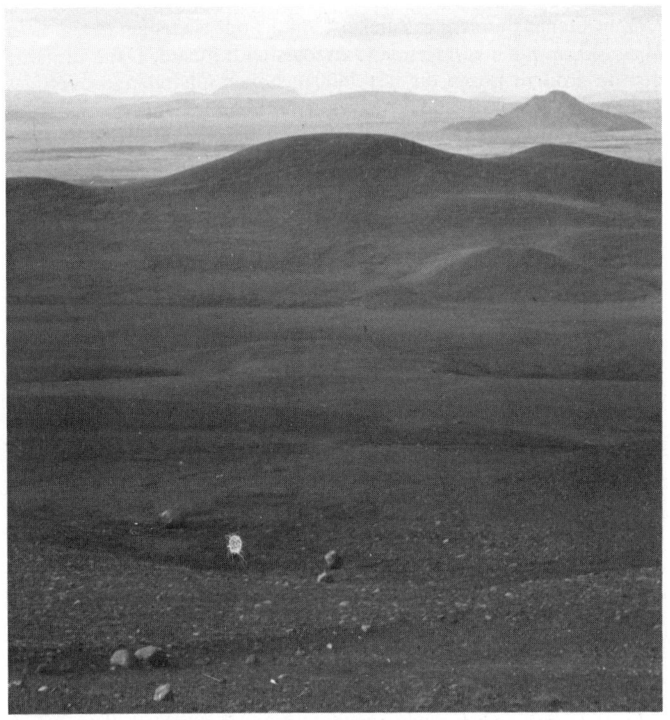

Charakteristische Lavawüste in Nordisland

Route 4: Rund um die Insel auf der Nordwesttangente

Von Akureyri nach Reykjavik (449 km)

Der nordwestliche Teil des Hringvegur ist insgesamt von großer landschaftlicher Schönheit und Vielfalt: Der erste, nördliche Teil des Weges bis Blönduós schlängelt sich durch Gebirgstäler oder verläuft entlang der Höhenzüge, die teilweise bis auf 1100 m ansteigen. Später überwiegen hügeliges Weideland und die fruchtbaren Tiefebenen der Fjordlandschaften. Der letzte Abschnitt der Route, vom Borgarfjördur bis Reykjavik, führt in zahllosen Windungen an den tief ins Land eingeschnittenen Fjorden der Faxaflói-Bucht entlang.

Akureyri – Blönduós

Durchs Öxnadalur geht es zunächst auf die mit einzelnen Berggipfeln über 1300 m hoch aufragende **Öxnadalsheidi** hinauf. Dann umfährt man in großem Bogen die fast 1400 m hohen Gletschergruppen des **Tungnahryggsjökull** und des **Myrkárjökull** und gelangt durch das Tal der **Nordurá** wieder abwärts in die Ebene des **Skagafjördur** und der **Héradsvötn**. Über den Vatnsskard-Paß steigt die Straße noch einmal leicht an, um sodann durchs **Langidalur**, entlang der fischreichen **Blandá**, hinab an die östliche Bucht des **Húnaflói**, nach **Blönduós** am Húnafjördur, zu führen. An dieser landschaftlich schönen Strecke gibt es einige interessante Stellen, die eine Unterbrechung der Fahrt lohnen.

Akureyri – Varmahlíd

Grjótgardur, ein Aussichtspunkt rd. 8 km hinter Akureyri an der nördlichen Abzweigung nach Dalvík, bietet einen großartigen Blick über den Eyja-Fjord und auf die westliche Gletscherwelt. Ist der Hörgá-Fluß überquert, gelangt man nach **Mödruvellir**, einem uralten, vom 13. Jh. an bedeutsamen geistigen und geistlichen Zentrum (Augustinerkloster), in dem auch bedeutende Künstler verkehrten wie der aus Akureyri gebürtige Dichter Jón Svensson und der am Skagafjördur beheimatete Bildhauer Bertel Thorvaldsen. Man kann nun die Fahrt links oder rechts der Hörgá fortsetzen, kreuzt den Fluß aber spätestens wieder bei **Bægisá**, einem alten Pfarrhof am Eingang zum Bægisártal, auf dem im 18. Jh. der Dichter und Klopstock-Übersetzer Jón Thorláksson lebte (S. 111). Seltene Bücher und einen alten Altar beherbergt die um 1850 erbaute Kirche. Lohnend ist auch eine Wanderung talaufwärts zum **Bægisárjökull**. Von Bægisa führt der Weg durch das Öxnadalur hinauf zur **Öxnadalsheidi**, wo rechts am Wege eine Hütte der Isländi-

schen Lebensrettungsgesellschaft zu einer Rast einlädt, und weiter nach **Silfrastadir**. Die alte, sehenswerte Kirche von 1842 wurde abgetragen und steht jetzt im Árbær-Freiluftmuseum (S. 179) bei Rekjavik. An ihre Stelle trat der jetzige Bau. Auf dem Pfarrhof **Miklibær** unterhalb des steil aufragenden, 1147 m hohen **Akrafjalls** lebte und predigte der Großvater des Bildhauers Bertel Thorvaldsen. Wenn man bei Midgrund die verschiedenen kleinen Gewässer der **Héradsvötn** überquert hat, gelangt man nach **Varmahlíd**: Warme Quellen, mit denen ein Schwimmbad beheizt wird, gaben dem Ort seinen Namen. Die Siedlung (ca. 100 Einw.) hat sich mit Hotel, Restaurant, Campingplatz und Souvenirshops auf den Tourismus eingestellt.
Glaumbær, 7,5 km nördlich von Varmahlíd in der breiten, fruchtbaren Ebene des Skagafjördur gelegen, ist eines der schönsten und besterhaltenen Torfgehöfte Islands, das in seiner jetzigen, aus dem 19. Jh. stammenden Form originalgetreu bewahrt und mit altem Mobiliar und Hausrat als volkskundliches Museum eingerichtet wurde. Mehrere Wohn- und Arbeitsräume sowie eine als Gemeinschaftsraum dienende »Badestube« sind schachtelartig aus Torf, Stein, Grassoden, Walknochen aneinandergefügt und mit einer Holzfassade versehen. Diese Reihenbauweise verleiht dem Komplex größere Stabilität.

Fahrt um die Halbinsel zwischen Eyja- und Skagafjördur nach Varmahlíd (235 km)
Mödruvellir, rd. 12 km nördlich von Akureyri, ist der östliche Ausgangspunkt für eine Fahrt um die große, aus präglazialen Basalten aufgebaute Halbinsel, die vom Eyafjördur im Osten und Skagafjördur im Westen begrenzt wird. In ihrem Küstenbereich liegen viele Gehöfte und die größeren, z.T. schon sehr alten Ortschaften und Häfen Dalvík, Ólafsfjördur, Siglufjördur und Hofsós. Die Fahrt von Mödruvellir nach **Dalvík**, am Árskógsströnd entlang, beträgt 32 km. Dalvik ist ein sehr alter, aber erst seit dem Ende des Zweiten Weltkrieges aufblühender Ort mit 1600 Einwohnern und Umschlagsplatz für landwirtschaftliche Erzeugnisse. Nach dem Kriege wurde der Fischereihafen gebaut, doch hat die Fischindustrie erst bescheidenen Umfang. Es gibt hier ein Sommerhotel, Restaurant und ein Gemeinschaftszentrum. Überfahrten zur besiedelten Insel **Hrísey** (rd. 320 Einw.), einem ehemaligen Zentrum des Haifischfangs, sind von Litla Árskógssandur aus möglich. Auch auf Hrísey sind heiße Quellen zu finden.

Torfgehöft bei Glaumbær in Nordisland

Ins südliche Hinterland der Gletscher führen zwei Wege – über Tjörn oder Vellir – ins **Skídadalur** oder ins nördlichere **Svarfadardalur**, beide Täler sind ein Stück weit mit dem Wagen befahrbar. Durch das Svarfadardalur gelangt man zu Fuß oder mit dem Jeep auch ans Westufer der Halbinsel – nach Hofsós, Gröf oder Hólar.

Die Hauptstraße von Dalvík am **Ufsaströnd** entlang, vorbei am »Schoner-Denkmal« (Modellboot) für Eyvind Jónsson, einem Schiffsbauer, der um die Wende des 17./18. Jh.s lebte; man passiert die Hütten der Isländischen Lebensrettungsgesellschaft und fährt aufwärts zum Felsen **Ólafsfjardarmúli**. Hier, bei 415 m über dem Meer, eröffnet sich ein weiter Blick über Fjord und Nördliches Eismeer, bei klarem Wetter sogar bis zur 60 km entfernten Insel Grímsey, wo einige Krabbentaucher nisten. Diese arktische Vogelart, die auf Island sonst nirgendwo anzutreffen ist, wird streng geschützt.

Ólafsfjördur am gleichnamigen Fjord, bis zur Jahrhundertwende hauptsächlich von der Landwirtschaft lebend, verwandelte sich inzwischen in einen regen Fischerort mit rd. 1600 Einwohnern. 1944 erhielt es Stadtrechte. Auf einer fruchtbaren Landzunge in den Fjord hinausgebaut und von 800–1000 m hohen, im Winter schneesicheren Bergen umgeben, gehört die Stadt, die ein Hotel, ein aus den nahegelegenen warmen Quellen naturbeheiztes Schwimmbad, einen Golfplatz, eine kleine Ski-Sprungschanze und einen Flugplatz aufzuweisen hat, sicherlich zu den schöngelegenen des Nordens.

Nach **Siglufjördur**, der nördlichsten Stadt Islands, kann man im Sommer mit einem Geländewagen direkt über Höhenwege und den Hólsskard-Paß gelangen. Die normale Route bleibt aber die über die **Lágheidi** durchs **Fljót** zum **Miklavatn**. Ab der Weggabelung sind es noch 24 km auf der Küstenstraße nach Norden, die am Ende durch den 800 m langen Tunnel **Strákagöng** führt. Siglufjördur, einst nördliche Metropole des Heringfangs, die in der Saison Gastarbeiter aus ganz Island anzog und spezialisierte Industrieanlagen entstehen ließ – eine Fabrik lieferte Heringstonnen, in den Salzereien liefen in der Fangzeit die Anlagen auf Hochtouren, auf den Verpackungsplätzen herrschte hektische Betriebsamkeit – erlebte nach dem Ausbleiben der Heringsschwärme aufgrund von Überfischung (S. 83) eine schwere strukturelle Krise. Die Salzereien mußten schließen, viele Einwohner sich woanders Arbeit suchen. Inzwischen ist die Umstellung auf andere Fischarten und Industrieanlagen, z.B. die Möbelfabrikation, gelungen. Auch haben die aufgrund des Fangschutzes wieder reicheren Heringsgründe der Stadt neuen Auftrieb gegeben. Der Tourist findet hier Hotel, Restaurant, Hallenschwimmbad, Gemeinschaftszentrum, auch ein Krankenhaus sowie einen Golfplatz und Wintersportanlagen (Skilifte/Sprungschanze).

Der Rückweg zum Ringweg windet sich an der Westküste der Halbinsel weiterhin auf dem schmalen, zwischen Fels und Meer entstandenen Strandgütel dahin, vorbei an bewohnten, aber auch verlassenen Farmen, der Kirche von **Fell**, vielen kleinen Binnengewässern und dem größeren, zum Skaga-Fjord hin schmal geöffneten Haff **Höfdavatn**. Draußen im Fjord sind die Inseln **Málmey** und **Drangey** zu sehen. Während Málmey bewohnt und landwirtschaftlich genutzt wird, dienen die steilen Kliffwände der Felseninsel Drangey, einst Zufluchtsort des geächteten Grettir, heute Tausenden von Vögeln als Sommerbrutplatz. Von Hófsós aus sind beide Inseln mit dem Boot zu erreichen.

Hófsós ist ein sehr alter Ort und eines der ältesten Handelszentren Islands. Davon zeugt noch ein hölzernes, aus Zeiten dänischer Herrschaft stammendes Lagerhaus am Hafen. Die rund 350 Einwohner leben vom Handel, von der Fischindustrie und der Landwirtschaft (Geschäfte, Arzt).

Auf der Weiterfahrt, vorbei an der Torfkirche in **Gröf**, sollte man unbedingt einen Abstecher nach **Hólar** machen. Von 1106 bis 1798, neben Skálholt zweiter Bischofssitz, hatte der Ort im Mittelalter als geistiges Zentrum eminente Bedeutung. Wie bereits erwähnt, kämpfte hier der letzte katholische Bischof, Jón Arason, gegen die Einführung des protestantischen Glaubens (S. 215). Er war aber nicht nur streitbarer Kirchenmann, sondern auch ein bedeutender Künstler und Gelehrter: Um 1530 ließ er in Hólar die erste Druckpresse aufstellen, auf der dann sein protestantischer Nachfolger 1584 die erste Bibel in isländischer Sprache, die Gudbrandsbiblía, drucken ließ. Der neugotische Altar der Kirche aus dem 18. Jh. (mit neuem Turm) stammt vermutlich aus den Niederlanden, während der Speckstein, der für das Taufbecken von 1674 verwandt wurde, wahrscheinlich aus Grönland herübergeholt wurde. Um 1860 wurde der Torfhof auf dem Kirchengelände errichtet.
Um wieder auf die Hauptroute zu kommen, kann man entweder über Vidvík (Kirche), Hofstadir, Flugumýri (alter Kirchhof, der schon in den Sagas der Sturlungenzeit eine Rolle gespielt hat), nach Varmahlíd fahren oder die Route über Saudárkrókur, Reynistadur, Glaumbær nach Varmahlíd wählen.

Varmahlíd – Blönduós

Wieder gibt es zwei mögliche Wegstrecken: die wesentlich längere Küstenstraße um die Halbinsel Skagi herum, die wir zuerst beschreiben, oder die reguläre Route auf der Ringstraße. Ein Abstecher nach Saudárkrókur lohnt sich aber auch dann, wenn man die ganze Halbinsel nicht umrunden will.

Rund um die Halbinsel Skagi (147 km)

Über **Reynisstadur**, einem geschichtsträchtigen Hof mit Kirche, der in der Vergangenheit als Sitz politisch einflußreicher Geschlechter häufig eine Rolle spielte und vom 13. bis 16. Jh. Sitz eines Klosters war, gelangt man, am Miklavatn vorbei, nach **Saudárkrókur**, dem Handels- und Verwaltungszentrum der Skagafjord-Region. Erst 1870 gegründet, hat der Ort sich durch Fischfang, Handel und Fischindustrie sowie dank seiner günstigen Lage als Durchgang zur Skagi-Halbinsel schnell entwickelt, 1947 Stadtrechte erhalten und zählt heute über 3000 Einwohner. Der Reisende findet hier: Schwimmbad, Krankenhaus, Flugplatz, Hotels, Campingplatz, Cafés, Kino, Gemeinschaftszentrum, ja sogar

Die Dorfkirche von Vídimýri aus dem frühen 19. Jahrhundert

einen kleinen Skilift. Beliebt ist die jährliche Festwoche (Sæluvikur), in der ausgelassen gefeiert, getanzt und natürlich »Brennivin« getrunken wird. Von hier aus kann man übrigens ein Boot zur schon erwähnten Insel Drangey (S. 251) mieten.
Die um die Halbinsel weiterführende Küstenstraße, die die landschaftlich reizvoll gelegenen Fischerdörfer miteinander verbindet, ist inzwischen gut ausgebaut. Größter Ort und wichtigster Hafen auf der westlichen Seite ist Höfdakaupstadur, immer häufiger Skagaströnd genannt. Fischfang und -industrie stellen die Haupterwerbsquelle der etwa 1000 Einwohner dar. Es gibt ein Hotel, einen Campingplatz, ein kleines Schwimmbad, ein Gemeinschaftszentrum und einen Skilift. Die im Süden felsige, im Norden mit Heide und Moor bedeckte Halbinsel ist im Inneren unbewohnt, die reichen Forellengründe der Seen werden aber genutzt.

Wenn Sie die soeben beschriebene Umrundung der Halbinsel Skagi nicht machen, so führt Sie der Weg Varmahlid – Blönduos (rd. 50 km)

zunächst nach **Vídimýri**, südlich von Varmahlíd gelegen, wo man die aus Torf, Grassoden und Feldstein gebaute alte Kirche von 1834 besichtigen kann. Sie steht wegen ihrer volkskundlich bedeutsamen Einrichtung unter Denkmalsschutz, wird aber trotzdem für Gottesdienste genutzt. Vídimýri gehörte im Mittelalter zum geistigen Zentrum der Skagafjördur-Region. Bedeutende Staatsmänner und Schriftsteller haben in ihr gelebt.
Auf dem weiteren Weg nach Blönduós kommt man am Denkmal für den im Skagaland geborenen und später nach Amerika ausgewanderten Dichter Stephan G. Stephansson (1853–1927) vorbei, sieht den See **Vatnshlídarvatn** vor sich liegen, passiert die Siedlungen **Bólstadarhlíd** (Kirche, Tankstelle) und **Holtastadir** (Kirche) und erreicht schließlich die beiderseits des Flusses Blandá sich hinziehende, durch eine Brücke verbundene Ortschaft **Blönduós**. Die mit rd. 1500 Einwohnern größte Ortschaft in der östlichen Hänavatnssýsla, mit Sitz der Regionalverwaltung (Sýslumannssetur), lebt hauptsächlich vom Handel, der Fischindustrie und der Landwirtschaft. Hotel, Campingplatz, Schwimmbad, Krankenhaus und ein Gemeinschaftszentrum sind vorhanden.

Blönduós – Reykjavik
Von Blönduós verläuft der Ringweg südwärts über die weiten Wiesen- und Heidelandschaften der **Kolkumýrar**, dann am Bergmassiv **Vatnsdalsfjall** entlang und biegt dann bei Hraunsar in südwestlicher Richtung über den Fluß Vatnsdalsá ins Vídidalur ab. Zwischen dem 980 m hohen **Vídidalsfjall** und den ausgedehnten, über 700 m ansteigenden Felsmassiven der Halbinsel **Vatnsnes** hindurch nimmt sie Richtung auf die beiden südlichen Fjordzipfel des Húnaflói, den Mid-Fjord und den Hrúta-Fjord. Auch dieser Landstrich, fruchtbar und früh besiedelt, ist für die Isländer kulturgeschichtlich lebendig geblieben: Der alte Thingplatz **Thingeyrar** an der Hóp-Lagune, wo von 1133 bis 1555 das erste isländische Kloster stand, war ein Zentrum der Literatur, Wissenschaft und Geschichtsschreibung. Die heutige Kirche besitzt einen wertvollen Alabaster-Altar aus dem 15. Jh. Ganz in der Nähe, in **Stóra-Geljá**, lebte Thórvaldur Kodránsson, der durch seine christlichen Bekehrungsversuche noch vor dem Jahre 1000 bekannt wurde. Am See **Vesturhópsvatn** hat man übrigens versucht, eine natürliche Felsenbastion zu einer Burg (Borgarvirki) auszubauen. Ihre Benutzung ist aber historisch nicht belegt. In **Vídidalstunga**, einem Bauernhof mit Kirche am Fuße

des Bergmassivs Vídidalsfjall und Zentrum der mitteralterlichen Buchproduktion, wurde um 1400 die prachtvolle **Flateyjarbók** mit ihren Königs-Sagas niedergeschrieben, einer der schönsten Codices des isländischen Mittelalters. Für die 225 Pergamentseiten mußten 113 Kälber ihre Haut hergeben. Die Handschrift wanderte von der Insel Flatey, wo sie entdeckt wurde (S. 266), nach Skálholt und Kopenhagen, da 1665 Bischof Brynjólfur Svensson sie dem dänischen König als Geschenk verehrte. 1971 wurde das Buch Island zurückgegeben und heute befindet es sich in der Handschriftenabteilung der Reykjaviker Universität (S. 168). Und in **Melstadur**, bei Laugarbakki, lebte im 17. Jh. der Gelehrte Arngrímur Jónsson, dessen ausschließlich in lateinischer Sprache verfaßte Bücher bei uns auf dem Kontinent erstmalig die genauere Kenntnis von Island, seiner alten Literatur und seiner großen Vergangenheit vermittelten. Er stand für die geistige Entdeckung Islands in Europa also gewissermaßen Pate. Als nächstes erreicht man die Ortschaft **Hvammstangi** (rd. 500 Einw.) mit Geschäften, einer Cafeteria und Arzt. In **Laugarbakki** (rd. 50 Einw.) gibt es warme Quellen und Treibhäuser, Geschäfte und eine Autoreparaturwerkstatt; so auch in **Reykir**, wo neben den warmen Quellen ein Sommerhotel, eine Cafeteria und ein Heimatmuseum mit alten Hai-Fangbooten aufgesucht werden können.

Die weitere Strecke verläuft am Kirchplatz **Stadur** (Gasthaus, Tankstelle) und an der Ortschaft **Brú** vorbei (Abzweigung der Nordwest-Route) und auf die Höhen der **Holtavörduheidi** hinauf. Ein Denkmal für König Christian X. erinnert an dessen Besuch im Jahre 1936. Die Straße folgt dann, am Fuße des 808 m hohen **Snjófjöll** nach Südwesten abknickend, exakt dem Verlauf des Flusses **Nordurá**. Zur Rechten bleibt jetzt für einige Zeit das große westliche Basaltplateau Ihr Begleiter, das den Abschluß des westlich-nordwestlichen Hochlandes bildet. Bei **Dalsmynni** (Imbiß, Tankstelle), wo die Straße S 60 zur Nordwest-Halbinsel abzweigt, kann man die Fahrt unterbrechen, um den aus rhyolithischem Gestein gebildeten 934 m hohe Berg **Baula** zu besteigen. Die eigenwillig schönen Krater **Grábrók** (markanter Aussichtspunkt) und **Litlabrók** in der Grábrókarhraun, nahe dem Sommerhotel **Bifröst**, sowie ein Abstecher zum idyllischen, inmitten der Lava gelegenen See **Hredavatn** (Campingplatz, Restaurant; Wanderungen) könnten weitere Ausflugsziele auf dieser landschaftlich schönen Strekke sein.

vrosa. þa toku menn r ao jon
sinar kg. broklausan. Suu hep
ver þ sath. aq. ks erlingsk. lykr

þrounsku mom. þa ǫ ur danmk
prod. Jafn heinrikr i englandi e kalla
þ ǫ ema. ber epi audleam hiril ks

Immer noch der Nordurá folgend, führt die Straße jetzt in die an Flüssen reiche Ebene der Stafholtstungur im Hinterland des **Borgarfjördur**. Die Fahrt südwärts folgt weiterhin dem Lauf der Nordura, wobei die Moos- und Heidelandschaft zunächst noch von einigen kleineren Bergen, z.B. dem 229 m hohen **Litlaskardsfjall**, aufgelockert wird. 10 km hinter der Hredavatn-Abzweigung biegt linker Hand bei **Varmaland**, einem Gebiet warmer Quellen (Hotel), die S 50 ab, die nach **Reykholt** führt, dem ehemaligen Wohnsitz des berühmten Staatsmannes und Dichters Snorri Sturluson, aus dem Geschlecht der Sturlúngen (S. 62, 106, 109). Im **Snorri-Museum** werden neben einigen Werken des Dichters u.a. als Attraktion das von Snorri im 13. Jh. erbaute und wohl älteste isländische Warmwasserfreibad Snorralaug gezeigt, das zusammen mit dem unterirdischen Schutzgang zum ehemaligen Wohnhaus erhalten blieb. Das Snorri-Denkmal wurde von Gustav Vigeland geschaffen und 1947 vom norwegischen Kronprinzen Olaf, wohl als Wiedergutmachung für die Ermordung Snorris durch einen norwegischen König, gestiftet. Das Snorra-Fest, die Ehrung Sturlúsons anläßlich seines 800. Geburtstages am 26. August 1979, fand hier in Reykholt statt. Die Abkürzungsstrecke S 50 führt am langgestreckten **Skorradalsvatn** vorbei über die **Skardsheidi** in südlicher Richtung zur S 1 am Hval-Fjord.

Die Hauptroute berührt rd. 2 km hinter der Abzweigung der S 50, in der Nähe des Bauernhofes **Svignaskard** und westlich der **Gljúfurá**, den Felsen **Kastalinn**, von dem aus sich ein überaus lohnender Panorama-Blick auf das Gebiet des Borgarfjördur bietet. 9 km vor Borgarnes biegt de S 1 nach Südosten ab und verläuft bald wieder südlich am Borgarfjördur entlang. Von hier sind es bis Reikjavik auf der S l noch 134 km. Östlich liegen die 1000 m hohen, z.T. schneebedeckten Höhenzüge der Skardsheidi und der **Hafnarfjall** (844 m), zur Rechten der Fjord. Man erreicht dann den **Hvalfjördur**, der während des Zweiten Weltkrieges wichtiger Marinestützpunkt der Alliierten war. An der **Leirar-Bucht**, kurz nach der Überquerung der Laxá, gabelt sich die Wegstrecke: Der Hringvegur biegt nach Osten ab und führt am Hof **Lambhagi** und dem See **Eidisvatn** vorbei zum Hval-Fjord; die S 51 führt in südwestlicher Richtung (14 km) nach **Akranes**. Diese schnell gewachsene Stadt (Stadtrecht seit 1941), deren Einwohnerzahl sich heute auf weit über 5000 beläuft, gehört zu den großen Fischereihäfen des Landes, hat aber auch Handel und Industrie stark entwickelt. Die bedeutende Zementfabrik

Links: Miniatur aus der mittelalterlichen Handschrift »Flateyjárbók«

von Akranes deckt den gesamten isländischen Eigenbedarf. Hotel, Schwimmbad, Krankenhaus, Kino, Volkskundliches Museum stehen zur Verfügung. Vom eindrucksvollen **Akrafjall** (594 m), dem Hausberg von Akranes, hat man eine vorzügliche Aussicht über die Stadt, den Hval-Fjord, das Meer bis nach Reykjavik und, an klaren Tagen, zu den Gletschern des Snæfellsjökull im Nordwesten. Auf der S 503 kann man in südlicher Richtung zurückfahren, um wieder den Anschluß an die Hauptroute zu finden. Auf dem Friedhof des alten Pfarrhofes **Saurbær** liegt der Kirchenlieddichter Hallgrímur Pétursson begraben, der hier einen Großteil seiner Psalmen und Lieder schrieb (S. 110). Am Gehöft **Ferstikla** trifft die schon beschriebene Piste über die Skardsheidi, von Norden kommend, wieder auf unsere Route (S 1), die nach wenigen Kilometern den Anlandesteg der Walfangstation erreicht. Der weitere Weg um die Esja nach Reykjavik ist auf S. 181 beschrieben.

Im Borgarfjördur

Route 5: Snæfellsnes und die nordwestliche Halbinsel

Reykjavik – Thingvellir – Kaldidalur – Borgarnes – Umrundung der Halbinsel Snæfellsnes bis Stykkishólmur – Fähre über den Breidafjördur – Brjánslækur – Thingeyri – Ísafjördur – Hólmavík – Bordeyri – Hringvegur. Höhenwege zwischen Hänaflói und Breidafjördur (Rd. 1100 km, davon 70 km mit dem Fährschiff)

Die hier vorgeschlagene große Rundstrecke wird in erster Linie für diejenigen von Interesse sein, die die zentralen Teile von Island schon kennen. Denn so schön auch der Nordwesten in seiner kargen Einsamkeit sein mag, ist er nicht typisch für das Island, das der Tourist sucht: das Land der Geysire, heißen Quellen und Lavakrater. Die langen Fjordumrundungen sind außerdem sehr zeitaufwendig. Wer allerdings schon auf der Insel war, sollte – als Bereicherung seines Island-Bildes – die ursprüngliche Landschaft dieses äußersten Nordwestens kennenlernen. Die Gesamtstrecke ist sehr abwechslungsreich. Sie führt durch Küstengebiete und durchs Hochland, in erloschene Vulkangebiete und über älteste Basalte; im Mittelteil bringt eine mehrstündige Schiffsfahrt Abwechslung. Die kleine Rundstrecke (rd. 670 km) beschränkt sich auf die Umrundung der Snæfellsnes-Halbinsel, eine auf jeden Fall lohnende Route. Besonders in ihrem westlichen Streckenabschnitt, etwa ab Búdir, ist die Landschaft außerordentlich reizvoll.

Von Reykjavik nach Borgarnes

Die einfachste und für normale Fahrzeuge sicherste Anfahrt nach Borgarnes stellt der Ringweg (S 1) dar, also die Küstenstraße entlang der Fjorde des **Faxaflói**. Aber auch die Varianten über die Höhenzüge östlich der **Esja** (S 48) und der **Skardsheidi** (S 50/52) sind mit normalem Fahrzeug möglich. Die Dritte Route führt zunächst nach **Thingvellir**, dann auf der S 52 über die hochgelegenen Lavafelder des Skjaldbreidur-Gebietes bis zu den Hügeln **Uxahryggir** (Ochsenrücken). Hier kann man nochmals entscheiden, ob man der ausgefahrenen, traditionellen Strecke entlang der **Tunguá** und später der **Grímsá** folgen möchte (59 km bis Borgarnes) oder ob man eine der klassischen Bergrouten, den Weg durch das **Kaldidalur**, wählt (74 km). Auch für diese, früher sehr beschwerliche Strecke ist heute, jedenfalls im Sommer, ein Geländewagen nicht mehr unbedingt erforderlich. Wir empfehlen sie deshalb als Auftakt. Die Piste wird bei den Hochland-Routen bis **Varmaland** beschrieben (S. 280), von wo es in südlicher Richtung noch 19 km bis **Borgarnes** sind.

898
B 315
RE 395

Die Halbinsel Snæfellsnes: Borgarnes – Stykkishólmur (227 km)
Borgarnes (2000 Einw.), Ort und Sitz der Bezirksverwaltung auf einer in den Borgarfjördur hinausgestreckten Landzunge, liegt romantisch, lebt aber sehr nüchtern vom Handel sowie von Industrie und Dienstleistungen für das Hinterland. Krankenhaus, Hotel, Kirche, Golfplatz, Sportzentrum mit Schwimmbad, Kino, Taxis, alles ist vorhanden. Der Park **Skallagrímsgardur** mit einem kleinen Grabhügel erinnert an den ersten Siedler Skallagrímur und seinen bedeutenden Dichtersohn Egill, die 3 km landeinwärts, in **Borg**, ihren Hof hatten (keine Überreste).
An Borg vorbei führt die Strecke kilometerlang zunächst durch Weideland und flaches Gebiet. Ein kleines Kieferngehölz, Skógar, stellt in dieser gleichförmigen Landschaft eine willkommene Abwechslung dar. Das **Barnaborgarhraun** und das **Eldborgarhraun**, letzteres eine Lavaausschüttung aus dem Krater Eldborg, erinnern wieder daran, daß Island ein Vulkanland ist. Ein Spaziergang über die Lava lohnt sich, da man hier sehr gut die einzelnen Fließrichtungen der Lava bis hinauf ins Ursprungsgebiet beobachten kann. Wenig später, bei **Kolbeinstadir**, zweigt auch die erste Querverbindung zum Norden der Halbinsel ab. Auf ihr geht es über Lavafelder, vorbei am **Oddastadavatn**, einigen kleineren Seen sowie dem Svínafell (367 m), über die **Raudamelsheidi** zum Hvamms-Fjord.
Wir bleiben jedoch auf dem Hauptweg (S 54), der hier noch in einem gewissen Abstand von der Küste durch fruchtbares Weideland mit Viehwirtschaft und gelegentliche Weizen- und Roggenanbau-Gebiete verläuft. Zur Rechten das über 1000 m hohe Ljósufjöll-Massiv. Am Wege liegen die Heilquellen von **Raudamelur**, die Kirchgehöfte **Miklholt** und **Fáskrúdarbakki** (Wanderweg in die hochgelegene Midhraun-Lava mit schöner Ausssicht) und das willkommene Rasthaus **Vegamot** (Übernachtungsmöglichkeit, Reparaturwerkstatt, Tanken), bei dem die Paßstraße **Kerlingarskard** nach **Stykkishólmur** abzweigt. Die **Ellidatindar-Berge** mit ihren im unteren Teil kegelförmig abfallenden Geröllhalden begrenzen jetzt den Blick zur Rechten. Eine kleine Seitenstraße, die S 571, führt zu einigen Bauernhöfen, an denen der relative Wohlstand dieser Gegend, begünstigt durch Fruchtbarkeit des Landstriches, abzulesen ist. An dieser Stelle hat das Ufer einen schönen Sandstrand, der bei gutem Wetter zum Sonnenbaden einlädt; ins Wasser werden sich nur sehr Mutige wagen, denn das Meer ist auch hier relativ kalt (Juli/August 10–12°C). Einige Kilometer weiter verstärken sich die

Links: Typische Küstenlandschaft im Nordwesten

farblichen Kontraste. Vor dem schwarzen Hintergrund der Vulkanmassive heben sich hier das besonders saftige Grün der Wiesen, das Weiß der Gletscherkuppen und das Blau des Meeres scharf gegeneinander ab. Alles zusammen schafft eine Beleuchtung von besonderer Intensität. In **Stadastadur** soll der Historie nach **Ari Thorgilsson inn Frodi** (der Weise) die berühmte »Íslendingabók« (S. 108) verfaßt haben. Die Flüsse und kleineren Binnengewässer entlang der Straße sind äußerst fischreich. Wer hier angeln will, muß aber die Genehmigung des Farmers einholen.

Búdir, früher ein kleiner Fischerhafen, besteht heute nur noch aus einer Farm, einer kleineren, neueren Kirche und dem Hotel Búdir. Die landschaftliche Lage ist außerordentlich schön. Umgeben von den hohen Bergen des **Helgrindur** auf der einen und vom Meer sowie von kleinen Fischerbuchten auf der anderen Seite, lockt die Umgebung zu Spaziergängen durch die Blocklava, die dem Krater **Búdaklettur** (88 m) in prähistorischer Zeit entquollen ist, weiter zu den **Lavahöhlen**, deren längste fast 70 m mißt, oder zu dem Wasserfall **Bjarnarfoss** am Fuße des 566 m hohen Mælifell. Ein Hotel mit Schlafsackunterkunft ist vorhanden, auch ist das Zelten am Rande der Hraun, zwischen den idyllisch mit Blumen gefüllten Felsspalten, möglich. Von hier zweigt zudem ein Direktweg nach Ólafsvík über die Paßstraße **Fródárheidi** ab.

Seine Majestät der Snæfellsjökull

Der einsame Beherrscher der Westspitze Islands erhebt sich 1446 m hoch über das umgebende Meer. Er ist von einer immer kleiner werdenden Gletscherkuppe gekrönt, die seit der Jahrhundertwende um mehr als die Hälfte zusammengeschmolzen ist. Sie bedeckt heute nur mehr eine Fläche von rd. 10 km^2. Dennoch ist sie weithin bis zur Süd- und Nordwesthalbinsel sichtbar, ja, wenn klare Sicht herrscht, bis in zentrale Teile des Landes hin. An den Abhängen tritt die vor rd. 2000 Jahren hervorgequollene, in den vielfältigsten Formen versteinerte Lava ins Blickfeld. Man sollte sich etwas Zeit nehmen und diesen nach drei Seiten abfallenden Schichtvulkan erkunden, von dessen Kraterrand aus Jules Verne vor rd. 100 Jahren seine literarische »Reise zum Mittelpunkt der Erde« antrat. Vor Gletscherbesteigungen im Sommer sei gewarnt. Sie werden im April/Mai, wenn der Schnee noch fest ist, durchgeführt. Im Umkreis des Berges locken zahlreiche Wanderziele: etwa das durch Meeresauswaschungen bizarr geformte vulkanische Gestein und die

Gefaltete Lava

Arnarstapi (Adlerfelsen) beim gleichnamigen Ort, oder der **Kýrskard-Weg** (auch mit dem Geländewagen zu befahren), der östlich des Kraters, am hStapafell (526 m) vorbei, auf über 800 Höhe hinaufführt und herrliche Aussichtspunkte auf Gletscher und Meer bietet. Ferner sind da die **Hellnar-Grotten** in der Nähe der Kirche, ein Paradies für Vögel, deren Geschrei weithin ertönt. Unübersehbar auch: die über 70 m hohen Felsen **Lóndrangar** sowie der Leuchtturm **Malarrif** am südlichsten Punkt der Insel. Weiter westlich, bei **Dritvík**, liegt der »Hafen der 60 Boote«, so genannt, weil in ihm bei Unwetter bis zu 60 Schiffe Zuflucht nehmen konnten. 250 m südöstlich davon befinden sich stark verschüttete Reste einer uralten Siedlung. Bei den **Hólahólar** kann man mit dem Wagen in einen zur Hälfte abgetragenen Krater hineinfahren. Immer wieder Lava, die sich im Nordwestzipfel als **Neshraun** bis Hellissandur hinzieht, Die Straße führt in nordwestlicher Richtung mitten hindurch. Ein Ausgrabungsort rechts der Straße zeigt in freigelegten Schichten abwechselnd dunkle und helle Lava, die vom Snæfellsjökull stammt. Der 412 m hohe Antennenturm **Gufuskálar**, »Islands höchstes Bauwerk«, wie die Einheimischen scherzhaft sagen, gehört zu einer Funkstation, die Flugzeugen und Schiffen zur Navigation dient.

Hellissandur, der nächste Ort auf unserer Route, ist ein kleiner, aber expandierender Fischerhafen mit knapp 2000 Einwohnern, vielen neuen Häusern in moderner Bauweise, einer Caféteria und einem kleinen Geschäftszentrum. Sehenswert ist der **Sjömanagardur** (Seemannsgarten), der hier 1977 den Seeleuten, die hier früher im Sommer an Land gingen, zum Gedächtnis errichtet wurde. In ihm wurden alte Fischerhäuschen in der für Island typischen Torf-Stein-Bauweise rekonstruiert und ein lustiges Denkmal von Ök Arar errichtet, das einen alten Seemann und seinen kleinen Jungen darstellt: der Alte hat einen ganz großen, der Junge einen ganz kleinen Fisch gefangenen. Einige Kilometer weiter liegt **Rif**, ein Paradies für die unterschiedlichsten Arten von Seemöwen, die hier zu Tausenden die Binnengewässer, aber auch den idyllischen Hafen bevölkern. Im 15. Jh. wurde der Ort von Piraten zerstört; heute gewinnt er als Fischereihafen an Bedeutung. Kurz vor Olafsvík verläuft die Straße dicht am Meer und hoch über dem Wasser, so daß sich ein herrlicher Panorama-Blick weit über den Breida-Fjord bis hinüber zur nordwestlichen Halbinsel eröffnet. Dann erreicht man **Olafsvík**, das, umrahmt von hohen Bergmassiven, sich in einer kleinen Bucht versteckt. Der Ort hat etwa 1500 Einwohner, ein Hotel, ein Restaurant, Geschäfte, eine Autowerkstatt, Kino und Taxis. Der Hafen wird von Schiffen der Staatlichen Schiffahrtsgesellschaft sowie der Fähre Baldur angelaufen, deren Route über den Breidafjördur führt (S. 152). Etwa 500 m hinter dem Ort zweigt nach rechts ein kleiner Weg ins Gebirge ab. Er führt nach einer Fußwanderung von etwa 15 Minuten zu einem kleinen Stausee von bescheidenen Ausmaßen und einem Elektrizitätswerk, das die Stromversorgung einiger Orte östlich von Olafsvík unterstützen soll.

Von Olafsvík nach Stykkishólmur sind es noch 77 km. Die Strecke kann ohne Einschränkung als »Traumstraße« bezeichnet werden. Zur Linken das Meer mit einer ständig variierenden Fjordkulisse, zur Rechten die Höhenzüge und neben der Straße – im Juli/August – das Grün der saftigen Wiesen oder das Gelb der Heustapel. Schafherden grasen geruhsam, und die charakteristischen Büschel des isländischen Wollgrases wiegen sich im Wind.

Einige markante Punkte sollen noch herausgestellt werden: Zwischen

Rechts: Vorgeschobener Posten im äußersten Westen Europas

Búlandshöfdi und Grundarfjödur in der Látravík führt die Straße an einem binnenseeähnlichen Fjord vorbei. Dahinter, meerwärts, erheben sich die beiden Einzelberge **Stöd** (268 m) und **Kirkjufell** (463 m). Besonders die Stöd ist geologisch interessant, weil sie zwischen zwei von eiszeitlichen Gletschern geschrammten Basaltlagen eine interglaziale Schicht mit Ablagerungen von Pflanzen, die nur in mildem Klima gedeihen (Erlen), erkennen läßt. Diese Schicht beweist, daß es mindestens zwei Eiszeiten auf Island gab. An anderen Stellen lassen sich freilich mehrere nachweisen. Die eiszeitliche Prägung dieser Landschaft wird auch an dem Gesamtbild der abgeflachten, glattgehobelten Berge und Inseln erkennbar, die schwedischen Schären gleichen. Eindrucksvoll ist auch der **Setberg** (380 m) zwischen Grundar- und Kolgrafa-Fjord. Er kann umfahren, aber auch von der Südwestseite her übrigens auch bestiegen werden. Vom **Klakkur** aus hat man einen herrlichen Weitblick. Die Namen Kolgrafafjördur (Kohlengräber-Fjord) und Kolgrafamúli (Kohlengräberberg) weisen auf frühe Versuche zur Kohleförderung in diesem Gebiet hin.
Auch das Schlußstück der Fahrt nimmt die Aufmerksamkeit gefangen: Eine lange Brücke führt über einen kleinen Gletschersee am Hraunsfjördur, danach verläuft die Straße durch die **Berserkjahraun** mit ihren schwarzen Sandern und Blocklavafeldern. Den Endpunkt dieser West-Etappe bildet die Halbinsel **Thórsnes** mit der etwa 1500 Einwohner großen, malerisch inmitten einer reichen Inselwelt eingebetteten Ortschaft **Stykkishólmur**. Fischfang und Handel sind die Haupteinnahmequellen der Bevölkerung. Ein gut ausgebauter Hafen, Krankenhaus, Hotel, Restaurant, Flugplatz und Gemeindezentrum, sowie den Anlegestellen für die Schiffe der Staatlichen Schiffahrtsgesellschaft und der Baldur, mit der die Reise über den Breida-Fjord erfolgt, machen den Ort zur Metropole der Snæfellsnes-Halbinsel.

Wer die Nordwesthalbinsel nicht besuchen möchte, fährt als Alternative nunmehr auf der S 57 am **Hvammsfjördur** entlang und später die S 60 in südlicher Richtung zurück. Ein lohnender Umweg führt zunächst in nördliche Richtung und dann über die **Laxárdalsheidi** nach **Bordeyri** und von dort zurück. Man kann auch eine Fahrt mit dem Schiff von Stykkishólmur zur Insel Flatey und zurück unternehmen (Fahrtdauer 8–9 Stunden bei drei Stunden Aufenthalt auf der Insel). Flatey ist heute eine nur von wenigen Menschen bewohnte, aber von vielerlei Vogelarten bevölkerte Insel (große Eiderentenkolonie). Sie war im Mittelalter ein bedeutendes kulturelles Zentrum. Hier wurde die *Flateyjarbók* entdeckt, eine der prächtigsten und größten isländischen Pergamenthandschriften, die um 1400 in Vídidalstunga entstanden war (S. 110). Im 19. Jh. erlebte Flatey noch einmal einen kulturellen Aufschwung dadurch, daß Fischfang und Landwirtschaft blühten. Dann setzte der Niedergang ein.

Die Halbinsel Vestfirdir im Nordwesten

Die 70 km lange Fahrt über den Breida-Fjord mit dem Fährschiff Baldur wird nach 40 km an der Insel Flatey für kurze Zeit unterbrochen. Aussteigen können freilich nur diejenigen, die nach Stykkishólmur zurückkehren wollen (siehe oben). Nach rd. vier Stunden Fahrt legt das Schiff in Brjánslækur auf der Halbinsel Vestfirdir an, die 9000 km^2 groß ist. Die Halbinsel besteht aus einem Basaltplateau, das Schicht um Schicht aus unterschiedlich harten Gesteinsarten gebildet ist. Ihre Tafelberge bestehen aus vulkanischem Gestein, doch Lavafelder fehlen: ein Zeichen dafür, daß die Vulkantätigkeit vor der letzten Eiszeit erlosch. So haben deren Gletscher das Gesicht dieses Nordwestzipfels geprägt, der auf der Karte wie ein Anhängsel an Island wirkt, denn sein »Hals«, die Felsbrücke zwischen Gils- und Bitru-Fjord, ist nur 10 km breit. Am weitesten schiebt sich Vestfirdir in die Grönländische See hinaus, zerrissen von Fjorden, die sich tief ins Land eingefressen haben.

Von Brjánslækur zum Ísafjördur

Brjánslækur ist bei den Geologen bekannt durch das **Surtarbrandsgil**, eine kleine Klamm, in der die tärtiären Basalte in der schönsten Weise von pflanzenführenden Schichten durchzogen sind. Ein gutes Dutzend solcher Fundorte gibt es allein im Nordwesten; Brjánslækur ist die ergiebigste Fundquelle (Information beim Gehöft oder Edda-Hotel). Die Strecke zum Ísafjördur führt nordwärts.

Wer allerdings erst Europas westlichsten Punkt kennenlernen möchte, muß die südliche Küstenstraße wählen. Sie führt über die **Kleifarheidi** am südlichen Ufer des Patreksfjördur entlang bis zum Leuchtturm auf Kap **Bjargtangar**. An diesem Punkt ist man Grönland am nächsten: Nur 300 km sind es bis zu seiner Ostküste. Die kilometerlangen südlichen Klippen des **Látrabjarg-Gebirges** erreichen 441 m Höhe. Hier war auch das berühmte Seilschwingen im Fels, um an die Vogeleier zu gelangen, heimisch (S. 43). Sensationell war 1947 die Bergung schiffbrüchiger Seeleute aus diesen Klippen durch solche Abseiler. Der Weg zurück kann dann um den Patreksfjördur herum nach **Vatneyri**, der mit rd. 1200 Bewohnern respektablen nordwestlichen Hafenstadt

(Flugplatz, Krankenhaus, Restaurant, Gästehaus, Fischindustrie) erfolgen, die auf eine Gründung des Bischofs Patrick zurückgeht. Von dort gelangt man dann wieder über das Fischerdorf **Bíldudalur** (rd. 1400 Einw.) zu unserer nördlichen Hauptstrecke, der S 60.

Der Weg in den Norden geht zunächst durch karge Heidelandschaft mit Krüppelkiefern und erreicht nach rd. 5 km, bei **Flókalundur**, die nach Norden führende Abzweigung der S 60. Einige hundert Meter weiter, am Ende des **Vatns-Fjord**, ist eine neue Ansiedlung entstanden (Bungalowdorf, Edda-Hotel, Benzinstation). Ein rekonstruiertes Wikingerboot ist hier aufgebaut. Das Hotel ist schön gelegen mit Blick auf den Fjord und Ausgangspunkt für zahlreiche Wanderungen in die Umgebung. Auf der S 60 zweigt nach 11 km linker Hand die S 63 zum Patreks-Fjord ab. Sie verläuft in steiniger Hochfläche und erreicht nach 63 km Bíldudalur. Wir bleiben aber auf der S 60, deren Straßendecke zumeist durch Witterungseinflüsse stark aufgerissen ist. Nach etwa 3 km gibt die Steinwüste den Blick auf die südlichen Fjord-Arme des **Arnar-Fjords** frei, der sich ohne Übertreibung mit den schönsten Bergseen Österreichs oder der Schweiz messen kann. Die Strecke überquert end-

Die Steilküste Látrabjarg mit ihren vielen Möwennestern

lose Steinwüsten der **Dynjandiheidi**. Nur gelegentlich kreuzt die Straße einen Bach. 24 km nach Brjánslækur steht auf der Paßhöhe der Dynjandiheidi (503 m) die Schutzhütte des Ferdafélags. In der Nähe liegt ein kleiner See. Hier haben sich auch zum ersten Mal wieder einige Moosarten angesiedelt und bedecken die rundlichen Kuppen. Die nach dem Paß folgende Talfahrt gehört zu den schönsten Abschnitten dieser Strecke. Am **Gláma** vorbei – einst Gletscher, heute abgeschmolzen –, geht der Blick weit abwärts über den Fjord auf die gegenüberliegenden schneebedeckten Berge. In mehreren Stufen fällt der **Fjallfoss** zu Tal. Dann erscheint der Arnar-Fjord mit seinen nordöstlichen Buchten und ist über eine längere Wegstrecke hin der Begleiter. Im Scheitelpunkt des **Borgarfjördur**, einer der Buchten des Arnar-Fjords, steht ein größeres Kraftwerk, das die aus großer Höhe steil herabstürzenden Wasserfälle nutzt. Die Gegend ist äußerst dünn besiedelt. Verödete Farmen zeigen an, daß hier das Überleben in einer Landschaft versucht wurde, die zwar schön ist, aber kaum mehr als die Fische im Wasser und ein paar karge Grasnarben auf den Hängen bietet. Ein paar Kilometer weiter liegt, in etwas begünstigterer Lage am Eingang ins Hrafnseyrardalur, die Farm **Hrafnseyri**, wo der Freiheitskämpfer Jón Sigurdsson 1811 geboren wurde. Der Gedenkstein von Einar Jónsson erinnert an ihn. Unmittelbar hinter der Farm macht die Straße einen Knick nach Norden. Inzwischen gibt es auch eine weiterführende Küstenstraße, wir bleiben jedoch auf der S 60, die über die moosbewachsene Hochlandschaft der Hrafnseyrarheidi, vorbei an einer Schutzhütte, nach Thingeyri führt.

Thingeyri ist, mit rd. 500 Einwohnern, einem kleinen Hafen, einem Hotel, einer Essostation und einem Selbstbedienungsladen eine größere Ansiedlung. Aber seine frühere Bedeutung als Fischereihafen und ältester Handelsplatz der westlichen Ísafjardarsysla sieht man dem Ort, der auch einmal Thingstätte war, nicht mehr an. Nur wenigen ärmlichen Gehöften begegnet man am lang sich hinstreckenden **Dýra-Fjord**. Die fruchtbarere Gegend beginnt erst wieder am gegenüberliegenden Ausgang des Fjords, wo sich das Tal erweitert und die Wiesen ein sattes Grün aufweisen. Hier stehen die Gehöfte wieder dichter beieinander und sind auch größer. Eine Anlegestelle für eine Fähre direkt gegenüber Thingeyri stellt für dieses nördliche Ufer die schnellere Verbindung zur Stadt her. Kurz danach zweigt nach links, bei Mýrar, die Straße 624 ab, die die kleineren Ansiedlungen **Núpur** und das nördliche **Sæból** an die Hauptstraße anschließt. Das Dorf **Mýrar**, das durch seine in Wellblech-

Das pittoreske Fischerdorf Flateyri im Nordwesten von Island

manier gebaute Kirche auffällt, beherbergt eine große Eiderentenkolonie (Brutzeit: Mai/Juni).
Die Hauptroute führt uns nun nach kurzem Anstieg auf die Paßhöhe abwärts zum **Önundar-Fjord** an den Gehöften **Holt** (altes Pfarrhaus), **Kirkjuból** und am Fischereihafen **Flateyri** (Anlegestelle der Staatlichen Schiffahrtsgesellschaft; Flugpiste, Krankenhaus, Kino, Gästeheim, ehemalige Walfangstation; rd. 450 Einw.) vorbei. Die neue Straße, die den Fjord überquert, verkürzt und begradigt die S 60. Zugleich wird durch den Deich der innere Teil des Fjords ausgetrocknet und kostbares Land gewonnen. Auf über 600 m schraubt sich die letzte Strecke zur Stadt Ísafjördur (19 km) über die **Breidadalsheidi** hinauf.
Etwa in der Mitte, bei der Schutzhütte, zweigt eine Straße zum malerisch zwischen Berg und Meer gelegenen Ort **Sudureyri** (Fischereigewerbe, Hafen, Anlegestelle der Staatlichen Schiffahrtsgesellschaft, Kino) ab. Wer ihm einen Besuch abstatten will, muß über die Botnsheidi zum **Súganda-Fjord** hinabfahren. Ein Imbiß ist garantiert: es gibt ein Restaurant.

Ísafjördur, die führende Stadt der Nordwestfjorde

Ísafjördur ist der nördliche Wendepunkt dieser Route. Bisher waren es, ohne Abstecher und Fähre gerechnet, 523 km, 517 sind es noch bis Reykjavik und 604 km nach Akureyri. Hier, an dieser Stelle, gräbt sich der sehr tiefe (isl. = djúp) Ísafjardardjúp weit in die Halbinsel ein und bildet zahlreiche Nebenfjorde, die sich noch mehr ins Land hineinfressen und der Küste ihr wild zerklüftetes Aussehen verleihen. In einem dieser Nebenfjorde, dem Skutulsfjördur, liegt nun Ísafjördur (rd. 3500 Einw.) mit mehreren Hotel's, Restaurants, Krankenhaus, Apotheke, Zahnarzt, Kino und Gemeindezentrum sowie Campingplatz, Banken, Schwimmbad, Sporthalle, Bibliothek, Wintersportmöglichkeit und Skihotel, staatlichen Verkaufsstellen für Spirituosen und Weine. Da die Felswände, die den Fjord einschließen, nur einen schmalen Küstensaum freilassen, wurde die Stadt auf einer Sandbank in den Fjord hineingebaut, wodurch gleichzeitig ein wirkungsvoll geschützter Hafen entstand. Dieser Umstand, zusammen mit der günstigen Lage im Bereich des Isafjardardjúp, ließen Ísafjördur schon früh zu einem Mittelpunkt des Fischereigewerbes und Überseehandels werden.
Ende des 18. Jh.s wurde die Stadt für den Aufbau eines Handels-und Industriezentrums auserkoren. 1866 erhielt sie Stadtrecht (Kaupstadur) und wurde so nach und nach die »Hauptstadt« der nordwestlichen Halbinsel. Vom schönen Campingplatz oder dem großzügig-modernen Edda-Hotel aus kann man den hohen Norden erkunden.

Ausflüge
(Karte: Adalkort, Bl. 1)
Als erster Ausflug sei eine Fahrt durchs **Hnífsdalur/Sydridalur** nach **Bolungarvík** sowie an die Küste und zurück empfohlen.
Die zweite Fahrt geht über Bolungarvík durchs Hlídadalur/Breidaholsdalur an die Bucht **Skálavík**, von wo man Wanderungen zu den 500 bis 600 m hohen Klippen **Öskubakur** und **Göltur** sowie zum Leuchtturm **Keflavík** oder, weiter nördlich, zur Steilküste **Stigahlíd**, oder auch ins Innere, entlang der Hraunsá, zum **Svartafjall** (587 m) unternehmen kann.
Der dritte Ausflug ist nur etwas für Trainierte. Es handelt sich dabei um eine Rucksackwanderung von **Hóll** durchs **Tungudalur** bis zur verlassenen Farm am **Súgandafjord** (ca. 12 km), dann in südlicher Richtung 3,5 km am Fjord entlang und danach zurück über die Hochheide ins Sydridalur nach Hanhóll/Bolungarvík und Hóll (14,5 km). Die Gesamtstrecke beträgt 30 km.
Schiffsfahrten (Information im Hafen)
Mit dem Schiff werden Tagesrundfahrten zu den Inseln und Fjorden des Ísafjardardjúp, ferner, aber nicht regelmäßig, Fahrten in die unbewohnten Seitenarme der **Jökulfirdir** oder zum **Hornbjarg** (Kap Horn) und schließlich Kreuzfahrten – auch als Teilstück der Rückfahrt planbar – nach **Ögur** oder **Bæir** und **Melgraseyri** angeboten; die beiden letzteren liegen jenseits des Fjords unterhalb des Dranga-Gletschers.

Entlang der Fjorde ins Langidalur bis zur Steingrímsheidi (200 km)

Wer die Rückreise auf dem Wasserwege abkürzen möchte, kann sich im Hafen von Ísafjördur oder, besser, schon in Reykjavik, Informationen über den derzeitigen Stand der Fährverbindungen mit Pkw-Beförderung erkundigen. Es gibt einige Fähren, sie verkehren aber derzeit noch unregelmäßig und nehmen, wenn überhaupt, nur wenige Autos mit. Das Fährnetz soll aber ausgebaut werden.

Die lange Fahrt an den Ufern der Fjorde entlang, von denen sich die fünf größten wie die Finger einer Hand tief ins Land hinein strecken, ist mühsam, aber schön. Man fährt meist unmittelbar am Wasser entlang, nur die beiden letzten großen Fjorde können am inneren Ende durch eine übers Gebirge führende Verbindungsstraße umfahren werden. Die gesamte Strecke ist von besonderer landschaftlicher Schönheit, da man während der Fahrt ständig das Ísafjardardjúp und die hinter ihm sichtbar werdenden Gletscherausläufer des Drangajökull sehen kann. Menschlichen Siedlungen begegnet man auf dem Wege nach Ögur kaum, ausgenommen der Fischerhafen **Súdavík** (rd. 1000 Einw.) und die Konservenfabrik bei der ehemaligen Walfangstation **Langeyri** sowie einige, meist verlassene, Farmen, z.B. **Eyrí** am Westufer des Seydisfjördur. Besondere Aussichtspunkte sind die dem Hauptfjord zuge-

wendeten Straßenkehren, z.B. die Kehre vom Álftafjördur zum Seydisfjördur, wo der Blick auf die im Ísafjardardjúp liegende Insel **Vigur** mit der gleichnamigen Ortschaft am südlichen flachen Ende der Insel fällt. Auf Vigur steht die älteste Windmühle Islands. Im Hintergrund erhebt sich der Drangajökull mit seinen scheebedeckten Gipfeln.
Tief schneidet der Seydisfjördur ins Land, tiefer noch der sich anschließende Hestfjördur, so daß der 647 m hohe Berg Hestur, der sich zwischen beiden auf einer felsigen Landzunge erhebt, durch die Fjorde fast zur Insel wurde. Früher war diese Landzunge an ihrer nördlichen Flachseite bewohnt; heute gibt es an der Spitze der Halbinsel einen Zeltplatz (Tjaldtangi), der gern mit dem Boot vom Wasser her angefahren wird. Die Straße wendet sich am Hestfjördur in südwestlicher Richtung und läßt die Landzunge hinter sich. Vigur mit seinem malerischen Hintergrund und der Hestur sind nochmals an der Kehre vom Hestfjördur zum Skötufjördur, am **Hvítanes**, zu sehen, wo es direkt am Wasser kleinere warme Quellen gibt, über die sich der Camper freut, denn hier im hohen Norden wird man bescheiden, wenn es um warmes Wasser geht. Plätze zum Zelten gibt es jeweils am Kopf der Landzungen und am inneren Fjordende.
Ögur, Ankunftsort der Fähre von Ísafjördur, besteht aus ein paar größeren, auf saftigem Grunde an der Ögurá gelegenen Farmen mit einer kleinen Kirche. Die Umgebung lädt zum Verweilen ein. **Ögurnes**, ein weit in den Ísafjardardjúp vorgeschobener Aussichtspunkt, vereinigt nochmals alle Natursehenswürdigkeiten zu einem gewaltigen Panorama: den großen Fjord und die Seitenarme, die Klippen des gegenüberliegenden **Snæfjallaströnd**, den 925 m hohen **Dranga-Gletscher**, dessen höchste Erhebung, der Jökulbunga, genau gegenüber liegt, und die Inseln **Vigur** und **Ædey**. Auch die auf den vorgelagerten Inseln ungezählten Vögel, besonders auf der Inselgruppe **Ögurhólmar**, dem Brutparadies für Möven, fehlen nicht.
Am Eingang zum **Laugardalur**, wo die S 632 abzweigt, findet man künstlich angelegte Wassertreppen, die dem Lachs und der Forelle helfen, ihre Laichgebiete flußaufwärts aufzusuchen. Früher stellte der Wasserfall eine schwer zu überwindende Barriere für die Fische dar. Wenn man Glück hat, kann man die Lachse springen sehen. So nah wie hier kommt man dem Drangajökull übrigens nie wieder, und bei guter Sicht ist seine Gletscherzunge in der **Kaldalón-Bucht** zu sehen. Das Landschaftsbild verändert sich nun. Das Ufer wird breiter. Dann durchquert

man ein Lavafeld und kann, kurz bevor es ins Hochland geht, noch einmal eine Rast in einer Caféteria mit Tankstelle einlegen. Diese Hochstraße ist landschaftlich sehr reizvoll. Im ersten und letzten Teil fällt der Blick auf die Fjordlandschaften, dazwischen rückt die mit Moos und kleinen Seen bedeckte Hochfläche in den Mittelpunkt, die durch die eingefressenen Schluchten, Bäche und Wasserfälle viel Abwechslung bietet. Wenn der Weg sich zum Ísafjördur, dem letzten der Seitenfjorde, hinabsenkt, verläuft die Hauptroute nach rechts.
Wer **Reykjanes**, die Halbinsel mit den warmen Quellen und der alten Dorfkirche aus dem 19. Jh. besuchen möchte, muß links auf die S 633 einbiegen. 1773 wurde hier eine Salzgewinnungsanlage gebaut, die mit Hilfe heißer Quellen die Verdunstung begünstigen sollte. Das Unternehmen war aber ein Fehlschlag und wurde eingestellt.
Auf den folgenden 25 Kilometern ähnelt die Hauptroute, die an gespenstisch verlassenen Höfen vorbeiführt, für's erste einer leicht befahrbaren Uferpromenade. Das sollte man genießen, denn die nachfolgende Strecke durchs **Langidalur** und über die Hochheide wird wieder steiniges Brot. Im Langidalur zweigt die S 635 mit scharfen Knick nach Norden ab und führt über Melgraseyri, vorbei am Drangajökull und seinen Gletscherzungen, in die einsamste aller isländischen Gegenden. Wer die Landschaft jenseits des **Unadsdalur** erwandert, wo eine kleine Kirche immerhin noch von menschlicher Besiedelung zeugt, befindet sich, sozusagen, am Ende der Welt.

Alternative Rückfahrmöglichkeiten
Die weitere Rückfahrt kann direkt auf der Westroute (S 61/S 60), dem Ringweg über Króksfjardarnes und Búdardalur erfolgen, die weiter unten beschrieben wird, oder auf der S 68 über Hólmavik und Bordeyri an der Ostküste der Nordwesthalbinsel entlang. Wer an die Nordküste Islands möchte, Richtung Akureyri, der wird zweckmäßigerweise die zweite Alternative wählen und auf die Ostseite der Nordwesthalbinsel hinüberwechseln. Vier Querverbindungen bieten sich dafür an, nämlich die **Steingrímsfjardarheidi**, die **Tröllatunguheidi**, die **Steinadalsheidi** und als südlichste Möglichkeit die S 59 über die **Laxárdalsheidi**. Von diesen vier Strecken sind die drei letztgenannten recht gut ausgebaut – die Fahrt auf der S 59 ist sogar schnell und bequem –, landschaftlich abwechslungsreich und als Traversen zu empfehlen. Hier sollen alle Strecken kurz beschrieben werden:

Rechts: Der herrliche Fjallfoss im Nordwesten

Die Steingrímsfjheidi

Die Steingrímsfjardar-Strecke (rd. 22 km), die ihren Namen von den steinernen Masken (*gríma* = Maske) erhielt, die die Alten auf der Hochfläche zu erkennen glaubten, ist die nördlichste Verbindung. Sie führt durch das Tal der Stadara, einer öden und besonders im westlichen Abschnitt steinigen Landschaft. Flüsse müssen durchquert werden, und ein Schild am Beginn der Strecke weist mit der Aufschrift »Adeins ferd jeppum« deutlich darauf hin, daß diese nur mit dem Jeep befahrbar ist. Wer sich auf ihr nach Hólmavík oder zum nördlichen Steinsgrímsfjördur durchschlagen will, wählt hier allerdings die kürzeste Strecke (Ersparnis rd. 50 km). **Hólmavík** (rd. 500 Einw.) ist ein aufstrebendes, hübsches Fischerdorf. Das bezeugen zahlreiche Neubauten in skandinavischer Holzbauweise und eine originell-moderne Kirche auf den Klippen über dem Hafen, wobei das Holz hier durch eine Laune der Natur immer reichlich als Strandgut angelandet wurde. Ein Geschäft, ein kleines Krankenhaus, ein idyllischer Hafen, der auch von den Schiffen der Staatlichen Schiffahrtsgesellschaft angefahren wird, und eine Bank versorgen die Bevölkerung. Überragt wird das ehemalige Haifischfangzentrum noch von einer Leuchtfeuerstation.

Hochweg über die Tröllatunguheidi

Der Hochweg über die Tröllatunguheidi (S 605; 26 km) ist der reizvollste der drei nördlichen Verbindungswege. Leider zeigen sich die Trolle und Kobolde, die germanischer Volksphantasie nach die unzugänglichen Hochflächen bevölkert haben, nicht mehr. Die Pisten sind gut planiert und für normale Fahrzeuge befahrbar. Viele kleine Schmelzwasserseen, z.T. direkt am Wege, sind das landschaftliche Charakteristikum der Strecke. Am Ende erblickt man den westlichen Breida-Fjord oder den östlichen Hunaflói, je nachdem, in welcher Richtung man die Hochfläche überquert. Den Abschluß oder auch eventuellen Auftakt bildet im Westen das idyllische **Geira-Tal**, wo auf den saftigen Uferwiesen der fischreichen **Bakkaá** Pferde gezüchtet werden. Die Farmen haben sich auf Erholungssuchende eingestellt und halten Schlafsackunterkünfte, Angellizenzen, Kaffee und Kuchen sowie u.a. Reitmöglichkeiten bereit.

Die Strecke über die Steinadalsheidi

Die Strecke über die Steinadalsheidi auf der S 69 zweigt am Gils-Fjord

ab (18 km). Durch das Brekkur-Tal steigt die gut zu befahrene Straße zunächst stark an, führt am **Svartfoss-Wasserfall** vorbei und im Steinadalur langsam wieder zum Kollafjördur hinunter. Dann geht es zunächst am Hunaflói und später am sich verengenden Hrúta-Fjord entlang bis nach Bordeyri, einem heute bedeutungslos gewordenen Fischerdorf.
Die südlichste Querverbindung, die Straße S 59, zweigt 2 km südlich von Búdardalur ins Laxár-Tal ab und führt durch die **Laxárdalsheidi** (37 km). Sie verbindet noch einmal die Westfjorde mit den nördlichen Landesteilen. Die alte, steinige Piste wurde begradigt und erweitert, was relativ einfach zu bewerkstelligen war, denn das Laxárdalur ist eine weite und flache, fruchtbare Hochfläche. Sie bietet durchaus ihre landschaftlichen Reize, wenn sie auch nicht so abwechslungsreich ist wie ihre nördlichen Varianten.

Rückfahrt
Die Rückfahrt auf der Westroute führt zunächst über die steinige **Thorskafjardarheidi**, dann an der geräumigen Schutzhütte, dem Sæluhús vorbei, und muß dabei eine schlechte Strecke überwinden. Danach aber, wenn der Weg sich zum Thorskafjördur absenkt und später am Beru- und Króksfjördur vorbeiführt, wird die Landschaft fruchtbarer und lieblicher. Das Hotel **Bjarkarlundur** und ein guter Zeltplatz liegen am Wege. Vorbei an der kleinen Siedlung **Króksfjardanes** (Gemeindezentrum, Kino, Schwimmbad mit heißen Quellen in der Nähe) führt die Straße am westlichen Ufer des **Gils-Fjords** mit Blick auf das kleine **Ólafs-Tal**, seine Farm und seinen Wasserfall entlang. Hier lebte im vorigen Jahrhundert ein weitgereister Drechsler, der vom Festland eine Reihe bedeutungsvoller landwirtschaftlicher Geräte, z.B. den zweirädrigen Ponykarren, mitbrachte, sie nachbaute und eine Schule gründete, in der er seine Kenntnisse weitervermittelte. Ab der Stelle, wo bei der Farm **Skriduland** und der **Stadarhólskirkja** die S 590 nach Südosten abbiegt (die Umrundung der Halbinsel, 82 km, würde am alten Gehöft **Skard** und seiner sehenswerten Kirche vorbeiführen), steigt die Straße langsam in großem Bogen ins **Svínadalur** an. In vielen Windungen schraubt sie sich ins Bergland hoch und erreicht da, wo die Berge den Blick auf den Hvammsfjördur freigeben, die Ortschaft **Laugum** (Schlafsackunterkunft, Zeltplatz, Hotel Restaurant, Hallenbad und ein Museum, Zufahrt kurz vor Hvammur, über die S 589). Laugum mit sei-

Wildpferde im Freiland

ner modernen Internatsschule für 150 Schüler, ist einen Aufenthalt wert; schon wegen des modernen Schwimmbades, dessen Wasser aus den heißen Quellen gespeist wird (30°C; Sitzbecken mit 37°–45°C). Aber auch das Museum, für das Schüler und Lehrer zahlreiche bäuerliche Möbel und Arbeitsgegenstände zusammengetragen und ein komplettes Bauernhaus aus dem 15. Jh. aufgebaut haben, ist sehenswert. Hier, im Landkreis **Dalasýsla**, befindet man sich überhaupt auf geschichtsträchtigem Boden. Viele historische Persönlichkeiten lebten hier oder wurden hier geboren, z.B. Snorri Sturluson in Hvammur und Leif Eiríksson in Eiríksstadir am Vatnsfjall. Die berühmte »Laxdælasaga« von Gudrun und Kjartan (Die Leute aus dem Lachswassertal) handelt von diesem Gebiet. Regionales Zentrum ist **Búdardalur** (rd. 400 Einw.), ein Handels- und Dienstleistungszentrum (Hotel, Shop, Restaurant, Gemeinschaftszentrum, Verwaltungssitz). Nunmehr sind es noch 41 km bis zum Ringweg. Durch die flachen Täler **Middalir** schraubt sich die Straße entlang des Flusses Midá allmählich auf rd. 400 m hinauf und führt dann etwas steiler ins Tal der Nordurá sowie ins Flachland der Mýrasýsla hinab. Sobald man den Ringweg erreicht hat, sind es auf der S 1 noch 161 km bis Reykjavik.

Wege durchs Hochland

Allgemeines

Die Isländer zogen schon früh, zur Zeit des Freistaates, zu Pferd über die unwirtlichen Höhen, wenn sie von Norden nach Süden oder in die umgekehrte Richtung wollten. Kjalvegur und Kaldidalur z.B. wurden benutzt, um nach Thingvellir (S. 204) zu reiten. Nach Zerschlagung des Freistaates und des Verlustes der Selbständigkeit gab es keine Parlamentssitzungen, keine Thingfeste mehr, und so ritt man auch nicht mehr über das Gebirge. Auch die familiären Bande zwischen Nord und Süd lockerten sich. Diese Entwicklung hatte zur Folge, daß die Kenntnis der Wege allmählich verloren ging, und man fürchtete sich sogar vor ihnen. Es entstanden jene Geister- und Spukgeschichten von Trollen und Riesen, die sich bis zum Beginn unseres Jahrhunderts gehalten haben. Der Name »Sprengisandur«, der erst später auftauchte, scheint etwas damit zu tun zu haben, daß die Reiter ihre Pferde hier zur Eile antrieben, um an diesem unheimlichen, nicht geheuren Ort möglichst schnell vorbei zu »sprengen«. Erst im 20. Jh. hat man sich wieder über die Hochflächen begeben, deren Überquerung aber noch lange Zeit, bis in die siebziger Jahre hinein, als beschwerlich galt. Heute, nachdem die wichtigsten Pisten planiert wurden, gehört eine Fahrt über den Sprengisandur fast schon zu den touristischen Selbstverständlichkeiten. Dennoch sei davor gewarnt, sich mit einem R 4 oder VW-Bus allzuweit vorzuwagen. Es empfiehlt sich, Informationen über Wetter und Straßenzustand einzuholen und auf den gekennzeichneten Wegen zu bleiben. Nicht vergessen: Viele Kanister Benzin, das Auto verbraucht im Hochland doppelt soviel; möglichst zwei Reserveräder und Nahrungsmittel für den Notfall. Die Reiserichtung wird von Fall zu Fall verschieden sein. Hier werden Kjölur und Sprengisandur von Nord nach Süd, Kaldidalur von Süd nach Nord und die beiden anderen Wege von West nach Ost skizziert.

Route 6: Kaldidalur, westlich des Langjökull
Thingvellir – Húsafell (63 km) – Ringweg/Varmaland (112 km)

Diese Hochlandroute, auf der einst die in Nordwest-Island Ansässigen nach Thingvellir ritten, bereitet heutzutage kaum noch Schwierigkeiten. Sie wird im Frühjahr geräumt und kann im Sommer bei vorsichtiger Fahrweise mit normalen Fahrzeugen durchaus befahren werden. Wetterstürze können allerdings auch hier zu veränderten Fahrbedingungen, insbesondere Sandverwehungen und Sichtbehinderungen, führen. Ausgangspunkt ist Thingvellir (S. 204), Endpunkt im engeren Sinn der Hof Kalmanstunga oder Húsafell. Durch das Tal der Hvítá ist der Anschluß an den Ringweg gegeben.
Von Thingvellir führt der Weg um das 766 m hohe **Ármannsfell**, dem vorgeschobenen Posten des dahinterliegenden Botnssúlur (1095 m), herum und zwischen diesem und dem **Lágafell** (538 m) hindurch in nördlicher Richtung auf die Hochfläche hinauf (300–500 m). Noch vor dem Lagafell, am Aussichtspunkt bei Meyjarsæti, und dann noch einmal oberhalb des Lagafell zweigen nach rechts Trackspuren über die Lava ab, die sich später miteinander vereinigen und Anschluß an den Skessubásavegur und andere Hochwege finden, die das Gebiet der sogenannten »westlichen Vulkanzone« Islands (z.B. Skjaldbreidur, Lambahraun und Hlödufell usw.) erschließen. Diese Pisten stellen auch die Verbindung zum Haukadalur und zur Kjölur-Strecke her.
Unsere Route führt am **Sandkluftavatn** vorbei über den Tröllahals, läßt die Abzweigung zum Tafelvulkan **Hvalfell** (848 m) und zum Hvalvatn sowie das Kvígindisfell (786 m) links liegen und mündet bei den Hügeln **Uxahryggir** nach Norden in das eigentliche **Kaldidalur** ein. Die ausgefahrenere Strecke der S 52 biegt hier, am Reydarvatn, nach links ins Skorradalur ein. Blickt man von der Schutzhütte, die man nach 1,5 km erreicht, zurück, so fällt besonders der 1060 m hohe Skjaldbreidur auf, ein nacheiszeitlicher, aber doch über 9000 Jahre alter Schildvulkan, dessen Lava die ganze Umgebung bis weit hinunter zum Thingvallavatn überschwemmt hat. Im Norden erheben sich einige Berge, die auf der Weiterfahrt schnell größer werden; der **Thórisjökull** (1340 m), der von hier aus zur beherrschenden Gestalt wird, das kleinere, eindrucksvolle **Fantófell** (901 m), durch subglaziale Spalteneruption entstanden, und der zwischeneiszeitliche, also sehr alte Schildvulkan **OK**, der die Höhe von 1198 m erreicht. Man muß allerdings Glück

haben, wenn man die Eiskuppe von OK und Thórisjökull sehen will, denn meist sind sie in Wolken gehüllt. Da der Name noch keinen Hinweis auf eine Vergletscherung enthält, ist die Gletscherbildung auf dem OK wohl erst in späterer, historischer Zeit erfolgt. Bald werden auch die wie Thórisjökull aus der letzten Eiszeit stammenden Tafelvulkane **Geitlandsjökull** (1400 m) und **Eiríksjökull** (1675 m) weiter im Norden sichtbar. Dazwischen zeigen sich die Hänge des **Langjökull**. Gletscher und Gletscherzungen sind jetzt für längere Zeit Begleiter zur Rechten. Kleinere Schneefelder am Pistenrand kommen auch im August vor.
Kurz nachdem die Straße am **Hádegisfell** eine Wendung nach Westen genommen hat und im Vordergrund der **Strútur** (938 m) zu erkennen ist, geht rechts ein Weg (rd. 5 km) ab, der bis hart an den Gletscherrand führt und den Zugang zu einem Sommer-Skigebiet am Langjökull bildet. Seit die Geitá, die neben der Straße verläuft, überbrückt ist, bietet die Route keine Schwierigkeiten mehr. Die zu durchfahrenden Gletscherwasser sind normalerweise flach.
Auch der letzte Streckenabschnitt durchs **Geitlönd** ist problemlos. Der grüne **Húsafellsskógur**, dem bald auch erste Siedlungen folgen, kündet das Ende der Steinwüste und der Kaldidalur-Route an.
Húsafell, mit Hof und Kirche, liegt eingebettet in einem idyllischen Birkenwald. Es ist von Gletschern, Wassern und einem abwechslungsreichen Hinterland umgeben. Mit seinem Campingplatz im Húsafellsskógur und seiner Sommerhaus-Siedlung mit Sauna kann es Ausgangspunkt für viele Ausflüge sein. Mögliche Ziele sind: Die wasserreiche **Arnarvatnsheidi** und der **Árnarvatn** (Trackspur, die zugleich eine Verbindung nach Norden schafft), ferner der Hof **Kalmanstunga** am Tunga-Berg, von dem aus man das höhlenreiche Lavafeld **Hallmundarhraun** erreicht, wo sich u.a. die riesigen, legendenumwobenen, seit der Landnahmezeit bekannten Lavahöhlen **Surtshellir** (1600 m lang) und **Stefánshellir**, nördlich des Strätur, befinden. Sodann die **Hraunfossar** am nördlichen Ufer der Hvítá, bei der das durch die lockere vulkanische Erde der Lava Gráhraun ins Innere gedrungene Wasser in breiter Front mitten aus der Felswand heraustritt und in die Hvítá stürzt. Ferner sind da noch die Kirche **Gilsbakki** und der **Barnafoss** (Kinderwasserfall) am Südufer der Hvítá an einer Schlucht, die früher von einem Steinbogen überbrückt war. Nachdem zwei Kinder von dieser Naturbrücke abrutschten und den Tod in der Schlucht fanden, zerstörte der unglückliche Vater einen Teil der Brücke.

Landschaft am Langjökull

Den Anschluß an den Ringweg bzw. vorher an die S 50 findet man von Húsafell aus entweder auf dem nördlichen Ufer der Hvítá über die Brücke bei **Stóriás** oder auf dem südlichen Ufer über Stórias (Kirche) und **Reykholt**. Die letztere Strecke sei denjenigen empfohlen, die Reykholt (S. 257) noch nicht kennen.

Route 7: Neuer Kjalvegur oder Kjölur-Route

Nördlicher Ringweg – Hveravellir – Gullfoss (181 km)

Diese Route, als Neuer Kjalvegur oder auch als Kjölur-Route bezeichnet, ist nicht identisch mit dem alten »Kjalvegur«, obwohl sie streckenweise dessen Verlauf folgt. Weiter unten wird auf diesen älteren Höhenweg Bezug genommen. Die neue, gut ausgebaute Piste, die im Norden ins Blöndudalur und ins Svínavatn-Gebiet mündet, bereitet im Sommer für Geländefahrzeuge keine besonderen Schwierigkeiten.

Fährt man sie von Norden nach Süden, so beginnt die Route am Hringvegur etwa in der Mitte der Strecke Blönduos – Vídimýri, 2 km westlich von Bólstadarhlid, führt zunächst noch 6 km auf guter Straße bis **Brú-**

arhlíd, überquert die Blandá und wendet sich am westlichen Ufer südwärts. Nach rd. 10 km, bei **Eidsstadir**, ist die Kjölur-Piste erreicht. Sie führt über die **Audkuluheidi**, über Sander und Heideflächen durch ein größeres Seengebiet, dessen Wasser sie z.T. unmittelbar berührt (Fridmundarvötn, Thrístikla). Rd. 25 km hinter Eidsstadir, bei **Sandarholdí**, verläßt die Route die Nähe der Blandá und folgt nunmehr durch üppige Heidelandschaft der Sandá (später der Saudá). Hier steht auch die Schutzhütte der Isländischen Lebensrettungsgesellschaft. Etwa 3 km südlich der Hütte wird die Route vom **Skagfirdingavegur** gekreuzt, der nach Westen auf zeitraubender Piste über den Stórisandur in die Arnarvatnsheidi und weiter ins Borgarfjördur-Gebiet (S. 281) führt. Nach Nordosten stellt er den Anschluß zum alten Kjalvegur her, der seine Richtung nach Norden zum Skagafjördur nimmt und in **Mælifell** seinen Ausgangs- bzw. Endpunkt hat.

Die Hauptroute geht dann zwischen dem **Saudafell** (679 m) zur Rechten und dem **Helgufell** (663 m) zur Linken hindurch. Man fährt über lange Sanderflächen, später durchs idyllisch-grüne Uferland der Kälukvísl, durchquert den Fluß und gelangt so ins Flußgebiet der wasserreichen Seydisá, deren steiniges Flußbett ebenfalls mit Vorsicht zu durchfahren ist. (Abzweigung des Kjalvegur nach Norden.) Schließlich ist, nach rd. 70 Kilometern, die Weggabelung erreicht, von der aus in einem Abstecher nach rechts (5 km) das berühmte Warmwasser-Quellgebiet **Hveravellir** aufgesucht werden kann.

Von hier kann man nun den Weg auf dem ursprünglichen Kjalvegur fortsetzen, der an den **Langjökull** und die **Thjófafell-Touristenhütte** und weiter am Fuße der Berge, entlang der Fúlakvísl, zur nächsten Touristenhütte am **Hvítárvatn** heranführt. Auf diesem Weg gelangt man einige Kilometer südlich wieder auf die Kjölur-Piste.

Problemloser ist freilich von Hveravellir aus gleich der neuen Hauptstrecke, der Kjölur-Piste zu folgen. Sie führt zunächst in östlicher Richtung zurück, macht dann aber einen großen Bogen um die Kjalhraun herum. Rd. 18 km hinter der Hütte zweigt nach Nordosten der **Eyfirdingavegur** ab, eine schwierige Piste mit zahllosen Durchquerungen von Gletscherflüssen um den Hofsjökull herum in Richtung **Laugafell**. Nach weiteren 14 km biegt der Zufahrtsweg nach Südosten ins Quell- und Gletschergebiet **Kerlingarfjöll**, das sich bis auf 1352 m erhebt, ab. Dieses Gebiet ist nicht nur Ausgangspunkt für interessante Bergwanderungen, sondern seit einiger Zeit auch als Sommerskigebiet erschlossen. Unterkunftsmöglichkeiten bieten die Touristenhütte am **Ásgardsfjall** und die **Ásgard-Hütte**. Den weiteren Streckenverlauf begleiten die Flüsse Svartá und Jökulfall. Südlich des Hvítárvatn geht es über die Hvítá-Brücke und dann um das 1204 m hohe Bláfell herum westlich weiter über den **Bláfellsháls**. (Die markierte östliche Abkürzung ist mühsamer zu fahren.) Bis zum **Gullfoss**, dem tosenden Fall der Hvítá, sind es von hier noch etwa 15 km. Die Sandá stellt dabei gelegentlich, wenn viel Schmelzwasser oder Regen abfließt, ein Hindernis dar. Meist ist ihre Durchquerung jedoch problemlos (Anschluß: Route 1 – Gullfoss, S. 203.).

Route 8: Sprengisandsvegur im zentralen Hochland

Godafoss/Mýri, Akureyri/Tjarnir, Skagafjördur/Gilgar – Thórisvatn (194, 189, 206 km)

Der mit einem Höhenniveau von etwa 650 bis 850 Metern berühmteste aller Hochlandwege, der *Sprengisandsvegur*, ist heute nicht mehr das, was er zur Zeit war, als noch die Pony-Tracks durch das Hochland zogen. Damals kam der Weg von Norden aus dem Tal Bárdardalur, kreuzte den Sprengisandur in Richtung auf den Hofsjökull zu und führte schließlich im südlichen Streckenabschnitt in Gletschernähe der Thjórsá entlang. Heute fährt man normalerweise weiter östlich am Tungnafellsjökull und am Thórisvatn vorbei. Hier steht auch, am westlichen Rand des Tungnafell-Gletschers, die moderne Touristenhütte im Jökuldalur, an der kein Weg dran vorbeigeht (S. 285). Die Strecke befindet sich inzwischen in einem so guten Zustand, daß sie – jedenfalls auf der Hauptroute über Mýri – fast mit jedem Fahrzeug befahren werden kann. Die Folge ist, daß sich im Sommer der Touristenstrom, einschließlich der Reisebusse, auf diese Piste begibt und sie jene Sensation, die der Name verspricht, mittlerweile verloren hat. Denn, wenn auch der Anblick der faszinierenden Natur geblieben ist, so bietet die Strecke, die jeden Sommer von 5000 Touristen befahren wird, doch immer weniger die Gelegenheit, die aufregende Einsamkeit der Landschaft zu erleben. Das gilt allerdings nur für die Diagonale Mýri – Thórisvatn, noch nicht für die nördliche und nordwestliche Route. Denn drei Varianten stehen im nördlichen Abschnitt zur Auswahl: Der Einstieg in den Sprengisandsvegur erfolgt hier vom nördlichen Ringweg, und zwar entweder vom Godafoss oder von Akureyri oder schließlich von Vídimýri im Skagafjördur aus. Die erstgenannte, nordöstliche Route führt über **Mýri** in südlicher, später südwestlicher Richtung über die Sanderflächen. Die mittlere (Nord-Route) fängt in Akureyri bzw., als eigentliche Hochlandpiste, in **Tjanir** an und überquert das Hochland fast genau in südlicher Richtung. Die bei Vídimýri beginnende Nordwest-Route schließlich führt über **Giljar** in südöstlicher Richtung durch die von Gletscherflüssen durchzogenen

Der imposante Godafoss-Wasserfall im Norden

Höhengebiete nördlich des Hofsjökull. Nordöstlich dieses Gletschers, etwa im topographischen Zentrum Islands, vereinigen sich dann alle Hochlandwege und führen zur Touristenhütte am Tungnafellsjökull und weiter zum Thórisvatn.

Mýri – Thórisvatn

Diese meistbefahrene Strecke beginnt, wenn man im Norden Islands »einsteigt«, bei **Mýri**, südlich des Godafoss. Sie ist gut ausgesteckt und kann heutzutage nicht mehr verfehlt werden. In ihrem nördlichen Streckenabschnitt ist sie eher steinig und bergig; im mittleren geht die Fahrt, vorbei am **Fjórdungsvatn** über den Sander. Am **Tungnafellsjökull** im Jökuldalur befindet sich die vom Touristenverein in Akureyri betriebene Touristenhütte **Tungnafellsskáli**, die groß und modern eingerichtet ist, über 150 Schlafplätze zu erschwinglichem Preis verfügt und beaufsichtigt, allerdings nicht bewirtschaftet wird. Der folgende südliche Streckenabschnitt – von der Hütte bis zum Thórisvatn – verläuft auf problemloser Piste. Er wird landschaftlich durch die beiden großen Gletscher, den **Vatnajökull** im Osten und den Hofsjökull im Westen sowie die hier wieder zu durchquerenden, zahlreichen Flüsse geprägt.

Querverbindungen ermöglichen das Hinüberwechseln zur **Thjórsá-Westroute**, auf den alten Sprengisandsvegur, der ins berühmte Quellgebiet der Thjórsá, ins heutige Naturschutzgebiet **Thjórsáver** mit seinen riesigen Brut-Arealen der Kurzschnabelgans (rd. 15 000 Nester) führt. Hier soll nach den Energieplänen des Landes und einer ökologischen Kompromißformel mit den Naturschutzbehörden auch der neue, 58 km^2 große Thjórsá-Stausee entstehen, der das Thjórsáver-Bassin bis auf eine Höhe von 581 m überschwemmen, aber dennoch große Teile des Naturschutzgebietes unberührt lassen soll.

Akureyri – Thórisvatn

Diese zweite Variante wird weitaus weniger befahren, dabei durchquert man auf ihr durchweg eine Landschaft von großer Schönheit. Der Zustand der Piste ist, bis auf ein kleines, 2 km langes Teilstück im Norden, für eine Hochlandroute ungewöhnlich gut. Das liegt an der feinkörnigen Beschaffenheit des Bodens, der eine weiche Grundlage aufweist und daher eine gute Wegführung gestattet. Die Strecke enthält außer am Anfang keinerlei Schwierigkeiten und kann für Geländefahrzeuge uneingeschränkt empfohlen werden. Von Akureyri kommend, geht es zunächst auf ausgebauter Straße am rechten, westlichen Ufer der Eyjafjardará entlang, vorbei an **Kristnes**, dem Siedlungsplatz Helgi Magris aus dem 10. Jh. (heute Sanatorium), und an dem alten Sturlungensitz (13. Jh.) **Grund** mit seiner schönen Kirche. Hier war einst auch Thorunn, die sagenumwobene Tochter des Bischofs Jón Arasons (S. 252) Gutsherrin. Eine Statue dieses Bischofs steht übrigens auf der gegenüberliegenden Seite des Tals, in der alten Holzkirche (1844) von **Munkathverá**. Sodann führt die Piste durch zunächst saftiges Weideland allmählich höher in bergige Heide. In **Saurbær** steht ein altes Kirchgehöft in Torfbauweise aus dem 19. Jh.. An der Farm **Hólar** (nicht zu verwechseln mit dem Bischofssitz Hólar, S. 252) kann man zum letztenmal tanken. Die Farm **Thjarnir**, letztes Gehöft vor der Einöde, bezeichnet den eigentlichen Ausgangspunkt dieser Variante der Sprengisandur-Route. Man fährt auf den Farmhof hinauf, biegt aber noch vor dem Haus rechts ab und bleibt auf dem am rechten, westlichen Ufer des Flusses verlaufenden Weg, die alte, im Verfall begriffene Piste auf der linken Uferseite ständig im Blick. Nach etwa 2,5 km erschweren Geröllfelder die Fahrt. Die größeren Nebenflüsse sind aber durch Aufschüttungen überbrückt. Von km 2,5 ab wird der Weg schlechter. Von

Unterwegs

km 10 bis 18 ab geht es steil auf die über 900 m hohe Hochfläche hinauf. Dies ist der schwierigste Teil der Strecke. Danach, auf der Hochfläche, wird der Weg vergleichsweise sehr gut. Bis zur **Laugafell-Hütte** sind es jetzt noch 46 km. Diese schön gelegene Hütte bietet Platz für 10 bis 15 Personen und hat ein aus warmen Quellen gespeistes kleines Schwimmbad.

Von hier ab verlassen wir auf unserer zweiten Variante den üblichen Weg und begeben uns auf eine Piste, die in den Karten zwar als ungesicherte Spur eingetragen, aber von besonderem Reiz und ohne Schwierigkeiten zu befahren ist. Man bleibt von der Hütte aus in der ursprünglichen Wegrichtung, also gen Süden, durchquert den kleinen Fluß Laúgakvísl, der hier nicht sehr tief ist, und kommt nach 1 km an eine Weggabelung, an der man sich links hält (rechts geht es ins Skagafjördurgebiet). Die Fahrt führt am 892 hohen **Laugafell** vorbei und verläuft in leichtem Auf und Ab über endlose Hochflächen aus Vulkanasche und Schotter. Die gewaltigen Gletscher des 1765 m hohen **Hofsjökull**, der hier vorerst das Landschaftsbild bestimmt, rücken schon bald in greifbare Nähe. Nach 5 km Wegstrecke zeigt er sich in seiner ganzen Pracht auf der rechten Seite. Die Piste führt jetzt längere Zeit am kleinen

Fluß Hnjúkskvísl entlang. Nach knapp 15 km ist ein Höhepunkt der durchwegs schönen Strecke erreicht: majestätisch zeigt sich rechter Hand der Hofsjökull von seiner Nordostseite, und weit streckt er seine Gletscherzungen vor. In Fahrtrichtung liegt der **Sprengisandur**, im Hintergrund hebt sich eine Reihe kleinerer Kegelvulkane vor dem Horizont ab und links vorn der **Tungnafellsjökull**, der mit 1540 m dem Hofsjökull Konkurrenz macht. Von nun ab begleitet uns ein großartiges Panorama. Das Schwarz der sich schier endlos und unmittelbar vor uns ausbreitenden Lavawüsten und das Weiß der Gletscher in der Ferne, die dadurch besonders intensiv wirken, geben der Landschaft ihre besonderen Kontraste. Der erste breitere, aber flache Fluß, der Bergvatnskvísl, ist nach 23 km zu durchqueren. Nach 25 km trifft man erneut auf den alten Sprengisandsvegur, auf dem man nach links, gegen Nordosten, abbiegt. Der Hofsjökull erscheint jetzt nur noch im Rückspiegel und der Tungnafellsjökull in der Breitenansicht im Südosten. Nach 31 km ist der **Fjórdungsvatn** und damit die neuere Hauptroute der Sprengisandurpiste erreicht. Hier geht es nach rechts, in südliche Richtung zur **Tungnafells-Touristhütte** (nach Norden führt die Route über Mýri zum Godafoss). Die Piste führt jetzt ganz nahe an den Tungnafellsjökull heran, der seine Gletscherzungen, das mittlere **Fagrafell** und den inneren und äußeren **Hagajökull**, weit vorschiebt. An dieser Stelle, etwa 5 km vor der Hütte, zweigt links der Weg zur Askja ab (S. 290), während man von der Hütte aus am Thórisvatn vorbei ins Gebiet der Hekla und weiter in Richtung Reykjavik fährt.

Skagafjördur – Thórisvatn

Die dritte Variante nimmt ihren Weg von **Vídimýri** aus durchs **Vesturdalur**, kreuzt zunächst die Svartá und die Vestari-Jökulsá, und strebt sodann über die Hochflächen östlich des Flusses Hofsá und später durch das Fluß- und Seengebiet am Reidarvatn ebenfalls der **Laugafell-Hütte** zu. Die dabei zu überquerenden Flüsse bereiten heute keine Schwierigkeiten mehr. Das landschaftliche Bild des Hochweges, der im engeren Sinne in der Nähe der Schlucht **Hrútagil** beim Hof **Giljar** beginnt, wird wiederum vom **Hofsjökull**, diesmal von seiner Nordansicht, sowie den zahlreichen Gletscherseen und -flüssen und einigen grünen Oasen inmitten der Steinwüsten bestimmt. In der Nähe der Laugafell-Hütte (S. 287) vereinigt sich die Piste mit der von Akureyri kommenden, der man nunmehr in Richtung Thórisvatn folgt.

Route 9: Gæsavötnsleid – Öskjuleid, am Nordrand des Vatnajökull
Tungnafells-Touristhütte (Sprengisandur) – Askja-Hütte – Herdubreid-Hütte – Grímsstadir (220 km)

Rd. 5 km nördlich der **Tungnafells-Touristhütte** am Sprengisandur zweigt nach Osten der **Gæsavötnsleid** ab, der an der Nordseite des **Vatnajökull** entlang zur **Askja** und von dort in Richtung Norden weiter nach Grímsstadir verläuft. Die Route führt zunächst auf steiniger Strecke um den **Tungnafellsjökull** herum zu den Schmelzwasserseen Gæsavötn (rd. 38 km). Der erste größere Fluß nach 9 km ist nicht tief, aber steinig, man muß auf die jeweils eingefahrene Furt achten. 3 km hinter dem 951 m hohen Kambsfell (links des Weges) zweigt nach rechts (km-Stand 20) ein Weg zum **Jónafoss** ab, wenig später nach links ein Weg zu den Klippen **Gjallandi.** Die Hauptroute verläuft aber nach rechts, in südlicher Richtung, und biegt nach rund 7 km (Weggabelung!) scharf nach links, gen Osten ab. Nach einigen Flußdurchquerungen im Skjálfandafljót erreichen wir die **Gæsavötn** und die dort befindliche Hütte (km 38). Danach hört die Piste eigentlich auf, eine Piste zu sein. Über Blocklavafelder (km 39–50) hinweg muß die Strecke kletternd bewältigt werden, bis sie, nach kurzer Fahrt auf hartem Sandboden, direkt an den Gletscherrand heranführt. Danach werden abermals an die Kletterfreudigkeit von Fahrer und Wagen hohe Anforderungen gestellt. Von Markierung zu Markierung hangelt man sich auf 4 km Distanz über Hügel spitzer Vulkan- und Stufen von Kissen- und Fladenlava. Dann wird die Strecke besser und geht z.T. über weiche Sander. Die Landschaft entschädigt für die anstrengende Fahrt. Der große Wassergletscher Vatnajökull bleibt in unmittelbarer Nähe und die 1460 m hohe **Trölladyngja**, Islands größter und vielleicht schönster Schildvulkan (isl. *dyngja*), taucht auf der linken Seite auf. Bei km 59 zweigt links ein Weg über den Dyngjúháls zu ihr ab. Die Hauptstrecke führt dagegen nunmehr zwischen dem rechts aufragenden **Kistufell** (1444 m) und der Trölladyngja hindurch und an einem riesigen, mehrere hundert Meter langen Einsturzkrater vorbei. Bald geraten die schneebedeckten **Dyngjufjöll** links in Sicht, ein riesiges, durch viele Ausbrüche während und nach der letzten Eiszeit uneinheitlich geformtes Vulkangebirge, in dessen Mitte die Caldera der Askja liegt. In der Umgebung liegen gewaltige Massen von Blocklava, deren Mächtigkeit von den Dyngjufjöll zum Gletscher hin langsam abnimmt. Der ältere Weg, bis vor wenigen Jah-

Wegemarken im kahlen Hochland

ren befahren, führt durch die Holuhraun-Lava und die zahlreichen Gletscherflüsse der Jökulsá á Fjöllum hindurch, z.T. in ihnen entlang. Die neue, leicht zu befahrene Piste umgeht nördlich das gesamte Gebiet der Gletscherflüsse und führt über Sander und Kies, am Dyngjuvatn vorbei, problemlos zur Askja-Hütte (120 km) am Fuße des Dyngjufjöll bei der Drekagil (Drachenkluft).

Askja

Die Askja, das an ihrem höchsten Punkt bis zu 1510 m hoch aufragende Vulkanmassiv in den Dyngjufjöll, ist unter den noch tätigen Vulkanen sicherlich einer der interessantesten. Es handelt sich um einen Spaltenvulkan, der sein vulkanisches Gestein aus vielen Kratern emporschleuderte. Hat man durch das Öskjuop (Askjaöffnung), eine Art Graben in der nördlichen Kraterwand, den Weg über die Lava nach oben erklommen, so befindet man sich in einem riesigen Einbruchkessel von acht Kilometer Durchmesser, der nach dem gleichnamigen Einbruchstyp auf La Palma auch als **Caldera** bezeichnet wird. Heller Bimssand, vom rhyolithischen ergußgesteinigen Ausbruch 1875 herrührend, bedeckt den Boden des Kessels. Eine zweite, kleinere Caldera innerhalb der gro-

Der See Öskjuvatn in der Askja-Caldera mit dem Krater Víti

ßen füllte sich nach dem Ausbruch von 1875 allmählich mit tiefblauem Wasser. So entstand in etwa fünf Jahrzehnten das heute fast 12 km² große **Öskjuvatn**, der tiefste isländische See (220 m). Seine Oberfläche liegt 1053 m über dem Meeresspiegel und rd. 50 m unter der ihn umgebenden Lava **Godarhraun**. An seinem südöstlichen Ufer erhebt sich steil der schwarze Kraterrand mit der höchsten Erhebung in den Dyngjufjöll, dem **Thorvaldstindur**. Der kleine, mit warmem, milchig-grünem Wasser gefüllte Krater am nördlichen Rand des Öskuvatn, das **Víti**, ist der Explosionskrater von 1875. Wer den etwas beschwerlichen Ab- und Aufstieg in der steilen Kraterwand nicht scheut und wen der leicht schwefelige Geruch nicht stört, der kann im Víti baden. Die Temperatur beträgt etwa 20–22°C. Der deutsche Forscher Walter von Knebel und der Berliner Maler Max Rudloff, die hier 1907 bei wissenschaftlichen Untersuchungen auf nicht geklärte Weise den Tod fanden, ertranken vermutlich im Öskjuvatn. Ein Gedenkstein in der Nähe des Víti erinnert an die beiden Deutschen. In den Jahren 1921–30 gab es immer wieder kleine Ausbrüche, die neue Laven, einmal sogar die kleine südliche Insel **Eyja** (1926) zutage förderten, so daß sich die Askja-Landschaft ständig veränderte. Der große Ausbruch von Ende Oktober bis Mitte

Badende im 22°C warmen Wasser des Kraters Víti

Dezember 1961, bei dem die ganze Askja-Spalte auf rd. 750 m Länge aktiv wurde und neue, diesmal basaltische Lava, Aschen und Fluorgase freisetzte, konnte – besonders, weil er sich durch länger vorangehende Erdbeben angekündigt hatte – zum ersten Mal wissenschaftlich genau beobachtet und dokumentiert werden.

Die Straße von der Askja zur **Herdubreid**, 20 km Luftlinie nordöstlich der Askja gelegen, führt über kilometerlange goldgelbe Bimssteinflächen – Produkt der Askja-Eruption von 1875 – zwischen den Erhebungen Herdubreidatögl und Upptyppingar hindurch auf einer Abzweigung direkt zum Berg oder auf dem Hauptweg zur Herdubreid-Hütte (33 km). Hier am Berg Upptyppingar wurde 1986 die neue Brücke über die reißende Jökulsá á Fjöllum eingeweiht, die den Weg von der Askja zu den Kverkfjöll ermöglicht, der früher einen Umweg von 190 km nötig machte. Die Brücke überspannt eine 5 m tiefe Schlucht.

Herdubreid

Von der Herdubreid-Hütte erreicht man die Einstiegsstelle am Fuße des

Die Herdubreid, die »Königin der Berge« Islands

Berges nach einem Fußmarsch von vier Kilometern. Die Zufahrt mit dem Wagen dagegen zweigt schon vorher, 20 km hinter der Askja-Hütte, nach links ab. Von dort sind es noch einmal 13 km über schwierige Lavapisten mit schön ausgeprägten Beispielen von Strick- und anderen Lavaformen bis zur einzigen Stelle, von der aus der Aufstieg zum Gipfel durch eine Scharte im oberen nordöstlichen Felskranz möglich ist.

Die Herdubreid wird in Island die »Königin der Berge« genannt. Im Gegensatz zur Askja hat dieser subglaziale Tafelberg mit seiner weißen Kuppe eine außerordentlich eindrucksvolle und weithin sichtbare Gestalt. Seine Entstehung vollzog sich wahrscheinlich während der Eiszeiten unter dem dicken Eispanzer der Gletscher. Dadurch wurde eine Ausbreitung der Aschen und Lava verhindert und das vulkanische Material in eine feste Form gezwungen. Was oberhalb der geschmolzenen Eisschicht aus dem Wasser drang, ist heute als charakteristische Kuppe zu sehen. Den 1682 m hohen Berg zu besteigen (Aufstieg 4–5 Stunden), ist deshalb mühsam, weil die Verwitterung die steilen Kegelseiten in Geröllhalden verwandelt hat. Kondition und festes Schuhwerk sind erforderlich; auch sollte man den Aufstieg nur bei klarer Sicht und,

wenn möglich, nicht ohne Begleitung unternehmen. Dann allerdings ist es ein faszinierendes Abenteuer, den Berg über seine riesigen Geröllhalden zu ersteigen und von 1000 m Höhe auf die weiten Ebenen der **Ódádahraun** hinab zu schaun. Hundert Kilometer und weiter reicht der Blick in der klaren Luft, erfaßt dabei die kleineren Kraterberge und streift über Lava- und Steinwüsten. Über 4500 km² dehnt sich die Ódádahraun aus, sie ist das größte zusammenhängende Lavafeld Islands. Hierher flüchteten sich Geächtete, aus der menschlichen Gemeinschaft Ausgestoßene, worauf ihr Beiname sich bezieht: »Wüste der Missetäter«. Bizarre Lavaformen, in der Dämmerung angsteinflößende Gesichter von Riesen und Trollen formend, mögen die Verfolger abgehalten haben, in dieses Gebiet einzudringen.

Wieder auf der Hauptroute, sind es noch etwa 12 km bis zur Touristenhütte und zum Campingplatz, die idyllisch in der grünen Oase der **Herdubreidalindir** liegen, durch die die liebliche, von der Jökulsá gespeiste Lindaá fließt. Auch ein kleiner See, das Álftavatn, liegt in der Nähe. Auf der Weiterfahrt kreuzt man noch zweimal die Lindaá und folgt dem wasserreichen, mitunter stürmischen Lauf der Jökulsá á Fjöllum. An einem kleinen, namenlosen Wasserfall durchquert man sodann die Grafarlandaá und erreicht nach rd. 20 km und insgesamt 60 km von der Hütte aus auf problemloser Piste den Ringweg ca. 7 km westlich von Grimsstadir. Die Herdubreid grüßt noch einmal herüber, sie ist auch auf diese Entfernung hin in ihren berühmten Konturen klar erkennbar.

Route 10: Mælifellssandur. Um den Nordrand des Mýrdalsjökull zur Eldgjá

Hvolsvöllur – Eldgjá (130 km)

Die Route ist im ganzen nicht schwierig, macht aber im mittleren Bereich, auf dem Mælifellssandur, die Flußdurchquerung des etwas breiteren und mitunter schnell fließenden, wenn auch nicht tiefen Gletscherflusses Hólmsá erforderlich. Man sollte die Fahrt möglichst mit zwei Fahrzeugen machen und eine Zugwinde mitführen.

Ausgangspunkt ist die Jugendherberge Fljótsdalur (S. 225) westlich des Mýrdal-Gletschers. Von dort geht es in östlicher Richtung zur **Fauskheidi** hinauf. Lavafelder mit spitzem Gestein, beschwerlich zu durch-

Links: Statue des »Geächteten« von Einar Jónsson (1901)

fahren, aber meist nur auf einigen 100 Metern, wechseln mit Sanderflächen oder Staublavadecken ab. Die Durchschnittsgeschwindigkeit beim Klettern, Sanderfahren und bei den Flußdurchquerungen beträgt rd. 15–20 km/Std. Dafür entschädigt die prachtvolle Kulisse dreier Gletscher, des **Tindfjallajökull** zur Linken, des **Mýrdalsjökull** zur Rechten und des später auftauchenden **Torfajökull** für die Beschwernisse der Route. Von der Fauskheidi geht es abwärts über die Hochfläche **Emstrur**. Zwei kleinere Flüsse müssen durchquert werden. An der Schlucht Hvanngil gabelt sich die Piste; unsere führt rechts durch den **Mælifellssandur**. Ist die gelegentlich schnell dahinfließende Hólmsá durchquert, teilt sich nach einigen Kilometern der Weg abermals. Die linke Strecke sollte man, solange der Ófæra-Fluß noch nicht überbrückt ist, nur mit einem kräftigen, hochrädrigen Wagen befahren. Nach 20 km erreicht man auf ihr sodann die Eldgjá-Schlucht. Der einfachere Umweg auf der rechten Strecke führt dagegen erst südlich nach **Gröf**, wo man wieder nach Norden auf die Route einbiegt, die die Skaftafellssysla mit Landmannalaugar verbindet. Danach geht es über den Höhenzug der Skaftártunga und am Gehöft **Búland** vorbei zum **Tungu-Fluß**. Einige Kilometer weiter steigt der **Bláfjall** zur Linken (725 m) hoch auf. Kurz hinter der Ófæra, die hier leichter durchquert werden kann, steht man schließlich ebenfalls am Eingang zur Eldgjá-Schlucht.

Die Eldgjá

Die Eldgjá (Feuerspalte) ist die größte bekannte Vulkanspalte der Welt. Sie entstand vermutlich vor rd. 2000 Jahren und scheint bis zum Jahr 1893, in dem der isländische Geologe Thorvaldur Thoroddsen sie erstmals sah und beschrieb, unbekannt gewesen zu sein. Die gewaltige Vulkanspalte zieht sich in ihrer gesamten Länge über 30 km durch das Bergland, vom Mýrdals-Gletscher im Südwesten bis zum 935 m hohen Gjátindur im Nordosten, jedoch ist die nordöstliche Schlucht am eindrucksvollsten ausgebildet. Hierhin führt auch unser Weg, und zwar direkt in die Schlucht hinein. 5 km lang, rd. 600 m breit und fast gradlinig verläuft der Hauptgraben, dessen steile Wände bis zu 270 m Höhe vor uns aufragen. Es lohnt, sich, sich tiefer in die Schlucht hineinzubegeben. Die in der klassischen Südwest-Nordost-Richtung des Zentralisländischen Grabens, also der Zone des aktiven Vulkanismus, verlaufende Explosionsspalte läßt noch einzelne Eruptionszentren in Gestalt von Kraterteilen erkennen. Die Deckschicht besteht aus basaltischer

Lagebesprechung im Hochland auf der Mælifells-Route

Lava vom Eldgjá-Ausbruch, darunter befinden sich Moränen und Hyaloklastite, die an den Rändern z.T. von Gehängeschutt bedeckt sind. Auf dem Talboden leuchtet gelegentlich das helle Grün der Moose auf. Am Nordostende, unweit des Gjátindur, stürzt die Nordari-Ófæra in gewaltigen Wasserfällen in die Schlucht hinab. Hier steht man auch vor der berühmten Naturbrücke aus Basaltfelsen, unter der hindurch der Fluß den Fels tief ausgewaschen hat. Rd. 1 km weiter, am äußersten Ende der Schlucht, zu Füßen des **Gjátindur**, breitet sich größte Einsamkeit und Stille aus; früher drang hierher offenbar keines Menschen Fuß mehr. Wer kann, sollte sich einen Tag Zeit nehmen und die Schlucht durchwandern.

Von der Eldgjá nach Landmannalaugar (S. 218) führt ein inzwischen gut befestigter Weg (31 km). In entgegengesetzter Richtung, südwärts, gelangt man auf dem schon bekannten, im Sommer problemlosen Weg über Gröf zum Ringweg (S 1) zurück.

Wandern auf Island

Allgemeines

Es gibt zwei Gruppen von Wanderern: diejenigen, die in Island wandern und diejenigen, die Island durchwandern. Dieses Kapitel hält für beide Gruppen Informationen bereit, wendet sich aber doch, da viele Hinweise auf kürzere Wanderungen schon in den Routenbeschreibungen erfolgten, vorrangig an die Islandreisenden, die einmal eine mehrwöchige Wanderung mit dem Zelt in völlig abgeschiedene und entlegene Gebiete unter Verzicht auf allen zivilisatorischen Komfort unternehmen möchten. Für sie sind an dieser Stelle wichtige Tips zusammengestellt, die die notwendigen Voraussetzungen und Vorbereitungen einer solchen Wanderung sowie viele Hinweise zur Ausrüstung und zum Gelände als auch Empfehlungen von schönen, sehenswerten Wandergebieten enthalten.

Voraussetzung

Der Islandwanderer muß in besonderem Maße Freude an Natur, Wildnis und Einsamkeit haben und auch Perioden weniger guten Wetters in Kauf nehmen können. Zu Fuß unterwegs zu sein heißt zum einen, daß man draußen lebt, Regen, Sonne, Wind und wechselnden Temperaturen ausgesetzt ist, aber darüber hinaus auch, daß man 15 km am Tag mit teilweise über 30 kg Gepäck auf dem Rücken zurücklegt. Eine gute körperliche Konstitution ist daher unabdingbare Voraussetzung. Natürlich ist eine Wanderung nur im Sommer möglich. Die beste Startzeit liegt zwischen Mitte Juni und Mitte Juli. Wer später aufbricht, läuft Gefahr, vom Winter eingeholt zu werden. Allein auf Tour zu gehen, ist auf keinen Fall ratsam. Dafür ist die Gefahr, daß Unfälle, Krankheiten oder Geländeschwierigkeiten nicht ohne die Hilfe eines Partners zu überwinden sind, zu groß. Im Gegenteil, bei langen Touren ist es sogar weitaus besser, wenn ein Mitglied der Gruppe schon einmal in Island war. Alles in diesem Land ist anders, als man es sich vorher vorstellt,

Links: Die natürliche Brücke aus Basaltfelsen über der Nordari-Ófæra

und für ein Unternehmen dieser Art ist die Kenntnis der realen Verhältnisse, wie Klima und Distanz, ein großer Vorteil.

Vorbereitung

Die Lebensmittel, die man bei sich trägt, sollten so leicht wie möglich sein und die nötigen Vitamine, Spurenelemente, Eiweiß-und Fettstoffe sowie möglichst viele Kalorien enthalten. Bergwanderer wissen das. Es gibt spezielle Geschäfte, die diese Art von Verpflegung führen. Im allgemeinen rechnet man für einen Wanderer mit einem Verpflegungsvorrat für 12 bis 15 Tage. Diesen ist er kräftemäßig imstande mitzuführen. Dauert die Wanderung länger, kann man versuchen, im Zusammenwirken mit dem Fremdenverkehrsamt Lebensmitteldepots in den Berghütten einrichten zu lassen. Ein Tip: Die Lebensmittel portionsweise in Plastikbeutel verpacken und einschweißen, damit sie gegen Feuchtigkeit geschützt sind, dann in große Leichtmetallkübel verstauen und, wenn es geht, von einer isländischen Reisegesellschaft zu den Berghütten transportieren lassen. Für die Ausarbeitung der Wanderroute sollte man Bücher und Berichte aus geographischen, geologischen und anderen Zeitschriften heranziehen. Vor allem ältere geographische Berichte aus der Zeit von 1900 eignen sich sehr gut zur Planung, da sie neben wissenschaftlichen Daten auch genaue Schilderungen der Reisewege und Landschaften enthalten. Neue Abhandlungen erörtern zumeist nur spezielle wissenschaftliche Fragen und sind daher häufig für die Vorbereitung weniger tauglich. Bei gründlicher Durchsicht all dieser Unterlagen erhält man immerhin schon eine Vielzahl wertvoller Informationen über Gelände, Infrastruktur und Schutzhütten sowie die vorhandenen geologischen, geographischen und biologischen Gegebenheiten, denen man begegnet. Ganz wichtig ist natürlich, mit gutem Kartenmaterial (S. 315) ausgestattet zu sein.

Eine genaue Ausarbeitung der Wanderroute ist illusorisch. Erstens enthalten die Karten nicht alle notwendigen Details und außerdem können sich schon innerhalb kurzer Zeit die Gegebenheiten eines Geländes stark verändern. Wichtiger ist es, daß man mit dem Kompaß (S. 316) umgehen kann und Improvisationsvermögen, einen gewissen Spürsinn und Initiative entwickelt. In Island selbst wird man sicherlich oftmals Gleichgesinnte befragen, nur verlassen sollte man sich auf diese Informationen aus den oben genannten Gründen auch nicht bzw. nur mit größter Vorsicht.

Ausrüstung

Da es in Island nur wenige Berghütten gibt, kommt man nicht umhin, ein Zelt mitzunehmen. Dieses muß geräumig und fest gebaut sein und ein annehmbares Gewicht haben. Da Daunen wasseranziehend wirken, empfiehlt sich ein Kunstfaserschlafsack. Eine Isolationsmatte ist selbstverständlich und eine Alu-Rettungsdecke empfehlenswert. Ein solider und trotzdem beweglicher Gestellrucksack, wenn möglich mit praktischer Fachunterteilung, erleichtert das Tragen.

Zur Ausrüstung gehören ferner ein Seil (30 m, + 9 mm), Steigeisen oder Grödeln, auch einige Haken können nicht schaden (Felsen!). Unentbehrlich ist ein Eispickel oder Wanderstock als »dritter« Fuß bei Flußüberquerungen und steilen und schwierigen Streckenpartien. Ganz selbtverständlich: Medikamente, Verbandszeug, Heftpflaster und Salben (insbesondere für überbeanspruchte Füße!).

Zur Kleidung sei gesagt, daß die Wanderstiefel auch die Knöchel schützen und die Befestigung von Steigeisen erlauben müssen. Gamaschen

Wilde Berglandschaft im südlichen Zentralmassiv

sind kein Luxus, und auch ein guter Regenschutz ist unbedingt erforderlich.

Hinweise

Im Landesinnern herrschen Wüstengebiete, Lavawüsten, Stein- und Sandwüsten vor. Kleine Seen, Oasen und Flußläufe sind zahlreich, die Vegetation ist dagegen spärlich. Um so mehr Freude bereitet es, wenn man auf selbst die kleinste Pflanze stößt. Bäume fehlen fast vollständig. Ein Lagerfeuer kann daher nicht entfacht werden.
Teilweise sind Wanderrouten vom isländischen Wanderverein durch gelbe Pfähle markiert worden (z.B.: Skógar – Landmannalaugar; Gæsavötn – Urdahals). Bei starkem Nebel können trotzdem Probleme auftauchen. Ehe man in die Irre geht, lieber das Zelt aufschlagen! Die Flüsse müssen zumeist durchwatet werden; bewährt hat es sich, barfuß durchs Wasser zu waten. Bei Gletscherflüssen lohnt es manchmal, auf die Morgenstunden zu warten, da um diese Zeit wesentlich weniger Wasser fließt. Fußbrücken gibt es nur wenige. Bei der Überquerung von Flüssen ist immer höchste Vorsicht geboten. Rollende Steine und Treibsand sowie starke Strömung erschweren das Gehen, und ein kühles Bad bei isländischen Lufttemperaturen kann schwerwiegende Folgen haben.
Schnee- und Sandstürme können plötzlich auftauchen, auch im Sommer. Sie sind jedoch zu dieser Zeit selten heftig und daher für den Wanderer nicht so sehr gefährlich. Vorsicht ist trotzdem geboten. Es regnet häufig. Manchmal ist man am Tag im Zelt gefangen und muß besseres Wetter abwarten. Auch wenn man einmal durch und durch naß ist, trocknet beim nächsten Wind das meiste. Wasser ist selten ein Problem. Auch in der Wüste findet man häufig kleine Seen, manchmal ohne grüne Ufer, aber das Wasser ist sehr gut. Einzig am Nordrand des Vatnajökull in der Ódádahraun ist kaum Wasser vorhanden. Das Schmelzwasser ist nicht trinkbar zu machen, und das Aufschmelzen von Eis braucht viel Gas. Man findet jedoch auch hier auf Lavaplatten Wasserpfützen, die gutes Wasser liefern. In Thermalgebieten aufgepaßt: Nur Wasser mit pH-Wert zwischen 5 und 7 trinken. Zu diesem Zweck Lackmuspapier mitnehmen!
Island ist touristisch nicht mehr unerschlossen, und so trifft man auch im Hochland ab und zu Gleichgesinnte. In abgelegenen Gebieten, wo kein Auto mehr hinkommt, kann es allerdings doch vorkommen, daß

man eine Woche niemandem begegnet. Wanderer im Hochland sind sehr selten.

Empfehlenswerte Wandergebiete
Ein schönes Gebiet liegt zwischen **Thórsmörk** (S. 225) und **Landmannalaugar** (S. 218). Hier trifft man auf Rhyolithgebirge mit heißen Quellen, farbigen Bergen, Obsidiangestein und mehreren Seen.
Ein anderes ist **Vonarskard**, ein Geheimtip für Islandwanderer. Es ist von der Tungnafell-Hütte aus nur zu Fuß erreichbar. Weiter ist da die Gegend zwischen **Vatna- und Tungnafellsjökull** (S. 288) zu nennen, ein rhyolitisches Gebiet mit vielen heißen Quellen.
Auch die **Askja** (S. 290) und das Gebiet **nordöstlich des Mývatn** (S. 240) kommt als Wanderregion in Frage. Hier begegnet man dem vulkanisch aktivsten Gebiet Islands, den Wasserfällen der Jökulsá á Fjöllum und einer vegetationsreichen Landschaft, den von den Ausbrüchen der letzten Jahre herrührenden Lavafeldern, die noch nicht abgekühlt sind.
Eine Süd-Nord-Durchquerung von kürzerer Dauer verläuft vom **Gullfoss** (S. 213) über **Hveravellir** nach **Blönduos** (3 bis 4 Wochen, S. 252).

Wandern im Gebiet der Herdubreid

Daneben gibt es noch eine von Höfn am Ostrand des Vatnajökull entlang in Richtung Snæfell (S. 239, 233).
Als Beispiel für eine längere und erprobte Wanderstrecke von 9 Wochen, die auch in Teilabschnitte zerlegt werden kann, sei zum Schluß folgende Route vorgestellt: Mit dem Bus von Reykjavik nach Skógar, dann über Fimmvörduhals, Thórsmörk, Litla Mofell, Álftavatn, Kaldaklofsfjöll, Hrafntinnusker, Landmannalaugar, Brücke der Sprengisandurroute über die Tungnaá, Thóristindur, Stóra Fossvatn, Veidisvatnhraun, Kaldakvísl, Holtamannafrettur, Kistualda, Jökuldalur, Vonarskard, Tindafell, Gæsavötn, Kistufell, Urdarháls, Dyngjuvatn, Askja, Herdubreid, Grafarlandaá, Hrossaborg, Mývatn, Krafla, Eilífsvötn, Gjástykki, Dettifoss, Vesturdalur nach Ásbyrgi und von dort per Autostopp bis Akureyri und mit dem Bus zurück nach Reykjavik.

Baßtölpel, einen Touristen betrachtend

Reise-Informationen von A bis Z

Aids

Island schützt nicht vor Aids. Im November 1986 waren 30 Fälle von Erkrankungen bekannt, davon bereits einer mit tödlichem Ausgang. Die Gesundheitsministerin, Ragnhildur Helgadóttir, eröffnete eine großangelegte Aufklärungskampagne, »um die Flut einzudämmen, ehe sie außer Kontrolle gerate« (Island-Berichte 3/1987).

Alkohol

Das staatliche Alkoholmonopol, aus allen skandinavischen Ländern bekannt, wurde auch in Island lange Zeit streng gehandhabt. Daß dabei immer auch ein Stück Ideologie mit im Spiel war, zeigt die seit einiger Zeit großzügigere Gewährung von Lizenzen: die schlimmen Prognosen der Anti-Alkoholiker-Gruppierungen erfüllten sich nicht. Allerdings läßt sich auch nicht übersehen, daß der Isländer andere Trinkgewohnheiten hat und dem bei uns verbreiteten dosierten Genuß von Alkohol keinen so großen Geschmack abgewinnt. Alkohol ist also nach wie vor lizenziert und nur in Spezialläden käuflich. Solche Läden gibt es in Reykjavik (Snorrabraut; Laugarásvegur; Lindargata), ferner in Keflavík, Akureyri (Hólabraut), Ísafjördur, Siglufjördur, Sydisfjördur und auf Heimæy (Strandvegur). Außerdem besitzen immer mehr Hotels eine Ausschank-Genehmigung für Alkohol (S. 305), und in Restaurants kann man häufiger als früher Weine bestellen. Allerdings sind diese Getränke sehr teuer. Selbstversorger tun gut daran, sich spätestens im Duty-Free-Shop des Flughafens Keflavík mit Alkohol einzudecken (abweichend von den Zollbestimmungen anderer Länder ist das möglich!) Das sonst frei erhältliche Bier (das dunkle Bjór und das helle Pilsener) enthält kaum Alkohol (0,1%), schmeckt aber recht gut (S. 320).

Angeln

Island ist ein Traumland für Angler: 50 000–100 000 Lachse können aus

den etwa 60 Lachsflüssen jährlich gefischt werden. Andere Flüsse bergen reichlich Forellen, darunter die Lachsforelle (Meeresforelle), den Saibling und Meeressaibling sowie Aale. Um diesen natürlichen Fischreichtum zu erhalten, werden die Fischbestände sorgsam beobachtet. Das Lachsangeln ist seht teuer. Lizenzen (Veidileyfi) kosten, mit Unterkunft und Führung, bis zu 1 000 DM pro Tag. Entsprechend hoch sind die Geldstrafen, wenn man beim Schwarzangeln erwischt wird. Die Lizenz für Saiblinge oder Forellen sind billiger. Solche Lizenzen sind bei Landssamband Veidifélaga, Hagatorg 1 in Reykjavik, sowie bei den Gemeinden oder Bauern in der Nähe der Flüsse und Seen erhältlich. Die Erlaubnis wird meist für einen Tag oder mehrere Tage, manchmal auch stundenweise vergeben. Auskünfte über Angelquartiere und kombinierte Angel- und Reitaufenthalte auf Bauernhöfen sowie über Seeangeln geben auch die Touristenbüros in den größeren Orten.
Die ergiebigsten Angel-Gebiete liegen im Südwesten um Reykjavik herum (Hauptfanggebiet von Lachsen), ferner im Gebiet der Ölfusá/Hvítá mit ihren Nebenflüssen (Stóra Laxá, Brúará) und im Flußgebiet der Hvítá im Borgarfjördur mit ihren Nebenflüssen (Grímsá, Nordurá). Auch im Norden und Nordwesten gibt es ausgezeichnete Lachsflüsse, z.B. Laxá, Blandá, Vatnsdalsá und viele andere. Im Nordosten ist das Gebiet zwischen Mývatn und Húsavík besonders ertragreich (Lachse). Im Südosten dagegen kommt hauptsächlich die Meeresforelle vor, die allerdings in ganz Island gefangen werden kann. Der Meeressaibling ist auf der Nordwesthalbinsel sowie in den nordöstlichen Flüssen zu finden. Auch sind die größeren Seen häufig fischreich, z.B.: Thingvallavatn (Saibling, Forelle, Murta), Apavatn, Kleifarvatn, Hvalvatn, Hóp, Svínavatn, Laxárvatn, Mývatn und die Veidivötn nordöstlich von Landmannalaugar (nur Forellen).
Fangzeiten beginnen für den Lachs, je nach Fluß, in der Zeit von Mai bis Juli und enden August/September (mittlere Fangdauer im Revier also 2 bis 3 Monate); für die Meeresforelle in der Zeit vom 1. April bis 20. September mit einer Fangpause, während der die Forellen im Meer sind. In den Seen ist das Fischen vom 1. Februar bis 26. September erlaubt. Eingeführte Anglerausrüstungen müssen seit 1967 desinfiziert werden, um eine bestimmte Lachskrankheit abzuwehren (Bescheinigung!).

Apotheken und Ärzte
Siehe Medizinische Dienste

Auto

Mitnahme des eigenen Pkws

Die Mitnahme des eigenen Autos steht natürlich immer in Verbindung mit einer Verladung auf einer Fähre (S. 152). Man hat die Wahl zwischen verschiedenen Fährverbindungen (S. 144). An Papieren sind notwendig: Der Fahrzeugschein, der internationale Führerschein und die Grüne Versicherungskarte (sonst muß man an der Grenze eine Versicherung abschließen!).

Autovermietung

Der Autoverleih (Bílaleiga) ist in Island gut organisiert. Vom VW Käfer/Camper/Bus über kleinere Fahrzeuge mit Vierradantrieb bis zum großen Landrover, vom Lada/Sport über Subaru, Mitsubishi, Datsun, Mazda, Opel, Ford, Austin, Scout bis zum Range Rover oder Chevrolet Blazer gibt es alles. Auch braucht man das Fahrzeug bei einigen Firmen nicht zum Ausgangspunkt zurückbringen, sondern kann es, beispielsweise, in Reykjavik mieten und in Akureyri übergeben. Allerdings liegen die Preise relativ hoch. Neben der Grundgebühr pro Tag, dem Kilometerpreis und dem Benzingeld wird noch eine Steuer (die 1985 30% betrug) erhoben. Beispielsweise kostete 1985 ein Mittelklassewagen (Vierradantrieb für 4–5 Personen) 120 DM am Tag und 1,20 DM pro km; der Benzinpreis betrug zu diesem Zeitpunkt rd. 2,25 DM/Li., Diesel rd. 1,00 DM. Rechnet man dies alles zusammen, wird das Automieten, selbst wenn sich mehrere Personen die Kosten teilen, teuer. Bei längerem Urlaub lohnt es deshalb, den eigenen Wagen mitzunehmen. Ein internationaler Führerschein ist erforderlich. Autovermietung gibt es bisher in Reykjavik (S. 173), Akureyri (S. 189), Kópavogur, Hafnarfjördur, Keflavík, Akranes, Bolungarvík, Ísafjördur, Súdavík, Saudárkrókur, Húsavík, Egilsstadir, Höfn und Selfoss. Anschriften sind den örtlichen Telefonbüchern zu entnehmen. Das Isländische Tourist Bureau (S. 328) verschickt auf Anforderung ein Verzeichnis aller Verleiher.

Verkehrsregeln

Die Verkehrsregeln entsprechen den internationalen Bestimmungen. Für Ortsdurchfahrten gilt die Geschwindigkeitsbegrenzung von 45 km/h, für Landstraßen von 75 km/h. Vorsicht ist vor Pferden, Schafen oder auch Kühen geboten, da sie im ganzen Land frei grasend umherziehen. Weil Islands Straßen sehr schlecht und vor allem bei Wetterstürzen (Schlammbildung) oder langer Trockenheit (Staubwolken), aber auch wegen der vielen Schlaglöcher, Fahrrillen und der Gefahr des Steinschlags immer unberechenbar sind, empfiehlt sich generell, vorsichtig und nicht zu schnell zu fahren. Die **Verkehrsschilder** sollten aus dem gleichen Grund ernstgenommen werden. Die Alkoholgrenze für Fahrer beträgt 0,5 Promille, Verstöße dagegen können teuer werden (Radarkontrollen!).

Ausrüstung
Wegen der ständigen Gefahr, daß Steine durch entgegenkommende oder überholende Wagen hochgeschleudert werden, empfiehlt sich ein Frontschutz für Scheinwerfer und Kühlergrill, eventuell sogar eine Folienscheibe für die Windschutzscheibe. Gefüllte Benzin-Reservekanister sind unbedingt notwendig, vor allem, wenn man ins Hochland fährt. Wer genügend Platz hat (Landrover, Dachgepäckständer), sollte entsprechend viele Kanister bei sich führen. Für längere Fahrten durchs Hochgebirge empfehlen Profis ein zweites Reserverad. Die spitze Lava kann schon einmal einen Reifen aufreißen. Das Benzin hat in Island 90–93 Oktan (Normalbenzin) bzw. 98 Oktan (Superbenzin). Im Hochland ist ein Fahrzeug mit **Allradantrieb** (S. 156) nötig.

Banken

Neben den großen Landesbanken in Reykjavik und Akureyri gibt es in allen größeren Orten Banken und Hotels, wo Devisen getauscht werden können. Öffnungszeiten der Banken: Mo–Fr von 9.15 bis 16 Uhr, Do zusätzlich von 17 bis 18 Uhr. Außerhalb dieser Zeit kann man in der Regel in den Hotels Geld wechseln oder Schecks einlösen, wenn auch nicht immer zum günstigsten Kurs. In den größeren Hotels und Geschäften sowie bei den Fluggesellschaften werden alle üblichen internationalen Zahlungsmittel, wie Eurocheques, Travellercheques und Kreditkarten (Diners, Visa, Eurocard usw.) in Zahlung genommen.

Briefmarkensammeln

Das Sammeln von Briefmarken ist eine nationale Leidenschaft der Isländer. Für isländische Sammler kommen meist nur isländische Briefmarken in Frage. Ausländische Marken mögen wertvoll oder schön sein, es sind aber eben keine isländischen.

Die ersten Briefmarken erschienen 1873 und werden nach der damals gültigen Währung »Skildingamerki«, Schillingsmarken, genannt. Nach Einführung der Krone (1 Króna = 100 Aura) als Währung im Jahr 1874 wurden 1876 die ersten »Auramerki« ausgegeben. Alle Marken bis 1902 waren im Muster ähnlich den Marken der übrigen skandinavischen Länder: eine Ziffer in einem Kreis, darüber eine Krone, darunter ein Posthorn, um das Ganze ein eiförmiges Band mit der Inschrift »Ísland, Postfrim...« und dem Wert. Von 1902 bis 1925 erschienen Marken mit Porträts der dänischen Könige und dem isländischen Freiheitskämpfer Jón Sigurdsson. 1925 wurden die ersten Landschaftsmarken ausgegeben. Sie zeigen eine Bootslandung, Reykjavik und das Landesmuseum. Dem tausendjährigen Bestehen des Althings wurde 1930 eine Ausgabe mit 31 Marken gewidmet. Landschafts- und Gedenkmarken beherrschen seitdem die Ausgaben.
1930 wurde eine Sammlerdienststelle gegründet, die auch ausländischen Sammlern Briefmarken (Kreditkonto) zusendet (Frimerkjasalan Pósthólf 1445, 101 Reykjavik). Im Durchschnitt erscheinen jährlich 13 Marken in 7 Ausgaben zu einem Gesamtpreis von rd. 10–20 DM.
Es gibt einen »Tag der Briefmarke« (10. November) und jährlich eine Briefmarken-Ausstellung (Frim: 6.–10. November) in Reykjavik. »Frim 80« zeigte 40 Schaukästen mit isländischen und 112 mit ausländischen Marken. Sammlervereinigung: Félag Frimerkjasafnara Reykjavik.

Camping

Es gibt verhältnismäßig wenige gut ausgestattete Zeltplätze (isl. Tjaldstædi) mit entsprechenden hygienischen Einrichtungen, dafür aber um so mehr Möglichkeiten, frei in landschaftlich schöner Lage, z.B. an einem Fluß, zu campieren. Praktisch kann man fast überall im Lande das Zelt aufschlagen, nur in Landschaftsschutzgebieten ist es verboten (Tjaldstædi bönnud). In der Nähe von Gehöften oder auf eingezäunten Privatgrundstücken empfiehlt es sich, die Bewohner zu fragen. Offizielle Zeltplätze befinden sich u.a. in Reykjavik, Akranes, Borgarnes, Ísafjördur, Akureyri, Mývatn, Jökulsárgljúfur, Herdubreidalindir, Egilsstadir, Eskifjördur, Höfn, Skaftafell, Laugarvatn, Thjórsardalur, Landmannalaugar, Thingvellir. Sie sind aber im Hinblick auf sanitäre Anlagen, Verpflegungsmöglichkeiten usw. nicht alle gleich gut. Hinweise sind in den Routenbeschreibungen enthalten. Camping-Ausrüstungen einschließlich Schlafsack usw. können in Island geliehen werden, z.B. bei Tjaldaleigan Rent-A-Tent, Hringbraut am Busbahnhof, Reykjavik, Tel. 1 30 72.

Devisen

Der inflationäre Verfall der isländischen Währung ist sehr stark. Die aktuellen Kurse müssen erfragt werden. Ausländische Zahlungsmittel können in unbeschränkter Höhe eingeführt werden, Deklaration erforderlich. Ausfuhr bis zur Höhe der bei der Einreise deklarierten Beträge. DM kann man im Lande wesentlich günstiger tauschen als auf dem Kontinent. Die Umtauschbelege müssen aufbewahrt werden, da sonst kein Rücktausch möglich ist. Noten und Münzen in der Landeswährung dürfen bei der Ein- und Ausreise jeweils bis zum Betrag von 8000 ikr (in Stückelungen von 10, 50, 100, 500 oder 1000 ikr) mitgeführt werden.
(s. Währung S. 324)

Einreise- und Aufenthaltsbestimmungen

Bürger der Bundesrepublik Deutschland benötigen für die Einreise einen gültigen Personalausweis oder Reisepaß; für Kinder genügt eine Eintragung im elterlichen Paß. Bei einem Aufenthalt über drei Monate ist eine Aufenthaltsgenehmigung (Visum) erforderlich, die vor der Einreise zu beantragen ist. Wer in Island arbeiten will, muß dies bei der Beantragung der Aufenthaltsgenehmigung angeben und zugleich einen Arbeitsvertrag mit einem isländischen Arbeitgeber vorlegen.

Feiertage (*offizielle*)

1. Januar	Neujahr
1. Mai	Tag der Arbeit
17. Juni	Nationalfeiertag
25. Dezember	Weihnachten

Hinzu kommen noch die beweglichen Feiertage Gründonnerstag, Karfreitag, Ostern, Erster Sommertag (3. Donnerstag im April), Christi Himmelfahrt, Pfingsten, Bankfeiertag (1. Montag im August)

Flughafensteuer

Die Flughafensteuer betrug 1987 bei internationalen Flügen 35 DM. Die Höhe dieser Gebühr schwankt aber mit dem Kurs der ikr. Sie kletterte zeitweilig noch höher hinauf, so daß aktuelle Preise jeweils erfragt werden müssen. Die Steuer im inländischen Flugverkehr beträgt gegenwärtig etwa 8–10 DM.

Fotografieren

In Island sind Filme sehr teuer und auch nur in größeren Orten erhältlich. So empfiehlt es sich, ausreichend Filmmaterial mitzuführen. Da die Atmosphäre in den Sommermonaten bei schönem Wetter heller und klarer, das Licht blendender und von lebhafterer Farbe ist als in unseren Breitengraden, sollten lichtunempfindliche Filme verwendet werden. Filter können bei solcher Beleuchtung nützlich sein, z.B. ein UV-Filter für farbige Aufnahmen im Freien. Fotogeschäfte in Reykjavik: Fókus, Lækjargötu 6b; Gevafoto, Austurstræti 6.

Geschäftszeiten

Die Geschäfte sind montags bis donnerstags von 9 bis 18 Uhr geöffnet, am Freitag sind die Öffnungszeiten unterschiedlich: manchmal bis 13 oder 14 Uhr oder auch bis 21 Uhr bei freiem Samstag.

Gesundheitliche Vorsorge

An Impfungen ist nur die Pockenimpfung für diejenigen Reisenden vorgeschrieben, die sich innerhalb der letzten 14 Tage vor der Einreise in Infektionsgebieten aufgehalten haben. Ausgenommen sind Transitreisende, die den Flughafen nicht verlassen.

Im übrigen sollten Selbstfahrer, die durchs Landesinnere fahren, eine gute Hausapotheke bei sich führen. Beim Trinken ist zu beachten, daß man kein Wasser aus Warmwasserhähnen benutzt, auch nicht zum Abkochen, da schwefelhaltig. Auch sollte man kein Gletscherschmelzwasser trinken, sondern das Eis selbst aufschmelzen und in Thermalgebieten vorsichtshalber den pH-Wert des Wassers mit Hilfe von Lackmuspapier bestimmen: er darf zwischen 5 und 7 liegen.

Hotels und Unterkunft

In Island gibt es ganzjährig geöffnete Hotels in verschiedenen Gütekategorien, von einfachen Gästeheimen bis zu Luxushotels mit internationalem Standard und Sommerhotels, die von Ende Mai bis Anfang September geöffnet haben. Bei ihnen handelt es sich um umfunktionierte Internatsschulen, die während der Sommerferien (3 bis 4 Monate) für Gäste zur Verfügung gestellt werden. Sie sind preiswert und weisen einen mittleren bis guten Standard auf (ohne Luxus, aber freundlich möbliert, mit bequemen Betten und blitzsauber). Sie verfügen über Zweibettzimmer mit Dusche und einen Restaurationsbetrieb von 8 bis 23 Uhr, häufig auch über Schwimmbad und Sauna. Diese Häuser gehören fast alle zum Ring der Edda-Hotels, der vom isländischen Tourist Bureau (Ferdaskriftstofa ríkisins) mit dem Ziel gegründet wurde, an den bekanntesten und schönsten Stellen des Landes und gut erreichbar preiswerte und erholsame Unterkünfte zu schaffen. Die Edda-Hotels, von denen einige auch ganzjährig geöffnet haben, besitzen meist auch billige Matratzenlager bzw. Schlafsackunterkünfte (Svefnpokarplats) für Gäste mit eigenem Schlafsack. Edda-Hotels gibt es in Akureyri, Bjarkarlundur, Blönduós, Eidar, Flókalundur/Patreksfjödur, Hallórmstadur, Húnavellir, Ísafjördur, Kirkjubæjarklaustur, Laugarvatn, Skógar und Stadarborg/Breiddalsvík. Sonstige Hotels finden sich in allen größeren Orten bzw. an allen markanten Punkten des Landes. Hinweise in diesem Buch finden sie jeweils bei den Ortsbeschreibungen und unter Reykjavik (S. 173), Akureyri (S. 189), Westmännerinseln (S. 201). Hotelverzeichnisse gibt es in allen Touristikbüros und Prospektmaterial über die Edda-Hotels bei Ferdaskrifstofa ríkisins, Reykjanesbraut 6, Reykjavik, Tel. 91-2 58 55. Wer auf Bauernhöfen übernachten möchte, kann diesbezüglich Informationen über Landssamband Ferdabænda, Hagatorg 1, Reykjavik beziehen. Auf Aussagen über Preise wurde an dieser Stelle verzichtete, da sie angesichts der galoppierenden Inflation mit zu großen Unsicherheiten behaftet wären.

Hütten

Im ganzen Land gibt es auf Paßhöhen, in der Hochheide und in den Steinwüsten an strategisch wichtigen Plätzen Schutz- und Touristenhütten, die von verschiedenen Trägervereinen unterhalten werden, besonders vom Isländischen Touristenverband (Ferdafélag Íslands), der Isländischen Lebensrettungsgesellschaft (Slysavarnafélag Íslands) und dem Direktorat für Landstraßen (Vegamálaskrifstofan). Stellen die Touristhütten des Ferdafélag, wie schon der Name sagt, geräumige, meist beaufsichtigte Unterkünfte für touristische Zwecke dar, so sind die Hütten der beiden letztgenannten Gesellschaften Schutzhütten für das Notquartier. Sie sind meist ihrem Zweck entsprechend spartanisch, aber mit dem notwendigen Überlebens-Inventar einschließlich Telefon oder Sprechfunk sowie Notverpflegung ausgestattet. Diese Hütten sollten nur im Notfall für 1 bis 2 Tage benutzt und so wieder verlassen werden, wie man sie vorfand. Verbrauchte Vorräte sollte man nachkaufen oder ihren Ersatz im nächsten Ort veranlassen! Die Touristhütten dagegen dienen Ausflüglern und Reisenden zum ein- bis mehrtägigen Aufenthalt; man hinterlegt ein gewisses Übernachtungsgeld, dessen Höhe meist angeschlagen steht. Ursprünglich für Mitglieder des Touristenverbandes vorgesehen, nehmen diese Hütten, wenn sie nicht voll belegt sind, auch andere Gäste auf. Bei Hütten in touristisch sehr belebten Gebieten (z.B. Landmannalaugar) empfiehlt sich die Voranmeldung von Reykjavik, Akureyri oder Egilsstadir aus. Ein Hüttenverzeichnis erhält man bei Ferdafélag Íslands und in einigen Touristikbüros. Zum Teil sind sie auch im Jugendherbergs-Verzeichnis aufgeführt.

Informationen

Island unterhält in Frankfurt ein Fremdenverkehrsamt (S. 328), an das man sich vor einer Islandsreise auf jeden Fall wenden sollte. Es verschickt auf Anfrage gerne Prospekte und diverses Informationsmaterial.

Auf der Insel stehen dem Reisenden u.a. die Touristbüros in Reykjavik (S. 173), Akureyri (S. 189) und Heimæy auf den Westmännerinseln (S. 201) mit Rat und Tat zur Seite. Die Adressen sind unter dem Stichwort »Auskunft« bei den jeweiligen Orten, zum Teil auch am Ende dieses Buches (S. 238) aufgeführt.

Auskünfte, die Flugverbindungen nach (S. 328) und in (S. 176) Island betreffen, erteilen die isländischen Fluggesellschaften Icelandair und Eagle Air (S. 328).

Bei Fragen, die mit den Fährverbindungen nach Island (S. 144) und der Küstenschiffahrt/Fähren in Island (S. 152) zusammenhängen, wendet man sich am besten in Deutschland an ein Reisebüro (S. 328). Auf der Insel kann man sich von verschiedenen Stellen, z.B. in den Häfen und vom Schiffahrtsamt in Reykjavik beraten lassen.

In Island ist es ohne weiteres möglich, mit dem einzigen öffentlichen Verkehrsmittel, dem Bus (S. 154), zu reisen. Die Verbindungen sind gut, die Preise erschwinglich (S. 155). Organisierte Busreisen (S. 155) können u.a. in Reisebüros in Reykjavik (S. 176) und Akureyri (S. 189) gebucht werden.

Informations- und Prospektmaterial
Über Island gibt es eine Fülle instruktiven Prospektmaterials, das sich sowohl auf die ganze Insel als auch auf einzelne, besonders interessante Gebiete oder Sehenswürdigkeiten, beispielweise die Nationalparks, bezieht. Auch über Ponyreiten, Angeln, Trekking usw. wird jährlich aktuelles Material bereitgestellt. Sie erhalten solche Prospekte, Informationsbroschüren usf. kostenlos oder für wenig Geld in den staatlichen und privaten Reisebüros sowie den meisten Buchhandlungen in Reykjavik, bei Icelandair und in den Touristenshops auf Island. Auf Anforderung sendet man Ihnen solches Material, das meist englisch-, z.T. aber auch deutschsprachig verfaßt ist, gerne zu.

Jugendherbergen (isl. Farfuglaheimili = »Zugvögelheime«)
Es gibt mittlerweile (1987) rd. zwanzig Jugendherbergen rund um die Insel, von denen hier acht mit der Anschrift aufgeführt werden (von Nord nach Süd im Uhrzeigersinn). Die vollständige Liste kann beim isländischen Jugendherbergswerk (siehe weiter unten) angefordert werden:

Akureyri	(50 Betten),	Stórholt 1,	Tel. 96-2 36 57
Seydisfjördur	(32 Betten),	Hafaldan,	Tel. 97-22 39
Berunes	(30 Betten),	Beruneshreppur/Djúpivogur	
Höfn	(15 Betten),	Álaugarey,	Tel. 97-85 71
Fljódsdalur	(15 Betten),	Fljódshlidarhreppur,	Tel. 99-51 11
Vestmannaeyar	(30 Betten),	Höfdavegi 25,	Tel. 97-22 39
Leirubakki/Rang	(15 Betten),	Landmannahreppur,	Tel. 99-55 91
Reykjavik	(63 Betten),	Laufásvegur 41,	Tel. 91-2 49 50

Reykjavik erhält 1987 eine zweite, größere Jugendherberge im Laugardalur, nahe dem Schwimmbad

Es empfiehlt sich, bei Bandalag Íslenskra Farfugla (BIF), Laufásvegur 41, Reykjavik, das sehr brauchbare Jugendherbergsverzeichnis anzufordern (auch sonst überall erhältlich), das neben Fotos, Lageskizzen und Detailinformationen über die Jugendherbergen auch alle Edda-Hotels und sonstige Hotels mit Schlafsackunterkunft (S. 312) sowie die

Überlandbus-Routen (S. 154), Flugrouten (S. 149) und Fährverbindungen (S. 152) verzeichnet und kartiert.

Kartenmaterial

Hauptreisekarte ist die vom Touringclub Islands (Ferdafélag Íslands) herausgegebene »Vegakort Island« (Maßstab 1 : 600 000 im Wegstreckenteil; 1 : 750 000 in der rückseitigen physischen Karte). Sie stellt für die Groborientierung ein brauchbares Instrument dar (mit km-Angabe). Genauer und für Selbstfahrer besonders im Hochland wichtig sind die entsprechenden Blätter der »Adalkort«, Maßstab 1 : 250 000, die Island vom Nordwesten bis zum Südosten in neun Regionen aufteilen. Diese Blätter sind recht gut und reichen auch für eine genauere Orientierung aus. Die Adalkort ist nochmals unterteilt in je 12 Abschnitte, so daß es also insgesamt über 100 »Atlasblöd« (Atlasblätter) im Maßstab 1 : 100 000 und »Fjórdungsblöd« (Viertelblätter) 1 : 50 000 als Wanderkarten für spezielle Gebiete gibt. Nicht alle diese Blätter sind schon erschienen.
Eindrucksvoll, aber nur für die Vorplanung geeignet, weil unhandlich, ist die vom Isländischen Geodätischen Institut (Landmælingar Íslands) 1978 herausgegebene, in Karton gepreßte Reliefkarte (Maßstab 1 : 1 000 000, in der vertikalen Skala 1 : 250 000), die eine plastische Einschätzung der Geländeformationen gestattet. Sie ist leider sehr teuer. Preiswerter ist der eindimensionale Nachdruck dieser Karte.
Schließlich stellen die vom Naturkundlichen Institut (Náttúrufrædistofnun Íslands) herausgegebenen geologischen Blätter für Interessierte eine willkommende Unterstützung bei der Erforschung des Landes dar. Für Autofahrer dürfte die »Vegahandbók« (Iceland Road Guid) noch interessant sein: Dieser im Örn & Örlygur Verlag Reykjavik erschienene Straßenatlas enthält eine detaillierte Beschreibung aller Straßen Islands mit reichhaltigen Informationen zu Geschichte, Kultur und Natur des Landes (isl./engl.).

Kleidung

Warme und wetterfeste Kleidung (Pullover, Mütze, Handschuhe sowie wasserdichte Stiefel, Regenjacke mit Kapuze, evtl. auch wasserfeste lange Hosen) sind unerläßlich. Es gibt kein schlechtes Wetter, nur schlecht ausgerüstete Touristen. Andererseits sollten die gewohnte Sommerkleidung, Sonnenbrille, Badehose und dergleichen im Gepäck nicht fehlen. Die Sommer können durchaus genau so schön und warm sein wie in unseren Breiten (S. 30).

Kompaß

Die durch die geographische Lage von Island bewirkte Kompaß-Mißweisung – das ist der Winkel zwischen der Horizontal-Komponente des erdmagnetischen Feldes und der geographischen Nordrichtung – betrug 1975 durchschnittlich 23° (an der Südostküste rd. 20°, bei Ísafjördur rd. 27°, bei Reykjavik 24,5°). Die jährliche Abweichung beträgt 4 min (= 1°) nach Osten, d.h., daß der Wert der Mißweisung allmählich kleiner wird. Demnach wird er 1987 11° und 1990 8° betragen; 1998 wird sich die Kompaß-Mißweisung dem Wert Null nähern, um sodann – als Abweichung nach Osten – wieder größer zu werden.

Lebenshaltungskosten

Die Lebenshaltungskosten für Touristen liegen insgesamt erheblich über denen in der Bundesrepublik Deutschland und Österreich. Dies gilt nicht nur für den Besuch eines Restaurants oder für allgemeine Bedarfsgüter, sondern auch für eine Reihe von Grundnahrungsmitteln. Das hängt u.a. damit zusammen, daß viele Artikel eingeführt werden müssen. Kartoffeln und Gemüse z.B. sind auf Island natürlicherweise teurer als Schafskäse, Milchprodukte, Pferdefleisch oder Fisch. Wenn man die reiche Angebotspalette aufmerksam studiert, wird man bald herausfinden, wie man dennoch einigermaßen billig leben kann. Den Whisky für 80–90 DM pro Flasche wird man sich schnell abgewöhnen.

Medizinische Dienste

Die Zeiten, wo vier Ärzte die medizinische Versorgung ganz Islands unter sich aufteilen mußten, gehören der Vergangenheit an. Heute gibt es auf der Insel etwa 50 Krankenhäuser sowie eine ausreichende Zahl von Ärzten, Zahnärzten und Apotheken. Allerdings ist das Versorgungsnetz nicht überall gleich dicht, so daß es schon vorkommen kann, daß das nächste Krankenhaus 80–100 km entfernt ist. Die wichtigsten Medikamente sollte man also mitbringen. Hinweise auf medizinische Dienste geben die Ortsbeschreibungen im Routenkapitel.

Naturschutz

Haben schon die Isländer selbst in den Jahrhunderten ihrer Geschichte

durch Raubbau (Kahlschlag, Überweidung) ihrer Natur viel Schaden zugefügt, so stellt der moderne Massentourismus die Isländer vor neue große Naturschutzprobleme. Denn, was der Abenteuerreisende auf Island sucht, sind ja die Einsamkeit der Hochebenen, die Vogelparadiese, die Reiseerlebnisse in der unberührten Natur oder gar die Auto-Rallyes mit geländegängigen Fahrzeugen auf jungfräulichen Pisten. Die ohnehin gefährdete schwache Vegetationsdecke wird dadurch extremen Belastungen ausgesetzt. Der isländische Naturschutzrat NCC fordert deshalb schon seit langem, in Übereinstimmung mit dem Europarat, einen umweltschutzorientierten Tourismus, und es gibt Überlegungen, die wirtschaftlichen Belange des Landes künftig besser mit den Forderungen des Naturschutzes in Einklang zu bringen. Daß der touristische Wildwuchs eines Tages beschnitten wird, z.B. durch gesetzliche Maßnahmen zur Lenkung der Besucherströme in Gebiete, wo sie keinen zu großen Schaden anrichten können, oder durch Schutzgebühren und ähnliches, ist zu erwarten. Durch vernünftiges, umweltbewußtes Verhalten kann jeder einzelne Reisende dazu beitragen, das Naturparadies Island zu erhalten. Dazu gehören besonders: Der Schutz der Gewässer und warmen Quellen, Schutz der sensiblen Vegetationsdecke sowie seltener Pflanzen und Vögel. Die Ausfuhr von Vögeln, Nestern und Eiern, ja sogar Eierschalen von Vögeln ist streng untersagt. Es ist begreiflich, daß Naturfrevel in Island inzwischen schon mit hohen Geldbußen belegt wird. So wurde 1987 gegen ein Ehepaar, das beim Diebstahl von Falkeneiern ertappt wurde, eine Geldstrafe von 48 000 DM verhängt. Da wird die Reise denn doch zu teuer, oder?
Der NCC hat übrigens ein Flugblatt mit 10 Verhaltensregeln im Umgang mit der Natur sowie einem Verzeichnis bedeutender Natursehenswürdigkeiten Islands herausgegeben.

Notruf
Notruf: 1 11 00
Polizei: 1 11 66

Post/Telegraphenamt
Luftpost, die normale Beförderungsart, ist, wenn sie in Reykjavik oder Akureyri eingesteckt wird, innerhalb von zwei Tagen in Westeuropa. Von den kleineren Postämtern im Lande dauert es länger. Das Hauptpostamt in Reykjavik, Pósthässtræti/Austurstræti, ist in der Regel am

Sonntagvormittag für eine Stunde geöffnet, an den Wochentagen von 9 bis 17 Uhr, samstags von 9 bis 12 Uhr. Telegramme werden in Island nicht in der Post aufgegeben, sondern im Telefon- und Telegraphenamt (Landssímahúsid; Reykjavik, Austurvöllur-Platz). Pakete werden vom Zollpostamt (Tollpóststofan; Tryggvagata) abgeschickt.
Postgebühren: Die Portokosten ändern sich häufig und müssen jeweils erfragt werden. Anschrift für postlagernde Sendungen: »Name«; afgreidist sem bidpóstur; Pósthús; Pósthúsgata; 101 Reykjavík.

Reisebüros
Wer in Island organisierte Touren, Ausflüge, Rundreisen usf. buchen möchte, wendet sich am besten an die Reisebüros in Reykjavik (S. 176) und Akureyri (S. 189). Eine Zusammenstellung von Reisevermittlern und Reiseunternehmen für Island-Reisen ist auf S. 328 zu finden.

Reisezeit
Die besten Reisemonate sind Juni, Juli und August; nicht nur wegen der günstigen Temperaturen (S. 30) und Lichtverhältnisse, sondern weil dann ohne große Risiken die Höhenwege und Gletscherflüsse passierbar sind. Andererseits sind auch Mai und September im allgemeinen hell und warm genug. Die Reisezeit hängt auch vom Reisezweck ab. Wer den herbstlichen Schafabtrieb, den **göngur** und das **rjétt**-Fest (S. 49) erleben möchte, muß sich Ende September in Island aufhalten. Wer Gletscher besteigen oder skilaufen will, muß das Frühjahr wählen, wenn der Schnee noch fest ist. Edda-Hotels (S. 311) haben jedenfalls von Ende Mai bis Anfang September geöffnet, Jugendherbergen (S. 314) meist von April bis Oktober. Die Fährbetriebe und eine Reihe von Hochland-Reiseunternehmen werden außerhalb der Sommermonate eingestellt, ebenso die Überseefähren. Viele Museen, Botanische Gärten usw., besonders in kleineren Orten, öffnen erst im Mai/Juni ihre Tore. Es spricht also viel für den Sommer.

Reiten
Das Reiten auf Islandpferden (S. 51) macht Spaß. Auch Ungeübte können dieses Vergnügen riskieren, da die Islandpferde geduldig und umgänglich sind. Es gibt mittlerweile Reitfarmen, auch mit Übernachtung, wo man seinem Hobby stunden- oder tageweise nachgehen kann. Zunehmend werden auch längere Reittouren (bis zu vierzehn Tagen)

von einzelnen Reitfarmen und Reiseunternehmern angeboten. Orte oder Gebiete, wo Ausflüge zu Pferd organisiert werden, sind z.B. Egilsstadir im Osten, Hella im Süden, Varmahlid im Norden am Skagafjördur und die Arnarvatnsheidi im Westen. Anschriften erfährt man über das Isländische Fremdenverkehrsamt in Frankfurt (S. 328) und die Reisebüros in Reykjavik (S. 176), ferner über die Agenturen von Icelandair (S. 328). Komplette Reiterreisen von Deutschland aus organisieren die Reiseveranstalter »Pferd & Reiter / Internationale Reiterreisen«, (Schulstraße 5, 2000 Braak-Hamburg 73, Tel. 040/6 77 44 13) und »Pegasus« (Gründgensstraße 6, 2000 Hamburg 60, Tel. 040/6 30 00 36). Die Preise für 10 bis 14-tägige Reiterreisen incl. Flug bewegten sich 1986 zwischen 2 400 DM und 4 200 DM. Ein Preisvergleich lohnt sich!
Noch ein Wort zu den Gangarten: Islandpferde vermögen sich, anders als alle anderen Rassen, in fünf Gangarten fortzubewegen. Neben Schritt (isl. *fetgángur*), Trab (*brokk*) und Galopp (*stökk*) beherrschen sie außerdem den Paß (*skeid*) und den *Tölt*. Die beiden letzteren Gangarten müssen allerdings von den meisten Tieren erlernt werden, da es nur wenige Naturtölter und -paßgänger gibt. Der Paß ist eine Zweitakt-Gangart ähnlich wie der Trab, bei der Vorder- und Hinterhuf derselben Seite gleichzeitig bewegt und aufgesetzt werden. Der Tölt ist eine sehr bequeme, erschütterungsarme Gangart im Viertakt mit der Fußfolge: hinten links – vorne links und hinten rechts – vorne rechts. Herannahende Tölter erkennt man schon von weitem am sehr regelmäßigen, helltönenden Klang der Hufschläge. Auch der hocherhobene Kopf, der leicht durchgedrückte Rücken und der wellenförmig sich bewegende Schweif sind charakteristisch für den Tölt.

Restaurants

Restaurants in der herausgehobenen Klasse findet man meist nur in den großen Orten, hauptsächlich in Reykjavik (S. 177) und Akureyri (S. 191) sowie in den exklusiven Hotels rund um die Insel. Die Mahlzeiten werden in der Regel von 8 bis 9 Uhr (Frühstück), von 12 bis 13 Uhr (Mittag) und von 19 bis 20 Uhr (Abendbrot) serviert, der Nachmittagskaffee zwischen 15 und 16 Uhr. Ansonsten kann man seinen Appetit in den Schnellgaststätten (meist ohne Alkoholausschank) stillen, die es überall im Lande gibt. Dennoch empfiehlt es sich, wenn man mit dem eigenen Pkw unterwegs ist, genügend haltbaren Proviant bei sich zu führen, denn die Distanzen zwischen den Orten, wo man Gaststätten aufsuchen kann, sind mitunter doch recht groß, gemessen an den Geschwindigkeiten, mit denen man sich in Island fortbewegt (Hinweise auf Restaurants auch in den Tourenbeschreibungen).

Souvenirs

An Souvenirs bieten sich an: Island-Wolle, die durch ihre Wärme, ihr leichtes Gewicht und das wasserabstoßende Haar weltberühmt ist. Ferner diverse Strickwaren – handgearbeitete und maschinell gefertigte – wie Pullover, Jacken, Strickkleider, Mützen und Handschuhe mit isländischen Mustern. Dazu kommen Schaf- und Ponyfelle, Felljacken und -mäntel sowie Lederartikel. Beliebt sind auch Bildbände und Bücher über Island, Lavakeramik oder handgearbeiteter Silberschmuck mit einheimischen Steinen. An Nahrungsmitteln werden Fischspezialitäten in Dosen oder Käse in zahlreichenden Variationen sowie Lavabrot bevorzugt. Wie wär's mit einem Polarfuchs?

Speisen und Getränke

Speisen

Natürlich legt jedes bessere Hotel Wert darauf, eine internationale Küche für diejenigen, die auch im fremden Land nicht auf die gewohnte Kost verzichten wollen, zu haben. Daß auf der anderen Seite in den Snackbars die amerikanisch-europäische Schnellkost à la Steakburger sich durchgesetzt hat, ist ebenfalls festzustellen. Wer also die spezifisch isländische Küche kennenlernen will, muß in den Speisekarten etwas suchen oder gleich ein Spezialitätenrestaurant, die es vor allem in Reykjavik (S. 177) und Akureyri (S. 191) gibt, bzw. eines jener kleineren Restaurants aufsuchen, in denen die Einheimischen zu Mittag essen.
Was essen die Isländer? Alles, was die Natur ihnen bietet, vorrangig Produkte des Meeres sowie Lammfleisch. An Meeresfischen werden gern der schmackhafte Schellfisch (ýsa) und der Dorsch (smáthorskur), gekocht oder gebraten, letzterer auch in gesalzener Zubereitung (saltfiskur) gegessen. Eine Spezialität ist der Hering (síld) in allerlei pikanten Variationen. Etwas ganz feines sind natürlich Krabben (rækjur) und Hummer (humar), dazu etwas Weißbrot mit gesalzener Butter (smör). An Flußfischen stehen Lachs und Forelle im Vordergrund. Schwerer gewöhnt sich der Besucher an saures Walfleisch (hvalur), Seehundflossen (selur) und das ominöse, zuvor monatelang im Sand vergrabene Haifischfleisch (hákarl), dessen scharfer Geschmack am besten mit einem

kräftigen Schluck **brennivín** (schwarzer Tod) neutralisiert wird. Im »thorramatur«, einem besonders im Frühjahr (Februar/März) bereiteten Gericht, findet man gepökelt alles vereint: Wal, Hai und Seehund, gemixt mit Hammel und anderen Fleischsorten. Viel gegessen wird Lammfleisch (lambakjöt), das wegen der Wildweide der Tiere einen leichten Wildgeschmack hat. Lammfleisch wird geräuchert (hangikjöt), gebraten (steikt), gekocht (sodid) und gepökelt (saltkjöt) gereicht. Nicht jedermanns Sache sind die schwarzgesengten Schafsköpfe (svid), die gekocht werden, wobei noch eine Suppe anfällt, und sodann bis auf die Knochen – von hartgesottenen Liebhabern sogar einschließlich der großen, glubbrigen Augen – verzehrt werden. Auch Pferdefleisch wird von Isländern gern gegessen, allerdings steht es in Restaurants im allgemeinen nicht auf der Speisekarte.

Als Beilagen gibt es meistens Kartoffeln (kartöflur) mit zerlassener Butter oder zerlassenem Hammelfett, Gemüse, besonders Kohl (kál), oder Pilze sowie Gurken (agurkur). Ein klassischer isländischer Nachtisch ist das »skýr«, ein aus Joghurt, Sahnequark und Dickmilch hergestelltes Molkereiprodukt, das man auch bei anderen Gelegenheiten viel ißt. Die Liebe zu Kaffee (kaffi) und Kuchen (kökur), als Abschluß der Mittagsmahlzeit, aber auch zu jeder sonstigen passenden Gelegenheit, teilen die Isländer mit ihren skandinavischen Nachbarn. Das Wienerbrot (vinarbraud) mit Marzipan- oder Nußfüllung mundet ihnen zu jeder Tages- und Nachtzeit.

Sonstige Spezialitäten: Blutwurst (blodmör) mit Zucker, Leberwurst (lifrarpylsur), Ente (önd), Gans (goes), Schneehuhn (rjúpa), Papageientaucher (lundi) und andere Vögel; Renfleisch. Diese aber alle nur zu bestimmten Jahreszeiten.

Neben Weiß- (franskt braud) und Vollkornbrot (heilhveitibraud) gibt es das süß schmeckende dunkle Roggenbrot (rúgbraud), das in heißen Quellen gebackene Roggenbrot »Hverabraud« und einen sehr nahrhaften, wohlschmeckenden flachen Brotkuchen.

Für unterwegs empfiehlt sich der streng riechende getrocknete Stockfisch (hardfiskur), den man mit Butter und Wein oder Milch (notfalls Flußwasser) zu sich nimmt.

Getränke

Alkoholische Getränke (S. 305) gibt es nur in lizenzierten Restaurants und Hotels, wobei alle guten bis exclusiven Etablissements eine solche

Lizenz besitzen. Allerdings sind Weine und »harte« Getränke unverhältnismäßig teuer, was die Isländer nicht davon abhält, sie dennoch zu kaufen. Deutsche Trinkgewohnheiten, z.B. den abendlichen Schoppen Wein, muß man sich abgewöhnen oder teuer bezahlen. Die Einheimischen bevorzugen Bier, und zwar das entalkoholisierte inländische oder auch, wenn möglich, das bessere Exportbier, und harte Getränke wie Whisky, »brennivín«, Wodka, Rum und Longdrinks, z.B. »asni« (Esel), ein Aquavit mit Ginger Ale. Den »brennivín« brennen viele Isländer übrigens selber. Was dabei herauskommt, schmeckt je nachdem köstlich bis schauderhaft. Das Weintrinken, früher natürlich wenig üblich, wird immer beliebter. Die Weine kommen in der Regel aus europäischen Anbaugebieten. Im übrigen trinken die Isländer viel Milch, auch zu den Mahlzeiten, und Wasser.

Sport

Neben Wintersport (S. 324) und dem Reiten auf Islandpferden (S. 318) ist Schwimmen ein Nationalsport. In allen größeren und vielen kleinen Orten gibt es naturbeheizte Frei- und Hallenbäder, in der Natur Quellen und Seen; gebadet wird in Felsgrotten und den hot pots. Nur im Meer ist es allerorten zu kalt (S. 30). Ein praktischer Tip für Leute, die gerne schwimmen und tauchen: Taucheranzug mitnehmen! Island ist voll schöner Seen und Gewässer, deren Wasser an und für sich zu kalt ist. Aber mit einem Taucheranzug ist man ideal geschützt und ganz in seinem Element.

Bergsteigen und Wandern ergänzen das Gesundheitsprogramm. Wer andere Sportarten ausüben will, muß sich vor Ort über die Möglichkeiten (Leichtathletik, Golf, Tennis, Ballspiele in Sporthallen usw.) erkundigen.

Sprache

Isländisch ist eine altertümliche, auf dem Norwegischen des 9./10. Jh.s beruhende Sprache, die viele Elemente der alten Sprachform erhalten hat. Verkehrssprache im Umgang mit Ausländern ist gewöhnlich Englisch (S. 127), doch wird man vor allem in kleineren Ortschaften mit Fremdsprachen manchmal Schwierigkeiten haben. Es ist daher ganz nützlich, sich vor der Reise mit den gängigsten Begriffen und Formulierungen vertraut zu machen (S. 330). Gelegentlich kann man sich aber auch mit Deutsch oder einer anderen skandinavischen Sprache helfen.

Stromspannung
220 Volt Wechselstrom

Tanken
Tankstellen gibt es rund um die Insel in hinreichenden Abständen. Sie sind in der Autokarte (Vegakort) eingezeichnet. Dennoch wird dringend empfohlen, genügend Reserve-Benzin mitzunehmen, für Fahrten durchs Hochland mehrere 20-Liter-Kanister. Das Normalbenzin hat 93 Oktan, Super 98 Oktan. Benzin kostete bisher rd. 2 DM (35 ikr), Diesel 70 Pf (12 ikr) pro Liter. Für Diesel-Fahrzeuge wird eine Sonder-Kraftfahrzeugsteuer erhoben. Sie beträgt für Fahrzeuge bis zu 2000 kg zulässigem Gesamtgewicht knapp 35 DM (569 ikr) je angefangene Aufenthaltswoche. Nicht vergessen: 1–2 Reservereifen, einen Luftdruckmesser und regelmäßige Öl- und Batteriewasser-Kontrollen!

Taxis
Die Isländer fahren gern mit dem Taxi. Deshalb findet man nicht nur in den größeren Städten, sondern auch auf dem Lande, in kleineren Ortschaften, in der Regel einen Taxidienst, meist rund um die Uhr. Die Wagen sind nur an dem Buchstaben »L« auf gelber Platte neben dem Nummernschild erkenntlich. Ein aufleuchtendes »LAUS« an der Windschutzscheibe bedeutet »frei«. Nachts und an Feiertagen sind die Preise höher; ein Trinkgeld wird nicht erwartet.

Telefon
Telefon heißt auf Isländisch »Sîmi«. In den Städten gibt es Telefonzellen, auf dem Lande Münzfernsprecher in Raststätten und Postämtern. Die Umstellung des Telefons auf Selbstwähldienst ist in den letzten Jahren zügig erfolgt, so daß man heute jede Nummer, auch im Ausland, selbst anwählen kann. Vorwahl: Inland 9, also z.B. Reykjavik 91, Akureyri 96; Ausland 9o, also Bundesrepublik 9049 (plus Ortswahl ohne Null); DDR 9037; Schweiz 9o41, Österreich 9o43. Zeittakt bei Stadtgesprächen: 3 Min.; über Land entsprechend kürzer. Für jedes Telefonat wird ein Mindesteinsatz (für 3 Min.) berechnet. Über Amt vermittelte Gespräche ins Ausland werden billiger, wenn die Nummer, nicht aber ein bestimmter Teilnehmer angewählt wird. Beachten Sie: Das Telefon-Verzeichnis ist alphabetisch, aber im Gegensatz zu uns nach Vornamen (S. 134) geordnet!

Trinkgelder
Trinkgelder sind unerwünscht, in Hotels und Restaurants sind Bedienungszuschlag und Steuer von je 20% im Preis enthalten.

Währung
Zahlungsmittel ist die isländische Krone (ikr), die am 1.1.1981 von der alten im Verhältnis 100 : 1 auf die neue Krone (die vorübergehend die Bezeichnung nýkr erhielt) umgestellt wurde. Die isländische Krone (*króna / krónur*) hat 100 Aurar. Es gibt Münzen zu 5, 10 und 50 Aurar, zu 1 Krone und zu 5 Kronen, sowie Banknoten zu 10, 50 100, 500, 1000 und 5000 Kronen.
Der Verfall der isländischen Währung machte vom Januar 1982 bis 1985 über 300% aus. Danach konnte die Inflationsrate verringert werden. Aber dennoch betrug der DM-Wechselkurs zu Jahresbeginn 1987 etwa 1 : 20, d.h. man erhielt für 1 Mark fast 20 Kronen. Die aktuellen Tageskurse erfährt man bei den Banken. Auf jeden Fall ist der Devisenumtausch in Island wesentlich günstiger als auf dem Kontinent (s.a.: Devisen, S. 310).

Wintersport
Der Skisport ist in einem Lande unterhalb des Polarkreises naturgemäß zu Hause. In den volkskundlichen Museen findet man historische Belege dafür aus frühen Zeiten. Aber damals waren Ski ein Fortbewegungsmittel, um im Winter Entfernungen zu überwinden; heute dienen sie dazu, die Hänge hinunter zu wedeln. Längst sind eine Reihe von Wintersportplätzen mit Liftanlagen und Pistendienst entstanden. Das erschlossene Gelände ist zumeist leicht bis mittelschwer. Entsprechend der jeweiligen geologischen Beschaffenheit der Lava- oder Basaltlandschaft sind die Hänge langgezogen und weich, z.B. in Akureyri, oder ein wenig schroffer, wie im Nordwesten der Insel. Insbesondere bemühen sich um die Gunst der Wintersportler die Orte Akureyri, Húsavík, Dalvík, Ólafsjördur und Siglufjördur im Norden; ferner Ísafjördur und Bolungarvík im äußersten Nordwesten, dann Seydisfjördur im Osten und im Süden, im Einzugsgebiet Reykjaviks, das Bláfjöll, Skólafell, Hveradalir und Hamragil sowie das berühmte Kerlingarfjöll, auch ein Sommer-Skigebiet. Auch auf dem Skálafellsjökull wurde ein neues Gletscherskigebiet erschlossen. Am interessantesten sind vor allem Akureyri und die von Reykjavik aus erreichbaren Gebiete.

Das Skigebiet von Akureyri liegt 6 km oberhalb der Stadt und kann, wenn man nicht im Ski-Hotel Hlídarfjall am Fuße der großen Sessellifte wohnt (Zweibett-Gästezimmer und Schlafsackunterkünfte für 70 Personen, geöffnet 2.1.–1.5.), mit einem mehrmals täglich verkehrenden Zubringerbus erreicht werden. Es ist durch zwei größere Lifte erschlossen, die auf rd. 1000 m hinaufgehen. Bis Ende März sind hier Abfahrten ins Tal und bis Ende April zum Ski-Hotel möglich.
Die von Reykjavik aus erreichbaren Gebiete hat man ähnlich gut mit Liften erschlossen, das Bláfjöll z.B. durch mindestens acht (Sessel- und Schlepp-) Lifte, die etwas kürzer als in Akureyri sind. Die Anfahrt mit dem Pkw oder den täglichen Bus-Zubringerdiensten beträgt von Reykjavik aus rd. 40–50 km. An Wochenenden tummeln sich hier natürlich weit mehr Skifahrer als in der nördlichen Region.
Húsavík und die anderen nördlichen Wintersportplätze haben den Vorteil, fast alle unmittelbar an einem Skigebiet zu liegen, so daß die Lifte meist ohne Anfahrt zu erreichen sind. Besonders Húsavík ist unter diesem Gesichtspunkt hervorzuheben. Alle Lifte in den Hauptskigebieten sind täglich von 10 bis 19 Uhr benutzbar, häufig auch noch von 20 bis 22 Uhr (Flutlicht). Ski-Verleih und -schulen sind in der Regel vorhanden. Die Lifte sind, verglichen mit denen in den alpinen Skigebieten, preiswert. Allerdings können die Hänge auch nicht an alpinen Maßstäben gemessen werden. Weitere Informationen über die Touristbüros.
Schlittschuhlaufen wird in letzter Zeit immer beliebter. Wurde dieser Sport bisher nur auf den zugefrorenen freien Gewässern ausgeübt, so sollen künftig vermehrt künstliche Eisbahnen angelegt werden.

Zeitdifferenz

MEZ minus 1 Stunde. An sich müßte der Zeitunterschied zwei Stunden betragen. Island liegt aber außerhalb der mitteleuropäischen Zeitzonen. Es hat vielmehr eine korrigierte Greenwich-Zeit (GMT = Greenwich Mean Time), auch Weltzeit (UT = Universal Time) oder Westeuropäische Zeit (WEZ) genannt, die gegenüber unserer mitteleuropäischen Zeit (MEZ) um eine Stunde zurückliegt. Dies gilt aber praktisch nur für die Wintermonate November bis März. In den Sommermonaten April bis Oktober, wenn wir unsere Uhren um 1 Stunde vorstellen (Sommerzeit), beträgt die Zeitdifferenz auf Island MEZ minus 2 Stunden. Ist es also in Deutschland 18 Uhr, so zeigen die Uhren in Island im Winter 17 und im Sommer 16 Uhr.

Zeitungen/Zeitschriften
Englische und dänische Zeitungen erhält man in Island ganzjährig, in den großen Städten auch Zeitschriften aus Amerika, Skandinavien und Deutschland. Deutsche Tageszeitungen werden in der Sommersaison an den Kiosken und in den Buchhandlungen Reykjaviks (S. 173) geführt.

Zollbestimmungen
Zollfrei können die zum persönlichen Gebrauch mitgeführte Reiseausrüstung, soweit sie auch wieder ausgeführt wird, weiter 1 l alkoholische Getränke mit einem Alkoholgehalt bis zu 47%, 1 l Wein oder andere Getränke bis zu 21% oder 12 Flaschen Bier (für Reisende über 20 Jahre), dazu 200 Zigaretten oder 250 g andere Tabakwaren (für Reisenden über 18 Jahre) sowie kleinere Gastgeschenke eingeführt werden. Abgabenfrei sind auch kleinere Geschenksendungen bis zum von der Zollbehörde geschätzten Wert von rd. 50 ikr.

Wichtige Anschriften für deutschsprachige Besucher

Diplomatische und konsularische Vertretungen

Vertretungen Islands in der Bundesrepublik Deutschland

Botschaft: Kronprinzenstr. 6, 5300 Bonn 2, Tel. 0228/36 40 21
Honorarkonsulat: Kurfürstendamm 57, 1000 Berlin 15, Tel. 030/62 50 31, 32 30 61
Honorarkonsulat: Friedrich-Albert-Pust-Platz, 2850 Bremerhaven, Tel. 0471/7 10 55
Honorarkonsulat: Leuchtturmweg 5, 2190 Cuxhaven, Tel. 04721/3 60 36
Honorarkonsulat: Otto-Hahn-Str. 2, 4006 Düsseldorf – Erkrath, Tel. 0211/2 50 94 40
Honorarkonsulat: Schmidtstr. 12, 6000 Frankfurt 1, Tel. 069/73 16 46
Honorarkonsulat: Raboisen 5, 2000 Hamburg 1, Tel. 040/33 66 96
Honorarkonsulat: Birkenweg 4, 3000 Hannover 51, Tel. 0511/65 05 07
Honorarkonsulat: Spitzwegstr. 16, 5000 Köln 41, Tel. 0221/48 78 78
Honorarkonsulat: Körnerstr. 18, 2400 Lübeck 1, Tel. 0451/5 40 75
Honorarkonsulat: Mühldorfstr. 15, 8000 München 80, Tel. 089/41 29-2214
Honorarkonsulat: Westbahnhof 79-81, 7000 Stuttgart, Tel. 0711/65 20 31-2

Vertretungen Islands in Österreich und der Schweiz

Generalkonsulat: Naglergasse 2–5, A-1010 Wien, Tel. 0222/63 24 98
Konsulat: Bahnhofstr. 44, CH-8023 Zürich, Tel. 01/2 11 13 38

Vertretungen der Bundesrepublik Deutschland in Island

Botschaft: Túngata 18, 101 Reykjavik, Tel. 91/1 95 35-6
Honorarkonsulat: Heidarlúndar 8 A, 600 Akureyri, Tel. 96/2 53 38
Weitere Honorarkonsulate befinden sich in: 900 Heimaey/Westmännerinseln, Túngata 5; 400 Ísafjördur, Seljalandsvegur 68; 450 Patreksfjördur, Urdagata 15; 801 Seylar-Ölfusi/Selfoss; 710 Seydisfjördur, Túngata 12.

Vertretungen von Österreich und der Schweiz in Island
Österreichisches Konsulat: Austurstræti 17, 101 Reykjavik, Tel. 91/2 40 16
Schweizerisches Konsulat: Austurstræti 6, 101 Reykjavik, Tel. 91/2 42 09

Auskunftstellen
Isländisches Fremdenverkehrsamt, Brönnerstr. 11, 6000 Frankfurt 1, Tel. 069/28 55 83
Iceland Touring Board, Laugarvegur 3, 101 Reykjavik, Tel. 91/2 74 88
Akureyri Tourist Bureau, Rádhústorg 3, 600 Akureyri, Tel. 96/2 50 00

Fluggesellschaften und Reiseveranstalter
Fluggesellschaften
Icelandair, Lækjargata 2, 101 Reykjavik, Tel. 91/69 04 85, 2 51 00
Bundesrepublik Deutschland: Rossmarkt 10, 6000 Frankfurt, Tel. 069/29 99 78
Österreich: Opernring 1, Stiege R, A-1010 Wien l, Tel. 0222/56 36 74
Schweiz: Hardstr. 45, CH-4002 Basel, Tel. 061/42 66 44; Stampfenbachstr. 117, CH-8035 Zürich, Tel. 01/3 63 00 00
Eagle Air (Arnarflug), Lágmúli 7, 101 Reykjavik, Tel. 91/8 41 77
Bundesrepublik Deutschland: Raboisen 5, 2000 Hamburg 1, Tel. 040/33 06 09
Flugleidir, am Flughafen von 600 Akureyri, Tel. 96/2 20 00; Skólavegur, nahe Vestmannærbraut, 900 Heimæy, Westmännerinseln
Flugfélag, Nordurlands, Flughafen von 600 Akureyri, Tel. 96/2 18 24

Reiseveranstalter
Das Isländische Fremdenverkehrsbüro hält eine vollständige Liste aller Reiseveranstalter von Islandreisen bereit.

Deutsch-Isländische Vereinigungen
Deutsch-Isländische Gesellschaft Köln e.V., Apostelnstr. 7, 5000 Köln, Tel. 0221/21 76 36
Gesellschaft der Freunde Islands e.V., Raboisen 5, 2000 Hamburg 1, Tel. 040/3 33 52 12
Germania – Gesellschaft zur Förderung der kulturellen Beziehungen zwischen Island und Deutschland, Hörgshlid 26, 101 Reykjavik

Deutschsprachige Ärzte und Rechtsanwälte

Ärzte

Die Ärzte in Island sprechen im allgemeinen etwas Deutsch, so daß Sie sich verständigen können. Aktuelle Anschriften sind ggf. in den Botschaften bzw. Konsulaten zu erfragen.

Rechtsanwalt

Gudmundur Jónsson, Borgartune 33, 101 Reykjavik, Tel. 91/2 98 88

Kleine Sprachkunde

Aussprache

Die isländische Sprache gehört zum altnordischen Sprachkreis, d.h. zu den germanischen Sprachen Skandinaviens. Aufgrund der isolierten Lage der Insel hat das Isländische sowohl die Sprachteilung während der Wikingerzeit (800–1050) in Ost- und Westnordisch als auch die Weiterentwicklung des Westnordischen im 14. Jh. zum heutigen Norwegischen nicht mitgemacht, sondern ist im wesentlichen auf dem alten Stand geblieben. So hat sich die alte Formenlehre erhalten und nur die Aussprache gewandelt. Die isländische Sprache ist verhältnismäßig schwer zu erlernen und ihre Kenntnis, da man mit Englisch oder einer anderen skandinavischen Sprache ganz gut durchkommt, für den Touristen auch nicht erforderlich. Dennoch sollte man sich durch diese Schwierigkeit nicht entmutigen lassen und sich einige der häufigen und nützlichen Wörter einprägen.

Die Isländer schreiben mit lateinischen Buchstaben ohne c, q, w, z. Dagegen kennen Sie den germanischen th–Laut ð und þ. Eine Eigenart der isländischen Sprache ist, daß viele Eigennamen, z.B. Ortsnamen, mit geographischen Begriffen (Berg, Insel, Schlucht usw.) zusammengesetzt sind, deren Kenntnis die Namen verständlicher macht.

Das deutsche qu wird durch kv wiedergegeben (quälen = kvelja), das w durch v (Wetter = veður). Der Akzent auf den Vokalen ist kein Betonungszeichen, sondern gibt eine andere lautliche Qualität an: Vokale mit Akzent werden lang gesprochen. Die Betonung liegt wie in allen germanischen Sprachen auf der ersten Silbe. Das wird sehr konsequent, auch bei ausländischen Wörtern, beachtet.

Vokale

a wird vor ng und nk zu »au« (dt. Baum), vor gi zu »ai« (dt. Kaiser); ansonsten wie dt. »Vater« (Beispiel: fara = gehen)

á lautet wie das dt. »au« in Baum

e wie offenes e in »lernen« oder ä in »Mädchen«
é wie jäh (Beispiel: ék = ich, gesprochen jähk)
i meist kurz; vor ng, nk und gi wird es lang
í meist lang wie im dt. »Liebe«
o wie offenes o im dt. »offen«
ó wie ou, als Doppellaut gesprochen wie engl. though (Beispiel: bók = Buch)
u wie ö in Röhre (Beispiel: isl. flug = Flug, gesprochen flög); vor ng und nk wie dt. u
ú wie dt. u (Beispiel: brú = Brücke)
y,
ý gleichlautend mit isl. i oder í (Beispiel: fyrir = für; dýr = Tier)
ő wie dt. ö in können (Beispiel: főt = Kleider); vor ng und nk wie dt. öi
au wie öi in Feuilleton (Beispiel: hraun = Lava)
æ wie dt. ai in Kaiser (Beispiel: Sæmundur
ei,
ey als Doppellaut e—i, wie engl. ai in train (Beispiel: Heimaey)

Konsonanten

b, d, f, g, h, j, k, l, m, n, p, s, t, x
ð weicher, stimmhafter Laut wie engl. th in father
hv gespr. wie kw (Beispiel: hver, gespr. kwer = heiße Quelle)
ll zwischen Vokalen, im Wortauslaut und zwischen Vokal und n oder r gespr. wie dl (Beispiel: jökull = Gletscher, gespr. jökudl)
r gerollt und stimmhaft
s in der Verbindung snj oder sj wie sch in schön (Beispiel: sjal = Schultertuch, gespr. schal)
v wie w
z wie dt. s (Beispiel: þýzku = deutsch, gespr. thiskö)
þ germanischer »Thorn«-Laut wie th im engl. thing

Verständigung

Apotheke	apótek
Arzt	læknir
Auskunft	upplýsingar
Autowerkstatt	bílaverkstæði
Ausverkauf	útsala
Badeanstalt	baðhús
Deutsch(land)	Þýzka(land)
Farbfilm	litfilma
Flugplatz	flugvőllur
Friseur	hárskeri
Geldwechsel	peningaskipti
geöffnet/geschlossen	opnað/lokað
Gepäck	farangur
Kino	bíó
Krankenhaus	sjúkrahús
Laden	verzlun
Münzen (für öffentl. Fernsprecher)	smápeninga
Polizei	lőgreglustőðinna
Post/Briefkasten	póstur/póstkassi
Quittung	kvittun
Reisebüro	ferðaskrifstova
Restaurant	veitinga hús
Schwimmbad	sundlaug
Tankstelle	bensínstőð
Telefon	sími
-gespräch	símtal
-ferngespräch	langlínussamtal
Telegramm	símskeyti
Theater	leikhús
Uhr/um 15°°	klukkan/klukkan Þrír
Überweisung	yfirfærsla
Unfallstation	slýsavarðstofa
Wechselkurs	gengi
Zahnarzt	tannlæknir
Zeitungen	blöð

Wochentage

Sonntag	sunnudagur	Donnerstag	fimmtudagur
Montag	mánudagur	Freitag	fǿstudagur
Dienstag	þriðjudagur	Sonnabend	langardagur
Mittwoch	miðvikudagur	Feiertag	helgidagur

Zahlen

0	näll	20	tuttugu
1	eitt (= eins), einn (= ein)	21	tuttugu og einn
2	tveir	22	tuttugu og tveir
3	þrir	30	þrjátíu
4	fjórir	40	fjörutíu
5	fimm	50	fimmtíu
6	sex	60	sextíu
7	sjö	70	sjötíu
8	átta	80	áttatíu
9	níu	90	níutíu
10	tíu	100	hundrað
11	ellefu	200	tvöhundruð
12	tólf	433	fjórir hundruð
13	þrettán		þrjátíu og
14	fjórtán		þrír
15	fimmtán	1000	þúsund, eitt
16	sextán		þúsund
17	sautján	1985	nítján hundruð
18	átján		áttatíu og fimm
19	nítján	1000000	ein milljón

Himmelsrichtungen

austur	Osten	eystri	östlich
suður	Süden	syðri	südlich
vestur	Westen	vestri	westlich
norður	Norden	nyrðri	nördlich

Aufschriften auf Schildern und Tafeln

Verkehr

Aðalbraut	Vorfahrtsstraße
Akið hljóðlega	leise fahren
Akið varlega	vorsichtig fahren
Bílastæði	Parkplatz
Bílastæði bönnuð	Parkverbot
Blind Hæd	Sichtbehinderung
Brekka	Gefälle
Brú	Brücke (bedeutet zugleich: Straßenverengung, Bodenwelle/Schwelle bei Brücken
Einstefnuakstur	Einbahnstraße
Hámarkshraði	Höchstgeschwindigkeit
Innkeyrsla	Einfahrt
Stanzið	Halt
Til hægri	nach rechts
Til vinstri	nach links
Útkeyrsla	Ausfahrt
Varúð	Achtung
Vegarlykkja	Umleitung

Sonstige

Aðgangur (bönnuð)	Zutritt (verboten)
Aðvörun	Warnung
Herbergi til leigu	Zimmer frei
Karlar	Herren
Konur	Damen
Laust / upptekið	frei / besetzt
Lífshætta	Lebensgefahr
Lögreglustöðinni	Polizei
Ókeypis aðgangur	Eintritt frei
Reykingar bannaðar	Rauchen verboten
Upplýsingar	Auskunft
Austurríki	Österreich
Sviss	Schweiz
Þýzkaland	Deutschland

Erste Verständigung

Deutsch	Isländisch
Guten Morgen	Góðan daginn
Guten Tag	Góðan dag
Guten Abend	Gott kvöld
Gute Nacht	Góða nótt
Auf Wiedersehen	Sælir/sælar
Wie geht es Ihnen (dir)?	Hvernig liður yður (þér)?
Danke, sehr gut!	Ágætlega, þakka yður (þér) fyrir!
Sprechen Sie Deutsch?	Talið þér þýzku?
Ich spreche kein Isländisch	Ég tala ekki íslenzku
Wie spricht man dieses Wort aus?	Hvernig ber maður þetta orð fram?
Danke	Takk
Entschuldigen Sie!	Afsakið!
Wann ist die nächste Führung?	Hvenær er næsta leiðsögn?
Wo ist die Altstadt (die deutsche Botschaft, die Gemäldegalerie, das Museum, der Park)?	Hvar er gamli bærinn (þýzka sendiráðið, málverkasafnið, safnið, garðurinn)?
Wie komme ich zur Kirche?	Hvering kemst ég til kirkjunnar?
Wie komme ich zum Rathaus?	Hvering kemst ég til ráðhússins?
Fährt ein Autobus (ein Dampfer) nach ...?	Gengur bill (bátur) til ...?
Wieviel kostet die Fahrt nach ...?	Hvað kostar farið til ...?
Bitte eine Fahrschein nach ...!	Ég ætla að fá miða til ...!
Darf man hier zelten?	Má tjalda hér?
Wo ist der Fernsprecher?	Hvar er síminn?
Dürfte ich um Feuer bitten?	Mætti ég biðja um eld?
Haben Sie deutsche Zeitungen und Illustrierten?	Hafið þér þýzk dagblöð og myndablöð?
Können Sie mir ein typisch isländisches Gericht empfehlen?	Getið þér bent mér á reglulega íslenzkan rétt?
Ich möchte nur eine Kleinigkeit essen.	Ég ætla bara að fá eitthvað smávegis.
Die Rechnung bitte!	Má ég fá reikninginn?

Wieviel kostet das?	Hvað kostar þetta?
Haben Sie ein freies (nicht zu teures) Zimmer?	Hafið þér laust (ekki of dýrt) herbergi?
Wieviel kostet ein Zimmer mit Vollpension (mit Frühstück)?	Hvað kostar herbergi með fæði (með morgunverði)?
Ich bleibe eine Nacht	Ég verð eina nótt
Wann gibt es Frühstück?	Hvenær er morgunverður?
Ist Post für mich da?	Er póstur til min?
Ich reise heute abend (morgen früh) ab.	Ég fer burt i kvöld (i fyrramálið).
Ich möchte um ... Uhr geweckt werden.	Ég vil láta vekja mig klukkan ...
Glückliche Reise!	Góða ferð!

Straßennamen

Wie im Deutschen, so gibt es für den Begriff »Straße« in der isländischen Sprache mehrere bedeutungsähnliche Wörter. Viele Straßennamen sind auch mit allgemeinen geographischen Begriffen zusammengesetzt.

gata	Gasse/Straße	z.B. Hverfisgata
braut	Straße/Allee	z.B. Reykjanesbraut
stræti	Straße	z.B. Bergstaðastræti
stigur	Stiege/Steig	z.B. Skólavörðustigur
vegur	Weg	z.B. Laugavegur
teigur	Steig	z.B. Kirkjuteigur
hagi	Hag	z.B. Tómasahagi
melur	Kies-, Sandfläche	z.B. Viðimelur
hlið	Klit, Abhang	z.B. Blönduhlið
tän	Haus/Wiese	z.B. Borgartún
holt	Holz, Wald	z.B. Stórholt
mýri	Moor	z.B.Álftamýri

Geographische Begriffe

á, (pl. ár)	Fluß
akur, (akrar)	Acker, Feld

bakki, (bakkar)	Flußufer, Ufer
bjarg, (björg)	Felsen
borg, (borgir)	Stadt; burgförmiger Felsen
brú, (brýr)	Brücke
bunga, (bungur)	Anhöhe, Kuppe
bygð, byggð, (byggðir)	Wohngebiet, bewohntes Land
bær, (bæir)	Bauernhof
dalur, (dalir)	Tal
djúp, (djúp)	Tiefe
drangi, drangur, (drangar)	alleinstehender Felsen im oder am Meer
dyngja, (dyngjur)	Haufen; Schildvulkan
ey, eyja, (eyjar)	Insel
eyri, (eyrar)	Sand- oder Kiesbank an Flüssen
fell, (fell)	Anhöhe, kleiner einzelner Berg
fjall, (fjöll)	Berg
fjörður, (firðir)	Fjord
fljót, (pl. fljót)	Strom, Fluß
flói, (flóar)	Bucht; Sumpf
foss (fossar)	Wasserfall
garður, (garðar)	Garten; Erdwall um die Hauswiese
gerði, (gerði)	Zaun
gígur, (gígir oder gígar)	Krater
gjá, (gjár)	Spalte, Kluft, Schlucht
gnípa, (gnípur)	Bergspitze, Gipfel
gnúpur, (gnúpar)	Bergspitze, Gipfel
haf, (höf)	Meer
hagi, (hagar)	Wiese, Weide
hamar, (hamrar)	Bergwand, steiler Felsen
heiði, (heiðar)	(vegetationsarme) Hochebene
hellir, (pl. hellar)	Höhle
hlið, (hliðar)	Hang, Abhang
hnjúkur, hnúkur, (hn(j)úkar)	Berggipfel
höfði, (höfðar)	Kap, Vorgebirge; Bergrücken
höfn, (hafnar oder hafnir)	Hafen
hóll, (hólar)	Hügel
hólmi, hólmur, (hólmar)	Holm, kleine Insel

holt, (holt)	steiniger Hügel, Gehölz
hraun, (hraun)	Lava, Lavafeld
hreppur, (hreppar)	Gemeinde, Bezirk
hryggur, (hryggir)	Bergrücken
hver, (hverir oder hverar)	heiße Quelle
hverfi, (hverfi)	Siedlung; Stadtteil
ís, (ísar)	Eis
jökull, (jöklar)	Gletscher
kaupstaður, (kaupstaðir)	kreisfreier Ort
kelda, (keldur)	Sumpf, Morast, Quelle
kíll, (kíllar)	schmale Bucht, Nebenfluß
klettur, (klettar)	Felsen, Klippe
kot, (kot)	kleiner Bauernhof
kvísl, (kvíslar)	Flußarm, Nebenfluß
laug, (laugar)	warme Quelle; Bad
lind, (lindir)	Quelle; Grasplatz (Oase) in der Wüste des Hochlandes
lækur, (lækir)	Bach
mark, (mörk)	Wald
melur, (melar)	Kiesfläche
mór, (móar)	Heide, Heideland
mýri, (mýrar)	Moor
mýrlendi	Moor
náma, (námur)	Grube, Bergwerk
nes, (nes)	Halbinsel, Landspitze
núpur, (núpar)	Bergspitze; Vorgebirge
oddi, (oddar)	Landspitze, Landzunge
ós, (ósar)	Flußmündung
reykur, (reykir)	Rauch, Dampf
sandur, (sandar)	Sand, Sand- oder Kieswüste
sjór, (sjóir)	Meer
skagi, (skagar)	Halbinsel; Vorgebirge
skarð, (skörð)	Paß, Einschnitt
sker, (sker)	Schäre
skógur, (skógar)	Wald
staður, (staðir)	Ort, Platz
stapi, (stapar)	einzelstehender Felsblock

stöð, (stöðvar)	Station, Standort
sýsla, (sýlur)	Landschaft, Kreis
sæluhús, (sæluhús)	Schutzhütte
tindur, (tindar)	Bergspitze, Gipfel
tjörn, (tjarnir)	Teich, Weiher
tunga, (tungur)	Landzunge
vað, (vöð)	Furt
vatn, (vötn)	Wasser; See
vegur, (vegir)	Weg, Straße
vík, (víkur)	Bucht
viti, (vitar)	Leuchtturm
víti, (vítar)	Hölle
vogur, (vogar)	Bucht, kleiner Fjord
völlur, (vellir)	Platz, Feld, Ebene

Aus: Werner Schutzbach, Island (gekürzt)

Bibliographie

Allgemeine Darstellungen und Reiseführer

Around Iceland/Á hringvegi. Hrsg. v. Freygerdur Kristjánsdottir. (Seit 1976 jährl. erscheinendes Informationsheft mit aktuellen Karten, Fahrplänen usw. sowie zahlr. Farbfotos.) Kórund, P.O. Box 622, 121 Reykjavik

Barüske, Heinz: Die Wikinger und ihre Erben. Nordeuropas Völker gestern und heute. Frankfurt, Berlin, Wien 1981

Bonhage, Hans J./Klaus D. Francke: Island. Zürich 1975

Bötig, Klaus: Island. Stadtführer Reykjavik, Hochlandtouren, Orts- und Landschaftsbeschreibungen. Pforzheim 1979

Grames, Eberhard: Island. Hamburg 1986

Haase, Hans-Martin: Island – Alternativer Reiseführer. Schönaich 1986

Hamar, Haraldur J./Pétur Karlsson (Kidson): Island. Ein Portrait in Farben. München 1972

Hanneck-Kloes/Gudrun Marie: Island. Ein Landschafts- und Erlebnisführer für Individualreisende. Badenweiler 1983

Iceland – A handbook for expeditions. Von Tony Eswitt. Iceland Information Centre, London 1985

Iceland. Hrsg. v. J. Paxton. In: The Statesman's Year-Book. Statistical and historical annual of the states of the world. De Gruyter, Berlin (jährl.)

Iceland Review Atlantica. Hrsg. v. H. J. Hamar, Reykjavik, (vierteljährlich erscheinende Zeitschrift, engl.)

Iceland Touring Guide (Ferdahandbókinn). Hrsg. v. Isländischen Touristenbureau, Ferdamálarád Íslands, Laugarvegur 3, Reykjavik. (Dort sowie in Hotels, an Tankstellen usw. kostenlos erhältlich)

Island. ADAC-Merkblatt (jährlich)

Island auf einen Blick. Iceland Tourist Board/Icelandair, hrsg. v. Ferdamálarád Íslands, Reykjavik 1980

Island-Berichte der Gesellschaft der Freunde Islands e.V., Hamburg, Raboisen 5, (seit 1960 vierteljährlich erscheinendes Periodikum)
Island. Deutsch-Isländisches Jahrbuch, hrsg. v. Diederichs Verlag (bis Bd. 7) bzw. der Deutsch-Isländischen Gesellschaft in Köln (ab Bd. 8): Bd. 6 1970; Bd. 7 1975, Bd. 8 1981; Bd. 9 1985
Island – Die wunderbare Insel im Atlantischen Ozean. Hrsg. v. Iceland Review, Reykjavik 1978
Island. In: Das moderne Länderlexikon in 10 Bänden, Bd. 5 S. 5–14. Gütersloh 1978
Island. In: Diercke Länderlexikon, S. 287–289. Braunschweig 1983
Island. In: GEO – Das neue Bild der Erde. Heft 3/1981: Island: Hier ist jeder seine Insel (Text: Wolfgang Schraps, Fotos: Klaus D. Francke); und H. 12/1983: Island: Durch die Wüste der Missetäter (Text: Achill Moser, Fotos: Christopfer Landerer). Hamburg
Island. In: Meyers Enzyklopädisches Lexikon in 25 Bänden, Bd. 12, S. 751–756. Mannheim 1980
Island. In: Munzinger-Archiv für publizistische Arbeit, internationales Handbuch. Ravensburg (wöchentl. Lieferungen)
Island. In: Westermann Lexikon der Geographie, hrsg. v. W. Tietze, Bd. 2, S. 570–575. Braunschweig 1973
Island. Von Friedrich Seebass. In: Handbuch der Geographischen Wissenschaft, Bd. 8, S. 446–464. Akademische Verlagsgesellschaft Athenaion, Potsdam 1938
Island, Kurzmerkblatt. Hrsg. v. d. Bundesstelle für Außenhandelsinformation (bfai), Köln (jährl.)
Island – Land und Leute. Hrsg. v. Iceland Review, Reykjavik 1979
Island. Merian Heft 6/XXV. Hamburg 1972
Island. Nagels Reiseführer. Genf 1973
Island. Polyglott Reiseführer. München 1979/80
Jantzen, Friedrich: Island in Farbe – Reiseführer für Naturfreunde. Kosmos Bibliothek Bd. 305. Stuttgart 1980
Karlsson (Kidson), Pétur: Island – Die Insel im Nordatlantik. Reiseführer und Nachschlagewerk. Iceland Travel Books, Reykjavik 1972
Klüche, Hans: Island. Köln 1986
Koglbauer, Matthias: Islandsommer. Bilder einer eigenwilligen Insel. Wien 1982
Kunz, Hans: Norwegen, Island. Mit Spitzbergen und Färöer. Olten 1981[3]

Kürtz, Hans Joachim: Island und Grönland kennen und lieben. Lübeck 1985
Lange, Harald: Island – Insel aus Feuer und Eis. Pullach 1985
Linden, Franz-Karl v. / Helfried Weyer: Island. (Fotoband mit wiss. Texten) Bern 1975
McCurdy, John Chang: Iceland (Fotoband mit einem Vorw. v. Halldór Laxness und Texten von Magnús Magnússon). Almenna Bókafélagid, Reykjavik
Mitteilungen der Islandfreunde. Vierteljahresschrift der Vereinigung der Islandfreunde. Jena 1913–32 und 1934–35
Moser, Achill: Abenteuer Island. Stuttgart 1986
Nawrath, Alfred: Island – Impressionen einer heroischen Landschaft. Bildband mit einf. Texten v. Halldór Laxness und Sigurdur Thórarinsson. Bern 1959
Richter, Hans Peter: Island-Handbuch. Kiel 1986
Sager, Peter/Dirk Reinartz (Fotos): Reichlich Wasser für ein Aquarell. Mit dem Maler Klaus Fußmann durch die elementare Natur Islands. In: Zeit magazin Nr. 7 (10. Febr.) 1984
Samivel: Island. Kleinod im Nordmeer. Zürich 1964
Scholze, H.: Island. (Lerne programmiert.) Schöning. Paderborn 1979
Schutzbach, Werner: Island. Feuerinsel am Polarkreis. Bonn 1985
Steppe, Lisa: Island. Erwandertes Europa. edition weltkultur, Berlin 1980
Thórarinsson, Sigurdur: Island. In: Die nordischen Länder, hrsg. v. A. Sömme, S. 199–227. Braunschweig 1974
Tiller, Karli/Jörg Trobitzsch / Elmar Engel: Abenteuer-Almanach Island–Grönland–Färöer. Frankfurt/M. 1979
Vegahandbókinn (Iceland Road Guide). Örn & Örlygur, Reykjavik. (Straßenatlas mit zahlreichen landeskundlichen Informationen)
Weiss, Walter: Island. Vulkaninsel am Polarkreis. München 1974
Weyer, Helfried: Island »off road«. Andere Welt. In: abenteuer & reisen H. 3/1985

Geographie, Geologie

Bárdarson, Hjálmar: Eis und Feuer. Selbstverlag, Reykjavik 1980
Bárdarson, Hjálmar: Island, Portrait des Landes und des Volkes. Reykjavik 1982

Barth, Tom F.W.: Vulkanologie und Geochemie der Geysire und heißen Quellen in Island. In: Verh. d. Schweiz. Naturf. Gesellschaft 1952
Bergthorsson, Pall: The Wether in Iceland. Icelandair-Faltblatt
Bild der Wissenschaft, 5/1973: Islands neuer Vulkan, S. 482– 491; und 12/1974: Vulkaninsel Surtsey, S. 62–66. Stuttgart
Brockhaus Nachschlagewerk Geologie: Die Entwicklungsgeschichte der Erde. 2 Bde. Mit einem ABC der Geologie (im 2. Band). Leipzig 1970
Der Helludal-Hof auf Island. In: Menschen in ihrer Umwelt, Studien zur Geographie. Stuttgart 1971
Doornick, N. H.: Die Entstehung der Schildvulkane und der Tafelberge in Island. Konink. Akad. Wetensch. Amsterdam 1935
Einarsson, Trausti: Island. In: Westermann Lexikon der Geographie, Bd. 2, S. 570–574. Braunschweig 1973
Francke, Klaus: Island. Köln 1985
Fussmann, Klaus: Island. Krefeld 1981
Glässer, Ewald/Schnütgen, Achim: Island. Wissenschaftliche Länderkunde. Darmstadt 1986
Gwinner, Manfred P.: Einführung in die Geologie. Darmstadt 1979
Hansen, Walter: Asgard. Entdeckungsfahrt in die germanische Götterwelt. Bergisch Gladbach 2 1985 (= Geologische Beschreibungen)
Kistler, Heinz: Elementare Landschaft. Italien, Island, Rhön. Würzburg 1986
Müller, Manfred J.: Handbuch ausgewählter Klimastationen der Erde. Forschungsstelle Bodenerosion, Bd. 5. Trier 1980
Münzer, Ulrich: Island – Vulkane, Gletscher, Geysire. Herrsching, Luzern 1985
Murawski, Hans: Geologisches Wörterbuch. Stuttgart 1977
Preusser, Hubertus: Der Vulkanausbruch auf Heimæy/Vestmannæyjar und seine Auswirkungen. In: Geographische Rundschau, 25. Jg., H. 9. Braunschweig 1973
Preusser, Hubertus: Luftbild: Vulkanausbruch auf Heimæy, Island. In: Die Erde, 104. Jg., H. 3–4. Berlin 1973
Richter, Dieter: Allgemeine Geologie. Berlin 1980
Rittmann, Alfred: Vulkane und ihre Tätigkeit. Stuttgart 1960
Schutzbach, Werner: Island. Feuerinsel am Polarkreis. Bonn 1985
Schwarzbach, Martin: Berühmte Stätten geologischer Forschung. Stuttgart 1970

Schwarzbach, Martin: Geologenfahrten in Island. Ludwigsburg 1975[4]

Schwarzbach, Martin/Horst Noll: Geologischer Routenführer durch Island. Sonderveröffentlichung des Geologischen Instituts der Universität Köln, H. 20. Köln 1971

Schwegler, Erich/Peter Schneider/Werner Heissel: Geologie in Stichworten. Kiel 1972[3]

Sonder, Richard A.: Studien über heiße Quellen und Tektonik in Island. Basel 1941

Tazieff, Haroun: Vulkanismus und Kontinentalwanderung. Geislingen 1974

Thórarinsson, Sigurdur: Das Ódádahraun und die isländischen Tafelberge. In: Die Erde (Zeitschr.), 19. Jg., S. 48–52. Berlin 1958

Thórarinsson, Sigurdur: Der Öræfajökull und die Landschaft Öræfi. Die Entwicklung einer isl. Siedlung im Kampf gegen die Naturgewalten. In: Erdkunde. Archiv f. wiss. Geographie, Bd. 13, S. 124–138. Bonn 1959

Thórarinsson, Sigurdur: Die Vulkane Islands. In: Naturwissenschaftliche Rundschau 3/1959, S. 81–87. Stuttgart 1959

Thórarinsson, Sigurdur: On the Geology of Iceland. Hrsg. v. Icelandair (Faltblatt)

Thórarinsson, Sigurdur: Hekla – A Notorious Volcano. Almenna Bókafélagid, Reykjavik 1970 (engl.)

Thórarinsson, Sigurdur: Surtsey. Geburt einer Vulkaninsel im Nordmeer. Rascher, Stuttgart 1968

Thoroddsen, Thorvaldur: Die Geschichte der isländischen Vulkane. I. Vulkanausbrüche. II. Die warmen Quellen auf Island... III. Erdbeben 1013–1908. Det Kongelige Danske Videnskabernes Selskabs Skrifter, Kopenhagen 1925

Todtmann, Emmy M.: Gletscherforschung auf Island. Berlin 1960

Venzke, Jörg F.: Geoökologische Charakteristik der wüstenhaften Gebiete Islands. Paderborn 1982

Venzke, Jörg F.: Überblick über die Gletscher Islands und deren Erforschung. In: Deutsch-Isländisches Jahrbuch 9. Köln 1985

Wilhelmy, Herbert: Geomorphologie in Stichworten. Bd. 1: Endogene Kräfte, Vorgänge und Formen. Würzburg 1971

Wille, Volker: Die isländischen Siedlungen (mit Ausnahme der Hauptstadt), funktionale Typen und Siedlungsgestalt. Diss. an der Universität des Saarlandes. Karlsruhe 1971

Wunderlich, Hans-Georg: Einführung in die Geologie, Bd. II: Endogene Dynamik. Darin: Vulkanismus, S. 107–128. Mannheim 1968

Pflanzen und Tierwelt

Bárdarson, Hjálmar: Vögel Islands. Reykjavik 1986
Bjarnason, Gunnar: The Viking Horse. Icelandair-Faltblatt
Bruns, Ursula: Heißgeliebte Island-Pferde. Rüschlikon–Zürich 1973
Dillenburger, Katrin: Ausgerechnet Islandpferde. Rüschlikon–Zürich 1983
Einarsson, Eythór: The Flora and Vegetation of Iceland. Icelandair-Faltblatt
Gudjonsson, Thór: Salmon and Trout Fishing in Iceland. Icelandair-Faltblatt
Gudmundsson, Finnúr: Bird live in Iceland. Icelandair-Faltblatt
Gudmundsson, Finnúr: Fuglar Íslands og Evrópu. Almenna Bókafélagid, Reykjavik (isl.)
Hesmer, H.: Waldvernichtung und Waldbeschaffung auf Island. In: Deutsch-Isländisches Jahrbuch 6, S. 7–34. Köln 1968/69
Hunter, B.: Rettet die Wale. Die Fahrten der Greenpeace. Lampertheim 1978
Isenbügel, Ewald: Das isländische Pony. Diss. Zürich 1966
Löve, Askell: Íslenzk Ferdaflora. Almenna Bókafélagid, Reykjavik (isl. Pflanzen, mit Zeichnungen)
Magnússon, Sigurdur A./Ewald Isenbügel: Islandpferde. München 1979 und Rüschlikon–Zürich 1979
Pareys Vogelbuch. Hamburg 1980
Peterson, Roger T. u.a.: Die Vögel Europas. Hamburg u. Berlin 1979
Preusser, Hubertus: Die Deflation in Island. In: Deutsch-Isländisches Jahrbuch 7, S. 32–48. Köln 1974
Schlenker, Hermann: Island – Vogellland (Fotoband). Schwäbisch Hall 1964
Schwabe, Gerhard H.: Nach dem Feuer entfaltet sich das Leben. (Surtsey) In: Kosmos 12/1971, S. 489–497. Stuttgart 1971
Schwabe, Gerhard H.: Vulkaninsel Surtsey: Ein neues Ökosystem entsteht. In: Umschau Bd. 73. H. 1, S. 23–24. Frankfurt/M. 1973
Timmermann, Günter: Die Vögel Islands. Vísindafélag Islendinga, Bde. 21, 24, 28. Reykjavik 1938/39/49

Geschichte

Kuhn, Hans: Das Alte Island. In: Thule, Isl. Sagas Bd. 4. Köln 1978

Magnússon, Sigurdur A.: Northern Sphinx. Iceland and the Icelanders from the settlement to the present. Hurst & Co., London

Maurer, Konrad v.: Island. Von seiner ersten Entdeckung bis zum Untergang des Freistaates (ca. 800–1264). Scientia, Aalen 1969 (Neudruck d. Ausg. v. 1874)

Maurer, Konrad v.: Zur politischen Geschichte Islands. Gesammelte Aufsätze. Scientia, Aalen 1968 (Neudr. d. Ausg. v. Leipzig 1880)

Wilde-Stockmeyer, Marlies: Sklaverei auf Island. Untersuchungen zur rechtlich-sozialen Situation und literarischen Darstellung der Sklaven im skandinavischen Mittelalter. Heidelberg 1978

Wirtschaft

Die Isländische Fischereigrenze. Hrsg. v. Ministerium für Auswärtige Angelegenheiten. Reykjavik 1972

Dreyer-Eimbcke, Oswald: Die Wirtschaft (Islands). In: Von Linden/Weyer 1975

Island: Wirtschaft in Zahlen. bfai – Marktinformation. Erscheint jährlich bei der Bundesstelle für Außenhandelsinformationen, Postf. 108007, 5000 Köln 1

Island: Energiewirtschaft. bfai – Marktinformation (s. oben)

Kuhn, Hans: Die Hochweidewirtschaft in Island. In: Deutsche Islandforschung Bd. 1, S. 349–382, hrsg. v. W.H. Vogt. Breslau 1930

Suding, P.: Zur politisch-ökonomischen Situation Islands. In: Geographische Rundschau Jg. 27, H. 12. Braunschweig 1975

Taubmann, Wolfgang: Islands Landwirtschaft. In: Erdkunde 23, Heft 1, S. 30–47. Bonn 1969

Verzlunarskýrslur – External Trade (Statistisches Jahrbuch für Außenhandel, isl.). Hagstofa Islands. Reykjavik (jährl.)

Vestdal, Jón E.: Die Grundlagen der Wirtschaft in Island. Zeitschrift für Wirtschaftsgeographie, 5. Jg., S. 193–198. Hagen/Westf. 1961

Kultur

Barüske, Heinz (Hrg.): Island. Eine Anthologie moderner Prosa. Tübingen 1974

Barüske, Heinz (Hrg.): Land aus dem Meer. Zur Kultur Islands und der Färöer-Inseln. Tórshavn 1980

Björnsson, Björn Th.: Íslenzk Myndlist á 19. og 20. Öld (2 Bde.: Isländische Kunst im 19/20 Jh., isl.). Helgafell, Reykjavik 1964; Englischsprachige Monographien über isl. Künstler und Kunst, erschienen u.a. im Verlag Iceland Review, Reykjavik

Brennecke, Detlef (Hrg.): Aspekte der skandinavischen Gegenwartsliteratur (Darin: Gert Kreutzer: Ólafur Jóhann Sigurdsson und die isländische Volkskultur). Heidelberg 1978

Die Edda. Heldendichtung (Bd. 1), Götterdichtung und Spruchdichtung (Bd. 2). Köln 1984[5]

Die Edda. Die wesentlichen Gesänge der altnordischen Götter- und Heldendichtung. Köln 1979

Diederichs, Ulf (Hrg.): Die Helden von Thule. Isländische Sagas. Köln 1987

Diederichs, Ulf: Germanische Götterlehre. Nach den Quellen der Älteren und Jüngeren Edda, mit mythologischem Wörterbuch. Köln 1984

Diederichs, Ulf (Hrg.): Thule, Isländische Sagas (4 Bde.). Köln 1978

Drewitz, Ingeborg (Hrg.): Land aus dem Meer, Moderne isländische Kurzgeschichten. Tórshavn, Faröerinseln o.Jg.

Eldjárn, Kristján: Alte isländische Kunst. München 1957

Emilsson, Tryggvi: Arm sein ist teuer. Erinnerungen. Berlin und Weimar 1985

Friese, Wilhelm: Nordische Literaturen im 20. Jh. Stuttgart 1971

Gretor, Georg: Islands Kultur und seine junge Malerei. Jena 1928

Handschriften Ausstellung 1978. Stofnun Árna Magnússonar á Islandi (Ausstellungskatalog mit Besprechung der wichtigsten isländischen Handschriften). Reykjavik 1978

Hansen, Walter: Asgard. Entdeckungsfahrt in die germanische Götterwelt. Bergisch Gladbach 1985

Helgason, Hallgrímur: Island (Musik). In: Die Musik in Geschichte und Gegenwart, hrsg. v. Friedrich Blume, Bd. 6, S. 1438–1448. Kassel–Basel–London 1957

Helgason, Hallgrímúr: Das Heldenlied auf Island. Graz 1980

Heusler, Andreas: Die altgermanische Dichtung. Darmstadt 1957

Isländische Kunst. In: Lexikon der Kunst, Bd. 2. Berlin 1983

Jóhannesson, Alexander: Die kulturellen Beziehungen zwischen Deutschland und Island – 40 Jahre »Germania«. In: Deutsch-Isländisches Jahrbuch 1960/61, S. 3–18

Kristjánsson, J.: Isländische Sagas und Handschriften. Iceland Review. Reykjavik 1980
Laxness, Halldór: Das wiedergefundene Paradies. Frankfurt, Berlin, Wien 1980
Laxness, Halldór: Zeit zu schreiben. Frankfurt, Berlin, Wien, 1980
Laxness, Halldór: Salka Valka. CH Frauenfeld 1981
Laxness, Halldór: Atomstation. Frankfurt, Berlin, Wien 1981
Laxness, Halldór: Auf der Hauswiese. Frankfurt, Berlin, Wien 1981
Laxness, Halldór: Islandglocke. Frankfurt, Berlin, Wien 1982
Laxness, Halldór: Fischkonzert. Frankfurt, Berlin, Wien 1983
Laxness, Halldór: Seelsorge am Gletscher. Frankf., Berlin, Wien 1984
Mackert, Ursula (Hrg.): Sagen aus Island. Frankfurt 1978
Mackert, Ursula (Hrg.): Märchen aus Island. Frankfurt 1980
Sagaliteratur. In: Kindlers Literatur-Lexikon. München 1974
Sammlung Thule – Altnordische Dichtung und Prosa (24 Bde.). Köln 1963–67 (erstmals erschienen 1911–30)
Schier, Kurt: Die neuisländische Literatur. In: Kindlers Literatur-Lexikon, dtv Bd. 1, S. 235–240. München 1974
Schier, Kurt (Hrg.): Die Saga von Egil. Köln 1978
Schier, Kurt: Sagaliteratur. Sammlung Metzler. Stuttgart 1970
Seelow, Hubert (Hrg.): Die Saga von Grettir. Köln 1978
Schröder, Franz R.: Die altnordisch-isländische Literatur. In: Kindlers Literatur-Lexikon, dtv Bd. 1, S. 225–234. München 1974
Svensson, Jón: Nonni auf Island (Kinderbuch). Freiburg 1980
Weyer, Helfried/Johannessen, Matthias: Ultima Thule. Island. Freiburg 1985

Wörterbücher und Lehrbücher des Isländischen

Fridjónsson, Jón: A course in modern Icelandic. Texts, vocabulary, grammar, exercises, translations. Reykjavik 1978
Glendening, P.J.T.: Icelandic, a complete course for beginners and students. London 1978
Isländisch. Langenscheidts Universalwörterbuch, Isländisch-Deutsch, Deutsch-Isländisch. Berlin–München 1984
Isländisch. Polyglott-Spachführer. München 1980
Ófeigsson, Jón: Deutsch-isländisches Wörterbuch. Reykjavik 1984
Pálsson, Einar: Icelandic in easy stages. Common phrases, conversations, grammar, simple texts. Reykjavik 1979

Pétursson, Magnús: Isländisch. Eine Übersicht über die moderne isländische Sprache mit einem kurzen Abriß der Geschichte und Literatur Islands. Hamburg 1978

Pétursson, Magnús: Lehrbuch der isländischen Sprache. Mit Übungen und Lösungen (Tonkassette). Hamburg 1980

Fotos: Andreas Behr, Lüneburg (154, 297), Torsten Bünning, Lüneburg (232), André Everett, Kaiserslautern (79, 80, 82, 84, 86, 88, 91, 94, 158, 165, 171, 199, 225, 293), Herbert Främbs, Bremen (53), Hartmut Handke, Hildesheim (301), Johannes Heeb, Basel (26, 263, 278, 303), Herbert Keßler, Lüneburg (15, 214), Heiko Köhler, Lüneburg (39, 97), Dr. Harald Neifeind, Göttingen (19, 57, 63, 114, 119, 132, 133, 187, 197, 200, 220, 222, 231, 238, 241, 247), Ina Pause, Lüneburg (250, 287). Alle übrigen Fotos stammen vom Autor und vom Isländischen Fremdenverkehrsamt, Frankfurt, dem wir für seine freundliche Unterstützung danken. Seinen Dank sagt der Verfasser an dieser Stelle auch dem Musikwissenschaftler und Komponisten Prof. Dr. Hallgrímur Helgason in Reykjavik für die Gespräche über isländische Musik; Hartmut Handke, Herbert Främbs und Angelika Baro für ihre Beiträge über Vögel, Schafe und Pferde; Johannes Heeb in der Schweiz für seine Gedanken und Informationen zum Thema »Wandern auf Island« und Herrn Dieter Wendler-Jóhannsson für die Unterstützung durch Icelandair.

Register

Als ergänzende Lektüre empfehlen wir

Mai's Weltführer Nr. 35

Grönland

von Alfred Ludwig

2., neubearbeitete und erweiterte Auflage
204 Seiten mit 59 Fotos und Illustrationen sowie 5 Karten

Mai's Weltführer Nr. 46

Alaska

mit Yukon-Territory

von Alfred Ludwig

ca. 280 Seiten mit rund 60 Abbildungen und 8 Karten

Mai's Reisführer Verlag Buchschlag bei Frankfurt

Mai's Reiseführer Verlag

Mai's Weltführer

Nr. 1: Thailand
Nr. 2: Iran (Persien)
Nr. 3: Nigeria
Nr. 4: Venezuela
Nr. 5: Uruguay
Nr. 6: Peru
Nr. 7: Kolumbien
Nr. 8: Bolivien
Nr. 9: Malaysia/Singapore/Brunei
Nr. 10: Hongkong mit Macao
Nr. 11: Paraguay
Nr. 12: Indonesien
Nr. 13: Afghanistan
Nr. 14: Argentinien
Nr. 15: Neuseeland
Nr. 16: Sri Lanka (Ceylon)
Nr. 17: Chile
Nr. 18: Nepal/Sikkim/Bhutan
Nr. 19: Philippinen
Nr. 20: Sahara
Nr. 21: Mexiko
Nr. 22: Ecuador mit Galápagos-Inseln
Nr. 23: Seychellen/Madagaskar
Nr. 24: Brasilien
Nr. 25: Pakistan
Nr. 26: Taiwan
Nr. 27: Malediven
Nr. 28: Israel

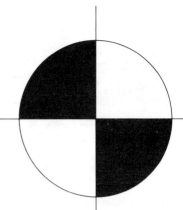

Notizen

Notizen

Notizen